Hans Joachim Liesert

Das große Atari-ST-Handbuch

DATA BECKER

1. Auflage 1988

ISBN 3-89011-273-0

DATA BECKER GmbH
Merowingerstr. 30
4000 Düsseldorf

Text verarbeitet mit Word 4.0, Microsoft
Ausgedruckt mit Hewlett Packard LaserJet II
Druck und Verarbeitung Mohndruck, Gütersloh

Hallo Anwender!

Da steht er nun auf Ihrem Schreibtisch, der ST. Sieht eigentlich nicht schlecht aus. Und doch: Abstauben alleine kann nicht das sein, wofür Sie ihn gekauft haben. Bei Ihrer Nachbarin oder Ihrem Nachbarn sieht das ja schon ganz anders aus.

Bis in die Nacht hinein hört man die Tastatur klappern. Der oder die hat den Bogen eben 'raus. Wenn Sie auch so eine(n) Nachbar(i)n haben, dann empfehle ich Ihnen, sie/ihn schleunigst zu besuchen, durch das Über-die-Schulter-sehen lernen Sie mehr als aus jedem Buch.

Wenn Sie keinen Nachbarn haben, dann betrachten Sie die folgenden Seiten als meine Schulter und sehen Sie mir zu. Ich hoffe, daß ich auf viele Fragen eine passende Antwort parat habe, auch wenn die Kommunikation durch solch ein Buch etwas einseitig ist. Aber auch, wenn Sie Ihre Bekannten schon mit vielen Fragen genervt haben, können Sie mit meinen Zeilen vielleicht etwas anfangen.

Dieses Buch ist als Handbuch gedacht. Und das sollten Sie bitte wörtlich nehmen - im zweifachen Sinn: zum einen sollten Sie es immer dann in die Hand nehmen, wenn Ihr ST wieder einmal Fragen aufwirft. Zum anderen möchte ich Ihnen mit einigen kleinen Programmen bei der täglichen Arbeit mit dem Computer zur Hand gehen. Dazu reicht es, wenn Sie die Tastatur bedienen und kleine Listings abtippen können - Sie brauchen ja nicht gleich alle Programmiertricks verstehen.

Apropos Programmieren: Auch das ist keine schwere Beschäftigung. Wenn Sie sich mit dem Gedanken tragen, es auch einmal zu versuchen, so ist Ihnen das Kapitel "Programmiersprachen und Programmierung" vielleicht eine Hilfe. Da können Sie ganz unbesorgt und ohne viel Ballast Ihre ersten Schritte in ein aufregendes Gebiet tun. Programmieren ist nämlich immer nur so schwer, wie man es sich macht.

Was erwartet Sie noch in diesem Buch? Da wären zum Beispiel noch ein paar Seiten zum Thema Hardware. Wenn Sie schon immer mal wissen wollten, was eine Harddisk eigentlich ist, wie sie funktioniert und was man beachten muß, dann sind Sie hier an der richtigen Adresse. Und auch bei

Pannen sollten Sie nicht verzagen. In vielen Fällen müssen Sie den ST nicht gleich zum Händler tragen. Wo Selbsthilfe möglich ist, werde ich Ihnen zeigen, wie es funktioniert.

Bei der Lektüre dieses Buches sollten Sie immer an eines denken: Genau wie Sie habe ich schon einmal Blut und Wasser geschwitzt, als ich mir die TOS-ROMs selbst in meinen Veteranen-ST eingebaut habe. Und auch die Verfasser von noch so raffinierten Programmen kochen nur mit Wasser. Also nicht bange machen lassen - der ST beißt nicht. Na dann - viel Spaß!

Münster, August 1988 *Hans Joachim Liesert*

Inhaltsverzeichnis

1. Bedienungsanleitung

"Nanu", werden Sie jetzt vielleicht denken, "ein Buch, das eine Bedienungsanleitung nötig hat? Was mag jetzt wieder kommen?" Alles halb so schlimm. Ich möchte Ihnen nur einige Hinweise geben, wie Sie auf schnellstem Wege an die gesuchten Informationen herankommen können. Bei Konzeption und Erstellen dieses Buches sind wir (d.h. der Verlag und ich) davon ausgegangen, daß Sie ein Handbuch nur dann zur Hand nehmen, wenn Sie eine bestimmte Information suchen. Demzufolge betrachten wir dieses Buch als ein Nachschlagewerk.

Dennoch halten Sie kein Lexikon in Händen, denn wir wollten nicht einfach nur alphabetisch geordnete Begriffe erklären. Wichtiger war es uns, mögliche Fragen Ihrerseits zum ST beantworten zu können. Denn wenn Sie Fragen haben, wissen Sie auch schon einen Teil der Antwort (auch wenn Ihnen das noch nicht so vorkommt). Sie wissen bereits, ob Ihr Problem mit dem Drucker, mit der Floppy oder mit der Bedienung eines Programmes zu tun hat.

Zu jedem der wichtigen Bereiche des ST haben wir ein eigenes Kapitel angelegt, in dem grundsätzliche Informationen enthalten sind. Dabei müssen wir zwei Bereiche unterscheiden: das "Wie" und das "Warum". Ein Beispiel: In der Bedienungsanleitung eines Programmes steht, Sie sollten eine formatierte Diskette bereithalten. Sie möchten wissen, wie man an eine solche Diskette herankommt. In diesem Fall schlagen Sie bitte das zugehörige Kapitel auf bzw. suchen Sie den Begriff im Stichwortverzeichnis.

Beim Formatieren kann es natürlich sein, daß irgendwelche Pannen auftreten. Dazu gibt es in den meisten Kapiteln einen Absatz, der mit einem Icon "Pannenhilfe" gekennzeichnet ist. Hier finden Sie zu den häufigsten Pannen bei der Arbeit mit dem ST einige Hinweise und vor allem Möglichkeiten, diese zu beheben.

Während Sie eine Diskette formatieren, haben Sie natürlich etwas Zeit, weil der Rechner für diesen Vorgang länger braucht. Falls Sie sich dann langweilen, könnte es Sie interessieren, warum Sie eigentlich Disketten vor der ersten Benutzung formatieren müssen. Auch dazu ist in vielen Fällen ein eigener Ab-

schnitt vorgesehen, der wiederum mit einem Icon versehen ist.

Tips sind immer nützlich. Wo diese im Text beschrieben werden, steht ein Icon. Wie viele Geräte bedarf auch ein Computer der regelmäßigen Wartung und Pflege. Diese wenn auch kleinen Mühen erfordern ein gewisses Know-how, das ich Ihnen in einem eigenen Kapitel zur Verfügung stellen möchte. Bevor Sie also den Wischeimer zum Schreibtisch schleppen, empfehle ich Ihnen dieses Kapitel zur Lektüre.

Weiterhin finden Sie das Piktogramm "Achtung, Gefahr", das Sie auf besondere Gefahren hinweist.

Wenn Sie schon immer wissen wollten, was in Ihrem ST eigentlich so abläuft, während die rote Kontrollleuchte brennt, so wird Sie noch das Kapitel "Wie funktioniert eigentlich ein Computer" interessieren. Ein bißchen Theorie kann in diesem Fall das Salz in der Suppe sein. Last not least haben wir an die Möglichkeit gedacht, daß Ihnen der eine oder andere Fachausdruck nicht geläufig sein könnte. Für diesen Fall der Fälle gibt es im Anhang neben dem Stichwortregister noch ein kleines Glossar.

Hin und wieder lassen sich Probleme nicht einfach durch Mausklick oder Tastendruck lösen. Dann müssen Programme her, die Sie jeweils als Listings im Text finden. Um diese Programme zu nutzen, müssen Sie sie eintippen. Damit auch wirklich jeder davon profitieren kann, finden Sie jedes Listing in zweifacher Ausführung:

1. Für die am weitesten verbreitete Programmiersprache des ST, das GFA-BASIC (Version 2.0) und

2. Für das Omikron-BASIC, das ab September 1988 auch als neues ST-BASIC von Atari erhältlich ist.

Eine dieser beiden Programmiersprachen findet sich bestimmt in Ihrem Diskettenkasten. Dann heißt es, den jeweiligen Interpreter zu starten (GFABASIC.PRG oder OM-BASIC.PRG). Sobald diese sich nach dem Laden melden, können Sie mit dem buchstabengetreuen Eintippen der jeweiligen Programmversion aus diesem Buch beginnen. Wenn Sie damit fertig sind, sollten Sie das eben eingetippte Programm zuerst speichern (mit SAVE), bevor es zum ersten Mal gestartet wird. Also dann: Viel Erfolg!

2. Das Desktop

Desktop heißt nichts anderes als Schreibtischplatte - und so sollten Sie das gewohnte Bild auf dem Monitor auch sehen. Doch bevor wir dahin kommen und mit unserem Schreibtisch vernünftig arbeiten können, sind noch einige Vorarbeiten nötig.

2.1 Der Einschaltvorgang

Was soll daran beschreibenswert sein? Ich drücke den Knopf und der ST läuft. Mitnichten! Es gibt da einige Regeln, die Sie auf jeden Fall beachten sollten. Wichtig ist zum Beispiel die Reihenfolge, in der die Geräte eingeschaltet werden. Zuallererst: die Festplatte, falls vorhanden. In den nächsten 15 Sekunden dürfen Sie ruhig schon einmal nach Ihrer System-Diskette suchen, den Monitor sowie das Diskettenlaufwerk einschalten und die System-Diskette einlegen.

Aber schalten Sie in diesen 15 Sekunden noch nicht den ST ein. Erst danach heißt es "Start frei" für den ST. Kurz nach dem Einschalten sollte das rote Lämpchen an der Diskettenstation (und vorher eventuell auch das an der Festplatte) aufleuchten. Das Lämpchen signalisiert, daß der ST dabei ist, Daten von der Diskette in den Speicher zu laden. Nach einer weiteren Wartezeit erscheint das Desktop auf dem Bildschirm, und Sie können anfangen zu arbeiten.

Fehler

Nach dem Hochfahren des Systems erscheinen keine Icons auf dem Desktop, das ganze Bild ist bis auf die Menüleiste leer. Oder: nach dem Einschaltvorgang erscheinen zwar Icons, aber es fehlen einige (z.B. die für die Harddisk).

Abhilfe

Sie haben Ihr Diskettenlaufwerk nicht eingeschaltet oder die Stromversorgung ist nicht in Ordnung (z.B. Stecker nicht richtig eingerastet, Netzteil defekt). Damit man mit Diskettenlaufwerken arbeiten kann, muß der ST sie nach dem Einschalten erkennen können. Dies tut er, indem er einfach versucht, sie anzusprechen. Was bei ausgeschalteten Laufwerken natürlich nicht klappt. Schalten Sie also alle Ihre Laufwerke ein. Dann schalten Sie den ST einmal kurz aus und dann wieder an. Sollte der Fehler nicht behoben sein, ist Ihr Laufwerk wahrscheinlich defekt, bei Festplatten könnten aber auch noch andere Fehler in Betracht kommen (siehe Kapitel 3).

▸ Fehler

Nach dem Einschalten des Stroms beginnen die Laufwerke zwar zu laufen, aber es erscheint auch nach längerer Wartezeit kein Desktop. Statt dessen flimmert der Bildschirm hin und wieder, worauf der Einschaltvorgang scheinbar von neuem beginnt, oder es werden kleine Bomben auf dem Bildschirm angezeigt.

▸ Abhilfe

Bevor Sie die Fehlerbeseitigung beginnen können, müssen Sie ein Desktop zur Verfügung haben. Dazu brauchen Sie eine funktionierende Systemdiskette, und gerade auf dieser scheint ein Fehler zu sein. Also zuerst: Nehmen Sie eine formatierte, aber leere (oder eine garantiert fehlerfreie andere Systemdiskette) und starten Sie den ST noch einmal von vorn. Dann müßte nach kurzer Zeit das Desktop (ohne die Accessories) erscheinen. Dies funktioniert aber nur bei Rechnern mit eingebauten ROM's. Ansonsten benötigen Sie unbedingt eine funktionierende Systemdiskette.

Der beschriebene Fehler kann zwei Ursachen haben. Zum einen könnte es sein, daß eines der Accessories zerstört wurde (zum Beispiel durch Diskettenfehler). Ebenso besteht die Möglichkeit, daß Sie eine Datei (z.B. aus der Textverarbeitung) mit der Endung ACC benannt haben. Dann wird sie nach dem Einschalten für ein Accessory gehalten und der ST versucht, Ihre Datei als Programm auszuführen. Die andere Fehlermöglichkeit liegt im Auto-Ordner versteckt. Hier dürfen nur solche Programme stehen, die das GEM nicht benutzen. Sie erkennen das daran, daß in diesen Programmen weder die Pull-Down-Menüs noch Dialog- oder Fileselectboxen auftauchen. Wenn Sie sich nicht sicher sind, was nun die Ursache für den aufgetretenen Fehler ist, gehen Sie bitte so vor:

Benennen Sie bitte alle Dateien mit der Endung ACC um in "irgendwas.AC". Falls der Fehler nach einem erneuten Einschalten mit der fehlerhaften Diskette noch nicht verschwunden ist, liegt es wahrscheinlich am Auto-Ordner. Sonst benennen Sie das erste Accessory wieder in "irgendwas.ACC" um. Dann starten Sie nochmals. Falls jetzt der Fehler wieder auftritt, war das gerade umbenannte Accessory daran schuld.

Entfernen Sie es von der Diskette (Löschen per Papierkorb!) und ersetzen Sie es ggf. durch eine "frische" Version, die Sie von der Originaldiskette kopieren. Auch hier noch einmal der vielgehörte Rat: Arbeiten Sie niemals mit Originaldisketten, wenn es sich vermeiden läßt. Originale gehören in den Tresor oder eine sichere Ecke des Diskettenkastens! Den oben beschriebenen Vorgang wiederholen Sie für jedes einzelne Accessory, bis Sie alle durchprobiert haben.

War keines der Accessories für den Fehler verantwortlich, müssen Sie den Auto-Ordner untersuchen. Potentielle Übeltäter sind alle Programme mit den Endungen .PRG. Hier gehen Sie genau wie bei den Accessories vor. Zunächst werden alle Extensions um einen Buchstaben gekürzt. Dabei wechselt der Typ des Icons (aus dem Block mit Perforation wird ein Papierstapel mit Eselsohr), was Sie nicht stören sollte.

Dann gehen Sie wieder an jedes einzelne Programm heran und stellen die alte Endung wieder her PR -> PRG). Nach jeder Änderung müssen Sie den Rechner erneut hochfahren und überprüfen, ob der Fehler immer noch auftritt. Dieses Verfahren ist umständlich und langwierig, aber nicht zu vermeiden. Ist der Überltäter einmal gefunden, fliegt er sofort aus dem Ordner. Auch wenn es sich dabei um ein sonst funktionierendes Programm handelt, kann es doch sein, daß es im Auto-Ordner einen Fehler verursacht.

Letzte Möglichkeit: Die Diskette ist beschädigt. Die Diskette sollte dann in Richtung eines (echten) Papierkorbs wandern. Falls Sie die Dateien auf der Diskette noch benötigen, kopieren Sie sich dieses zuvor auf eine frisch formatierte. Das Kopieren sollte aber nicht dadurch ausgelöst werden, daß Sie zwei Diskettenicons übereinanderlegen. Vielmehr müssen Sie die Dateisymbole aus dem Fenster auf das Symbol der neuen Diskette schieben!

War diese gesamte Fehlersuche erfolglos, so liegt mit großer Wahrscheinlichkeit ein Fehler in der Hardware vor; der Rechner muß zur Reparatur (geben Sie dabei die Systemdiskette mit). Falls Bomben auf dem Schirm erscheinen, zählen Sie diese bitte und nennen Sie die Zahl der Werkstatt. Letztere kann aus der Anzahl gewisse Rückschlüsse auf die Ursache ziehen.

▸ **Fehler**

Nach dem Erscheinen des Desktop fehlen die Accessories.

▸ **Abhilfe**

Hier gibt es zwei Möglichkeiten. Entweder lag während des gesamten Einschaltvorganges keine Diskette im Laufwerk. Von einer nicht existenten Diskette kann der ST natürlich keine Dateien laden, erst recht keine Accessories. Oder: die eingelegte Diskette enthielt keine Accessories.

▸ **Fehler**

Nach dem Einschalten erscheint nicht das Desktop, sondern ein Bild mit der Mitteilung, man solle eine Systemdiskette einlegen und dann mit der Maus auf den OK-Knopf in der Bildmitte klicken.

▸ **Abhilfe**

Sie haben einen Uralt-Veteranen-ST vor sich, der das Betriebssystem noch nicht im ROM eingebaut hat. Legen Sie bitte die mitgelieferte Systemdiskette in Laufwerk A, damit das Betriebssystem geladen werden kann und lesen Sie das Kapitel über die TOS-ROMs.

▸ **Fehler**

Es erscheint eine Meldung, die angibt, daß eine Resource- oder RSC-Datei fehlt.

▸ Abhilfe

Eines der Accessories benötigt ein solche RSC-Datei (siehe Kapitel über Massenspeicherung). Sie haben wahrscheinlich vergessen, diese mit dem Accessory zusammen zu kopieren. Holen Sie dies bitte nach.

Vorweg ein Wort an die Festplattenbesitzer. Das frühe Einschalten der Harddisk ist nötig, um dem Motor genug Zeit zum Beschleunigen und dem Festplatten-Kontroller Zeit zur Initialisierung zu lassen. Anders als bei Diskettenlaufwerken dreht sich die fest eingebaute Platte immer, solange der Strom eingeschaltet ist. Diese Platte ist sehr viel schwerer als eine Diskette, so daß das Beschleunigen und Abbremsem immer einen recht langen Zeitraum in Anspruch nimmt. Sobald der ST eingeschaltet wird, muß er aber schon auf die Daten der Festplatte (für die Experten: den Boot-Sektor) zugreifen können. Deshalb braucht dieses Gerät einen kleinen Vorsprung. Der Lohn der Mühe: im Vergleich zur Diskette kann die Harddisk fast immer sagen "Ich bin schon da!"

Wenn dann der ST endlich aus seinem Schlummer geweckt wird, tut er das, was alle kleinen Computer tun: er versucht, ein Programm auszuführen. Dieses Programm ist die sogenannte Boot-Sequenz (obwohl es nichts mit dem Buch von L.G. Buchheim zu tun hat, sprechen einige Freaks in den USA von "Das Boot"). "Boot" kommt von Bootstrap-Loader. Dabei handelt es sich um den Teil des Betriebssystems TOS, das die für den Betrieb des ST nötigen Programme und Daten zusammensucht.

Das versucht der ST zunächst auf der Festplatte. Dort findet er im allgemeinen nichts, also geht er über zur Diskette. Falls er dort ein Betriebssystem findet (das muß nicht das eingebaute sein), so wird dies geladen und gestartet. Andernfalls startet der ST das in den ROMs eingebaute Betriebssystem, oder - wenn Ihr ST noch keine Betriebssystem-ROMs hat - er versagt seinen Dienst.

Das Betriebssystem erkennt der Rechner daran, daß im allerersten Sektor der Diskette (zum Begriff "Sektor" siehe Kapitel 3) ein ausführbares "Progrämmchen" liegt. Dieses Mini-Programm sorgt dann dafür, daß das eigentliche Betriebssystem korrekt geladen wird - im Normalfall zumindest. Da diese Boot-Programme automatisch ausgeführt werden, sind einige unangenehme Zeitgenossen auf die Idee gekommen, hierin die allseits gefürchteten Viren unterzubringen. Keine Bange, auch dagegen ist ein Kraut gewachsen.

Damit wären wir an dem Zeitpunkt angelangt, wo das TOS (bzw. ein anderes Betriebssystem) angefangen hat zu arbeiten. Die Boot-Sequenz ist aber noch nicht abgeschlossen. Jetzt kommen nämlich die sogenannten Treiber an die Reihe. Wie fast jeder Computer weiß auch der ST nicht von vornherein, welche Geräte vorhanden sind und wie er diese ansprechen kann. Dafür gibt es spezielle Programme, die quasi Erweiterungen des Betriebssystems darstellen.

Wenn der Prozessor dann z.B. auf eine Festplatte zugreifen will, so braucht er nur das Treiberprogramm aufzurufen, das dann für die nötigen Aktionen sorgt. Diese Treiber holt sich der ST während des Bootens von der Diskette. Allerdings gibt es davon einige Ausnahmen. So ist zum Beispiel der Treiber für die Bildschirmausgaben fest in den ST eingebaut - logisch, denn den Bildschirm und die Tastatur hat das System immer "dabei".

Auch ein Druckertreiber für Epson-Drucker ist schon vorhanden. Wenn Sie aber Drucker am ST betreiben möchten, die nicht zu den Epson-Geräten kompatibel sind, so müssen Sie ein solches Treiberprogramm (das der Hersteller oder Fachhändler Ihnen besorgen kann) auf Ihre Systemdiskette kopieren.

Einen ganz ausgefuchsten Trick haben sich die Entwickler für die Festplatte einfallen lassen. Im ROM des ST ist nämlich eine Art Mini-Treiber vorhanden. Wenn die Festplatte entsprechend vorbereitet ist, kann dieser Mini-Treiber den eigentlichen Festplattentreiber direkt von der Festplatte laden. Damit ist es dann möglich, das ganze System direkt von der Harddisk aus zu starten, ohne eine Systemdiskette zu benutzen (mehr dazu können Sie in Kapitel 3 erfahren).

Beim Laden der Treiberprogramme muß der ST in der Lage sein, diese von den anderen "normalen" Programmen zu unterscheiden. Dafür gibt es eine besondere Einrichtung der Boot-Sequenz: den Auto-Ordner. Das ist ein ganz normaler Ordner auf einer Diskette, der sich von anderen nur durch den Namen unterscheidet. Er heißt schlicht und einfach "AUTO". Beim Booten sucht der ST auf der Systemdiskette nach einem Ordner dieses Namens und startet dann der Reihe nach alle darin vorhandenen Programme.

Das müssen nicht unbedingt Treiberprogramme sein; Sie können auch ein Programm zum Stellen der Uhr hineinkopieren. Dann werden Sie bei jedem Neustart des ST aufgefordert, die Uhrzeit und das Datum einzugeben. Allerdings hat diese Methode einen kleinen Haken. Nicht jedes Programm kann so gestartet werden. Beim Ansprechen des Auto-Ordners ist zwar das Betriebssystem TOS aktiv, aber das GEM wurde noch nicht gestartet. Alle Programme, die irgendwie auf Dialogboxen, Pull-Down-Menüs oder Fenster zugreifen, laufen daher ins Leere, wenn sie auf diese Art und Weise aufgerufen werden. Also Vorsicht!

Zum Glück ist diese GEM-lose Zeit jetzt zuende, denn im nächsten Schritt wird dieses Programm im ST aktiviert. Festplattenbesitzer haben übrigens jetzt schon einen Geschwindigkeitsvorteil, denn da der Treiber bereits installiert ist, können alle noch folgenden Aktionen von der Harddisk aus erfolgen. Das sogenannte Desktop erscheint auf dem Bildschirm, ebenso die bekannten Icons. Was da sonst noch erscheint (und wo), das entnimmt das GEM der Datei DESKTOP.INF.

Sie können diese Datei leicht selbst erzeugen, indem Sie einfach den Menüpunkt "Arbeit sichern" anklicken. Dann merkt sich das GEM alle bisher gemachten Einstellungen wie z.B. Fenstergröße, Icon-Positionen usw. in eben dieser Datei DESKTOP.INF. Beim nächsten Booten liest das GEM diese Daten wieder ein und kann den Bildschirm daher genauso wieder herrichten, wie er beim letzten Abspeichern ausgesehen hat.

Bevor dies allerdings geschieht, hat die Boot-Sequenz noch nach den ersten sechs Dateien mit der Endung ACC gesucht. Dabei handelt es sich bekanntlich um die Accessories, die in der linken Menüspalte aufgerufen werden können. Diese Programme werden nun geladen (bis zu sechs - mehr verkraftet das Menü nicht) und warten ab jetzt auf ihren Aufruf. Geschafft! Das System ist bereit für Ihre Aktivitäten.

Nur eines sei noch erwähnt: die Systemdiskette schlechthin gibt es nicht. Sie können dazu im Normalfall jede beliebige, formatierte Diskette nehmen. Je nachdem, welche Programme und Accessories auf dieser Diskette vorhanden sind, wird der Bootvorgang von Fall zu Fall unterschiedlich ablaufen. Wenn Sie also Ihr System mit einer Diskette starten, auf der kein Treiber (zum Begriff Treiber siehe Kap. 3) für eine evtl. vorhandene Harddisk ist, so kann der ST die Festplatte auch nicht benutzen.

Je nachdem, welche Tätigkeiten Sie mit Ihrem ST ausführen wollen, kann es auch sinnvoll sein, mehrere solcher Systemdisketten anzulegen, auf denen dann die für den jeweiligen Zweck geeigneten Treiber und Accessories gespeichert sind.

2.2. Die Icons

Was sind eigentlich Icons?

Die kleinen Bilder, mit denen das Desktop geschmückt ist, sind verantwortlich dafür, daß Ihr ST so leicht zu bedienen ist. Für unterschiedliche Zwecke gibt es auch unterschiedliche Icons. Hier sehen wir einmal alle im Bild:

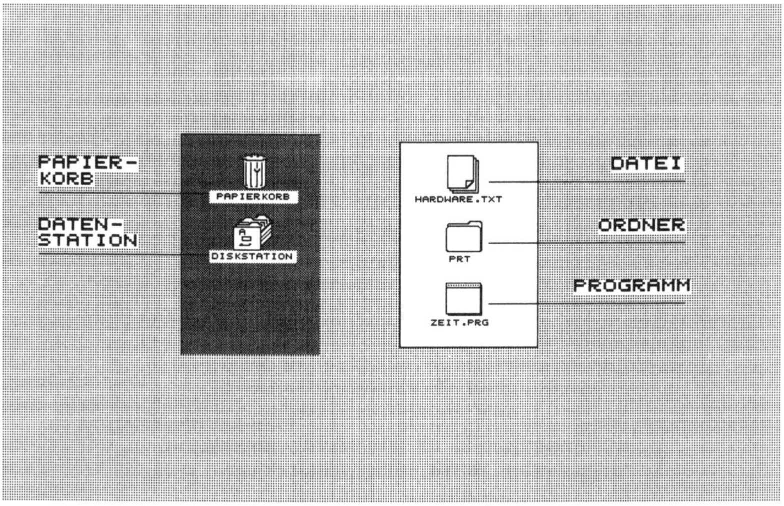

Abb. 2.1: Alle Standard-Icons des ST

Die gezeigten Icons werden in dieser Form vor allem vom Desktop verwendet. Andere Programme können eigene Icons benutzen, die nicht unbedingt das gleiche Aussehen und die gleiche Bedienung aufweisen. Beginnen wir ganz links. Der Aktenschrank steht für eine Datenstation. Das können sein: die Diskettenlaufwerke, eine Festplatte, eine RAM-Disk oder ein ROM-Modul.

Wie bei richtigen Aktenschränken haben auch die genannten Geräte die Aufgabe, große Mengen von Daten zu sammeln und aufzubewahren. Die Zeile unter dem eigentlichen Bild sollte im Normalfall angeben, um welche Art Datenstation es sich handelt. Sie können diesen Text auch selbst ändern (siehe unter "Floppy anmelden"). Im Icon selbst finden Sie außerdem den Kennbuchstaben, unter dem eine Station ansprechbar ist (z.B. A für das erste Diskettenlaufwerk). Die Abfalltonne heißt im üblichen ST-Sprachgebrauch Papierkorb. Ihre Aufgabe ist das Löschen von Dateien. Mehr dazu weiter unten in diesem Kapitel.

Als nächstes kommen die Icons, die im Fenster erscheinen. Die Fenster des Desktop zeigen Inhaltsverzeichnisse von Datenstationen an. Demzufolge stehen die verschiedenen Icons für die möglichen Arten von Dateien. Die Blocks mit der Perforation am oberen Ende stellen Programme dar, die Sie starten können und die dann irgendeine Funktion erledigen. Die Idee dahinter: Wer auf einem normalen Schreibtisch etwas zu berechnen hat, tut dies meist auf einem solchen Block.

Normale Dateien werden nicht als Blocks, sondern als "Papierstapel" (mit dem Eselsohr) dargestellt. Als ST-Anwender produzieren Sie nun zunächst einmal beschriebene Dateien, bevor (nach dem Ausdrucken) die großen Papierberge entstehen. Dateien nehmen alles an Daten auf, was bei Ihrer Arbeit anfällt: Grafik, Adressen, Texte usw. Aber auch der Text zu einem Programm, der durch verschiedene andere Programme erst noch in ein ablauffähiges Stück Software umgewandelt werden muß, wird in einem solchen Papierstapel abgelegt.

Bleiben noch die Ordner. Ordner haben bekanntlich die Aufgabe, zusammengehörende Papiere beieinander zu halten. Genau dies tun die Ordner auf dem Desktop auch, allerdings mit Dateien. Ein solches Ordner-Icon steht also für eine Gruppe von Dateien und Programmen, die in irgendeinem Zusammenhang stehen. Gemeinsam ist den letzten drei Iconarten, daß ihre Textzeile am unteren Ende den Namen des jeweiligen Programms, der Datei oder des Ordners enthält.

2.2.1. Icons anklicken

Wie bringe ich Leben in die Icons?

Wenn man dem ST irgendwelche Aktionen entlocken möchte, tritt meist die Maus auf die Bildfläche. Eine besonders gelungene Kombination ergeben Maus und Icons. Grundsätzlich gilt dabei folgendes: Ein Druck auf die linke Maustaste wählt ein bestimmtes Objekt aus, ein Doppelklick auf die linke Taste "öffnet" ein Objekt, ein Druck auf die rechte Taste sorgt dafür, daß sich der Druck der linken Taste auch auf ein nicht aktives Fenster beziehen kann (s. Kapitel 2.2.3).

Wie bekomme ich ein invertiertes Icon?

Wenn Sie einen einfachen Klick auf dem Icon einer Datenstation ausführen, wird dieses invertiert. Damit zeigt uns das Desktop an, daß es die meisten der jetzt noch folgenden Aktionen auf dieses Icon bezieht. Wenn Sie also jetzt den Menüpunkt "öffne" anwählen, wird ein Fenster auf dem Desktop erscheinen, das das Inhaltsverzeichnis der eben angeklickten Datenstation anzeigt. Das gleiche können Sie aber auch erreichen, wenn Sie einen Doppelklick auf dem Icon ausführen.

Was ist ein Doppelklick?

Doppelklick heißt in diesem Fall, daß Sie zwei Klicks sehr schnell hintereinander machen. Die Geschwindigkeit, mit dem das geschehen muß, können Sie selbst einstellen (siehe unter "Kontrollfeld"). Falls Sie also mit dem Doppelklick zunächst keinen Erfolg haben, könnte das daran liegen, daß dieser zu schnell eingestellt ist. Ansonsten können Sie sich mit dem Menüpunkt "öffne" behelfen. Nicht zu vergessen: der Doppelklick erfordert etwas Übung, also nicht verzagen.

Was kann ich alles öffnen? Wozu ist das gut?

Öffnen können Sie grundsätzlich jedes Icon auf dem Desktop. Je nach Art des angeklickten Icons ist aber die Reaktion sehr unterschiedlich. Datenstationen werden geöffnet, um ein Fenster mit deren Inhaltsverzeichnis zu erhalten. Das Öffnen von Programm-Icons hat zur Folge, daß das Programm geladen wird und dann startet. Nehmen wir an, Sie möchten ein Programm mit dem Namen PROG.PRG starten: Führen Sie einfach einen Doppelklick oder das "öffne" des Menüs auf diesem Icon aus. Sobald Sie den Mausknopf wieder loslassen, verschwindet das Desktop und in der obersten Zeile steht der Name des Programms (in unserem Beispiel PROG.PRG) zum Zeichen dafür, daß gerade geladen wird. Nach einer mehr oder minder kurzen Wartezeit ist dieser Vorgang beendet und das Programm beginnt mit seiner Arbeit.

▸ Fehler

Nach einem Doppelklick auf ein Programm erscheint eine Warnmeldung, daß die Resource- oder RSC-Dateien nicht gefunden werden konnten. Das Programm wird nicht gestartet.

▸ Abhilfe

Zu den meisten Dateien mit der Endung PRG gehört eine weitere Datei mit der Endung RSC, in der Informationen über die Menüs und Dialogboxen enthalten sind. Wahrscheinlich haben Sie diese Datei beim Kopieren vergessen. Sehen Sie bitte in der Anleitung des Programmes nach, wo Sie diese Datei finden und kopieren Sie diese auf Ihre Diskette.

▸ Fehler

Nach einem Doppelklick auf ein Programm erscheint die Meldung "Die gesuchte Anwendung kann nicht geöffnet werden!", das Programm startet nicht.

▸ Abhilfe

Sie haben versucht, ein nicht existentes Programm zu starten. Wahrscheinlich hatten Sie gerade eine andere Diskette eingelegt und das Fenster zeigte noch das Inhaltsverzeichnis der alten Scheibe an. Abhilfe in solchen Fällen: nach jedem Diskettenwechsel die Esc-Taste drücken. Das bewirkt ein Aktualisieren des Fensters.

▸ Fehler

Nach dem Doppelklick erscheint eine Meldung, daß die Daten auf der Diskette defekt oder das Verbindungskabel nicht in Ordnung seien.

▸ Abhilfe

Diese Meldung kann auftreten, wenn Sie eine unformatierte Diskette im Laufwerk haben, oder eine zweiseitig formatierte Diskette in ein einseitiges Laufwerk (SF354) gelegt haben. Sollte dies nicht der Fall sein, so prüfen Sie zunächst, ob das Kabel zum jeweiligen Laufwerk wirklich in Ordnung ist (Laufwerk eingeschaltet?). Falls ja, könnte die Diskette oder Festplatte defekt sein. Sehen Sie dazu bitte im Kapitel 3 nach.

Was passiert, wenn ich eine normale Datei öffne?

Öffnen Sie eine normale Datei (Icontyp Papierstapel mit Eselsohr), so erscheint folgende Auswahlbox auf dem Bildschirm:

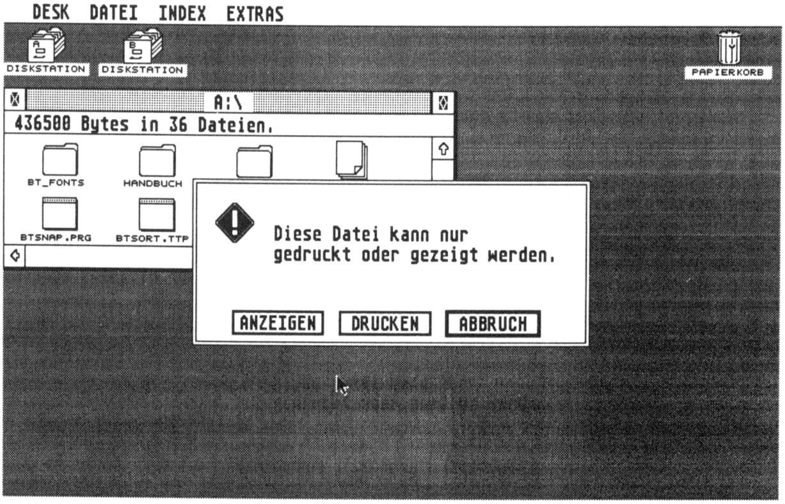

Abb. 2.2: Auswahlbox bei Doppelklick auf Dateien

Die angewählte Datei ist kein Programm und kein Ordner, enthält also (mit gewissen Ausnahmen) Daten - z.B. Texte, Adressen usw. Die Auswahlbox bietet Ihnen nun drei Möglichkeiten an: "Abbruch" klicken Sie an, wenn Sie irrtümlich die Datei geöffnet haben und zurück zum Desktop möchten. "Anzeigen" bedeutet, daß der ST die angewählte Datei auf dem Bildschirm ausgibt.

Wenn Ihre Datei Texte enthält, können Sie sich so ein Bild von deren Inhalt machen. In anderen Fällen finden Sie vielleicht nur ein wildes Gewirr von Zeichen auf dem Bildschirm. Nicht verzweifeln, das bedeutet nur, daß das Programm, mit dem diese Datei angelegt wurde, die Daten speziell codiert hat, um sie später besser und/oder schneller verarbeiten zu können.

Die Ausgabe der Datei sollte jeweils nach einer Bildschirmseite anhalten. Gleichzeitig erscheint in der untersten Zeile der Hinweis "--MEHR--". An dieser Stelle haben Sie wiederum drei Möglichkeiten. Durch einen Druck auf die Leertaste wird die nächste Seite angezeigt, durch Return- oder Enter-Taste nur die nächste Zeile. Außerdem können Sie die Ausgabe abbrechen, indem Sie die Taste q für Quit betätigen oder die Control-Taste gedrückt halten und gleichzeitig ein c tippen (Kurzschreibweise unter uns Profis: Ctrl-C).

Sollten Sie schon das Ende der Datei erreicht haben, so erscheint der Hinweis "-Ende der Datei-". Mit einem Druck auf die Leerauf die Return- oder die Entertaste kommen Sie dann wieder auf das Desktop zurück.

Zurück zur Auswahlbox. Die letzte Alternative dort lautet "Drucken". Nach der Wahl dieses Punktes versucht der ST wiederum, die Datei anzuzeigen - diesmal allerdings auf dem Drucker. Das funktioniert natürlich nur, wenn der Drucker angeschlossen, eingeschaltet und beim Desktop richtig angemeldet ist (siehe unter "Drucker-Anpassung"). Da Papier außerdem geduldiger als ein Bildschirm ist, braucht der ST auch keine Fragen wie "--MEHR--" zu stellen. Der Ausdruck läuft in einem Zug durch.

▸ Fehler

Beim Anzeigen auf dem Bildschirm laufen mehr Zeilen durch, als auf eine Bildseite passen. Der Hinweis "--MEHR--" wird viel zu spät angezeigt.

▸ Abhilfe

Hier handelt es sich um einen Programmierfehler im Desktop. Sobald Zeilen angezeigt werden sollen, die länger als 80 Zeichen sind (Bildschirmbreite), zählt der ST dies wie eine Zeile, obwohl auf dem Bildschirm unter Umständen 2, 3 oder mehr Zeilen belegt werden. Abhilfe ist mit dem folgenden Programm möglich:

Version für GFA-BASIC

```
' BROWSER: Programm zum Anzeigen eines Files
' Filenamen ermitteln
Fileselect "A:\*.*","",F$
If (F$<>"") And (Exist(F$)) Then
  Open "I",#1,F$
  Dateilaenge%=Lof(#1)
  Print "Filename ";F$,"Dateilänge = ";Dateilaenge%
  Print
  Print "Space = nächste Seite, Return = nächste Zeile, Esc =
Stop";
  Print
  Print "[Taste]"
  Print "-------------------------------------------------------"
  Void Inp(2)
  ' Zunächst Bildschirm füllen
  I%=1
  While (I%<25) And (Not Eof(#1))
    Gosub Zeile
    Inc I%
  Wend
  ' Schleife zur weiteren Anzeige der Datei
  While (Not Eof(#1)) And (A%<>27)
    Print "## Mehr? ##"
    A%=Inp(2)
    If A%=32 Then
      ' nächste Seite anzeigen
      I%=1
      While (I%<24) And (Not Eof(#1))
        Gosub Zeile
        Inc I%
      Wend
    Endif
    If A%=13 Then
      ' nächste Zeile anzeigen
      Gosub Zeile
    Endif
  Wend
  If Eof(#1) Then
    ' Wenn Dateiende erreicht, Programm abbrechen
    Print "Ende der Datei [Taste]";
```

```
    Void Inp(2)
  Endif
Endif
Close #1
' Prozedur zum Anzeigen einer Zeile (Fließtext)
Procedure Zeile
  Local Z%,J%
  J%=1
  Z%=0
  While (J%<=80) And (Z%<>13) And Not Eof(#1)
    ' Zeichen aus Datei lesen
    Inc J%
    Z%=Inp(#1)
    Out 5,Z%
  Wend
  If Z%=13 Then
    Out 5,Inp(#1)
  Endif
  If J%<80 Then
    Print
  Endif
Return
```

Version für ST-BASIC/Omikron-BASIC

```
0 ' BROWSER: Programm zum Anzeigen eines Files
1 CLS
2 ' Filenamen ermitteln
3 Pfad$="A:\*.*"
4 MOUSEON
5 FILESELECT (Pfad$,F$,Ok%L)
6 MOUSEOFF
7 CLS
8 P%L= INSTR( MIRROR$(Pfad$),"\")
9 F$= LEFT$(Pfad$, LEN(Pfad$)-P%L+1)+F$
10 IF Ok%L=1 THEN
11  OPEN "I",1,F$
12  Dateilaenge%= LOF(1)
13  PRINT "Filename ";F$,"Dateilänge = ";Dateilaenge%
14  PRINT
15  PRINT "Space = nächste Seite, Return = nächste Zeile, Esc =
Stop";
16  PRINT
17  PRINT "[Taste]"
18  PRINT "-----------------------------------------------------"
19  A$= INPUT$(1)
20  ' Zunächst Bildschirm füllen
21  I%=1
22  WHILE (I%<25) AND ( NOT EOF(1))
23    Zeile
24    I%=I%+1
```

```
25  WEND
26  ' Schleife zur weiteren Anzeige der Datei
27  WHILE ( NOT EOF(1)) AND (A$<> CHR$(27))
28    PRINT "## Mehr? ##"
29    A$= INPUT$(1)
30    IF A$=" " THEN
31      ' nächste Seite anzeigen
32      I%=1
33      WHILE (I%<24) AND ( NOT EOF(1))
34        Zeile
35        I%=I%+1
36      WEND
37    ENDIF
38    IF ASC(A$)=13 THEN
39      ' nächste Zeile anzeigen
40      Zeile
41    ENDIF
42  WEND
43  IF EOF(1) THEN
44    ' Wenn Dateiende erreicht, Programm abbrechen
45    PRINT "Ende der Datei [Taste]";
46    A$= INPUT$(1)
47  ENDIF
48 ENDIF
49 CLOSE 1
50 END
51 ' Prozedur zum Anzeigen einer Zeile (Fließtext)
52 DEF PROC Zeile
53  LOCAL Z$,J%
54  J%=1
55  Z$=""
56  WHILE ((J%<80) AND (Z$<> CHR$(13)) AND ( NOT ( EOF(1))))
57    ' Zeichen aus Datei lesen
58    J%=J%+1
59    Z$= INPUT$(1,1)
60    PRINT CHR$(1);Z$;
61  WEND
62  IF ASC(Z$)=13 THEN
63    PRINT CHR$(1); INPUT$(1,1);
64  ENDIF
65  IF J%<79 THEN
66    PRINT
67  ENDIF
68 RETURN
```

Nachdem Sie das Programm gestartet haben, erscheint eine normale Objektauswahl auf dem Bildschirm. Hier können Sie die Datei auswählen, die danach angezeigt werden soll. Wenn Sie Abbruch anklicken, erscheint wieder das Desktop. Ansonsten zeigt das Programm zunächst noch einmal den Dateinamen und zusätzlich die Länge dieser Datei an. Hinzu kommt eine kleine Bedienungsanleitung. Erst auf beliebigen Tastendruck hin beginnt dann die Anzeige des Datei-Inhalts.

Wie bei der Desktop-Funktion auch haben Sie die Möglichkeit, die Ausgabe durch Leertaste (Space) um eine Seite oder durch Return bzw. Enter um eine Zeile weiterfahren zu lassen. Ein Abbruch ist jederzeit durch Esc möglich. Im Gegensatz zur Desktop-Funktion zeigt das obige Programm auch die sogenannten Steuerzeichen mit an. Das sind jene Zeichen, mit denen z.B. in Texten Attribute wie "Fettdruck" oder ähnliches gekennzeichnet werden. Auf dem Bildschirm erscheinen dafür Sonderzeichen wie z.B. Glocken, Pfeile o.ä. Das Desktop dagegen unterdrückt solche Zeichen nach Möglichkeit.

▸ Fehler

Die Anzeige einer Datei scheint sich im Kreis zu bewegen, ein Ende wird nicht erreicht.

▸ Abhilfe

In einem solchen Fall hat sich das Desktop in der internen Organisation der Diskette verheddert, was vor allem bei Dateien vorkommt, die keine lesbaren Daten, sondern Programmcode enthalten (z.B. Accessories). Sollte irgendwann danach noch der "--MEHR--"-Hinweis angezeigt werden, haben Sie Glück gehabt. Ctrl-C bzw. q bringt Sie wieder zurück ins Desktop. Erscheint dieser Hinweis nicht (was bei sogenannten Nulldateien ohne Inhalt immer vorkommt), bleibt Ihnen nichts anderes, als den Reset-Knopf an der Rückseite des ST gedrückt zu halten, dann eine Systemdiskette einzulegen und mit dem Loslassen der Reset-Taste den Rechner komplett neu zu starten. Im Normalfall sind dann Daten, die auf einer RAM-Disk gespeichert waren, verloren (Ausnahme: resetfeste RAM-Disks).

▸ Fehler

Sie haben versehentlich die Alternative Drucken angewählt, obwohl kein Drucker angeschlossen oder eingeschaltet war.

▸ **Abhilfe**

Warten Sie mindestens dreißig Sekunden lang. Falls das Desktop sich dann wieder meldet, hat der ST dieses Problem selbst erkannt und die Ausgabe abgebrochen. Ansonsten hilft nur der Griff zum Reset-Taster.

▸ **Fehler**

Nach Auswahl von "Drucken" geschieht am Drucker nichts, obwohl dieser angeschlossen und eingeschaltet ist.

▸ **Abhilfe**

Es könnte sein, daß Ihr Drucker auf "Off-Line" geschaltet ist, d.h. er ist zur Zeit nicht in der Lage, Daten vom Rechner zu übernehmen. Die meisten Drucker besitzen auf dem Bedienfeld eine Taste, die mit "On-Line" oder "Off-Line" bezeichnet ist. Drücken Sie diese einmal.

Geschieht dann immer noch nichts, besteht die Möglichkeit, daß der Drucker falsch beim Desktop angemeldet wurde (siehe "Drucker-Anpassung") oder schlimmstenfalls, daß der Drucker bzw. das Verbindungskabel defekt ist.Fehler Das Ausdrucken von Dateien klappt zwar, aber es erscheinen andere Zeichen auf dem Papier, als Sie das vom Bildschirm her gewohnt sind.

▸ **Abhilfe**

Hier scheint es sich um einen typischen Fall von fehlerhafter Druckeranpassung zu handeln. Schlagen Sie bitte im Druckerkapitel nach.

▸ **Fehler**

Nach einem Doppelklick auf eine Datei erscheint nicht die Auswahlbox, sondern es wird ein Programm gestartet.

▸ **Abhilfe**

Die Datei war über "Anwendung anmelden" einem Programm zugeordnet. Sie kann daher nicht mehr angezeigt werden, sondern lädt immer automatisch das Programm (s a. Seite xxxxx).

Was passiert, wenn ich Ordner öffne?

Das Öffnen eines Ordners geht ziemlich realitätsnah ab, denn mit dieser Aktion sieht man buchstäblich in einen Ordner hinein. Für den ST bedeutet das nichts anderes, als daß er das Inhaltsverzeichnis des Ordners anzeigt. Falls in diesem Ordner-Verzeichnis wieder ein Ordner steht, können Sie auch diesen öffnen und gelangen in dessen Inhaltsverzeichnis usw. Der Weg zurück ist auch sehr einfach: Klicken Sie einfach die Schließbox in der linken oberen Ecke an und die Anzeige wechselt in den letzten Ordner zurück.Ordner verlassen

2.2.2 Icon-Gruppen

Wie wähle ich mehrere Icons gleichzeitig an?

Die einfachste Möglichkeit ist: alle nacheinander anklicken. Wenn Sie dies versuchen, werden Sie schnell merken, daß das jeweils zuletzt invertierte Bild wieder auf normale Darstellung umspringt, wenn Sie ein neues anklicken. Das ändert sich, sobald Sie eine der Shift-Tasten gedrückt halten. Üben wir das einmal Schritt für Schritt: Falls Sie auf dem Bildschirm noch kein Inhaltsverzeichnis mit mindestens 3 Dateien sehen, holen Sie sich bitte eines heran.

Jetzt klicken Sie bitte eine beliebige Datei einmal an. Sie wird sofort invertiert. Nun drücken Sie eine der beiden Shift-Tasten und halten sie so fest. Klicken Sie jetzt eine weitere Datei an, so wird auch diese invertiert, ohne daß sich die Darstellung der anderen ändern würde. Das Spiel läßt sich mit weiteren Dateien weitertreiben, bis schließlich alle Icons schwarz gefärbt sind.

Wenn Sie in dieser Situation neben eines der Icons klicken, werden allerdings alle Dateien wieder abgewählt. Sie sollten also beim Positionieren ein wenig aufpassen. Diese Shift-Tasten-Methode ist sehr günstig, wenn Sie nur wenige Dateien auszuwählen haben. Anders sieht das aus, wenn Sie ein ganzes Inhaltsverzeichnis mit 30 oder mehr Icons anwählen möchten.

Für solche Situationen gibt es einen schnelleren Weg. Bewegen Sie bitte den Mauszeiger in die linke obere Ecke des ersten DateiIcons im Fenster und gehen Sie dann noch etwa einen halben Zentimeter nach links, so daß der Zeiger gerade noch im Fenster, aber nicht mehr auf dem Icon steht.

Wenn Sie jetzt die linke Maustaste gedrückt halten (bitte nicht loslassen), erscheint ein kleines Rechteck auf dem Bildschirm, das mitwächst, wenn Sie den Mauszeiger nach rechts unten bewegen. Man nennt dieses Rechteck wegen dieser Eigenschaft auch oft Gummiband-Rechteck. Probieren Sie das ruhig aus und positionieren Sie die Maus ungefähr so, daß mehrere Icons innerhalb dieses Rechtecks liegen. Jetzt können Sie die Maustaste loslassen. Wenn Sie genau darauf achten, werden Sie feststellen, daß jetzt alle die Icons invertiert sind, die ganz oder teilweise innerhalb des Rechtecks lagen.

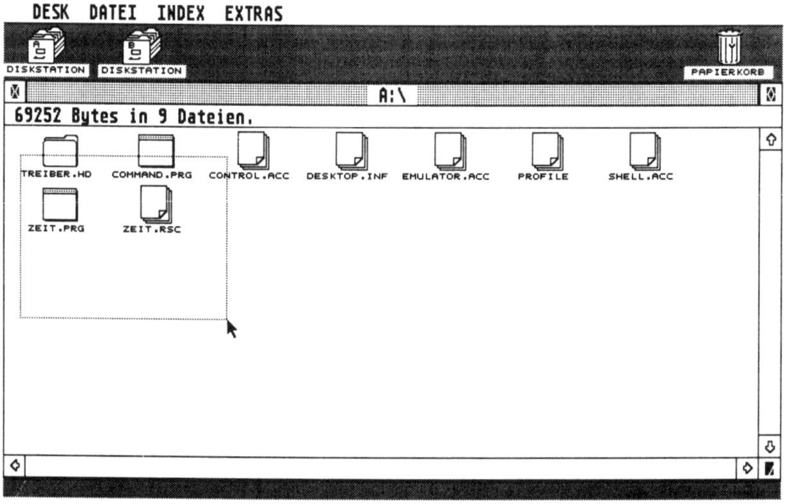

Abb. 2.3: Das Gummiband

Die Gummiband-Methode läßt sich mit der Shift-Tasten-Methode kombinieren, aber nur eingeschränkt. So können Sie zuerst mit dem Gummiband eine gewisse Anzahl Dateien "einfangen" und danach mit der Shift-Taste noch einige dazu holen. Umgekehrt funktioniert das leider nicht. Das Benutzen eines Gummibandes löscht alle früheren Auswahlen!

Haben Sie sich einmal mit der Auswahl einer Datei geirrt, ist das auch kein Problem. Sie brauchen nicht noch einmal mit der ganzen Prozedur von vorne zu beginnen. Halten Sie die Shift-Taste gedrückt und klicken Sie noch einmal auf die bewußte

Datei. Damit wird Sie abgewählt und erscheint wieder schwarz auf weißem Grund. Alle anderen Icons bleiben davon unbeeinflußt (aber nicht vergessen: Shift drücken!).

2.2.3 Icons aus anderen Fenstern

Wie komme ich an Icons aus anderen Fenstern heran?

Alle bisherigen Beschreibungen bezogen sich auf den Fall, daß nur ein Fenster auf dem Desktop liegt. Dann ist es auch klar, daß die Icons (soweit es sich nicht um Datenstationen oder den Papierkorb handelt) nur aus diesem einen Fenster stammen können. Was aber, wenn Sie mehrere Fenster geöffnet haben. Dann ist immer nur eines aktiv, während die anderen zwar sichtbar sind, aber nur die Icons aus dem aktiven Fenster können Sie direkt anklicken.

Es gibt nun zwei Wege, eine Datei aus einem nicht aktiven Fenster zu aktivieren. Der einfachste ist wohl, das gewünschte Fenster zu aktivieren (durch Mausklick) und dann erst die Datei auszuwählen. Das ist aber nicht immer wünschenswert, etwa, wenn man mit dem Laufwerk A arbeiten möchte, aber vorher kurz eine Datei aus einem anderen Laufwerk anzeigen lassen möchte. In diesem Fall hilft die rechte Maustaste. Wird sie niedergedrückt und festgehalten, so ist damit die Beschränkung auf ein Fenster aufgehoben und man kann alle sichtbaren Icons benutzen.

Ein Beispiel: In einem nicht aktiven Fenster liegen eine Datei, ein Ordner und ein Programm. Wenn Sie nun die rechte Maustaste gedrückt halten, können Sie mit der linken Maustaste jedes drei Icons anklicken (worauf diese invertiert werden) oder durch Doppelklick die Datei anzeigen lassen, den Ordner öffnen oder das Programm starten.

In der gleichen Weise können Sie das Gummiband und die Shift-Tasten-Methode aus dem letzten Abschnitt anwenden. Dieses Verfahren funktioniert sogar beim Kopieren von einem Laufwerk zum anderen! Die rechte Maustaste können Sie nicht bei Datenstationen und dem Papierkorb einsetzen (wozu auch?).

2.2.4 Icons verschieben

Was bewirke ich mit dem Verschieben von Icons?

Das Verschieben von Icons kann zwei Zwecken dienen. Icons, die nicht in einem Fenster liegen, verschiebt man, um sie an andere, übersichtlichere Plätze auf dem Bildschirm zu bringen oder um ganze Disketten zu kopieren. Icons aus Fenstern, die für irgendeine Datei stehen, verschiebt man, um sie zu kopieren. Das Vorgehen ist in beiden Fällen das gleiche.

Wie bewege ich ein Icon?

Um ein Icon zu bewegen, muß es zunächst invertiert, also angewählt werden. Dann schieben Sie den Mauszeiger auf das gewählte Icon und halten die linke Maustaste gedrückt. Solange Sie die Taste unten halten, erscheint an der Position des Mauszeigers ein kleiner Rahmen, der das Icon symbolisieren soll. Dieser Rahmen wandert nun mit dem Mauszeiger dorthin, wo Sie das Icon zukünftig positioniert sehen möchten, bzw. wo Sie die Datei hinkopiert haben möchten. Sobald Sie die Maustaste loslassen, erfolgt die eigentliche Reaktion des Desktop. Damit werden wir uns später beschäftigen.

Wie verschiebe ich Gruppen von Icons?

Das Verschieben von Icon-Gruppen funktioniert ganz genau wie bei einem einzelnen Bild. Zunächst müssen Sie die Gruppe auswählen, dann können Sie verschieben. Dazu bewegen Sie den Mauszeiger auf ein beliebiges invertiertes Icon und drücken - wie gehabt - die linke Maustaste. Dann können Sie verschieben. Diesmal wandert aber nicht nur ein Rahmen, sondern ein ganzes Rudel dieser Markierungen mit dem Mauszeiger über den Bildschirm. Das Ziel der Wanderung wird einzig und allein durch den Mauspfeil bestimmt. Stören Sie sich also nicht daran, wenn einige der Icons am Bildrand hängen bleiben, bevor Sie Ihr eigentliches Ziel erreicht haben.

Wozu lassen sich Datenstationen verschieben?

Verschieben der Optik wegen kann man auch alle Datenstation-Icons, aber es gibt hier noch einen weiteren Zweck. Legt man zwei dieser Icons aufeinander, so gibt man dem ST damit den Befehl, den Inhalt der oberen Datenstation auf die untere zu kopieren. Legt man ein Icon in ein Fenster, so bedeutet dies, daß der ST alle Dateien von der oberen Datenstation auf die untere kopiert. Das hört sich ziemlich ähnlich an, es gibt aber feine und wichtige Unterschiede.

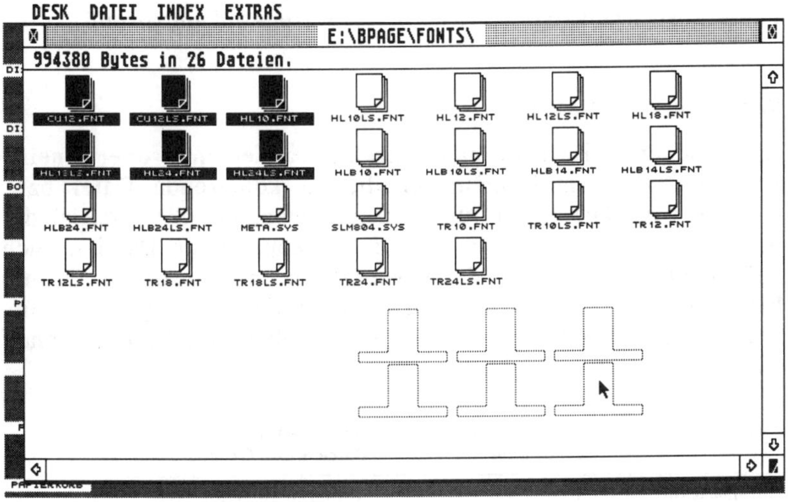

Abb. 2.4: Verschieben einer Gruppe von Dateien

Wozu den Papierkorb verschieben?

Er kann nur verschoben werden, um ihn an einen bequemeren Platz zu bringen. Es ist nicht möglich, ihn auf ein Fenster oder ein anderes Icon zu legen.

Im ersten Fall wird eine identische Kopie der Datei angefertigt, d.h. sie haben hinterher ein Duplikat mit genau der gleichen Anordnung der Dateien. Das klappt deshalb auch nur mit Disketten, die das gleiche Format besitzen (mehr zu diesem Thema im Kapitel "Massenspeicher"). Im zweiten Fall nimmt der ST jede Datei der ersten Station und überträgt sie auf die zweite. Eventuell noch vorhandene Dateien auf dem Zielgerät werden dadurch nicht berührt, während sie im ersten Fall zerstört würden (deshalb erscheint auch beim Ausführen dieser Funktion eine entsprechende Warnung).

Verschwindet eine Disk-Station beim Übereinanderlegen der Symbole, ohne das ein Hinweis zum Kopieren erscheint, so können Sie das verschwundene Symbol dadurch sichtbar machen, daß Sie das obere Symbol neu plazieren. Beim nächsten Versuch sollten Sie genauer zielen.

Wie lösche ich Dateien?

Wenn Sie Dateien löschen möchten, müssen Sie diese nur auf den Papierkorb legen (das Wort kopieren wäre wohl unpassend).

Wie kopiere ich Dateien?

In ähnlicher Weise kann man einzelne Dateien in Ordner hineinkopieren. Dazu muß man nur die zu kopierende Datei bzw. Gruppe von Dateien auf das Fenster legen, das Sie als Ziel des Kopiervorgangs auserkoren haben. Sie können die Dateien auch auf einen Ordner legen, dann werden sie in eben diesen Ordner hineinkopiert. Weil das alles etwas kompliziert ist, gibt die untenstehende Tabelle an, welches Verschieben welche Reaktionen auslöst.

Ziel ist	Verschoben wird Datenstation	Verschoben werden Dateien bzw. Gruppe
Datenstation	1:1 Duplikat falls iden. Format	Kopieren einzelner Dateien
Papierkorb	Nicht möglich	Dateien werden gelöscht!
Ordner	Dateien werden in den Ordner kopiert	Dateien werden in den Ordner kopiert
einzelne Datei	Nicht möglich	Nicht möglich
Desktop	Standortänderung	Nicht möglich

Ein Beispiel: Sie möchten eine Datei TEXT.TXT von einer RAM-Disk auf die Diskette in Laufwerk A kopieren. Dazu müssen Sie so vorgehen: Öffnen Sie zunächst die RAM-Disk, um ein Inhaltsverzeichnis zu erhalten. Dann klicken Sie die gewünschte Datei einmal an (sie ist jetzt invertiert). Um zu kopieren, verschieben Sie das Icon auf das des Laufwerks A. Nach einer kurzen Zeit erscheint dann eine Box auf dem Bildschirm, die Ihnen mitteilt, daß 0 Ordner und 1 Datei kopiert werden sollen. Sie haben jetzt die Chance, diesen Vorgang noch abzubrechen, indem Sie auf "Abbruch" klicken. Klicken Sie "Ok" an, so beginnt der ST mit der Übertragung. In der Box können Sie dabei immer sehen, wie viele Dateien noch zu übertragen sind.

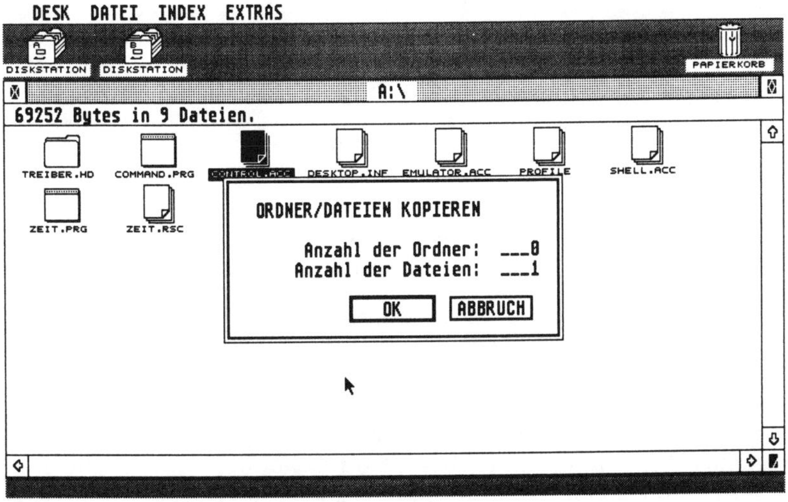

Abb. 2.5: Die Kopierbestätigung

Wenn Sie nach Beendigung des Kopiervorganges das Inhaltsverzeichnis von Laufwerk A ansehen, werden Sie dort die Datei TEXT.TXT wiederfinden.

Wie löscht man eine Datei?

Nachdem die Datei glücklich auf unserer Diskette gelandet ist, können wir sie aus der RAM-Disk entfernen, sprich löschen. Dazu brauchen Sie nur das Icon aus dem Fenster der RAM-Disk auf den Papierkorb zu schieben. Wieder meldet sich der ST mit einer kleinen Box, in der er die Anzahl der zu löschenden Dateien und Ordner angibt. Wie zuvor könnten Sie auch hier wieder die Notbremse ziehen und "Abbruch" anwählen.

Wie kopiert man Dateien in einen bestimmten Ordner hinein?

Nehmen wir an, auf unserer Diskette in Laufwerk A existiert ein Ordner mit Namen "TEXTE", in den wir eine Datei aus dem Hauptverzeichnis hineinkopieren wollen. Wie kriegen wir sie dahin? Recht einfach. Zunächst müssen wir die Datei in den Ordner hineinkopieren. Dazu schieben Sie das Icon auf den gewünschten Ordner. Wie Sie sehen, funktioniert das Kopieren nicht nur von Diskette zu Diskette, sondern auch von einem

Verzeichnis zu einem anderen auf der gleichen Scheibe. Ist dieser Kopiervorgang abgeschlossen, besitzen wir zwei Versionen unserer Datei TEXT.TXT. Eine steht im Hauptverzeichnis, die andere im Ordner. Falls Sie die erste nicht mehr brauchen, können Sie sie einfach löschen. Fertig!

▸ Fehler

Beim Erstellen einer 1:1-Kopie erscheint eine Meldung, daß dies nicht möglich sei, weil die Disketten unterschiedliche Formate besitzen.

▸ Abhilfe

Eine 1:1-Kopie können Sie in dieser Situation auf keinen Fall erstellen. Sie können sich aber damit behelfen, daß sie alle Dateien einer Diskette auf die andere kopieren. Dieser Fehler tritt zum Beispiel auch dann auf, wenn Sie 1:1-Duplikate zwischen einer einseitig formatierten und einer zweiseitigen Diskette machen möchten.

▸ Fehler

Es erscheint eine Meldung "Diese Diskette hat zuwenig Speicherplatz!"

▸ Abhilfe

Dieser Fehler tritt auf, wenn die Zieldiskette voll ist. Kopieren Sie die noch nicht übertragenen Dateien auf eine andere Diskette oder schaffen Sie Platz, indem Sie nicht mehr benötigte Dateien löschen.

▸ Fehler

Es erscheint eine Meldung "Daten auf Diskette... defekt."

▸ Abhilfe

Entweder ist die Diskette nicht formatiert oder Sie haben versucht mit Ihrem einseitigen Laufwerk eine doppelseitige Diskette einzulesen. Ansonsten scheint die Diskette selbst defekt zu sein. Schlagen Sie bitte im Kapitel "Massenspeicher" nach.

▸ Fehler

Es erscheint eine Meldung "Objekte aus Fenstern nicht auf dem Desktop ablegen", nachdem Sie versucht haben, Dateien auf ein anderes Laufwerk oder den Papierkorb zu schieben.

▸ Abhilfe

Sie haben etwas daneben gezielt! Beim Loslassen des Mausknopfes war der Mauszeiger nicht auf dem gewünschten Ziel, sondern leicht daneben positioniert. Versuchen Sie es noch einmal. Sie können das Treffen eines Ziels daran erkennen, daß das betreffende Icon invertiert wird!

▸ Fehler

Beim Kopieren erscheint eine Meldung, daß eine Datei gleichen Namens schon auf der Zielstation existiert.

▸ Abhilfe

Wenn der ST zwei Dateien gleichen Namens auf der gleichen Diskette anlegen soll, kann dies zu Verwechslungen führen. Deshalb weigert er sich in solchen Fällen, den Kopiervorgang auszuführen. Klicken Sie "Weiter" an, so überschreibt der Rechner die alte Datei, diese ist dann unwiederbringlich gelöscht. Durch Klicken auf "Abbruch" können Sie den Kopiervorgang abbrechen. Wenn Sie die beanstandete Datei trotzdem noch kopieren wollen, können Sie den Namen der Kopie direkt ändern. Dazu löschen Sie einfach den alten Namen mit der Delete-Taste und geben den neuen Namen ein. Sie können beide Dateien später umbenennen.

▸ Fehler

Beim Löschen zeigt der ST eine Meldung an, daß die Datei den Status "nur lesen" habe.

► **Abhilfe**

Sie versuchen, eine Datei zu löschen, die ausdrücklich gegen solche Manipulationen geschützt ist. Wollen Sie trotzdem löschen, müssen Sie das Merkmal in der Infoanzeige zu dieser Datei in "lesen/schreiben" ändern. Dazu müssen Sie die Datei durch einfaches Anklicken aktivieren und im Menü Datei den Punkt zeige Info... auswählen. In dem erscheindenden Formular können Sie nun das Merkmal lesen/schreiben anklicken.

► **Fehler**

Beim Kopieren erscheint eine Meldung, daß ein Laufwerk mit dieser Kennung unbekannt sei.

► **Abhilfe**

Sie haben eine Floppy falsch angemeldet oder angemeldet, obwohl dieses Gerät gar nicht existiert. Der Kopiervorgang kann daher nicht durchgeführt werden.

2.3 Fenster

Was ist ein Fenster?

Vieles von dem, was Sie mit dem ST anstellen können, spielt sich in Fenstern ab. Da ist es kein Wunder, daß hier besonders viele Möglichkeiten versteckt sind. Werfen wir erst einmal einen Blick auf ein typisches Fenster. Fenster sind das typische Anzeigemedium Ihres ST. Wann immer Daten auf besonders komfortable Art angezeigt werden sollen, treten Fenster auf den Plan.

Wie lasse ich ein Fenster vom Bildschirm verschwinden?

Das kleine Quadrat mit der durchgestrichenen Scheibe in der linken oberen Ecke ist das sogenannte Schließfeld. Klickt man hier mit dem Mauszeiger, so wird auf dem Desktop das Fenster geschlossen, falls darin das Hauptinhaltsverzeichnis einer Datenstation angezeigt wurde. Unabhängig davon, ob sie sich in einem Ordner oder im Hauptinhaltsverzeichnis befinden, schließt der Punkt schließe Fenster im Menü Datei auf jeden Fall das aktuelle Fenster.

Wie gelange ich aus einem Ordner wieder heraus?

Stand im Fenster das Inhaltsverzeichnis eines Ordners, so gelangen Sie durch den Klick auf das Schließfeld wieder in den vorherigen Ordner zurück. Tauchen Fenster in Programmen auf, so kann dies auch andere Bedeutungen haben - z.B. Beenden des Programms.

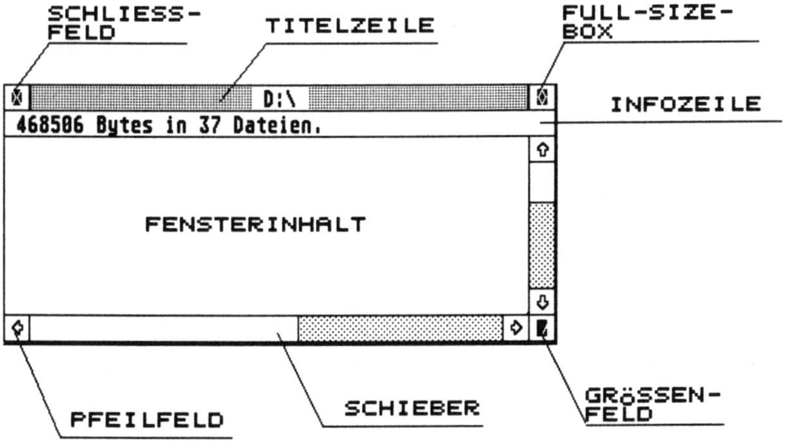

Abb. 2.6: Ein Fenster mit allen Schikanen

Wie verschiebe ich ein Fenster?

Rechts neben dem Schließfeld befindet sich die sogenannte Titelzeile. Sie heißt so, weil eben hier (wenn vorhanden) der Name des Fensters angezeigt wird. Desktop-Fenster geben hier an, welches Inhaltsverzeichnis innerhalb des Fensters dargestellt wird. Die Titelzeile hat aber noch eine andere Aufgabe. Mit ihrer Hilfe läßt sich das ganze Fenster bewegen. Das funktioniert genauso wie bei Icons:

1. Fenster durch einfachen Mausklick aktivieren. Aktive Fenster (davon gibt es immer nur eines) erkennt man daran, daß die Titelzeile grau gefärbt ist. Außerdem "liegen" sie immer ganz oben. Bei nicht aktiven Fenstern ist die Titelzeile weiß. Wenn Sie ein Fenster bewegen möchten, müssen Sie es unbedingt aktivieren, da der Trick mit der rechten Maustaste nur auf Icons wirkt!

2. Mauszeiger in die Titelzeile bewegen und linke Maustaste gedrückt halten. Das Fenster (bzw. ein Rahmen, der dieses symbolisieren soll) wird Ihren Mausbewegungen nun solange folgen, bis Sie die Taste wieder loslassen. Direkt nach dem Loslassen wird dann das Fenster an der neuen Position gezeichnet. Sie können das Fenster überallhin schieben, auch über andere Fenster oder Icons. Wenn gerade Platzmangel auf dem Bildschirm herrscht, können Sie es auch nach rechts oder unten herausschieben. Es braucht nur eine winzig kleine Ecke der Titelzeile sichtbar bleiben, damit Sie das Fenster später wieder zurückholen können.

Und wenn das Fenster zu klein ist?

Rechts neben der Titelzeile finden Sie die "Full-Size"-Box, wie Sie im Englischen genannt wird. Der Name deutet es an: ein Mausklick auf dieses Quadrat bewirkt, daß das Fenster die Größe des gesamten Bildschirms annimmt. Ein weiterer Klick macht dies wieder rückgängig. Allerdings ist dabei eines zu beachten. Wenn Sie nach dem Vergrößern auf Bildschirmgröße das Fenster verkleinern (s. Größe des Fensters ändern), vergißt die Desktop die alten Ausmaße. Klicken Sie dann noch einmal auf die Full-Size-Box, so nimmt das Fenster wieder den gesamten Bildschirm ein.

Was steht unter der Titelzeile?

Unter der Titelzeile finden Sie die sogenannte Info-Zeile. Sie ist dafür gedacht, zusätzliche Informationen über den Fensterinhalt zu geben, z.B. die Anzahl belegter Bytes in einem Ordner. In manchen Programmen wird sie nicht eingesetzt; sie besitzt auch keine weiteren Funktionen.

Was steht im Fenster?

Unter der Infozeile folgt nun endlich der Fensterinhalt. Je nach Programm kann der sehr verschieden ausfallen. Auf dem Desktop werden hier die Icons der Dateien dargestellt, während Ihre Textverarbeitung hier den eingebenen Text hinschreibt und ein Malprogramm vielleicht eine Zeichenfläche zur Verfügung stellt.

Im Falle des Desktop gilt noch eine kleine Besonderheit. Wenn Sie auf die Esc-Taste (links oben auf der Tastatur) drücken, versucht der ST, das Inhaltsverzeichnis neu von der Diskette einzulesen. Das hat folgenden Sinn: Nach dem Wechsel einer Diskette in einem Laufwerk steht im Fenster noch das Inhaltsverzeichnis der alten Scheibe, obwohl diese gar nicht mehr im Laufwerk liegt. Drücken Sie in dieser Situation Esc, so zwingen Sie den ST damit, das neue Inhaltsverzeichnis anzuzeigen.

Wozu sind die Pfeile da?

Der Fensterinhalt wird rechts und unten durch die sogenannten Schieberfelder begrenzt. Deren Funktionen sind recht vielfältig, aber für beide Schieberfelder gleich. Kurz gefaßt kann man sagen, daß diese Felder dazu dienen, den Fensterinhalt in alle vier Himmelsrichtungen zu bewegen, falls das Fenster nicht groß genug sein sollte, um den gesamten Inhalt anzuzeigen. Damit wären wir schon bei der ersten Aufgabe der Schieber. Ihre Größe korrespondiert immer mit der Größe des Fensterinhalts.

Wenn also einer der weißen Schieber nur die Hälfte des Schieberfeldes einnimmt, dann heißt das, daß noch einmal so viele Informationen, wie zur Zeit angezeigt sind, unseren Blicken verborgen bleiben. Wenn Sie jetzt den Schieber bewegen (wie ein Icon oder Fenster), dann wandert der Fensterinhalt aus dem Bild heraus und der Rest wird sichtbar. Bildlich kann man sich das so vorstellen, daß Sie einen Rahmen über einem Blatt verschieben und dieses Blatt nur dadurch sichtbar wird.

Um alle Informationen zu Gesicht zu bekommen, müssen Sie den Rahmen bewegen. Für die Bewegungen haben Sie mehrere Möglichkeiten. Durch einen Mausklick in eines der Pfeilfelder verschiebt sich der Rahmen um eine Zeile oder Spalte in der gewünschten Richtung. Wie hoch bzw. breit diese Verschiebung ist, hängt wieder einmal von der speziellen Situation ab. Eine Icon-Zeile ist nun einmal höher als eine Textzeile.

Sie können auch, wie schon beschrieben, direkt eine Position anfahren, indem Sie den Schieber entsprechend bewegen. Klicken Sie dagegen neben den Schieber (also in die grau unterlegten Abschnitte des Schieberfeldes) so bewegt sich der gedachte Rahmen um eine ganze Seite. Die Größe dieser Seite ist auch hier wieder vom Fensterinhalt abhängig.

Wie verändere ich die Größe eines Fensters?

Das machen Sie mit dem Größenfeld. Damit ist das kleine schwarze Rechteck mit dem weißen Schrägstrich gemeint. Es dient dazu, die Größe des Fensters festzulegen. Das Vorgehen dabei ist wieder einmal dem Verschieben von Icons sehr ähnlich. Also: linke Maustaste gedrückt halten und Mauspfeil in Richtung der gewünschten Größe bewegen. Der vom Fensterschieben her bereits bekannte Rahmen erscheint wieder. Diesmal wächst oder schrumpft er jedoch, je nach Mausbewegung. Sobald Sie die Maustaste loslassen, wird das Fenster in der neuen Größe gezeichnet. Gleichzeitig werden Sie bemerken, daß die Schieber ihre Größe geändert haben. Falls Sie also einmal ein Fenster verkleinert haben, werden Sie durch die grau unterlegten Schieberabschnitte daran erinnert, daß nicht alle Informationen sichtbar sind.

Wenn Sie sich in der Bedienung von Fenstern noch nicht zuhause fühlen, können Sie das Programm SAMPLE.PRG starten, daß Ihnen auf der von Atari mitgelieferten Diskette zur Verfügung steht. Der einzige Sinn dieses Programms ist es, ein Fenster auf dem Bildschirm zu erzeugen, mit dem Sie nach Herzenslust herumspielen und trainieren können, bis Sie auf das Schließfeld klicken. Dann nämlich endet das Progamm und Sie gelangen wieder zurück zum Desktop.

Kann ich nur ein Fenster benutzen?

Wer die obigen Beschreibungen liest, könnte schnell auf den Gedanken kommen, Fenster seien die absoluten Einzelgänger. Dem ist nicht so. Sie können bis zu vier dieser nützlichen Einrichtungen auf den Bildschirm zaubern. Probieren Sie es. Führen Sie viermal hintereinander einen Doppelklick auf das Icon der Diskettenstation A aus, und es werden vier Fenster mit demselben Inhalt erscheinen. Wie Sie sehen, ist immer nur eines aktiv, und dieses aktive Fenster liegt (optisch betrachtet) stets ganz oben auf dem Stapel. Dahinter steht die Vorstellung, daß ein Fenster ein Blatt Papier auf einem Schreibtisch repräsentiert. Legen Sie mehrere Blätter auf Ihren Schreibtisch, können Sie auch nur diejenigen bearbeiten und sehen, die ganz oben liegen.

Wie komme ich an ein unten liegendes Fenster heran?

Um ein verdecktes Fenster nach oben zu holen (aktivieren), müssen Sie wenigstens eine kleine Ecke davon sehen können.

Klicken Sie dort hinein, und das Desktop holt Ihnen das Fenster nach vorne. Dabei ist es egal, wo Sie das Fenster anklicken. Bei nicht aktiven Fenstern können Sie überall hin klicken, ohne etwas anderes als die Aktivierung zu bewirken.

Wieviele Fenster darf ich öffnen?

Versuchen Sie, mehr als vier Fenster zu öffnen, so erscheint eine Warnmeldung auf dem Bildschirm. Sie müssen dann zunächst eines der anderen Fenster schließen, bevor Sie ein neues öffnen dürfen.

Wozu ist die Arbeit mit mehreren Fenstern gut?

Nehmen wir an, Sie möchten Dateien aus einem Ordner in einen anderen Ordner der gleichen Diskette kopieren. Dann brauchen Sie zwei Fenster. Zunächst holen Sie sich ein Inhaltsverzeichnis des ersten Ordners, dann klicken Sie noch einmal auf das Icon der gleichen Diskette, und Sie erhalten ein Fenster mit dem Hauptverzeichnis. Darin suchen Sie nun den Zielordner. Anschließend können Sie die zu kopierenden Icons aus dem Ordnerfenster in das andere schieben (entweder mit dem Rechte-Maus-Tasten-Trick aus Kapitel 2.2. oder nach Aktivieren des ersten Fensters). Das funktioniert natürlich auch zwischen verschiedenen Datenstationen.

▸ Fehler

Sie wollen ein neues Fenster öffnen. Dabei gibt der ST die Fehlermeldung aus, daß nur vier Fenster möglich seien. Sie zählen auf dem Bildschirm aber weniger als vier Fenster, müßten also theoretisch noch ein weiteres öffnen können.

▸ Abhilfe

Sie haben irgendwann vorher ein Fenster aus dem Bild herausgeschoben und dort vergessen. Von diesem Fenster müßte noch eine winzig kleine Ecke sichtbar sein, auch wenn diese Ecke vielleicht nur noch die Größe eines Punktes hat. Versuchen Sie diese am unteren Bildrand zu finden. Haben die das geschafft, können Sie dieses vierte Fenster schließen und wie gewünscht ein anderes öffnen.

▸ Fehler

Sie wissen, daß unter einem Fenster ein anderes vollständig verborgen ist. Sie möchten aber gerade dieses verborgene Fenster aktivieren.

▸ Abhilfe

Verschieben oder verkleinern Sie das obere Fenster soweit, daß das darunter liegende wieder sichtbar wird. Dann reicht ein Klick, um dieses zu aktivieren.

Oben habe ich bereits erwähnt, daß in Programmen zwar auch Fenster mit dem gleichen Aussehen wie auf dem Desktop vorkommen können, diese aber nicht unbedingt das gleiche Verhalten zeigen müssen. Das liegt an einer speziellen Eigenart des ST. Er bietet allen Programmen an, die Fenster zu zeichnen und zu überwachen. Entdeckt er dabei zum Beispiel einen Klick auf das Schließfeld, so faßt er dies nicht als Befehl zum Schließen des Fensters auf, sondern meldet dieses Ereignis lediglich an das Programm weiter. Das Programm entscheidet dann, was zu tun ist.

Wenn der Programmierer für einen solchen Fall vorgesehen hat, etwas anderes zu tun, dann kann es durchaus vorkommen, daß z.B. durch das Schließfeld ein weiteres Fenster geöffnet wird. Falls Sie also mit irgendwelchen Fenstern arbeiten, deren Reaktionen Ihnen seltsam vorkommen, schlagen Sie in der jeweiligen Programmanleitung nach.

Die Beschränkung auf vier Fenster hat ebenfalls technische Ursachen. Der ST muß nämlich für die Verwaltung eines jeden Fensters eine gewisse Menge an Speicher bereit halten. Ließe man unendlich viele Fenster zu, wäre der Speicher selbst eines ST sehr schnell erschöpft. In Wirklichkeit sind sieben Fenster möglich, diese werden auch von einigen Programmen erlaubt, aber aus Sicherheitsgründen erlaubt Atari auf dem Desktop nur vier Fenster.

2.4 Drop-Down-Menüs

Wie bedient man Menüs?

In der obersten Zeile des Bildschirms finden Sie die sogenannte Menüleiste. Berühren Sie eine der Überschriften mit dem Mauszeiger, klappt ein Menü herunter (daher der englische Name, der soviel wie "Herunterfallende Auswahlmöglichkeit" bedeutet). Haben Sie ein solches Herunterklappen einmal versehentlich ausgelöst, klicken Sie einfach irgendwo neben das Menü. Es verschwindet sofort, das Klicken hat keinen Einfluß auf den Rest des Programms.

Innerhalb des Menüs können Sie unter verschiedenen Funktionen wählen, die je nach Programm verschieden sind (die Funktionen des Desktop werden weiter unten erläutert). Dazu brauchen Sie nur den Mauszeiger auf die gewünschte Zeile zu bewegen (sie wird dabei invertiert) und mit der linken Maustaste zu klicken. Was dann passiert, hängt von der jeweiligen Funktion ab.

Innerhalb der Menüs sind noch einige Besonderheiten erwähnenswert. Menüs, die wie Schalter wirken (z.B. Ton an/aus) werden oft mit Haken dargestellt. Sobald die betreffende Funktion eingeschaltet ist, erscheint der Haken im Menü, beim Abschalten verschwindet er wieder. Menüzeilen, die in heller Schrift dargestellt sind, können nicht angewählt werden. Viele Programme benutzen dies, um Funktionen abzuschalten, die momentan unsinnig wären (z.B. Speichern eines nicht vorhandenen Textes).

In vielen Menüs findet man außerdem noch am rechten Rand einzelne Buchstaben. Damit wird auf evtl. vorhandene Kurzwahlen verwiesen, sogenannte Short-Cuts. Wenn Sie mit einem Programm sehr vertraut sind, kann es oft schneller sein, eine Funktion über eine bestimmte Tastenkombination zu aktivieren, als über das Menü. Die dafür nötigen Tastendrücke werden dann am rechten Rand vermerkt.

2.5 Das Menü des Desktop

Natürlich verfügt auch die Startbasis unserer Arbeit mit dem ST über ein solches Menü. Dessen Funktionen sind nicht immer leicht zu durchschauen, weshalb sie hier noch einmal der Reihe nach beschrieben werden sollen.

2.5.1 Desk

Egal in welchem Programm Sie sich befinden, das am weitesten links stehende Menü hat (unabhängig vom Titel) in jedem Fall die gleiche Aufgabe. Zuoberst finden Sie eine Copyright-Meldung (meist Desktop Info oder INFO genannt), darunter folgen die verschiedenen Accessories.

Wozu sind die Accesories da?

Accessories sind Programme, die Sie auch dann noch zur Verfügung haben, wenn Ihr Rechner noch mit anderen Aufgaben beschäftigt ist. Wenn Sie also mitten in der Arbeit mit dem Textverarbeitungssystem feststellen, daß Sie vergessen haben, den Drucker auf Einzelblattbetrieb anzupassen, dann brauchen Sie nicht das Textsystem verlassen, um dieser Änderung vom Desktop aus vorzunehmen. Statt dessen können Sie im Textsystem das Accessory Drucker-Anpassung im links stehenden Menü aufrufen.

Mit dem ST werden zwei dieser Accessory-Programme ausgeliefert; diese erzeugen (ganz untypisch) jeweils zwei Menüpunkte. CONTROL.ACC ist für die Zeilen "Kontrollfeld" und "Drucker Anpassung" zuständig. Das Accessory EMULATOR.ACC erzeugt die Menüpunkte "VT52 Emulator" und "RS 232 Einstellung". Diese werden im Kapitel über die Schnittstellen genauer erläutert, ebenso finden Sie die Erklärung der "Drucker Anpassung" im Kapitel "Drucker".

Sollten Sie Besitzer eines Mega-ST sein, so müssen Sie hier ein wenig aufpassen (das gleiche gilt auch für normale STs mit eingebauter Echtzeituhr). Durch einen Programmierfehler verstellen die alten Versionen des CONTROL.ACC bei jedem Start des ST die so sorgsam gestellte Uhr. Dies passiert bei neueren Versionen nicht mehr. Sollten Sie Zweifel in dieser Hinsicht haben, fragen Sie bitte Ihren Fachhändler.

Was kann ich mit den Accessories machen?

Das hängt im wesentlichen davon ab, welche Accessories Sie besitzen. Sie sind nicht allein auf die von Atari mitgelieferten Accessories angewiesen. Sie können weitere dazukaufen und auf

Ihre Systemdiskette kopieren. So gibt es beispielsweise schon Accessories, die Notizblöcke oder gar komplette Adressenverwaltungen zur Verfügung stellen.

Hier soll uns nur das Kontrollfeld interessieren, weil wir hier die Einstellungen machen können, die wir für die Arbeit mit dem Desktop brauchen. Klicken Sie das Wort "Kontrollfeld" an. Dann erscheint ungefähr folgendes Bild:

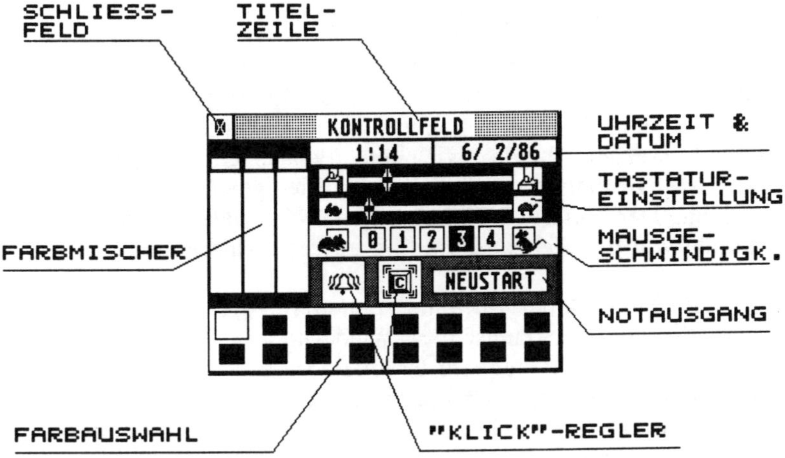

Abb. 2.7: Das Kontrollfeld

Wie Sie sicher schon bemerkt haben, wird das Kontrollfeld in einem Fenster dargestellt. Sie können es daher auch verschieben und schließen (was hier das Beenden der Einstellung zur Folge hat). Während das Kontrollfeld auf dem Bildschirm steht, können Sie nicht mit den anderen Fenstern oder dem Programm, von dem aus Sie das Accessory aufriefen, arbeiten.

Wie kann ich Datum und Uhrzeit stellen?

Direkt unter der Titelzeile werden das Datum und die Uhrzeit angezeigt, auf die die eingebaute Uhr gerade eingestellt ist. Im Normalfall (außer bei Mega-STs) dürften diese Werte nicht stimmen. Um sie zu ändern, klicken Sie bitte einmal in das entsprechende Feld. Es erscheint ein kleiner senkrechter Strich, der Cursor. Sie können jetzt das betreffende Feld editieren. Mit den

Pfeiltasten können Sie den Cursor nach links oder rechts bewegen, Esc löscht das Eingabefeld, Delete und Backspace löschen jeweils ein Zeichen.

Geben Sie nun die Zeit bzw. das Datum neu ein (ggf. durch Nullen aufgefüllt wie in 0931 für 9 Uhr 31 oder 190788 für den 19.7.1988) oder ändern Sie das bestehende durch Überschreiben. Wenn Sie fertig sind, drücken Sie bitte Return oder Enter, und der ST übernimmt den neuen Wert.

Kann ich auch die Tastatur beeinflußen?

Unter den Feldern für Zeit und Datum befinden sich zwei Gebilde, die wie die Schieberegler eines Mischpults aussehen. Mit diesen beiden Schiebern können Sie die Tastatur beeinflussen. Bedient werden beide wie ein Fensterschieber: anklicken, Maustaste festhalten und dann in die gewünschte Richtung schieben. Der untere Schieber regelt, wie viele Zeichen in der Sekunde von der Repeat-Funktion ausgegeben werden.

Der Hase steht dabei für eine schnellere, die Schildkröte logischerweise für eine langsamere Wiederholung. Falls Sie die Repeat-Funktion nicht kennen: Drücken Sie in einer Textverarbeitung einmal eine Buchstabentaste und halten diese fest. Nach einer kurzen Wartezeit wird dieser Tastendruck vom Rechner automatisch solange wiederholt, wie Sie die Taste festhalten.

Der obere der beiden Regler dient dazu, die Verzögerung einzustellen, mit der die Wiederholung einsetzt. Ein Verschieben nach links bedeutet wiederum eine Beschleunigung, die andere Richtung eine Verlangsamung.

In der nächsten Zeile können Sie dann die Geschwindigkeit festlegen, mit der ein Doppelklick ausgeführt werden muß, um als solcher erkannt zu werden. Echte Maus-Tasten-Artisten können dies so schnell ausführen, daß Sie den Wert 0 (die schnellste Stufe) wählen. Für den Normalanwender dürfte 2 die richtige Geschwindigkeit sein. Falls Sie damit nicht zurecht kommen, können Sie mit den Werten 3 oder gar 4 die Erkennungszeit noch weiter verlängern.

Wie schalte ich Warntöne ein und aus?

Die Glocke steht für die akustischen Warnmeldungen, die der ST dann und wann ausgibt, falls der Anwender einen Fehler gemacht hat. In einem solchen Fall läßt er ein Piepen hören (vorausgesetzt, die Lautstärke Ihres Monitors ist nicht auf 0 gestellt). Durch Anklicken der Glocke können Sie diese Warnsignale je nach persönlichem Geschmack ein- bzw. ausschalten. Das gleiche gilt für den sogenannten Tastatur-Klick, der durch den Knopf mit dem C symbolisiert wird. Ist er eingeschaltet, so quittiert der ST jeden Druck auf eine Taste mit einem kleinen Klickgeräusch. Für beide Geräusche (Atari nennt das "Audiophile Rückmeldung") gilt, daß sie ausgeschaltet sind, wenn das betreffende Symbol hell dargestellt wird.

Und wenn ich mich geirrt habe?

Sollten Sie nach so vielen Reglern einmal den Kopf verloren haben und die letzte Einstellung zurückholen wollen, ist auch das kein Problem. Klicken Sie einfach auf Neustart, und der ST ist wieder so eingestellt, wie er es auch beim Aufruf des Kontrollfeldes war.

Was tue ich, um die Farben anders einzustellen?

Auf der linken Seite finden Sie wiederum drei Schieberegler, die diesmal senkrecht angeordnet sind. Vorausgesetzt, Sie besitzen einen Farbmonitor, können Sie damit zu jeder Farbe einstellen, wie sich diese aus den drei Grundfarben Rot, Grün und Blau zusammensetzt. Dazu gehen Sie so vor: Wählen Sie bitte zuerst die Farbe aus, die Sie neu mischen möchten, indem Sie das betreffende Feld am unteren Rand des Kontrollfeldes anklicken. Dann stellen Sie mit den drei senkrechten Reglern die gewünschte Mischung ein.

Besitzer eines Schwarz-weiß-Monitors SM-124 oder SM-125 werden mit dieser Einstellungsmöglichkeit nicht viel anfangen können. Falls Sie aber einmal eine umgekehrte Farbdarstellung (Weiß auf Schwarz) benötigen, schieben Sie bitte die Regler für die Farbe Weiß alle nach ganz unten. Damit haben Sie schwarz und weiß vertauscht. Diesen Effekt können Sie wieder umkehren, indem Sie die Regler wieder alle nach ganz oben schieben.

Wenn Sie nach der Datums- und Uhrzeiteingabe nicht mit der Return-Taste bestätigen, sind scheinbar keine Aktionen im Kontrollfeld mehr möglich.

2.5.2 Datei

Was kann ich unter Datei erreichen?

Unter "Datei" finden Sie alles, was mit der Organisation und Nutzung von Disketten zu tun hat. Beachten Sie bitte, daß einige Menüpunkte nur dann anwählbar sind, wenn gewisse Voraussetzungen erfüllt sind, z.B. können Sie eine Diskette nur dann formatieren, wenn Sie vorher eine Datenstation aktiviert haben, mit der formatiert werden soll.

Was mache ich mit "Öffne"?

"Öffne" erfüllt den gleichen Zweck wie ein Doppelklick auf ein Icon. Bei Datenstationen wird ein Fenster aufgemacht, bei Ordnern wird deren Inhaltsverzeichnis angezeigt, Dateien werden ausgedruckt bzw. angezeigt und Programme werden gestartet.

Wie bekomme ich nähere Informationen über Objekte?

"Zeige Info..." ist wohl der wichtigste Punkt in diesem Menü. Zu einem vorher ausgewählten Objekt werden mit dieser Funktion wichtige Daten ermittelt. War das ausgewählte Objekt ein Datenstation-Icon, so werden die Stationskennung, der Diskettenname und verschiedene Werte wie freier und belegter Platz angezeigt. Näheres hierzu im Kapitel "Massenspeicherung". Wichtig ist: die Angaben über Datenstationen, insbesondere der Name, können nicht geändert werden! Ein Umbenennen der Diskette ist also nicht möglich.

Bezieht sich die Information auf einen Ordner, so sind die angezeigten Daten ähnlich. Auch hier gilt, daß keine Änderungen möglich sind. Wie man trotzdem einen Ordner umbenennen kann, zeigt Ihnen wiederum das Kapitel "Massenspeicherung".

Kann ich die Informationen auch ändern?

Was Ordner und Disketten angeht: Nein! Etwas anders sieht es mit den Informationen über Dateien aus. Hier haben Sie zwei

Möglichkeiten der Manipulation. Zum einen können Sie den Namen einer Datei ändern, zum anderen deren Merkmal.

Wie kann ich eine Datei umbenennen?

Das machen Sie mit dem Namen, der in der obersten Zeile der Info angezeigt ist. Mit dem Erscheinen der Information ist am Ende des Dateinamens auch der Cursor aufgetaucht. Wie Sie schon richtig erraten haben, können Sie mit diesem Cursor den Dateinamen beliebig verändern. Bewegen Sie den Strich einfach auf die gewohnte Weise mit den Cursortasten (Esc löscht die ganze Zeile) und schreiben Sie einen neuen Dateinamen hinein.

Ein ganz einfaches Beispiel: Sie möchten ein Accessory (z.B. EMULATOR.ACC) zeitweilig abmelden, ohne es ganz von der Diskette zu löschen. Dazu brauchen Sie nur das Icon mit dem Namen "EMULATOR.ACC" einmal anzuklicken und sich die Info dazu anzeigen lassen. Mit der Backspace-Taste löschen Sie das letzte Zeichen des Namens (die Endung sollte jetzt .AC lauten). Das reicht schon. Durch einen Klick auf OK oder einen Druck auf die Return-Taste wird diese Änderung auf die Diskette übernommen. Falls Sie das nicht möchten, können Sie durch einen Mausklick auf "Abbruch" den Notausgang wählen.

Wie kann ich das Merkmal ändern und was passiert dann?

Die zweite Änderungsmöglichkeit besteht beim sogenannten Merkmal. Klicken Sie bitte eine der beiden Boxen an, die Ihren Wünschen entspricht. "lesen/schreiben" heißt, daß Sie mit der Datei beliebig umgehen dürfen; sowohl das Ansehen als auch das Ändern der Daten sind erlaubt (dies ist der Normalfall). Handelt es sich um wichtige Daten, dann möchten Sie vielleicht vermeiden, daß diese versehentlich gelöscht oder geändert werden. In diesem Fall klicken Sie bitte "nur lesen" an. Der ST vermerkt dann auf der Diskette, daß diese Datei nicht geändert und nicht gelöscht werden darf.

▸ Fehler

Nach der Änderung eines Dateinamens erscheint ein Hinweis, daß dieser Dateiname schon existiert.

▸ Abhilfe

Sie haben versucht, den gleichen Namen zwei Dateien im gleichen Verzeichnis zu geben. Dies läßt der ST nicht zu, um Verwechslungen zu vermeiden. Wählen Sie bitte einen andern Namen für die Datei.

Wie kommen neue Ordner auf meine Diskette?

"Neuer Ordner" erzeugt, wie schon der Name sagt, einen neuen Ordner in dem Verzeichnis, das gerade vom obersten Fenster angezeigt wird. Sie können also sowohl in einem Hauptverzeichnis als auch in einem Ordner neue Ordner erzeugen. Ein Beispiel: im obersten Fenster wird das Inhaltsverzeichnis des Ordners PROGRAMM.E von Diskette A: angezeigt (die Fensterüberschrift lautet dann A:\PROGRAMM.E\).

Innerhalb dieses Ordners soll nun ein neuer angelegt werden, z.B. mit dem Namen ALTE.PRG, um dort nicht mehr gebrauchte Programme abzulegen. Wählen Sie "neuer Ordner" an. Daraufhin erscheint eine kleine Dialog-Box, in die Sie den Namen ALTE.PRG eintippen können. Nach dem Drücken von Return oder Enter wird der neue Ordner erzeugt und erscheint im Fenster. Soll der neue Ordner dagegen als Nachbar von PROGRAMM.E erscheinen, so müssen Sie erst das Inhaltsverzeichnis anzeigen lassen, in dem dieser steht, um dort "Neuer Ordner" anzuwählen.

▸ Fehler

Beim Erzeugen eines Ordners erscheint die Meldung, daß ein Ordner gleichen Namens bereits existiert.

▸ Abhilfe

Sie können keine zwei gleichnamigen Ordner innerhalb des gleichen Verzeichnisses erzeugen. Wählen Sie bitte einen anderen Namen.

Was bedeutet "Schließen"?

"Schließe" hat die gleiche Funktion wie das Schließfeld eines Fensters. Das gerade angezeigte Verzeichnis wird verlassen.

Wurde das Hauptverzeichnis einer Diskette angezeigt, wird das Fenster ganz geschlossen.

Was ist der Unterschied zu "Schließe Fenster"?

"Schließe Fenster" geht noch weiter als das Schließfeld. Egal, welches Verzeichnis gerade angezeigt war, diese Funktion läßt das Fenster auf jeden Fall vom Bildschirm verschwinden.

Wann muß ich formatieren?

"Formatiere... " formatiert die Diskette im aktivierten Laufwerk. Warum Disketten formatiert werden müssen, und was das eigentlich ist, erfahren Sie aus dem Kapitel über Massenspeicher. Wichtig ist: Formatieren löscht alle Daten auf der Diskette, weshalb auch eine entsprechende Warnmeldung anzeigt wird. Nur wenn Sie wirklich sicher sind, daß Sie die Diskette im angegebenen Laufwerk formatieren wollen, klicken Sie bitte "OK" sonst bringt "Abbruch" Sie wieder zurück zum Desktop.

Falls Sie also formatieren möchten, erscheint eine weitere Box auf dem Fenster, in die Sie den Namen der Diskette eingeben können. Außerdem müssen Sie wählen, ob Sie die Diskette einseitig oder zweiseitig formatieren möchten (wenn Sie ein Diskettenlaufwerk vom Typ SF354 besitzen, müssen Sie einseitig wählen). Mit einem Klick auf Format starten Sie das eigentliche Formatieren (während der ST mit einem Balken das Fortschreiten seiner Arbeit signalisiert), durch Ausgang kommen Sie zurück zum Desktop. Das Formatieren dauert einige Zeit, werden Sie bitte nicht ungeduldig.

Nach dessen Ende erhalten Sie noch eine Mitteilung über die Speicherkapazität, die für einseitige Disketten 357376 und für zweiseitige 726016 Bytes betragen sollte. Wird weniger angezeigt, so bedeutet dies, daß der Rechner fehlerhafte Stellen (z.B. Kratzer) gefunden hat und diese automatisch von der weiteren Verwendung ausschließt. Sie können eine solche Diskette zwar weiterverwenden, sollte sie jedoch mit Vorsicht genießen, da durchaus noch mehr Fehler vorhanden sein könnten. Nach der Kapazitätsanzeige haben Sie die Wahl, eine weitere Diskette zu formatieren, oder per Ausgang zum Desktop zurückzukehren.

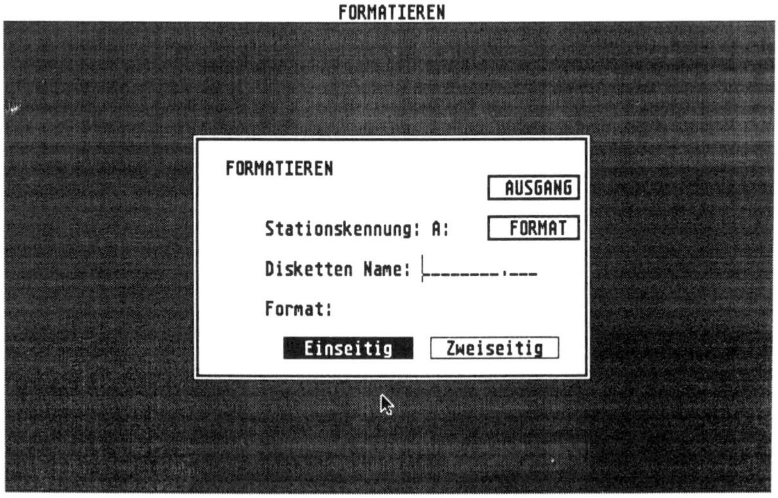

Abb. 2.8: Eingaben für die Formatierung

▸ **Fehler**

Es erscheint eine Warnmeldung, daß die Diskette schreibgeschützt ist.

▸ **Abhilfe**

Der kleine Schreibschutzschieber in der einen Ecke der Diskette muß so stehen, daß das Loch verdeckt ist. Bevor Sie mit dem Formatieren weitermachen, sehen Sie aber lieber erst einmal nach, ob auf der Diskette vielleicht noch wichtige Daten stehen, die Sie durch den Schreibschutz sichern wollten!

▸ **Fehler**

Es erscheint eine Meldung, daß die Diskette defekt ist.

▸ **Abhilfe**

Pech gehabt. Diese Diskette ist so stark zerstört, daß der ST diese Fehler nicht mehr ausbügeln kann. Werfen Sie sie weg.

Wenn Sie technisch interessiert sind, nehmen Sie die Diskette vorher einmal auseinander, um sich das Innenleben anzusehen.

2.5.3 Index

Welche Funktionen verbergen sich hinter "Index"?

Hier können Sie bestimmen, in welcher Art und Weise der ST die Inhaltsverzeichnisse anzeigt. Die für Sie gewohnte Weise ist sicher die Anzeigeform "als Bilder", in der für jede Datei und jeden Ordner ein Icon steht. Als Alternative bietet sich "als Text" an. Diese Darstellungsform werden vor allem jene bevorzugen, die an die Arbeit mit MS-DOS- oder Großrechnern gewöhnt sind. Hier wird statt der Icons für jedes Objekt eine Schriftzeile gesetzt, in der nicht nur die Namen, sondern auch Dateigröße und Datum sowie Uhrzeit des Erzeugens angegeben sind. Bei Ordnern erscheint die Größe nicht, dafür ist ein Sonderzeichen vorangestellt.

Der Umgang mit dieser Darstellungsart in unter Umständen etwas schwieriger, da Sie Programme nur noch an Ihrer Endung (PRG, TOS, TTP) erkennen können und nicht mehr an der Iconform. Ansonsten gilt aber: mit den Textzeilen können Sie all das tun, was auch mit Icons geht, also Verschieben, Anklicken, Doppelklicken usw. Dabei sollten Sie allerdings immer auch den Namen zielen, der Rest der Zeile fühlt sich durch die Maus nicht angesprochen.

Wundern Sie sich nicht, wenn die Erstellungsdaten sich bei Ihren Dateien stark ähneln. Wenn die Uhr nicht gestellt wird, läuft Sie mit dem Einschalten mit der Voreinstellung 6.2.1986, 0.00 Uhr los.

Wie wird das Inhaltsverzeichnis "geordnet"?

Mit den anderen Punkten im Menü Index können Sie bestimmen, nach welchen Kriterien der ST die Inhaltsverzeichnisse ordnet. "ordne Art" heißt, daß er die Icons oder Textzeilen nach den Endungen der Dateinamen ordnet (z.B. ZZZZZZZZ.AAA vor AAAAAAAA.AAZ). Die anderen Möglichkeiten bedürfen wohl keiner Erläuterung.

2.5.4 Extras

Was ist "Floppy anmelden... "?

Diese Funktion können Sie nur anwählen, wenn ein Datenstation-Icon angeklickt ist. Sie dient mehreren Zwecken, die jedoch alle damit zu tun haben, die Datenstation-Icons irgendwie zu manipulieren.

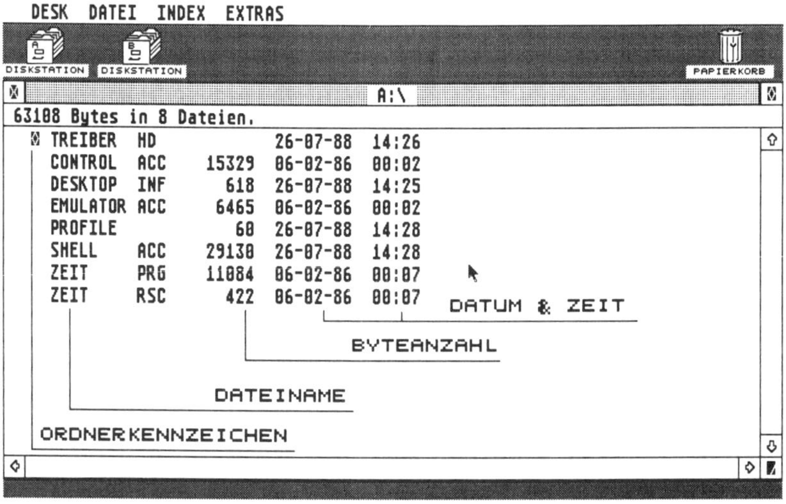

Abb. 2.9: Anzeige als Text

Wie ändere ich die Texte unter einem Icon?

Das ist sicherlich die einfachste Anwendung von "Floppy anmelden". Dazu klicken Sie die Station an, deren Text geändert werden soll, und wählen dann "Floppy anmelden..." es erscheint eine Dialogbox, die so aussieht:

In der Box erscheinen die Kennung und der Titel des Laufwerks. Diesen Titel können Sie nun nach Herzenslust ändern, den Kennbuchstaben sollten Sie unverändert lassen. Durch Druck auf Anmelden übernimmt der ST dann Ihre Änderungen. Abbruch stellt wie üblich den Notausgang dar.

Was passiert, wenn ich hier Löschen wähle?

Die Option Löschen ist etwas gefährlich, weil damit das angewählte Laufwerk vom Desktop entfernt wird. Es steht dann ab sofort nicht mehr zur Verfügung, obwohl es vielleicht eigentlich noch vorhanden ist. Zwar kann man dies in den meisten Fällen wieder rückgängig machen, doch Sie können auch in einer Falle landen.

Wenn Sie alle Laufwerke abmelden, haben Sie keine Möglichkeit mehr, Fenster zu öffnen. Weil Sie auch kein Laufwerk mehr invertieren können (es ist ja keines mehr da), ist Ihnen auch das Wiederanmelden verwehrt. Dann bleibt Ihnen nur noch das Neustarten des Rechners. Auf keinen Fall sollten Sie in dieser Situation die Funktion "Arbeit sichern" anwählen, denn diese würde den laufwerkslosen Zustand geradezu zementieren.

Abb. 2.10: Floppy anmelden

Was passiert beim Anmelden?

Das Gegenstück zum Löschen ist das Anmelden neuer Laufwerke (z.B. einer RAM-Disk). Dazu invertieren Sie bitte ein beliebiges Stations-Icon und wählen dann "Floppy anmelden...". Bewegen Sie den Cursor in die Zeile mit dem Kennbuchstaben und tragen Sie dort die Kennung des neuen Laufwerks ein (diese wurde Ihnen entweder vom RAM-Disk-Programm mitgeteilt oder steht in der Anleitung des neuen Gerätes bzw. der RAM-Disk). Wenn Sie möchten, können Sie nun noch den Titel ändern und dann das neue Laufwerk endgültig mit Anmelden dem ST bekannt machen. Das alte Icon bleibt dabei mit seiner Kennung erhalten.

Was bedeutet "Anwendung anmelden"?

"Anwendung anmelden" hat mit dem letzten Menüpunkt eigentlich nur gewisse Namensähnlichkeiten. Es geht hier um eine sehr komfortable Funktion, mit der uns der Rechner einige Arbeit abnehmen kann. Stellen Sie sich vor, Sie möchten eine Adressendatei mit einem Dateiverwaltungsprogramm erweitern. Dazu müssen Sie natürlich zuerst das Programm starten und dann in diesem die Adressendatei laden und können dann erst loslegen. Einfacher wäre es, wenn Sie nur einen Doppelklick auf die Adressendatei machen müßten, und automatisch würde das Programm gestartet und die Datei geladen.

Genau dies ermöglicht die Funktion "Anwendung anmelden". Voraussetzung ist, daß sich a) Programm und Datei auf der gleichen Diskette befinden und b) alle Dateien, die von einem Programm erstellt werden, die gleiche Endung besitzen (das ist der Normalfall). Um bei unserem Beispiel zu bleiben, nehmen wir Folgendes an: Das Dateiverwaltungsprogramm heißt DAT_VER.PRG und legt Dateien mit der Endung .DAT an. Dann gehen Sie so vor:

1. Programm DAT_VER.PRG anwählen durch Mausklick (nicht starten).
2. "Anwendung anmelden wählen". Es erscheint eine Dialogbox.
3. Unter Dateityp tragen Sie bitte die Endung der Dateien ein (in diesem Fall DAT).
4. Unter Anwendungsart müssen Sie bestimmen, von welchem Typ das Programm ist. Trägt es die Endung PRG, so müssen Sie "GEM" anklicken, bei TOS klicken Sie die gleichnamige Option, und "TOS erlaubt Parameter" wählen Sie, wenn Ihr Programm die Endung TTP trägt. Mit Klick auf OK übernimmt der ST Ihre Angaben.

Wenn Sie nach dem Anmelden noch "Arbeit sichern" verwenden, ist diese Einstellung auch nach dem nächsten Einschalten des Rechners wieder vorhanden, sonst geht Sie mit dem Ausschalten verloren. Ein Nachteil des Anmeldens sei nicht verschwiegen. Da der Doppelklick nun für das Starten eines Programmes gebraucht wird, kann man sich die Datei nicht mehr anzeigen lassen. Insbesondere bei Daten, die nicht aus einer Textverarbeitung stammen, verblaßt dieses Argument jedoch, weil hier der Ausdruck oder die Anzeige ohnehin nur mit Hilfe des Programms möglich ist.

▸ Fehler

Nach "Anwendung anmelden" bewirkt ein Doppelklick auf eine Datei zwar das Laden eines Programms, es wird jedoch das falsche Programm geladen.

▸ Abhilfe

Diese Anwendung war schon anderweitig angemeldet und die neue Anmeldung hat die alte nicht überschrieben. Starten Sie den Rechner neu und machen Sie einen Doppelklick auf die gleiche Datei wie zuvor. Wird diese nicht angezeigt, sondern ein Programm gestartet, so ist die alte Anmeldung auf der Diskette gespeichert. Sie müssen dann die Datei DESKTOP.INF löschen (dabei gehen auch andere Voreinstellungen wie die Position der Icons und Fenster verloren), neu starten und können dann erneut anmelden.

Kann man die Abfragen beim Kopieren und Löschen abschalten?

"Voreinstellung" dient dazu, Art und Umfang der Sicherheitsabfragen festzulegen. Wie Sie sicher schon bemerkt haben, fragt der ST bei allen Lösch- und Kopiervorgängen erst noch einmal nach, bevor er sie ausführt. Diese Abfragen können Sie mit der Funktion "Voreinstellung" ausschalten - was ich nicht empfehle. Das versehentliche Verschieben eines Icons passiert auch erfahrenen Anwendern recht häufig. Wenn dann sofort ohne Nachfrage gelöscht wird, ist Holland häufig in Not.

Wie kann ich bei Farbmonitoren die Auflösung umschalten?

In "Voreinstellung" können Besitzer eines Farbmonitors zusätzlich festlegen, welche Auflösungsstufe verwendet werden soll. Achtung! Eine Änderung der Auflösungsstufe zieht auf jeden Fall einen Reset (d.h. Neustart) des Rechners nach sich.

Wie kann ich meine Einstellungen sichern?

Dies geschieht mit dem Punkt "Arbeit sichern". Nach einem Klick auf diesen Menüpunkt wird auf der Diskette eine Datei names DESKTOP.INF angelegt bzw. geändert. In dieser Datei stehen alle Einstellungen, die Sie bisher auf dem Desktop vorgenommen haben, auch jene aus den Accesories (also Kontrollfeld, Druckeranpassung, RS.232-Einstellung). Sogar die Positionen der Icons merkt sich der Rechner. Beim nächsten Starten des ST mit dieser Diskette werden Sie dann den Bildschirm wieder so vorfinden, wie Sie ihn beim letzten Mal verlassen haben.

Durch einen Doppelklick können Sie sich natürlich auch die Datei DESKTOP.INF anzeigen lassen. Dabei werden Sie einige interessante Informationen erhalten. Ihre Anzeige sieht ungefähr so aus:

```
#a000000
#b001000
#c7770007000700070055200505552220770557075057705502112004
#d
#E 1B 03
#W 00 00 00 04 50 14 08 A:\*.*@
#W 00 00 0E 08 2A 0B 00 @
#W 00 00 0E 09 2A 0B 00 @
#W 00 00 0F 0A 2A 0B 00 @
#M 03 00 00 FF D RAM-DISK@ `@
#M 00 00 00 FF A DISKSTATION@ @
#M 01 00 00 FF B DISKSTATION@ @
#T 07 00 02 FF   PAPIERKORB@ @
#F FF 04   @ *.*@
#D FF 01   @ *.*@
#G 03 FF   *.PRG@ @
#F 03 04   *.TOS@ @
#P 03 04   *.TTP@ @
#G 03 04   GFABASIC.PRG@ *.BAS@
```

Interessant ist hier vor allem die unterste Zeile. Sie besagt, daß die Dateien mit der Endung BAS für das Programm GFABASIC.PRG angemeldet sind. Weiter oben können Sie sehen, daß ein zusätzliches Laufwerk D mit dem Titel RAM-Disk angemeldet wurde. Wenn Sie sich also einmal nicht sicher sind, welche Laufwerke und Anwendungen Sie angemeldet haben, können Sie sich so Gewißheit verschaffen.

Was bewirkt "Hardcopy"?

"Hardcopy" dient dazu, den gegenwärtigen Bildschirminhalt auf dem Drucker auszugeben. Sie können diese Funktion auch durch gleichzeitigen Druck auf die Alternate- und Help-Taste auslösen.

Weniger bekannt dürfte sein, daß die gleiche Tastenkombination die Hardcopy auch wieder abbrechen kann. Allerdings scheint das nicht immer zu klappen. Nachdem Sie ein zweites Mal die Alternate- und Help-Taste gedrückt haben, muß der Drucker nicht sofort aufhören mit der Ausgabe. Der zweite Tastendruck bedeutet nur, daß der ST seine Übertragung an der Drucker stoppt.

Wenn dieser aber noch Daten in seinem Speicher hat, die er schon übernommen, aber noch nicht ausgedruckt hat, kann es sein, daß der Druck noch einige Sekunden weitergeht. Wie lange, das hängt von der Größe des Druckerspeichers ab. Bei Puffergrößen über 32 KByte kann es sein, daß der ST die Übertragung schon in Sekundenbruchteilen beendet hat, ehe Sie auch nur die Gelegenheit hatten, die Hardcopy zu beenden. Dann ist unter Umständen schon das gesamte Bild im Drucker und wird komplett ausgedruckt.

▸ Fehler

Sie haben eine Hardcopy ausgelöst, obwohl kein Drucker angeschlossen oder dieser ausgeschaltet ist. Der Rechner scheint abgestürzt zu sein.

▸ Abhilfe

Warten Sie mindestens 30 Sekunden lang. Diese Zeitspanne braucht der ST, um selbst das Fehlen des Druckers zu bemerken. In einem solchen Fall bricht der Rechner die Hardcopy selbst ab.

▸ **Fehler**

Die Hardcopy wird zwar gedruckt, aber ist fehlerhaft.

▸ **Abhilfe**

Ihre Druckeranpassung ist nicht in Ordnung. Sehen Sie bitte im Kapitel über Drucker nach, wie das geändert werden kann.

2.6 Der Umgang mit der Objektauswahl

Was kann man mit der Objektauswahl bewirken?

Die Objektauswahl dient dazu, für das Speichern oder Laden von Dateien den Pfadnamen festzulegen. Dies kann sowohl über die Tastatur als auch per Mausklick geschehen. Die Objektauswahl wird auch File-Select-Box genannt.

Wann erscheint die Objektauswahl?

Wenn Sie in diversen Programmen (z.B. Textverarbeitungen) eine Datei von Diskette oder Harddisk laden bzw. darauf speichern möchten und dazu den entsprechenden Menüpunkt angewählt haben. Auf Ihrem Bildschirm erscheint dann in etwa folgendes Bild:

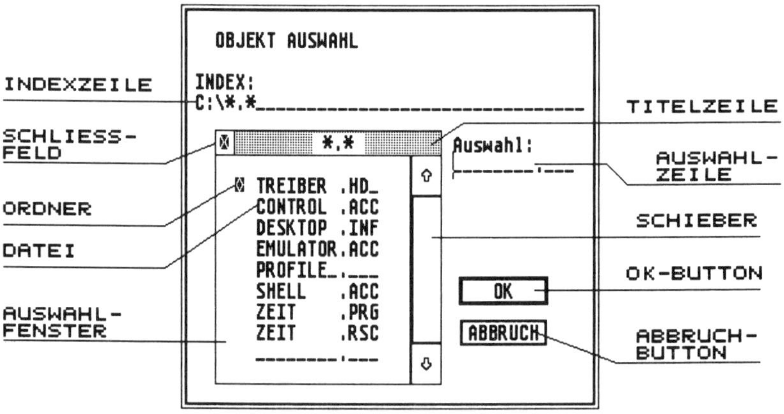

Abb. 2.11: Die sogenannte File-Select-Box

Was bedeutet "Index"?

Unter der Überschrift "Index" finden Sie den sogenannten Pfad angezeigt. Der Pfad beschreibt, in welchem Ordner eine Datei zu finden ist, während der eigentliche Dateiname den Ort innerhalb dieses Ordners angibt. Evtl. steht am Anfang des Pfades noch das Laufwerk gefolgt von einem Doppelpunkt.

Was steht unter "Auswahl"?

In der Objektauswahl wird der komplette Pfadname zweigeteilt. Während der Pfad in der oberen Zeile steht, wird der eigentliche Dateiname in der unteren Textzeile unter Auswahl angegeben.

Was passiert in den beiden Eingabezeilen?

Beide Zeilen haben zwei Funktionen. Sie zeigen sowohl den bisher ausgewählten Pfad bzw. Namen als sie auch der Eingabe neuer Daten dienen. Beim Erscheinen der Objektauswahl sehen Sie den Cursor (in diesem Fall ein senkrechter Strich) in der Namenszeile. Sie können diese Zeile wie auch sonstige Eingabezeilen beschreiben. Insert fügt ein Leerzeichen an der Cursorposition ein, Del löscht das Zeichen an, Backspace dasjenige vor der Cursorposition.

Den Cursor können Sie mit den Cursortasten nach links oder rechts bewegen. Esc löscht die gesamte Eingabezeile. Außerdem hat der Punkt noch eine besondere Bedeutung. Wenn Sie diese Taste drücken, springt der Cursor automatisch an den Anfang der Dateinamen-Erweiterung, der sogenannten Extension (im obigen Beispiel wäre dies TXT). In der Eingabezeile sind einige Tasten gesperrt, weil deren Verwendung zu ungültigen Dateinamen führen würde.

Übrigens ist es wichtig, daß Sie für Pfade den sogenannten Backslash benutzen. Das ist der Schrägstrich, der von links oben nach rechts unten verläuft. Sie erreichen ihn auf der Tastatur durch das gleichzeitige Drücken der Tasten Shift, Alternate und ü.

Wie kann ich zwischen den beiden Zeilen wechseln?

Befindet sich der Cursor in der Namenszeile und Sie drücken Cursor aufwärts, dann springt dieser an das Ende des Pfades. Im umgekehrten Fall führt Cursor abwärts in die Namenszeile. Sie können auch die einzelnen Felder mit der Maus anklicken.

Woher weiß ich, welche Dateien auf der Diskette stehen?

Unter der Pfadanzeige finden Sie ein kleines Fenster, das nicht bewegt werden kann. In der Überschriftzeile steht, welcher Dateityp (Extension) ausgewählt wurde. In unserem Beispiel wäre das also *.TXT. Darunter werden alle Dateien angezeigt, die

1. in dem Ordner stehen, der durch den Pfad angegeben wird, und die
2. eine Extension haben, die zur Fensterüberschrift paßt.

Wie kann ich Diskettenwechsel anmelden?

Ein Anklicken der Titelzeile hat die gleiche Wirkung wie der Druck auf die Esc-Taste in einem Fenster des Desktop: das angezeigte Inhaltsverzeichnis wird aktualisiert, d.h. es wird dem angepaßt, was auf der gerade eingelegten Diskette gespeichert ist. Wenn Sie also nach dem Erscheinen der Objektauswahl die Diskette gewechselt haben, können Sie mit einem Mausklick in dieses Feld das neue Inhaltsverzeichnis anzeigen lassen. Falls Sie aber die Index-Zeile vorher geändert haben, geht hierbei die Extension verloren!

Was tun, wenn das Fenster zu klein ist?

Falls nicht alle passenden Dateinamen in das kleine Fenster passen, können Sie wie im Desktop die Anzeige mit dem Schieber und den kleinen Pfeilen an der rechten Seite auf- und abrollen lassen.

Wie wähle ich eine Datei aus?

Ein einfacher Klick auf einen der angezeigten Namen führt dazu, daß dieser im Fenster invertiert dargestellt wird. Gleichzeitig wird er in die Namenszeile übertragen. Führen Sie einen Doppelklick auf einen Namen aus, so wird der Name endgültig gewählt, d.h. die Objektauswahl wird beendet und der angeklickte Name an Ihr Programm übermittelt. Das gleiche können Sie erreichen, wenn Sie den Namen nur einmal anklicken oder eintippen und dann entweder auf die OK-Box klicken oder die Return-Taste drücken.

Und wenn ich mich geirrt habe?

Klicken Sie auf die Abbruch-Box, so hat dies im Normalfall zur Folge, daß die Diskettenoperation abgebrochen wird. Haben Sie also irrtümlich einen Menüpunkt wie Laden o.ä. aufgerufen, so können Sie dies durch Abbruch wieder rückgängig machen.

Wie komme ich an Ordner heran?

Falls das angezeigte Verzeichnis selbst wieder Ordner enthält, sind diese durch ein vorgestelltes Sonderzeichen markiert (siehe Abbildung). Ein einfacher Klick auf einen solchen Ordnernamen reicht aus, und die Anzeige wechselt in dieses Unterverzeichnis. Sie können aus diesem Verzeichnis wieder herauskommen und in das übergeordnete gelangen, indem Sie das kleine Schließfeld in der linken oberen Ecke anklicken.

Wenn Sie sich schon im Hauptverzeichnis befinden (erkennbar durch einen Pfad wie A:*.TXT), so hat dieser Klick die gleiche Wirkung wie ein Druck auf Esc, weil es ja schließlich keine übergeordneten Verzeichnisse mehr gibt. Eine andere Möglichkeit zum Wechsel des Ordners ist, dessen Pfad in die Index-Zeile zu schreiben und dann den Schieber anzuklicken.

Kann ich auch ein anderes Laufwerk anwählen?

Um die Verzeichnisse eines anderen Laufwerks anzeigen zu lassen, müssen Sie den Pfad unter Index ändern. Danach klicken Sie bitte die Fensterüberschrift an. Nehmen wir an, Sie möchten Daten von der RAM-Disk (Laufwerkskennung D) laden. Nach dem Anwählen der Lade-Funktion zeigt die Objektauswahl aber den Pfad

```
A:\ORDNER\*.*
```

an. Wenn Sie jetzt in die Indexzeile gehen und dort den neuen Pfad

```
D:\*.*
```

eingeben, so erhalten Sie nach einem Klick auf die Fensterüberschrift das Hauptverzeichnis der RAM-Disk angezeigt. Einen Haken hat dieses Verfahren allerdings. Bei solchen Operationen geht immer die Extension verloren, d.h. auch wenn Sie D:*.TXT eingetippt hätten, wären nach dem Klick auf die Überschrift alle Dateien des Verzeichnisses angezeigt worden - auch jene ohne Endung TXT. Dies können Sie durch Anklicken des Schiebers statt der Titelzeile verhindern.

Wie erreiche ich Dateien mit einer anderen Extension als der, die in der Index-Zeile angezeigt wird?

Fahren Sie mit dem Cursor in die Indexzeile und ändern Sie die Extension nach Ihren Wünschen. Danach klicken Sie bitte den Schieber an. Dadurch wird die neue Extension angemeldet und die Anzeige weist nur noch Dateien mit dieser Endung aus.

Wenn Sie nach dem Ändern der Index-Zeile die Titelzeile anklicken, geht auf jeden Fall die Extension verloren (d.h. sie wird auf *.* geändert). Dies läßt sich durch Anklicken des Schiebers statt der Titelzeile erreichen.

Und wie gibt man Namen ein, die überhaupt noch nicht auf der Diskette existieren?

Sehr einfach. Wählen Sie zunächst den Ordner aus, in dem die Datei stehen soll. Dann tippen Sie den gewünschten Namen in die untere Eingabezeile.

In letzter Zeit war bei einigen Software-Herstellern die Tendenz zu spüren, die vom Betriebssystem gelieferte Objektauswahl durch eine eigene Auswahlbox zu ersetzen, die dann mehr Komfort bringen soll. Das mag im Hinblick auf den Fehler mit der Dateiendung vielleicht berechtigt sein. Es führt aber auch dazu, daß die Auswahl eines Filenamens immer uneinheitlicher wird. Leider ergeben sich bei der Verwendung dieser hausgemachten Objektauswahlen so viele nicht vorhersehbare Möglichkeiten, daß es unmöglich ist, diese hier darzustellen. Es sollte Ihnen aber jetzt leicht fallen, die Erläuterungen des jeweiligen Herstellers zu diesem Thema zu verstehen (siehe die jeweilige Gebrauchsanweisung zu dem benutzten Programm).

2.7 Der Umgang mit Dialogboxen

Was sind Dialogboxen?

Mit Dialogboxen werden alle jene Fenster bezeichnet, die der Kommunikation zwischen Rechner und Anwender dienen. Dialogboxen haben sehr unterschiedliches Aussehen, die Gestaltung hängt immer vom jeweiligen Programm ab, in dem diese Boxen auftauchen. Sie haben auch schon Bekanntschaft mit dieser Einrichtung gemacht: So stellt zum Beispiel der Kasten, der beim Formatieren von Disketten erscheint, eine Dialogbox dar. Streng genommen sind auch Objektauswahlfelder solche Dialogboxen. Ich möchte mich daher auf die Erläuterung der einzelnen Elemente beschränken, die für gewöhnlich in solchen Dialogen auftauchen.

Wie sieht eine einfache Dialogbox aus?

Die einfachste Form einer Dialogbox ist ein Text, der von einem oder mehreren Knöpfen (der Fachausdruck lautet Buttons) begleitet wird. Der Text soll meist auf einen Fehler hinweisen oder mehrere Alternativen erläutern, von denen Sie dann mittels der Buttons eine auswählen müssen.

Wie bediene ich die Buttons?

Das Auswählen geschieht durch einfaches Anklicken des jeweiligen Buttons. Sehr häufig ist auch einer der Knöpfe dicker umrandet als die anderen. Man nennt ihn dann auch Default-Button (engl.: Voreinstellungsknopf). Drücken Sie in einer solchen Situation der Return- oder Enter-Taste, so hat das den gleichen Effekt wie ein Mausklick in diesen Default-Button.

Kann man auch Daten eingeben?

Dialogboxen hätten Ihren Namen nicht verdient, wenn dort nicht auch Daten eingegeben werden könnten. Dies geschieht über Eingabezeilen, wie Sie sie schon von Objektauswahlen und anderen Funktionen her kennen. Je nach Programm können hier verschiedene Typen von Daten eingegeben werden: Zahlen, Texte, einzelne Buchstaben usw.

Wie geht man mit Eingabezeilen um?

Je nach dem, was der Programmierer vorgesehen hat, sind einige Tasten gesperrt. Wenn Sie also einen Dateinamen eintippen sollen, zeigt die Leertaste keine Wirkung, weil Leerzeichen in Dateinamen nicht vorkommen dürfen. Umgekehrt werden bei einer Zahleneingabe die Buchstabentasten gesperrt sein. Für den Umgang mit diesen Eingabezeilen gelten jedoch immer die gleichen Regeln:

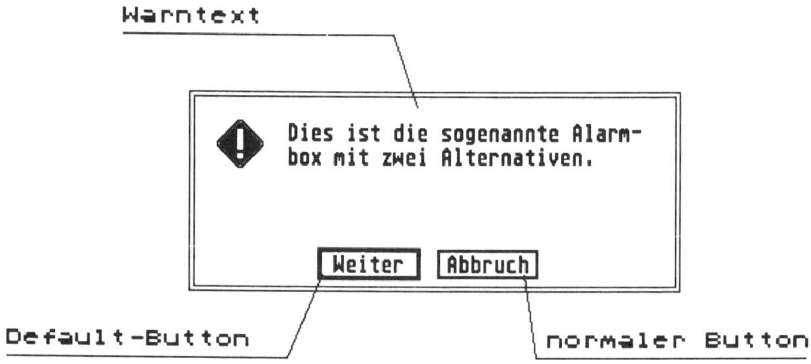

Abb. 2.12: Eine einfache Dialogbox (auch Alarmbox genannt)

- Die Esc-Taste löscht die gesamte Eingabezeile, der Cursor wird nach ganz links gesetzt.
- Die Cursortasten links und rechts bewegen den Cursor innerhalb der Zeile, soweit dies möglich ist.
- Die Cursortasten auf und ab lassen den Cursor in die nächste bzw. vorhergehende Eingabezeile wechseln (falls vorhanden).
- Mit Insert fügen Sie rechts der Cursorposition ein Zeichen ein. Passen dadurch nicht mehr alle Zeichen in diese Zeile, geht das ganz rechts stehende verloren.
- Backspace und Delete löschen das Zeichen links bzw. am Cursor. Der Rest der Zeile rückt nach links nach.

Außerdem können Sie den Cursor jederzeit mit der Maus bewegen, d.h. positionieren Sie den Mauspfeil auf die Zeile, in der der Cursor erscheinen soll. Ein Druck auf die linke Maustaste sorgt dann dafür, daß der Cursor in diese Zeile gelangt.

In manchen Fällen ist die Eingabezeile durch irgendwelche Zeichen unterbrochen (siehe auch Abb. 2.13.). Falls der Programmierer es vorgesehen hat, bewirkt ein Druck auf eines dieser Trennzeichen, daß der Cursor zur nächsten Position vorrückt (wie Sie das auch von der Objektauswahl kennen).

Abb. 2.13: Eine einfache Dialogbox mit unterbrochenen Eingabezeilen.

Gibt es noch andere Arten von Buttons?

Ebenso können in Dialogboxen noch die sogenannten Radio-Buttons vorkommen. Das Radio ist hier wörtlich zu nehmen. Diese Knöpfe arbeiten nämlich wie die Tasten eines guten alten Röhren Radios. Drückt man eine hinein, springen alle anderen wieder heraus. Genauso kann man bei Radio-Buttons immer nur eine der angebotenen Alternativen anwählen. Der Unterschied zu den bisher bekannten Buttons besteht darin, daß der Dialog durch ein Klicken in einen Radio-Button nicht abgebrochen wird. Sie können also mehrfach probieren und sich die nötigen Einstellungen überlegen.

Über die beschriebenen Möglichkeiten hinaus ist es jedem Programmierer selbst überlassen, welche Elemente er in seine Dialogboxen einbaut. Daher sollte Sie sich in dem seltenen Fall nicht wundern, daß auch Schieber oder sogar komplette Fenster in einer Dialogbox auftauchen. Dieser werden normalerweise genau wie auf dem Desktop bedient.

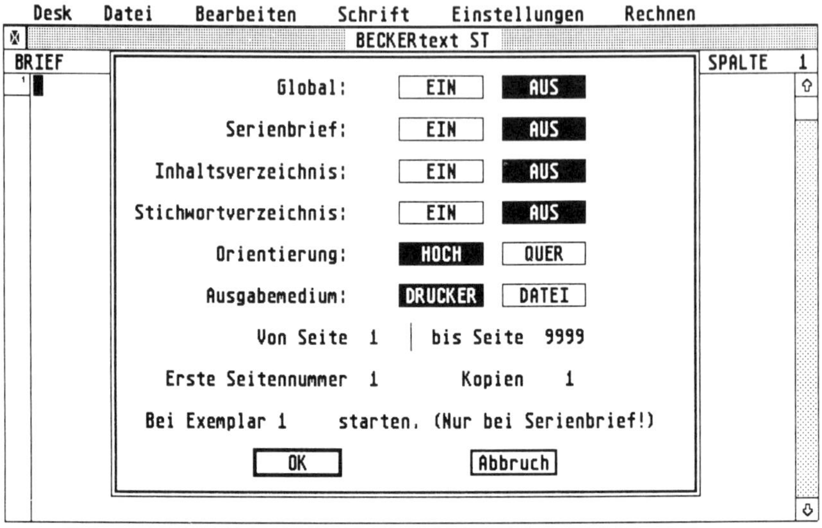

Abb. **2.14**: Dialogbox mit Radio-Buttons (die oberen Buttons sind vom Typ Radio, darunter folgt Text mit eingestreuten Eingabezeilen und ganz unten die normalen Buttons, die den Dialog beenden)

3. Massenspeicherung

Was sind Massenspeicher?

Unter Massenspeichern versteht man in der EDV solche Geräte, die in der Lage sind, große Datenmengen dauerhaft (d.h. auch nach dem Abschalten des Stroms) zu speichern und wieder auszugeben. Das Gegenstück dazu ist der Arbeitsspeicher Ihres Computers, der schnell, aber dafür klein und teuer ist. In ihm werden nur die Daten abgelegt, mit denen der Rechner gerade arbeitet. Arbeitsspeicher verlieren ihren Inhalt normalerweise, wenn der Strom abgeschaltet wird.

Bei der Arbeit mit dem ST werden die Massenspeicher durch die Datenstationen (Icons mit Aktenschränken) symbolisiert. Für den Umgang damit gibt es besondere Regeln. Das fängt zum Beispiel damit an, daß jeder Eintrag in den Massenspeicher einen Namen haben muß, um ihn später wieder identifizieren zu können.

3.1 Das hierarchische File-System

Was bedeutet "Hierarchisches File-System?

Dateien werden vom ST nicht einfach auf die Diskette oder Festplatte geschrieben. Sie werden in eine bestimmte Hierarchie von Ordnern gesetzt, die ganz unterschiedlich aussehen kann. Wer richtig mit dieser Hierarchie umgeht, findet seine Daten sehr viel schneller wieder.

3.1.1 Dateien

Was ist eigentlich eine Datei?

Der Begriff Datei (im Engl.: File) wird im Fachjargon recht uneindeutig verwendet. Wir wollen uns darauf einigen, darunter jede Ansammlung von Daten auf einer Datenstation zu verstehen, die mit einem Namen versehen ist. Demzufolge sind auch Programme Dateien - ausführbare Dateien, deren Inhalt Programmcode ist. Man nennt solche Files deshalb auch Programmdateien. Sie können sie wie jedes andere Datenfile auch behandeln, mit dem einzigen Unterschied, daß ein Öffnen zum Starten des darin gespeicherten Programms führt.

Wie werden Dateien angelegt?

Dateien werden auf zwei verschiedenen Wegen angelegt. Entweder entstehen Sie durch Kopieren einer anderen Datei oder Sie werden von Programmen erzeugt. Beispiel: Sie haben mit einem Grafikprogramm ein Bild erstellt. Beim Speichern dieses Bildes erzeugt das Programm eine neue Datei und legt darin die Bilddaten ab.

Wie werden Dateien umbenannt?

Rufen Sie den Menüpunkt "Info anzeigen..." für die umzubenennende Datei auf. In dieser Info können Sie den Namen ändern.

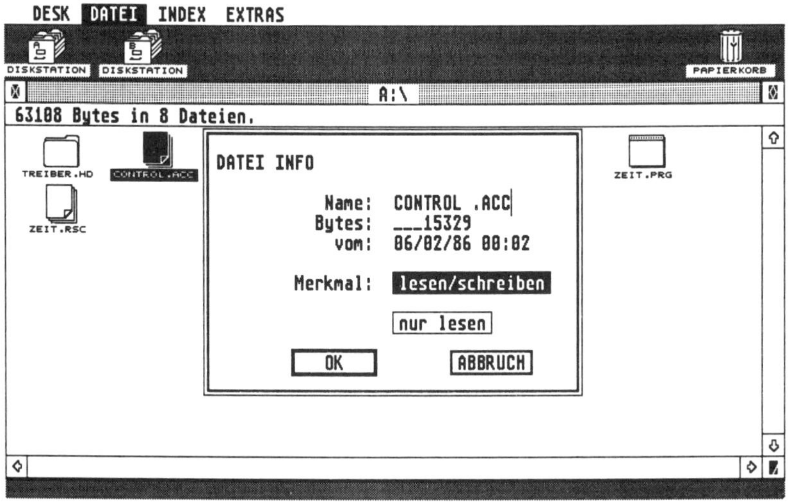

Abb. 3.1: Hier kann der Dateiname geändert werden

Kann ich die Uhrzeit und das Datum einer Datei auch ändern?

Das Desktop läßt die Änderung dieser Daten nicht zu. Abhilfe schafft auch hier ein kleines Programm:

Version für GFA-BASIC:

```
' DATUMSET - Programm zum Ändern von Uhrzeit und Datum eines Files
' Filenamen ermitteln
Fileselect "A:\*.*","",F$
If (F$<>"") And (Exist(F$)) Then
```

```
Print "File ";F$
' C-Format für Filenamen herstellen
F$=F$+Chr$(0)
' File eröffnen
A%=Gemdos(&H3D,L:Varptr(F$),0)
If A%<0 Then
  Print "GEMDOS-Fehlermeldung ";A%
  Stop
Else
  ' A% enthält das Handle der geöffneten Datei (wichtig!!!)
  H%=A%
Endif
' Puffervariable für Zeit/Datum bereitstellen
Buffer%=0
' Datum und Zeit aus der Datei holen
Void Gemdos(&H57,L:Varptr(Buffer%),H%,0)
' Datum und Zeit dekodieren
Zeit%=Buffer% Div 65536
Datum%=Buffer% Mod 65536
Tag%=Datum% Mod 32
Datum%=Datum% Div 32
Monat%=Datum% Mod 16
Jahr%=1980+(Datum% Div 16)
Sekunde%=(Zeit% Mod 32)*2
Zeit%=Zeit% Div 32
Minute%=Zeit% Mod 64
Stunde%=Zeit% Div 64
' Daten zur Ausgabe aufbereiten
Minute$=Left$(":00",3-Len(Str$(Minute%)))+Str$(Minute%)
Sekunde$=Left$(":00",3-Len(Str$(Sekunde%)))+Str$(Sekunde%)
Print Using "##",Stunde%;
Print Minute$;Sekunde$
Print "Wollen Sie Änderungen vornehmen?"
A%=Inp(2)
If A%=Asc("j") Then
  ' Datum und Zeit ändern
  Input "Tag    ";Tag%
  Input "Monat  ";Monat%
  Input "Jahr   ";Jahr%
  Input "Sekunde ";Sekunde%
  Input "Minute  ";Minute%
  Input "Stunde  ";Stunde%
  ' Daten kodieren und schreiben
  Zeit%=(Sekunde% Div 2)+Minute%*32+Stunde%*2048
  Datum%=Tag%+Monat%*32+(Jahr%-1980)*512
  Buffer%=Zeit%*65536+Datum%
  Void Gemdos(&H57,L:Varptr(Buffer%),H%,1)
Endif
' File wieder schließen
A%=Gemdos(&H3E,H%)
If A%<0 Then
  Print "GEMDOS-Fehlermeldung ";A%
```

```
    Stop
  Endif
Endif
```

Hier die Version für Omikron- bzw. ST-BASIC:

```
0 ' DATUMSET - Programm zum Ändern von Uhrzeit und Datum eines
Files
1 ' Version für Omikron- bzw. ST-BASIC
2 MOUSEON
3 ' Filenamen ermitteln
4 Pfad$="A:\*.*"
5 Nam$=""
6 FILESELECT (Pfad$,Nam$,Ok%)
7 IF (Ok%=1) THEN
8  F$= LEFT$(Pfad$, LEN(Pfad$)- INSTR(
MIRROR$(Pfad$)+"\","\"))+Nam$
9  CLS
10  PRINT "File ";F$
11  ' C-Format für Filenamen herstellen
12  F$=F$+ CHR$(0)
13  F%L= LPEEK( VARPTR(F$))+ LPEEK( SEGPTR +28)
14  ' File eröffnen
15  GEMDOS (A%,61, HIGH(F%L), LOW(F%L),0)
16  IF A%<0 THEN
17    PRINT "GEMDOS-Fehlermeldung ";A%
18    STOP
19  ELSE
20    ' A% enthält das Handle der geöffneten Datei (wichtig!!!)
21    H%=A%
22  ENDIF
23  ' Puffervariable für Zeit/Datum bereitstellen
24  Buffer%L=0
25  ' Datum und Zeit aus der Datei holen
26  GEMDOS (A%,87, HIGH( VARPTR(Buffer%L)), LOW(
VARPTR(Buffer%L)),H%,0)
27  ' Datum und Zeit dekodieren
28  Zeit%L=Buffer%L\65536
29  Datum%L=Buffer%L MOD 65536
30  Tag%L=Datum%L MOD 32
31  Datum%L=Datum%L\32
32  Monat%L=Datum%L MOD 16
33  Jahr%L=1980+(Datum%L\16)
34  Sekunde%L=(Zeit%L MOD 32)*2
35  Zeit%L=Zeit%L\32
36  Minute%L=Zeit%L MOD 64
37  Stunde%L=Zeit%L\64
38  ' Daten zur Ausgabe aufbereiten
39  Minute$= RIGHT$( STR$(Minute%L), LEN( STR$(Minute%L))-1)
1)
41  Minute$= LEFT$(":00",3- LEN(Minute$))+Minute$
```

```
Sekunde$= LEFT$(":00",3- LEN(Sekunde$))+Sekunde$
PRINT "Datum:   ";Tag%L;".";Monat%L;".";Jahr%L
PRINT "Uhrzeit: ";Stunde%L;Minute$;Sekunde$
PRINT "Wollen Sie Änderungen vornehmen?"
A$= INPUT$(1)
IF A$="j" THEN
  ' Datum und Zeit ändern
  INPUT "Tag    ";Tag%L
  INPUT "Monat  ";Monat%L
  INPUT "Jahr   ";Jahr%L
  INPUT "Sekunde ";Sekunde%L
  INPUT "Minute  ";Minute%L
  INPUT "Stunde  ";Stunde%L
  ' Daten kodieren und schreiben
  Zeit%L=(Sekunde%L\2)+Minute%L*32+Stunde%L*2048
  Datum%L=Tag%L+Monat%L*32+(Jahr%L-1980)*512
  Buffer%L=Zeit%L*65536+Datum%L
  GEMDOS (A%,87, HIGH( VARPTR(Buffer%L)), LOW(
VARPTR(Buffer%L)),H%,1)
ENDIF
' File wieder schließen
GEMDOS (A%,62,H%)
IF A%<0 THEN
  PRINT "GEMDOS-Fehlermeldung ";A%
  STOP
ENDIF
ENDIF
```

Zur Bedienung

Wenn Sie DATUMSET starten, erscheint zunächst eine Objektauswahl auf dem Bildschirm. Wählen Sie aus, zu welcher Datei die Daten geändert werden sollen. Falls Sie hierbei Abbruch wählen oder nicht existente Dateien wählen, bricht das Programm ab. Andernfalls werden Datum und Uhrzeit von der Diskette geholt und angezeigt. Daraufhin fragt das Programm, ob Sie diese Werte ändern möchten.

Falls ja, tippen Sie bitte ein j. Sie können dann der Reihe nach alle Werte eingeben. Beachten Sie bitte, daß das Jahr aus technischen Gründen größer als 1980 sein muß. Geben Sie falsche Werte ein,so kann dies unter Umständen zu Fehlermeldungen führen. Nachdem Sie die letzte Eingabe mit Return oder Enter abgeschlossen haben, werden die neuen Werte auf die Diskette geschrieben.

Wie kopiere ich Dateien?

Kopieren können Sie Dateien, indem Sie die zugehörigen Icons auf dem Desktop verschieben, z.B. auf eine andere Diskette oder in einen anderen Ordner (siehe auch Kap. 2).

Besitzt man nur ein Laufwerk, so kann das Kopieren von einer Diskette zur anderen allerdings zur Tortur werden, denn dann müssen Sie pro Datei mindestens viermal die Diskette wechseln. In einem solchen Fall kann ich nur die Anschaffung einer RAM-Disk empfehlen. Mit deren Hilfe entfallen die Diskettenwechsel (die übrigens auch der Mechanik schaden), falls man so vorgeht:

1. Originaldiskette einlegen
2. Alle zu übertragenden Dateien auf die RAM-Disk kopieren.
3. Diskette wechseln: Zieldiskette einlegen
4. Inhalt der RAM-Disk auf die Zieldiskette kopieren.

Falls die RAM-Disk nicht groß genug sein sollte, um alle Dateien auf einmal aufzunehmen, teilen Sie den Kopiervorgang in mehrere solcher Schritte auf.

Wie löscht man Dateien?

Dateien löscht man, indem man sie in den Papierkorb auf dem Desktop schiebt. Das kann man auch mit ganzen Gruppen von Dateien machen. Wollen Sie alle Dateien einer Diskette löschen, können Sie diese auch formatieren.

Wie schütze ich eine Datei vor versehentlichem Löschen?

Dazu müssen Sie wieder die Funktion "Info anzeigen" aufrufen. Wenn Sie dort den Button für "nur lesen" anklicken, sind alle Schreibzugriffe auf diese Datei gesperrt. Das bedeutet, daß der ST jede Änderung (und damit auch das Löschen) verhindert.

Kann ich noch etwas retten, wenn ich eine Datei versehentlich gelöscht habe?

Ja und nein. Ja, weil beim Löschen per Papierkorb die Datei nicht wirklich von der Diskette gelöscht wird, sondern nur die Angaben, auf welchen Oberflächenteilen sie gespeichert ist. Theoretisch ist es möglich, diese Angaben von Hand wieder zusammenzubasteln. Dazu müßten Sie allerdings im schlimmsten Fall über 700 bzw. 1400 Teilstücke der Diskette mit einem speziellen Programm begutachten und darin Ihre Daten wiedererkennen.

Sie sehen also, praktisch ist dies ein nicht sehr empfehlenswertes Unterfangen. Falls doch einmal Not am Mann ist, sollten Sie die Diskette sofort aus dem Laufwerk nehmen und zu Ihrem Fachhändler bringen. Dieser kann Ihnen, wenn er nicht hilft, wenigstens das genannte Spezialprogramm (einen Diskettenmonitor) verkaufen.

Die Anordnung der Dateien auf der Diskette wird durch die sogenannte File Allocation Table (zu deutsch etwa "Datei-Anordnungstabelle", kurz FAT) gesteuert. Hier findet sich für jede Datei ein Verweis, der die dazugehörigen Cluster angibt. Die FAT wird vom ST immer an der gleichen Stelle angelegt, so daß sie selbst auch ohne solche Positionsangaben gefunden werden kann.

Die FAT spielt auch eine wichtige Rolle, wenn man Dateien von der Diskette löscht. Dabei werden nicht, wie Sie jetzt vielleicht vermuten, die zugehörigen Sektoren alle überschrieben. Das würde unverhältnismäßig lange dauern. Im Gegenteil, die Daten-Sektoren bleiben unberührt, es wird nur der Verweis verändert. Beim Löschen einer Datei wird nur der Name aus dem Inhaltsverzeichnis gestrichen und alle Verweise in der FAT auf 0 gesetzt, so daß diese Cluster an andere Dateien vergeben werden können.

Gelänge es, alle diese Verweise wieder herzustellen, so könnte die Datei restauriert werden. Leider hat eine zweiseitige Diskette schon 720 Cluster, und es ist schwer zu sagen, in welchem die nächsten Stücke der gesuchten Datei stehen. Das Restaurieren einer gelöschten Datei ist also mit der Suche nach der Nadel im Heuhaufen zu vergleichen.

Wie öffne ich eine Datei?

Zum Öffnen einer Datei brauchen Sie nur einen Doppelklick auszuführen. Bei Datenfiles wird dieses dann angezeigt (bzw. bei angemeldeten Anwendungen ein Programm geladen, das dieses übernehmen kann), Programmfiles werden ausgeführt.

Oft ist auch von sequentiellen und relativen Dateien die Rede. Damit wird eine spezielle Organisationsform bezeichnet, die vom Desktop aus nicht sichtbar wird. Sequentielle Dateien werden von Programm so aufgebaut, daß die Daten immer nur der Reihe nach gelesen und bearbeitet werden können. Relative Dateien (auch Random-Access-Dateien) sind so aufgebaut, daß man bei der Bearbeitung einzelne Daten mitten aus ihnen herauspicken kann. Beide Verfahren haben Vor- und Nachteile. Aufgrund spezieller Möglichkeiten ist der ST sogar in der Lage, in gewissen Grenzen die Organisationsform zu übersehen und sequentielle und relative Dateien gleich zu behandeln.

3.1.2 Ordner

Was ist ein Ordner?

Eine Datenstation des ST hat nicht nur das Hauptverzeichnis, das beim Doppelklick auf das Icon im Fenster erscheint. Der Anwender kann eine beliebige Anzahl von Unterverzeichnissen einrichten, in die wiederum neue Unter-Unterverzeichnisse eingesetzt werden können usw. Diese Unterverzeichnisse heißen Ordner und werden durch spezielle Icons auf dem Desktop symbolisiert. In einem Fenster wird jeweils nur ein Verzeichnis angezeigt. Welches, das sagt uns die Titelzeile.

Wozu Ordner?

Im Laufe der Zeit kann eine Diskette, besonders aber eine Festplatte sehr viele Dateien aufnehmen (bei Festplatten durchaus 1000 und mehr Files). Würden diese alle in einem Verzeichnis gespeichert, wäre ein hübsches Chaos die Folge. Der Ausweg: man gruppiert die Dateien und bringt jede dieser Gruppen in einem Ordner unter. Beispiel: Sie arbeiten mit einer Textverarbeitung und einem Grafikprogramm. Da Sie sehr viele Texte schreiben und dazu auch häufig Illustrationen benötigen, ist das Verzeichnis schon recht unübersichtlich geworden. Richten Sie nun zwei neue Ordner ein. Der erste erhält den Namen Texte, der zweite wird Grafiken genannt. Klar, was jetzt passiert. In den Texte-Ordner legen Sie alle Ihre Textfiles, in den anderen Ordner alle Bilder.

Spinnen wir den Gedanken ein wenig weiter. Sie bearbeiten mehrere Projekte mit jeweils vielen einzelnen Texten. Solange diese Texte im gleichen Verzeichnis stehen, ist auch das sehr unübersichtlich. Erzeugen Sie innerhalb des Ordners Texte zwei neue Ordner Projekt1 und Projekt2. In diese werden dann jeweils die Texte geschoben, die zu dem entsprechenden Projekt gehören. Schon wieder ein wenig Ordnung mehr. Wie Sie sich so etwas bildlich vorstellen müssen, zeigt Abb. 3.2.

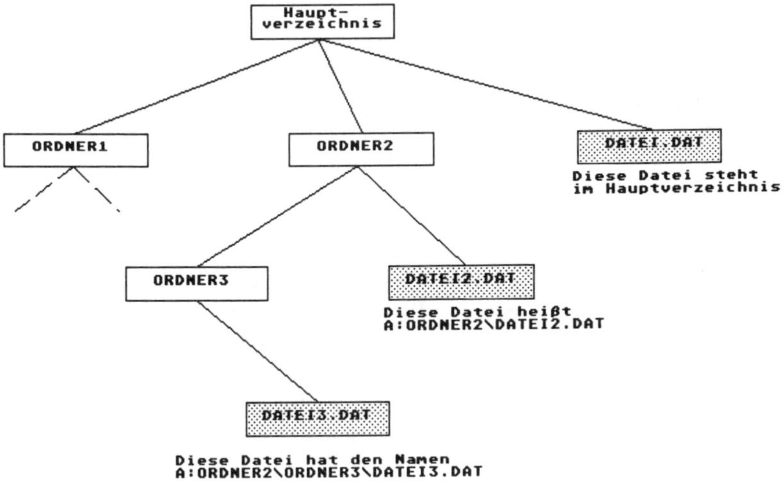

Abb. 3.2: Ein Verzeichnisbaum

Wenn Sie eine solche Vorgehensweise konsequent durchhalten, werden Ihre Disketten immer übersichtlich bleiben. Das Spiel mit den Ordnern im Ordner können Sie übrigens solange weitertreiben, wie es Ihnen Spaß macht. Der ST läßt beliebig komplexe Schachtelungen von Ordnern zu (solange noch Platz auf der Diskette ist).

Wie kann ich feststellen, wie viele Ordner auf meiner Diskette stehen?

Die pure Anzahl erfahren Sie durch "Info anzeigen" für die Diskette. Man sieht einem Ordner aber von außen nicht an, wie viele und vor allem welche Unterordner noch darin stecken (und wie viele Unterverzeichnisse) die Unterverzeichnisse enthalten und wie viele diese wieder...). Besitzer von MS-DOS-Computern (den sogenannten Kompatiblen) kennen da ein hilfreiches Programm names TREE, das die gesamte Diskette untersucht und zu jedem gefundenen Ordner ausgibt, wie viele und welche Unterverzeichnisse darin stecken. Festplattenbesitzer schwören auf dieses Tool, denn bei mitunter 100 oder mehr Ordnern verliert man schon einmal den Überblick. Neidisch geworden? Muß nicht sein, denn hier kommt ein TREE-Programm für den ST.

Die Bedienung: Nach dem Start erhalten Sie zunächst eine kleine Anleitung auf dem Bildschirm ausgedruckt. Da es für das Programm keine Rolle spielt, wo mit der Suche nach Ordnern begonnen wird, können Sie hier den Namen des Ordners oder Verzeichnisses eingeben, dessen Unterverzeichnisse angezeigt werden sollen. Für eine Festplatte müssen Sie natürlich die Laufwerksangabe in C: ändern. Falls Sie gar nichts eintippen (außer einem verschämten kleinen Return), so nimmt das Programm automatisch das Hauptverzeichnis von Laufwerk A als Startpunkt an. Nach einem Tastendruck wird dann der Bildschirm gelöscht und die Ordner der Reihe nach angezeigt. Die Anzeige erfolgt dabei so, daß ein Verzeichnis umso weiter eingerückt wird, je tiefer es in der Hierarchie steht.

Hier das Listing für GFA-BASIC

```
' TREE - Programm zum Anzeigen der Directory-Struktur
'
' Alten DTA-Buffer sichern
D%=Gemdos(&H2F)
' Frage nach Laufwerk/Ordner, in dem gesucht werden soll
Print "TREE - ein Programm zum Anzeigen von
Verzeichnisbäumen"Print
Print "Bitte geben Sie an, auf welchem Laufwerk bzw. in welchem
Ordner"
Print "die Verzeichnisstruktur sichtbar gemacht werden soll.
Beispiele:"
Print "Eingabe 'A:' (Default) zeigt alle Ordner auf Laufwerk A
an."
Print "Eingabe 'A:\GFA' zeigt alle Ordner im Ordner GFA auf Disk A
an."
```

```
Print
Input "Wo soll die Ordnersuche starten";Start$
Print
Print "Auf Tastendruck geht es los!"
Void Inp(2)
If Start$="" Then
  Start$="A:"
Endif
Cls
Start$=Upper$(Start$)
Print "Ordner in ";Start$
Print
' Alle Ordner durchsuchen
Anz%=0
Gosub Dir_suche(Start$,0)
Print
If Anz%=0 Then
  Print "Keine Unterverzeichnisse in ";Start$;" vorhanden!"
Else
  Print Start$;" enthält ";Anz%;" Unterverzeichnisse."
Endif
Print "Weiter mit Tastendruck."
Void Inp(2)
Edit
' Alte Einstellungen zurück
Void Gemdos(&H1A,L:D%)
'-----------------------------------------------------------------
Procedure Dir_suche(F$,Tiefe%)
  ' Sucht alle Ordner im angegebenen Ordner F$
  ' und läßt andere gefundene Ordner rekursiv durchsuchen
  Local A$,F2$,Dta$,Adr%,A%
  ' lokalen DTA-Buffer für dieses Verzeichnis reservieren
  Dta$=Space$(44)
  Adr%=Varptr(Dta$)
  Void Gemdos(&H1A,L:Adr%)
  ' Suche starten
  F2$=F$+"\*.*"+Chr$(0)
  A%=Gemdos(&H4E,L:Varptr(F2$),&H10)
  ' ggf. anzeigen
  Gosub Anzeigen
  ' restliche Files in diesem Ordner untersuchen
  While A%=0
    ' nächsten Eintrag suchen
    A%=Gemdos(&H4F)
    ' ggf. anzeigen
    Gosub Anzeigen
  Wend
Return
'-----------------------------------------------------------------
Procedure Anzeigen
  ' testet, ob eine Datei ein Ordner ist und gibt ggf. dessen
Namen aus
```

```
  ' Filenamen aus Buffer lesen, Buffer gleichzeitig löschen
  A$=""
  For I=Adr%+30 To Adr%+43
    Exit If Peek(I)<=32
    A$=A$+Chr$(Peek(I))
    Poke I,32
  Next I
  ' Ist die gefundene Datei ein Ordner ?
  If (Peek(Adr%+21)=16) And (A$<>"") And (A$<>".") And (A$<>"..")
Then
    ' nur korrekte Filenamen und Ordner anzeigen
    Print Tab(4*Tiefe%);"`-> ";A$
    Inc Anz%
    ' Ordner durchsuchen
    Gosub Dir_suche(F$+"\"+A$,Tiefe%+1)
    ' nach Rückkehr alte DTA wieder herstellen
    Void Gemdos(&H1A,L:Adr%)
  Endif
Return
```

Hier die Version für ST-BASIC

```
0 ' TREE - Programm zum Anzeigen der Directory-Struktur
1 '
2 ' Frage nach Laufwerk/Ordner, in dem gesucht werden soll
3 PRINT "TREE - ein Programm zum Anzeigen von Verzeichnisbäumen"
4 PRINT
5 PRINT "Bitte geben Sie an, auf welchem Laufwerk bzw. in welchem
Ordner"
6 PRINT "die Verzeichnisstruktur sichtbar gemacht werden soll.
Beispiele:"
7 PRINT "Eingabe 'A:' (Default) zeigt alle Ordner auf Laufwerk A
an."
8 PRINT "Eingabe 'A:\OMI' zeigt alle Ordner im Ordner OMI auf Disk
A an."
9 PRINT
10 INPUT "Wo soll die Ordnersuche starten ? ";Start$
11 PRINT
12 PRINT "Auf Tastendruck geht es los!"
13 A$= INPUT$(1)
14 IF Start$="" THEN
15  Start$="A:"
16 ENDIF
17 CLS
18 Start$= UPPER$(Start$)
19 PRINT "Ordner in ";Start$
20 PRINT
21 ' Alle Ordner durchsuchen
22 Z%=0
23 Dirsuche(Start$,0)
24 PRINT
```

```
IF Z%=0 THEN
 PRINT "Keine Unterverzeichnisse in ";Start$;" vorhanden!"
ELSE
 PRINT Start$;" enthält ";Z%;" Unterverzeichnisse."
ENDIF
PRINT "Weiter mit Tastendruck."
A$= INPUT$(1)
END
'--------------------------------------------------------------
DEF PROC Dirsuche(F$,Tiefe%)
 ' Sucht alle Ordner im angegebenen Ordner F$
 ' und läßt andere gefundene Ordner rekursiv durchsuchen
 LOCAL A$,Dta$,Adr%L,Anz%,R1$,R2$
 ' lokale Inhaltsverzeichnisdatei öffnen
 OPEN "F",Tiefe%+1,F$+"\*.*",16
 REPEAT
   GET Tiefe%+1,1
   FIELD Tiefe%+1,21 AS R1$,1 AS A$,8 AS R2$,14 AS Dta$
   Anz%=Anz%+1
   IF NOT EOF(Tiefe%+1) THEN
     N$= LEFT$(Dta$, MAX( INSTR(Dta$, CHR$(0))-1,0))
     ' Ist die gefundene Datei ein Ordner ?
     IF ( BIT(4, ASC(A$))) AND (N$<>".") AND (N$<>"..") THEN
       ' nur korrekte Filenamen und Ordner anzeigen
       PRINT TAB (4*Tiefe%);"`-> ";N$
       Z%=Z%+1
       ' Ordner durchsuchen
       Dirsuche(F$+"\"+N$,Tiefe%+1)
     ENDIF
   ENDIF
 UNTIL EOF(Tiefe%+1)
CLOSE Tiefe%+1
RETURN
```

Wie erzeuge ich neue Ordner?

Neue Ordner werden über das Desktop erzeugt (Menüpunkt "Neuer Ordner"). Dabei wird der Ordner im aktuellen Fenster erzeugt.

Wie lösche ich einen Ordner?

Das geht genau so wie bei normalen Dateien. Sie müssen den Ordner nur in den Papierkorb schieben. Aber Vorsicht. Auch alle in dem Ordner vorhandenen Dateien werden dabei gelöscht!

Kann ich einen Ordner auch vor dem Überschreiben schützen?

Nein - das wäre auch nicht sinnvoll, da Ordner selbst keine Daten enthalten, sondern nur die in ihnen gespeicherten Dateien.

Wie kann ich Ordner umbenennen?

Eine kleine Macke, die die Ordner kennzeichnet: sie wehren sich mit Händen und Füssen dagegen, umbenannt zu werden. Zum Glück gibt es einen einfachen Weg, dies zu umgehen. Will man einen Ordner umbenennen, so kann man so vorgehen:

1. Neuen Ordner mit dem gewünschten Namen auf der Diskette erzeugen.
2. Alle Dateien aus dem alten in den neuen Ordner kopieren (die Dateien existieren jetzt in beiden Ordnern).
3. Alten Ordner löschen

Probleme können auftauchen, wenn der Ordner, welcher umbenannt werden soll, mehr Bytes enthält als noch auf der Diskette oder der Festplatte frei sind. Diesen zusätzlichen Platz brauchen wir zum Kopieren. Sollte Ihr ST bei einer solchen Umbenennungsaktion die Fehlermeldung "Diskette voll" ausgeben, müssen Sie etwas anders vorgehen:

1. RAM-Disk mit mindestens der Größe des Ordnerinhalts einrichten.
2. Neuen Ordner mit dem gewünschten Namen auf der Diskette erzeugen.
3. Alle Dateien aus dem alten Ordner in die RAM-Disk kopieren.
4. Alten Ordner löschen.
5. Dateien aus der RAM-Disk in den neuen Ordner kopieren.

Dieses etwas umständlich anmutende Verfahren benutzt die RAM-Disk als Zwischenlager und vermeidet so die Überlastung der Diskette. Allerdings birgt es gewisse Gefahren in sich. Nachdem Sie Schritt 4 ausgeführt haben, existieren Ihre Daten nur noch auf der RAM-Disk. Falls nun der Strom ausfällt, bevor Sie die Dateien auf die Diskette zurückkopieren konnten, sind diese unwiederbringlich verloren.

Allerdings ist das Risiko eines Stromausfalls recht gering, es sei denn, Ihre kleinen Kinder spielen zu Ihren Füßen mit den Netzteilen. Wenn Sie ganz sicher gehen wollen, können Sie statt einer RAM-Disk eine richtige Diskette als Zwischenlager benutzen. Das dauert aber sehr viel länger und ist insbesondere bei nur einem Laufwerk extrem umständlich.

3.1.3 Datei- und Pfadnamen

Wie setzt sich ein Dateiname zusammen?

Es ist zu unterscheiden zwischen dem eigentlichen File- oder Dateinamen und dem Pfad. Beide zusammen ergeben den Pfadnamen. Allerdings sind diese Bezeichnungen nicht einheitlich; vielfach werden die Begriffe Pfadname und Dateiname synonym gebraucht. Der Dateiname besteht aus 1 bis 8 Zeichen; hinzu kommt eine sogenannte Extension (oder auch Endung, Dateityp) von maximal drei Zeichen, die durch einen Punkt angehängt wird. Beispiele für Dateinamen sind:

```
XXXXXXXX.YYY
TESTTEXT.TXT
PROGRAMM
A
```

Darf ich in Dateinamen jedes Zeichen verwenden?

Innerhalb des Namens und der Extension dürfen Sie fast alle Zeichen benutzen. Verboten sind Leerzeichen und alle unten aufgeführten Zeichen:

```
\ { } [ ] ( ) < > = * & , . ; : - + ! ? / ~ ¦ " % @
```

Einige dieser Zeichen haben auch noch andere Bedeutung. Außerdem werden Kleinbuchstaben automatisch in Großbuchstaben umgewandelt.

Als Ersatz für das Leerzeichen können Sie den Unterstrich verwenden (neben der rechten Shift-Taste über dem Gedankenstrich).Darf ich einen Namen mehrfach vergeben? Während Dateinamen zum Auffinden einer Datei innerhalb eines Verzeichnisses dienen und deshalb dort nur einmal vorkommen dürfen, kann der gleiche Namen in verschiedenen Ordnern durchaus mehrfach auftauchen.

Zur Unterscheidung dieser Fälle dient der Pfad, der dem Betriebssystem angibt, in welchem Ordner es nach der gewünschten Datei suchen soll. Der Pfadname beginnt mit dem Kennbuchstaben des angesprochenen Laufwerks, gefolgt von einem Doppelpunkt und einem Backslash. Liegt die gesuchte Datei im Hauptverzeichnis einer Diskette, so ist der Pfad damit komplett. Ein Beispiel:

```
A:\TEST.PRG
```

bezeichnet die Datei TEST.PRG im Hauptverzeichnis der Diskette in Laufwerk A. Dagegen greifen Sie mit dem Namen

```
TEST.PRG
```

auf die Datei TEST.PRG im aktuellen Verzeichnis (das kann auch ein Ordner sein) zu. Wenn Sie mit der Objektauswahl arbeiten, haben Sie diese Probleme nicht. Hier werden immer Pfade angegeben, die im Hauptverzeichnis beginnen. Einige Anwendungen verlangen aber eine Dateinameneingabe, die nicht über Objektauswahlen läuft. Dann sollten Sie diese Regeln beachten. Insbesondere sollten Sie sich merken, in welchen Ordner Sie zuletzt gearbeitet haben, denn dies ist der aktuelle Ordner.

Wie erreiche ich Dateien in Ordnern?

Liegt eine Datei in einem Ordner, so muß dessen Name an den Pfad angehängt werden; sind mehrere Ordner ineinander verschachtelt, so müssen alle zum Auffinden nötigen Ordnernamen angegeben werden. Ein Beispiel:

```
A:\ORDNER.1\ORDNER\TEST.PRG
```

besagt, daß die Datei TEST.PRG im Ordner "Ordner" zu finden ist, der seinerseits im Ordner mit der Bezeichnung Ordner.1" steht. Etwas anderes besagt dieser Pfad, wenn Sie den ersten Backslash weglassen. Dann beginnt der Pfad im aktuellen Verzeichnis und führt von dort aus weiter. Ein Beispiel: Wir befinden uns im Ordner Ordner.1 und geben dann den Pfadnamen

```
ORDNER\TEST.PRG
```

ein. In diesem Fall wird das Programmfile im gleichen Ordner gesucht, wie im vorhergehenden Beispiel. Befinden wir uns aber im Hauptverzeichnis der Diskette, dann hätte der Pfad

A:ORDNER\TEST.PRG zur Folge, daß TEST.PRG in dem Ordner "Ordner" gesucht wird, der im Hauptverzeichnis steht.

Wie werden Ordnernamen gebildet?

Ordnernamen werden genau wie Dateinamen aus bis zu acht Zeichen und nach Wunsch mit bis zu drei Zeichen Extension gebildet. Im Pfad werden die Ordner- und Dateinamen dann durch den sogenannten Backslash getrennt (das ist der Schrägstrich, der von links oben nach rechts unten verläuft). Man erreicht den Backslash auf der Tastatur durch die Kombination Alternate-Shift-ü.

Was ist, wenn ich mich nicht an die obigen Regeln halte?

Nur die in der oben angegebenen Weise gebildeten Pfadnamen sind korrekt, jedoch ist das Betriebssystem so fehlertolerant, daß einige Teile mitunter weggelassen werden können. Gibt man zum Beispiel gar keinen Pfad an, so nimmt der Rechner statt dessen das zuletzt benutzte Verzeichnis an, läßt man die Laufwerkskennung weg, sucht das Betriebssystem auf dem zuletzt benutzten Laufwerk nach dem Dateinamen.

Was macht der Stern in der Objektauswahl?

Durch die Benutzung sogenannter Joker kann man mit einem Pfadnamen auch mehrere Dateien gleichzeitig bezeichnen. Dabei steht der * für eine bis zu 8 Zeichen lange Folge beliebiger Zeichen und das ? für ein beliebiges Zeichen. Beispiele:

ABC.TXT* bezeichnet alle Dateien, die mit ABC beginnen und die die Extension TXT besitzen.

. erreicht alle Files im gewählten Verzeichnis.

*ABC.** bezeichnet alle Dateien, die als Namen ABC plus einer beliebigen Extension tragen.

ABC?.TXT steht für alle Dateien mit der Extension TXT, deren Name mit ABC beginnt und von einem beliebigen Zeichen gefolgt wird.

ABC?E.TXT bezeichnet alle Textfiles, die mit ABC beginnen, auf das ein beliebiger Buchstabe und schließlich E.TXT folgt.

Selbstverständlich lassen sich die beiden Joker-Zeichen auch kombiniert einsetzen. Die Benutzung dieser Joker ist nicht immer möglich; ein Beispiel für die sinnvolle Nutzung ist die Objektauswahl, wo die obere Eingabezeile einen solchen Pfadnamen beinhaltet, mit dessen Hilfe die anzeigenswerten Dateien im darunterstehenden Fenster aussortiert werden. Jokerzeichen dürfen aber niemals im Pfad selbst auftauchen, sondern dürfen immer nur im Dateinamen stehen (also ganz am Ende des Pfadnamens). Es ist also nicht möglich, mittels der Jokerzeichen mehrere Ordner gleichzeitig anzuwählen.

3.1.4 Extensions

Wozu sind Extensions gut?

Die Endung des Filenamens dient dazu, einzelne Dateitypen voneinander zu unterscheiden. Prinzipiell dürfen Sie jede beliebige zulässige Extension vergeben, einige werden allerdings schon vom Betriebssystem für eigene Zwecke benutzt.

PRG wird für Programmdateien benutzt, die GEM-Programme enthalten. PRG-Dateien werden grundsätzlich als ausführbahr betrachtet, auch wenn darin vielleicht gar nichts gespeichert ist. Der Aufruf solcher unechten Programme führt mit fast hundertprozentiger Sicherheit zum Absturz des Rechners.

TOS steht für Programmdateien, die nicht auf die Fähigkeiten des GEM zurückgreifen. In solchen Programmen gibt es normalerweise keine Menüleisten und Dialogboxen.

TTP steht für TOS-Programme, die vor dem Start noch gewisse Angaben von Ihnen brauchen. Dazu erscheint direkt nach dem Doppelklick auf dem Bildschirm eine Dialogbox, in der eine Eingabezeile für Ihre Angaben ausgefüllt werden muß. Was Sie dort hinschreiben müssen, hängt vom jeweiligen Programm ab. Sehen Sie bitte in der Anleitung der Software nach.

RSC ist die Abkürzung für Resource. Solche Dateien gehören zu den PRG-Programmen. Sie enthalten Daten für die Gestaltung von Menüleisten und Dialogboxen. Sie dürfen diese Dateien nicht löschen. Sollten Sie ein PRG-Programm kopieren wollen, achten Sie bitte darauf, daß die zugehörige RSC-Datei mitkopiert wird. Manche Programme haben mehrere dieser RSC-Dateien, einige kommen ohne aus. Im Zweifel gibt das Handbuch des Programms hierüber Auskunft.

BAK wird für Sicherheitskopien verwendet. Diese Sicherheitskopien werden von vielen Programmen automatisch erzeugt, wenn Sie alte Daten ändern. In einem solchen Fall wird die Extension des alten Files in BAK geändert und die neue Version unter dem bisherigen Namen gespeichert. Auf diese Weise haben Sie immer den letzten Stand Ihrer Arbeit als Sicherheit mitgespeichert. Sollte die neue Version defekt sein, oder haben Sie einen Fehler gemacht, können Sie die Sicherheitskopie wieder umbenennen (z.B. von xxxxxxxx.BAK in xxxxxxxx.TXT) und erneut benutzen. Sollte Ihre Diskette einmal zu voll sein, um neue Daten aufzunehmen, können Sie sich in vielen Fällen helfen, wenn Sie nicht mehr benötigte BAK-Dateien löschen.

APP bezeichnet spezielle Arten von GEM-Programmen, die von anderen Programmen nachgeladen werden. In den meisten Fällen können diese Programme auch ohne Schwierigkeiten in PRG-Versionen umbenannt werden und dann selbständig laufen.

$$$ ist eine Extension, die Sie als Anwender normalerweise nicht vergeben können. Einige Programme benutzen sie, um temporäre Dateien zu erzeugen, die nach Benutzung wieder gelöscht werden. Das Auftauchen solcher Dateien auf Ihren Disketten ist in den meisten Fällen ein sicheres Zeichen für einen Fehler (z.B. war der Schreibschutz aktiv, was bewirkt, daß das Programm seine Dateien nicht wieder löschen konnte).

TXT wird von den meisten Textverarbeitungen benutzt, um Textfiles zu kennzeichnen.

BAS steht für ein BASIC-Programm. Leider benutzen fast alle BASIC-Interpreter die gleiche Extension, so daß Sie nicht feststellen können, für welche Sprache dieses Programm geschrieben wurde.

DOC ist ebenfalls eine Extension für Dateien aus Textverarbeitungen.

INF wird für Informationsfiles benutzt, die Angaben über bestimmte Zustände eines Programmes oder des Desktop (DESKTOP.INF) enthalten.

ACC ist die Extension, mit der Accessories markiert werden. Nach dem Einschalten sucht der ST nach den ersten 6 Dateien, die diese Extension tragen und versucht sie als Accessories zu installieren. Sie sollten diese Extension niemals für Ihre eigenen Daten vergeben, um Abstürze zu vermeiden. Es kann vorkommen, daß auch zu Accessories ein Resource-File (Extension RSC) gehört.

SYS wird bei Dateien verwendet, die wichtige Systemdaten oder Treiber für das GEM enthalten. Beispiele sind ASSIGN.SYS (Zuordnungstabelle für Zeichensätze) und META.SYS (virtueller Gerätetreiber).

GEM steht für sogenannte Metafiles. Dahinter verbirgt sich ein universelles Datenformat für Grafiken, das den Austausch von Bildern zwischen verschiedenen Rechnern und Programmen ermöglichen soll.

OPT ist die Kurzform von Option. Solche Dateien dienen ähnlichen Zwecken wie die INF-Files.

FNT wird für Zeichensatz-Dateien benutzt.

C wird normalerweise an Quelltexte für C-Programme vergeben.

H findet für Hilfsdateien in C-Compilern Verwendung.

O und BIN stehen für Objektfiles, das sind compilierte, aber nicht gelinkte Dateien.

PAS dient als Kennzeichen für Pascal-Programmtexte.

S und Q ist die Extension für Assembler-Quelltexte.

PIC wird für pixel-orientierte Grafikdateien benutzt.

NEO wird für Farbgrafiken eingesetzt.

PI3 ebenfalls für Grafikdateien (ebenso PI1 und PI2).

3.2 Die Diskette

Welche Disketten brauche ich für meinen ST?

Zunächst einmal ist die Größe wichtig. Sie wird am Durchmesser der eingebauten Scheibe bemessen; dieser beträgt 3½-Zoll. Es gibt auch andere Diskettengrößen. Die bekanntesten sind wohl die 5¼-Zoll-Disketten, die früher sehr verbreitet waren und nun langsam aber sicher von der 3½-Zoll-Diskette verdrängt werden. Außerdem drucken die Hersteller noch diverse Kapazitätsangaben auf die Disketten, da die Speichermöglichkeiten nicht durch die Größe der Scheibe, sondern die Güte der Magnetschicht bestimmt werden.

1SSD/ SSSD steht für "Single Sided, Single Density". Diese Qualität wird für 3½-Zoll-Disketten eigentlich nicht angeboten, da sie keine ausreichende Kapazität ermöglicht.

1SDD/ SSDD bedeutet "Single Sided, Double Density". Mit anderen Worten: die Diskette kann einseitig genutzt werden und bietet die doppelte Schreibdichte. Dies ist die richtige Diskettensorte, wenn Sie ein einseitiges Laufwerk SF354 besitzen. Sie können solche Disketten zwar auch mit anderen Laufwerken benutzen, dann besteht aber die Gefahr desDatenverlustes, weil der Hersteller nur für eine Seite die erforderliche Sicherheit garantiert.

2SDD/ DSDD ist die Abkürzung für "Double Sided, Double Density". Diese Diskette hat ebenfalls doppelte Schreibdichte, kann aber zwei Seiten nutzen. Sie sollten diese kaufen, falls Sie einen Mega-ST, einen 1040 ST oder ein Laufwerk SF314 besitzen. Diese Geräte beschreiben beide Seiten der Magnetscheibe.

2SHD/ DSHD Dies sind Disketten des Typs "High Density", also mit hoher Schreibdichte. Beim Kauf dieser Disketten werfen Sie Geld zum Fenster hinaus, denn der ST kann die hohe Qualität dieser Scheiben gar nicht ausnutzen.

Auch wenn eine Diskette von außen nicht so aussieht, handelt es sich dabei um ein rundes Gebilde, das von einem Motor recht schnell gedreht wird. Zum Vergleich: eine Schallplatte dreht sich mit 33,3 oder 45 Umdrehungen pro Minute, die runden Magnetscheiben in der Diskettenhülle dagegen mit 300 U/min. Festplatten sind noch schneller (meistens 3600 U/min). Diese hohen Geschwindigkeiten sind der Grund dafür, daß sowohl Festplatten als auch normale Diskettenlaufwerke recht lange Beschleunigungs- und Bremszeiten haben.

Vielleicht ist Ihnen schon aufgefallen, daß Ihr Diskettenlaufwerk noch ein bißchen nachläuft, während sich der Computer schon alle Daten geholt hat und längst mit etwas anderem beschäftigt ist. Dabei handelt es sich um einen Trick, der Zeit sparen soll. Wie gesagt, braucht der Motor einige Zeit, um eine konstante Geschwindigkeit zu erreichen. Daher schaltet sich der Motor nach der Übertragung der letzten Daten nicht sofort ab. Falls jetzt erneut auf die Diskette zugegriffen werden muß, hat die Scheibe noch die korrekte Geschwindigkeit und muß nicht wieder beschleunigt werden. Festplatten haben dieses Prinzip noch ausgeweitet, sie laufen die gesamte Zeit über mit voller Geschwindigkeit.

Wie kommen nun die Daten auf die Scheibe?

Sie kennen sicher das Aufzeichnungsprinzip eines Tonbandes: Töne (Daten) werden als magnetische Spuren auf eine Eisenoxid- oder Chromdioxid-Schicht gebracht. Stellen Sie sich nun eine Schallplatte vor, die mit einer solchen Schicht bedeckt ist. Statt der Nadel führt man nun einen Tonkopf über die Platte. Das wäre schon fast das gesamte Funktionsprinzip von Disketten und Festplatten. Die Unterschiede liegen im Detail. Disketten werden (vor allem in Amerika) auch Floppy Disks genannt. Floppy heißt so viel wie weich oder biegsam. Das bezieht sich auf die Scheibe, die im Innern des Gehäuses liegt.

Sie besteht aus weichem, biegsamen Kunststoff und hat einen Durchmesser von 3½ Zoll (siehe Abb. 3.2.). Bestimmt kennen Sie auch die größeren Exemplare mit 5¼ Zoll Durchmesser, bei denen auch die Hülle biegsam ist. Von dieser Flexibilität haben die Disketten ihren Namen erhalten. Allerdings ist das alles andere als ein Vorteil. Flexible Disketten lassen sich schön knicken - und genau das ist das schlimmste, was man mit einer solchen Scheibe machen kann.

Im Normalfall sind dann alle Daten verloren, weil der Lesevorgang durch den Knick (wie durch einen Kratzer auf einer Schallplatte) behindert oder gar unmöglich gemacht wird. Deshalb ist man bei den neueren 3½-Zoll-Disketten dazu übergegangen, ein hartes Gehäuse drumherum zu bauen. Diese Hülle verträgt es auch einmal, in die (hoffentlich große) Hosentasche gesteckt zu werden.

Abb. 3.3: Das Innere einer 3½-Zoll-Diskette

(Bitte machen Sie das nicht nach, es sei denn, Sie brauchen die Diskette garantiert nie mehr!)

Der den meisten Disketten beiliegende Aufkleber hat die unangenehme Eigenschaft, nicht immer dauerhaft zu kleben. Ein kleiner Trick schafft hier meist Abhilfe. Streichen Sie die reservierte Fläche mit einem Papierklebestift ein. Darauf reiben Sie den widerspenstigen Aufkleber mit einem weichen Tuch fest (bitte nicht mit Gewalt). So befestigte Beschriftungen haben sich als recht dauerhaft erwiesen.

Beschriften Sie die Aufkleber mit wasserfesten Faserschreibern. Bedingt durch die Konstruktion der Disketten wird die Beschriftung beim Einlegen der Diskette besonders häufig mit den Fingern berührt. Die natürliche Hautfeuchtigkeit sorgt dann bei normaler Beschriftung schnell für ein Verwischen.

Wozu ist der kleine Schieber in der Ecke der Diskette?

Das ist der sogenannte Schreibschutzschieber. Ist er so eingestellt, daß das Loch verdeckt ist, so kann die Diskette beschrieben und gelesen werden. Ist der Schieber in der anderen Position (Sie können dann durch das Loch hindurchsehen), so verweigert der ST jedes Schreiben auf dieser Diskette. Damit haben Sie einen gewissen Schutz vor dem Verändern oder Löschen Ihrer Daten.

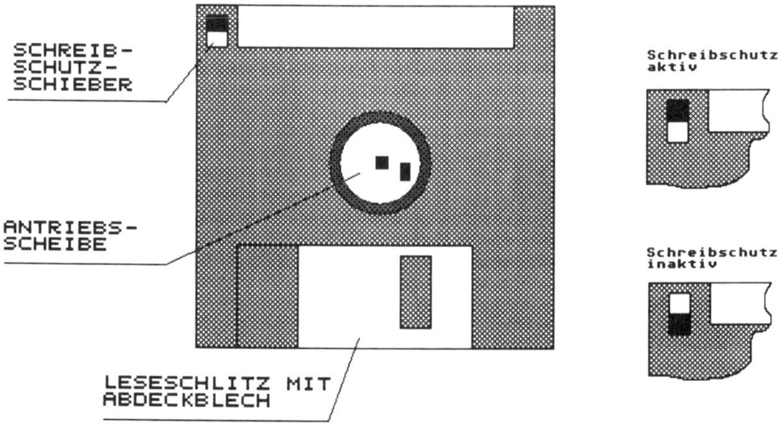

Abb. 3.4: Der Schreibschutz

Was heißt einseitiges, was zweiseitiges Format?

Das Diskettenlaufwerk SF354 besitzt nur einen Schreib-Lesekopf und kann deshalb nur eine Seite der Magnetscheibe bearbeiten. Alle anderen ST-Laufwerke verfügen über zwei dieser Köpfe und arbeiten daher auf zwei Seiten. Das bringt natürlich auch eine Verdopplung der Speicherkapazität mit sich. Dafür sind SF354-Laufwerke ein wenig billiger (trotzdem werden sie kaum noch gekauft).

Kann ich die beiden Formate austauschen?

Ja und Nein. Das einseitige Laufwerk kann nur einseitige Disketten bearbeiten. Umgekehrt können zweiseitige Laufwerke aber einseitige Disketten lesen und beschreiben. Sie können mit einem zweiseitigen Laufwerk sogar einseitige Disketten formatieren, so daß Sie mit Besitzern von SF354-Laufwerken Daten austauschen können.

Wieviele Bytes passen auf eine Diskette?

Zweiseitige Disketten melden nach dem Formatieren einen freien Bereich von 726016 Bytes, das sind 709 KByte. Die Differenz zu den immer wieder genannten 720 KByte erklärt sich dadurch, daß das Inhaltsverzeichnis einer jeden Diskette auch Platz benötigt. Einseitige Disketten haben Platz für 357376 Bytes, was 349 KByte entspricht.

Was ist, wenn die Diskette nach dem Formatieren weniger Platz hat, als üblicherweise vorgesehen?

Mitunter kommt es vor, daß einzelne Teile einer Diskettenoberfläche defekt sind, z.B. durch winzige Kratzer. Diese eignen sich dann nicht mehr für die Datenspeicherung. Der ST erkennt dies beim Formatieren und schließt diese defekten Oberflächenstücke von der Benutzung aus. Sie können solche Disketten weiterverwenden, sollten jedoch mit solchen Disketten vorsichtig sein und sie nur für weniger wichtige Daten benutzen.

Kann ich meine Disketten auch in anderen Rechnern verwenden?

In den meisten Fällen wird das scheitern. So benutzt der Amiga ein ganz anderes Diskettenformat als der ST, und PCs, die zwar auch mit 3,5-Zoll-Disketten arbeiten, können mit den ST-Disketten nicht immer etwas anfangen. Im Normalfall sollte aber der ST mit jeder Diskette umgehen können, die von einem PC formatiert worden ist, so daß Sie solche Scheiben zum Datenaustausch benutzen können.

▸ Fehler

Beim Beschreiben oder Lesen einer 3½-Zoll-Diskette, die von einem PC formatiert wurde, gibt der ST Fehlermeldungen aus wie "Daten auf Disk. A: defekt ..."

▸ **Abhilfe**

Wahrscheinlich ist eines der beiden Laufwerke (entweder das des ST oder des PC) defekt, so daß beim Formatieren leichte Abweichungen entstehen, die der jeweils andere Rechner nicht mehr auffangen kann. Hier hilft nur, die beiden Geräte überprüfen zu lassen und ggf. zu reparieren.

Was bedeutet eigentlich "formatieren" und wie mache ich das?

Jede Diskette muß vor der ersten Benutzung formatiert werden, d.h. es werden Markierungen auf der Diskette angelegt, anhand derer der Rechner später die Daten wiederfinden kann. Da fast jeder Rechnerhersteller ein eigenes Format für diese Markierungen hat, kann der Formatiervorgang nicht vom Hersteller der Diskette übernommen werden. Sie können das erledigen, indem Sie den Menüpunkt "formatiere..." auf dem Desktop anwählen.

Vorsicht: Wenn Sie eine Diskette formatieren, die bereits Daten enthält, so gehen diese unwiederbringlich verloren!

Sie können die obige Falle auch ausnutzen, wenn Sie ganz sicher sind, daß Sie eine Diskette löschen wollen. Dann formatieren Sie sie einfach.

Warum müssen Disketten vor der ersten Benutzung formatiert werden? Vielleicht haben Sie sich darüber auch schon gewundert, weil Sie doch Ihre Tonband-Cassetten direkt benutzen können. Was passiert hier?

Um den Sinn der Formatierung zu verstehen, muß man wissen, wie die Daten auf der Platte angeordnet werden. Eine Schallplatte hat genau zwei spiralförmige Rillen. Auf einer Diskette oder Festplatte werden die Daten aber nicht in Spiralen, sondern in konzentrischen Ringen untergebracht.

Jede dieser Spuren ist dann noch einmal in Sektoren aufgeteilt, die jeweils 512 Bytes an Daten enthalten. Dahinter steht folgendes Problem: Wenn Sie auf einer Schallplatte eine bestimmte Stelle suchen, sind Sie auf die gute alte Trial-and-Error-Methode angewiesen, es sei denn, Sie können die gewünschte Stelle an der Form der Rillen erkennen. Dieses System ist nun überhaupt nicht für Computer geeignet, denn er kennt die gewünschten Daten ja im Voraus nicht. Teilt man dagegen die Daten in Spuren und Sektoren auf, so kann man sie adressieren, z.B. durch Spur 5, Sektor 7.

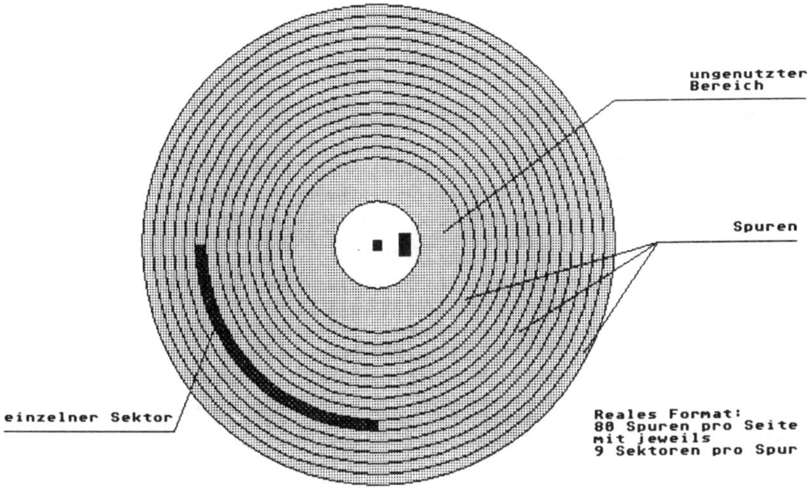

Abb. 3.5: Aufteilung einer Diskette

Solche Spuren und Sektoren werden nun nicht bei der Herstellung auf die Diskette gebracht, weil viele Computer unterschiedliche Einteilungen vornehmen. Daher müssen Sie die Diskette vor der ersten Benutzung formatieren. Dabei geschieht nichts anderes, als daß der ST 80 solcher Spuren und darin jeweils 9 (leere) Sektoren anlegt. Dazu ein kleines Rechenbeispiel:

```
80 Spuren * 9 Sektoren * 512 Bytes = 360 Kbyte
```

Das ist - oh Wunder - genau die Kapazität einer einseitigen Diskette. Für Diskettenlaufwerke, die beide Seiten einer Diskette beschreiben können, verdoppelt sich natürlich diese Zahl. Ürigens müssen auch Festplatten vor der ersten Benutzung formatiert werden, weil auch sie die Daten in solchen Sektoren anlegen. Wegen der größeren Genauigkeit können diese aber mehr Spuren und auch mehr Sektoren unterbringen.

Wie kann ich Disketten kopieren?

Vorausgesetzt, daß es sich um zwei Disketten mit identischem Format handelt, können Sie das Icon der einen Diskette auf das der anderen schieben. Dann werden die Disketten 1:1 kopiert, d.h. hinterher haben beide Scheiben absolut identischen Inhalt (näheres siehe auch unter "Desktop"). Haben Sie zwei Disketten mit unterschiedlichen Formaten, so verweigert der ST die 1:1-Kopie und Sie müssen alle Dateien "von Hand" auf die andere Diskette schieben.

Woher erfahre ich näheres über eine Diskette?

Lassen Sie sich die Info zu einer Diskette anzeigen. Darin erfahren Sie nicht nur den Namen und die Anzahl der Ordner und Dateien. Es werden auch noch zwei Zahlenwerte angegeben: die belegten und die noch freien Bytes. Wenn Sie die Kapazität einer Diskette ermitteln wollen, addieren Sie diese beiden Werte. Ergibt sich ein Wert von ca. 700000 Bytes, so haben Sie eine zweiseitige Diskette vor sich, bei ca. 350000 Bytes handelt es sich um eine einseitige. Aus technischen Gründen (siehe Kapitel "Größenangaben auf Massenspeichern") wird hier aber nur selten die wirkliche Kapazität von 726016 bzw. 357376 Bytes herauskommen.

Kann man Disketten umbenennen?

Das Desktop läßt eine Änderung des Diskettennamens (der Fachausdruck lautet Volume-Label) nicht zu. Dennoch kann man in einigen Fällen mit einem kleinen Programm diesen Namen ändern. Er besteht - wie ein normaler Dateiname auch - aus 8 Zeichen plus Extension.

Hier das Programm für GFA-BASIC:

```
' DISKNAME - Programm zum Umbenennen einer Diskette
' Version für GFA-BASIC 2.0
'
Print "DISKNAME"
Print "Dieses Programm ermöglicht das Ändern des Namens der"
Print "Diskette in Laufwerk A. Legen Sie bitte die Diskette ein."
Print "Fertig -> Taste drücken"
Print
Void Inp(2)
' Puffer für Sektor bereitstellen
Buffer$=Space$(513)
Adr%=Varptr(Buffer$)
' ggf. auf gerade Adresse setzen
If (Adr% Mod 2)=1 Then
  Inc Adr%
```

```
Endif
' ersten Directory-Sektor lesen
A%=Bios(7,0)
A%=Bios(4,0,L:Adr%,1,11,0)
If A%=0 Then
  If Peek(Adr%+11)=8 Then
    ' erste 11 Zeichen = Diskettenname
    N$=Left$(Buffer$,11)
    Print "Alter Name: ";N$
    ' neuen Namen abfragen
    Input "Neuer Name: ",A$
    ' Namen aufbereiten
    If Len(A$)<11 Then
      A$=A$+Space$(11)
    Endif
    A$=Left$(Upper$(A$),11)
    ' neuen Namen in den Sektor schreiben
    Mid$(Buffer$,1,11)=A$
    A%=Bios(4,1,L:Adr%,1,11,0)
  Else
    Print "Diese Diskette hat keinen Namen!"
  Endif
Else
  Print "Fehler"
Endif
```

Hier die Version für Omikron- bzw. ST-BASIC:

```
0 ' DISKNAME - Programm zum Umbenennen einer Diskette
1 ' Version für Omikron- bzw. ST-BASIC
2 '
3 PRINT "DISKNAME"
4 PRINT "Dieses Programm ermöglicht das Ändern des Namens der"5
PRINT "Diskette in Laufwerk A. Legen Sie bitte die Diskette ein."
6 PRINT "Fertig -> Taste drücken"
7 PRINT
8 A$= INPUT$(1)
9 ' Puffer für Sektor bereitstellen
10 Buffer$= SPACE$(513)
11 Adr%L= LPEEK( VARPTR(Buffer$))+ LPEEK( SEGPTR +28)
12 ' ggf. auf gerade Adresse setzen
13 IF (Adr%L MOD 2)=1 THEN
14  Adr%L=Adr%L+1
15 ENDIF
16 ' ersten Directory-Sektor lesen
17 BIOS (A%,7,0)
18 BIOS (A%,4,0, HIGH(Adr%L), LOW(Adr%L),1,11,0)
19 IF A%=0 THEN
20  IF PEEK(Adr%L+11)=8 THEN
21   ' erste 11 Zeichen = Diskettenname
22   N$= LEFT$(Buffer$,11)
```

```
  PRINT "Alter Name: ";N$
  ' neuen Namen abfragen
  INPUT "Neuer Name: ";A$
  ' Namen aufbereiten
  IF LEN(A$)<11 THEN
    A$=A$+ SPACE$(11)
  ENDIF
  A$= LEFT$( UPPER$(A$),11)
  ' neuen Namen in den Sektor schreiben
  MID$ (Buffer$,1,11)=A$
  BIOS (A%,4,1, HIGH(Adr%L), LOW(Adr%L),1,11,0)
 ELSE
  PRINT "Diese Diskette hat keinen Namen!"
 ENDIF
ELSE
 PRINT "Fehler"
ENDIF
```

Zur Bedienung

Nach dem Start des Programms werden Sie aufgefordert, die Diskette einzulegen, die umbenannt werden soll. Wenn Sie das erledigt haben, drücken Sie bitte eine beliebige Taste. Das Programm untersucht dann die Diskette. Falls es einen alten Diskettennamen findet, wird dieser angezeigt und Sie können einen neuen eingeben. Aus Vereinfachungsgründen können Sie dabei einfach eine bis zu 11 Zeichen lange Zeichenkette eingeben, in der keine Sonderzeichen vorkommen sollten (insbesondere keine Punkte und Backslashes).

Die Eingabe wird mit Return oder Enter beendet, danach wird der neue Name auf die Diskette gebracht. Manchmal ist auf der Diskette kein Name eingetragen. Da eine Änderung in solchen Fällen Ihre Dateien zerstören könnte, gibt das Programm nur eine Meldung aus und stoppt dann. Eine Änderung ist dann nicht möglich.

Wieso erscheinen auf meinem Desktop zwei Datenstation-Icons (A und B), obwohl ich nur ein Laufwerk besitze?

Beim Laufwerk B handelt es sich in diesem Fall um das sogenannte virtuelle Laufwerk, d.h. der Rechner simuliert nur das Vorhandensein eines zweiten Laufwerks. Das ermöglicht es Ihnen, mit zwei Disketten zu arbeiten. Wie funktioniert das? Führen Sie bitte einen Doppelklick auf das Icon der Station B aus. Bevor das gewohnte Fenster erscheint, verlangt der ST von Ihnen, eine Diskette für Laufwerk B einzulegen. Machen Sie das bitte mit einer beliebigen anderen Diskette als der gerade eingelegten.

Nach dem OK-Klick erscheint das Inhaltsverzeichnis auf dem Desktop. Wie Sie sehen, haben Sie die Verzeichnisse zweier Disketten gleichzeitig auf dem Bildschirm. Wenn Sie nun wieder auf eine Datei von der Diskette A zugreifen wollen, verlangt der ST zuerst von Ihnen, diese Scheibe einzulegen. Der Rechner merkt sich also, welche Diskette gerade eingelegt ist.

Wie arbeitet man mit dem virtuellen Laufwerk?

Nehmen wir an, Sie möchten eine Datei von einer Diskette zur anderen kopieren. Legen Sie die Quelldiskette in das Laufwerk ein. Diese Diskette stellt ab sofort das Laufwerk A dar. Schieben Sie nun das Icon der Datei auf die andere Datenstation (B). Der Rechner wird Sie nach kurzer Zeit auffordern, die Diskette für Laufwerk B einzulegen. Damit ist die Zieldiskette gemeint, die ab jetzt für das Laufwerk B steht. Immer wenn der ST beim Vorhandensein zweier Floppy-Stationen nun auf ein anderes Laufwerk zugreifen müßte, fordert er von Ihnen die entsprechende Diskette an. Dieses Spielchen wiederholt sich solange, bis alle Daten übertragen sind.

3.3 Die RAM-Disk

Was ist eine RAM-Disk?

Eine RAM-Disk ist nichts weiter als ein Programm, das im Speicher des Computers eine Diskettenstation simuliert. Eine RAM-Disk kann mit einigen Einschränkungen genau wie ein normales Diskettenlaufwerk betrieben werden.

Wie komme ich an eine RAM-Disk?

Ein RAM-Disk-Programm wird mit dem ST (im Gegensatz zu einigen anderen Computern) nicht ausgeliefert. Sie müssen sich daher ein solches Programm besorgen. Ihr Händler hält sicher eine ganze Reihe bereit, aber es geht unter Umständen auch ohne große Kosten. Mittlerweile existieren viele Public-Domain-RAM-Disks, die Sie für eine geringe Gebühr oder sogar kostenlos erwerben können.

Welche Vor- und Nachteile bietet eine RAM-Disk?

Die Vorteile sind schon bestechend: eine RAM-Disk ist wahnsinnig schnell, unter Umständen zehnmal schneller als eine normale Diskettenstation. Außerdem erleichtert Sie den Umgang mit Dateien, denn man kann Sie beim Kopieren von Dateien als Zwischenlager verwenden und erspart sich so lästige Diskettenwechsel. Falls Programme sehr häufig auf immer die gleichen Dateien zugreifen müssen (z.B. Compiler auf die Libraries, Grafikprogramme auf Symbolbibliotheken usw.), sind diese in einer RAM-Disk meist sehr gut untergebracht.

Diese Zugriffe, die sonst sehr aufhalten können, sind dann in Null-komma-nichts durchgeführt. Der große Nachteil einer RAM-Disk ist natürlich, daß sie Speicher frißt. Insbesondere, wenn Ihr ST nur 512 KByte Speicher hat, kann sich die RAM-Disk schon störend bemerkbar machen. Nicht vergessen werden sollte, daß die Datensicherheit bei weitem nicht so groß ist wie bei normalen Disketten. Sobald Sie den Strom abschalten, sind die Daten weg.

Wer braucht eine RAM-Disk?

Die RAM-Disk ist ein Muß für alle, die nur ein Diskettenlaufwerk besitzen. Die gesamten Dateioperationen können immens beschleunigt werden. Besitzer von zwei Diskettenlaufwerken sind mit einer RAM-Disk (am besten eine bei Bedarf "zuschaltbare") auch nicht schlecht bedient. Stolze Besitzer einer Festplatte können im allgemeinen auf simulierte Laufwerke verzichten. Die Harddisk ist in den meisten Fällen nur unwesentlich langsamer als eine RAM-Disk, so daß die meisten Vorteile wegfallen und die Nachteile überwiegen.

Wie installiere ich eine RAM-Disk?

Das hängt vom jeweiligen Programm ab. RAM-Disk-Accessories machen naturgemäß keine Probleme; sie werden einfach auf die Systemdiskette kopiert und stehen dann nach dem Einschalten des Rechners zur Verfügung. Die andere Möglichkeit: Die RAM-Disk ist als TOS- oder TTP-Programm gespeichert. In diesen Fällen können Sie sie einfach in den AUTO-Ordner Ihrer Systemdiskette kopieren; die RAM-Disk wird dann nach dem Einschalten des Rechners ebenfalls automatisch gestartet. Je nach Programm müssen Sie dann noch angeben, wie groß das neue (simulierte) Laufwerk werden soll.

Einige RAM-Disks erlauben sogar die nachträgliche Änderung der Größe, so daß Sie sie immer ganz individuell anpassen können. Gute Programme melden das simulierte Laufwerk (falls nötig) auch gleich beim Desktop an, aber das ist nicht immer so. Wenn Sie also nach dem Start kein zusätzliches Icon auf dem Desktop finden, müssen Sie den Menüpunkt "Floppy anmelden" benutzen. Den Kennbuchstaben für das neue Laufwerk erhalten Sie in den meisten Fällen vom RAM-Disk-Programm oder Sie konnten ihn selbst festlegen.

Wenn Sie nach dem Anmelden der RAM-Disk den Menüpunkt "Arbeit sichern" anwählen (während Ihre Systemdiskette eingelegt ist), so brauchen Sie das Anmelden beim nächsten Start des Rechners nicht mehr vorzunehmen. Dies geschieht dann automatisch durch das Laden der Datei DESKTOP.INF

Wenn Sie die RAM-Disk nicht jedesmal beim Einschalten des Rechners starten (z.B. per Auto-Ordner oder als Accessory), dann sollten Sie den obigen Tip nicht befolgen, da damit das neue Laufwerk auch dann angemeldet wird, wenn gar kein Programm dahintersteht.

Was ist eine reset-feste oder residente RAM-Disk?

Beide Begriffe meinen das gleiche: der Inhalt des simulierten Laufwerks übersteht die Betätigung des Reset-Tasters an der Rückseite des ST unbeschadet, sofern dabei die Systemdiskette wieder eingelegt wird (das Programm bzw. das Accessory muß neu geladen werden). Nach dem Booten steht dann die RAM-Disk mit dem alten Inhalt zur Verfügung. Wohlgemerkt: dies bezieht sich nur auf den Reset. Wird der Rechner durch Aus- und Einschalten neu gestartet, hat selbst die beste RAM-Disk keine Chance mehr. Durch die Unterbrechung der Spannung ist der Speicher komplett gelöscht worden.

Wie arbeitet ein RAM-Disk-Programm?

Eigentlich recht einfach. Es klinkt sich ins Betriebssystem ein, d.h. alle Zugriffe auf eine Datenstation laufen zunächst durch das RAM-Disk-Programm. Dieses filtert die Zugriffe. Sobald darin die Kennung der RAM-Disk auftaucht, werden die Daten nicht mehr von der Diskette geholt bzw. dorthin gebracht. Statt dessen werden sie in den Speicher umgeleitet. Sogenannte residente RAM-Disks organisieren den Speicherbereich für die Daten so, daß er bei einem Reset des ST nicht zerstört wird.

Wie arbeitet man mit einer RAM-Disk?

Ganz genauso, wie Sie es auch mit einer normalen Datenstation tun würden. Sie können die Icons verschieben, löschen und auch sonst alles tun, was Sie auf anderen Laufwerken machen. Das Schöne daran ist aber: alles geht sehr viel schneller. So benötigen Sie zum Löschen aller Einträge einer RAM-Disk selten mehr als 3 Sekunden. Eines können Sie nicht tun: 1:1-Duplikate anfertigen, indem Sie das RAM-Disk-Icon auf eine andere Datenstation schieben. Außerdem ist es nicht möglich, eine RAM-Disk zu formatieren. Das Desktop weigert sich schlicht, den entsprechenden Menüpunkt für andere Laufwerke als A und B zugänglich zu machen.

Häufig kommt es vor, daß man Dateien unter anderem Namen auf eine andere Diskette kopieren möchte. Das kann man mit einer RAM-Disk besonders effizient tun:

1. Alle Dateien auf eine genügend große RAM-Disk kopieren.
2. Dateien in der RAM-Disk umbenennen (das geht wahnsinnig schnell)
3. Geänderte Dateien auf die Zieldiskette kopieren

▸ Fehler

Bei der Arbeit mit einem Anwendungsprogramm haben Sie versucht, Dateien auf der RAM-Disk zu speichern. Das ging nicht, statt dessen erhielten Sie eine Fehlermeldung wie "Pfadname existiert nicht" oder ähnliches.

▸ Abhilfe

Normalerweise tauchen solche Fehler auf, wenn man versucht, auf einen nicht existenten Ordner zuzugreifen. Bei RAM-Disks kann es allerdings auch vorkommen, daß diese Fehlermeldung erscheint, wenn das betreffende Laufwerk zwar beim Desktop angemeldet ist (und deshalb ein Icon erscheint), hinter diesem Icon aber kein Simulationsprogramm steht. Klarheit kann hier ein Doppelklick auf das Laufwerks-Icon bringen. Erscheint statt des erwarteten Fensters die Meldung "Ein Laufwerk mit dieser Kennung ist unbekannt", so wurde das RAM-Disk-Programm aus irgendwelchen Gründen nicht gestartet.

3.4 Die Festplatte

Was unterscheidet eine Festplatte von einem Diskettenlaufwerk?

Eine Festplatte (oder Harddisk) funktioniert vom Prinzip her wie eine Diskette, es gibt jedoch wichtige konstruktive Unterschiede. Der Datenträger in einer Festplatte besteht aus einem festen Material, z.B. Metall. Außerdem sind hier oft mehrere Platten übereinander auf einer Motorachse montiert. Ihren Namen haben diese Geräte daher, daß die Platten fest in das Gehäuse eingebaut sind und daher nicht ausgewechselt werden können.

Diese feste Montage ermöglicht eine sehr viel genauere Führung der Tonköpfe, wodurch die Platte sehr eng beschrieben werden kann. Als Ergebnis kommt dabei bei gleicher Plattengröße im Vergleich zur Diskette eine zig-fache Kapazität heraus. Außerdem können Festplattenlaufwerke wegen der hohen Umdrehungsgeschwindigkeit (3600 U/min) Daten rasend schnell schreiben und lesen. Um diese Geschwindigkeit auch bei der Übertragung zum Rechner zu gewährleisten, wird hier das DMA-Prinzip angewendet.

Wo liegt der Unterschied zwischen den Festplatten-Modellen SH204 und SH205?

Die technischen Unterschiede sind eigentlich minimal. Sie können davon ausgehen, daß die SH205 eigentlich nur eine Variante der älteren SH204 ist.

3.4.1 Installation einer Festplatte

Hinweis: Die nachfolgend vorgestellten Abläufe sind in dieser Form nur für die Atari-Festplatten SH204 und SH205 gültig. Harddisks von Fremdanbietern werden im Prinzip ähnlich behandelt, doch ergeben sich wegen der verschiedenen Treiberprogramme Änderungen, die hier leider nicht berücksichtigt werden können. Im Zweifelsfall ziehen Sie bitte die Anleitung Ihrer Festplatte und ggf. Ihren Händler zu Rate.

Wo schließe ich die Festplatte an?

Zunächst einmal: Anschlüsse nur bei ausgeschalteten Geräten vornehmen. Die Festplatte wird an den sogenannten DMA-Port des ST angeschlossen, der mit "Hard Disk" bezeichnet ist. Sollte dieser Stecker schon durch ein anderes Gerät (z.B. Atari-Laserdrucker) belegt sein, so sehen Sie bitte im dazugehörigen Handbuch nach, wo Sie das Verbindungskabel statt dessen anbringen können. Wichtig ist auch, daß Sie die dabei vorgeschriebene Reihenfolge einhalten.

Wie jedes Laufwerk, braucht auch eine Festplatte einen Controller. Für die Diskettenlaufwerke ist er schon in den ST eingebaut, bei Festplatten ist er dagegegen in das Festplattengehäuse eingebaut. Dieser Controller ist dafür verantwortlich, daß nur spezielle ST-Harddisks angeschlossen werden können. Festplatten für PCs (die oft erheblich billiger sind), benutzen andere Controller, die der ST nicht bedienen kann. Hin und wieder findet man allerdings Anpassungsschaltungen, die dieses Problem lösen.

Vielleicht ist Ihnen schon aufgefallen, daß das Verbindungskabel zwischen ST und Hard-Disk sehr kurz ist. Das hat seine Gründe. Zum einen gilt, daß eine Datenübertragung umso störanfälliger ist, je höher die Geschwindigkeit ist. Die Datenverbindung zur Festplatte arbeitet mit Übertragungsraten von bis zu 8 Millionen Bits pro Sekunde. Hinzu kommt, daß ein Kabel immer wie eine Antenne wirkt, die Störimpulse geradezu aufsaugt. Um daher eine geringe Störanfälligkeit zu garantieren, haben die Entwickler der Festplatten ein sehr kurzes Kabel vorgesehen. Sie sollten nicht der Versuchung erliegen und dieses Kabel verlängern.

Die Gehäuse der meisten Festplatten sind so robust, daß man sie ohne weiteres auch als Monitorständer benutzen kann. Auf diese Weise stört das kurze Verbindungskabel nicht so sehr.

Was muß ich nach dem Anschluß tun?

Wenn Sie das Gerät angeschlossen haben, können Sie mit den letzten Vorbereitungen für den Betrieb beginnen. Wenn Sie die Festplatte bereits früher schon einmal benutzt haben, brauchen

Sie natürlich nichts weiter zu tun. Ist es aber das erste Mal, daß Sie dieses Gerät an Ihren Rechner anschließen, so müssen Sie die Harddisk zunächst formatieren. Zunächst machen Sie bitte von der mitgelieferten Diskette eine Kopie. Das müssen Sie (noch) bei ausgeschalteter Festplatte tun.

Es ist nicht unbedingt nötig, die Treiberdiskette 1:1 zu kopieren. Da die Dateien sehr klein sind, ist das normale Dateien-Kopieren über eine RAM-Disk sehr viel schneller.

Wozu sind die Dateien von der Treiberdiskette gut?

Je nach Auslieferungsdatum Ihrer Festplatte können verschiedene Programme auf der mitgelieferten Diskette vorhanden sein. Auf jeden Fall sollten sie folgende Programme vorfinden . Im Auto-Ordner befindet sich die Datei AHDI.PRG. Dabei handelt es sich um den eigentlichen Treiber, der für die richtige Behandlung der Festplatte zuständig ist. Sie können auf keinen Fall mit der Festplatte arbeiten, ohne diesen Treiber vorher gestartet zu haben.

Solange der Treiber im Auto-Ordner der Systemdiskette liegt, wird er automatisch gestartet - Sie brauchen sich also nicht darum zu kümmern. HDX.PRG ist ein Programm zum Formatieren und Partitionieren der Festplatte, aber auch für andere Funktionen. Schließlich gibt es SHIP.PRG, das für ein Parken der Schreib-Leseköpfe sorgt, falls das Gerät transportiert werden soll.

Wie formatiere ich eine Diskette?

Recht einfach - dafür ist HDX.PRG zuständig. Dieses Programm wurde von Atari mehrere Male geändert, doch die wichtigsten Funktionen laufen wie hier beschrieben ab. Starten Sie dieses Programm bitte von der Systemdiskette (nicht von der Harddisk!) und wählen Sie den Menüpunkt "Format" an. Zunächst erscheint eine englischsprachige Warnung, die besagt, daß alle Daten auf der Festplatte verloren gehen, wenn Sie formatieren.

Durch "Cancel" können Sie diesen Vorgang abbrechen, mit "OK" geht es weiter. Dann müssen Sie das Gerät auswählen, welches formatiert werden soll. Wenn Sie nur eine Harddisk angeschlossen haben (das ist wohl der Normalfall), können Sie nur UNIT 0 auswählen. Klicken Sie dieses Icon bitte einmal an, danach OK.

Falls Sie mehrere Festplatten besitzen, wird Ihr Händler Ihnen gesagt haben, welche Nummer welche Platte hat (falls nicht, fragen Sie bitte nach). Dann möchte das Programm noch wissen, welchen Typ von Laufwerk Sie besitzen.

Wählen Sie bitte SH204 durch Anklicken und Druck auf die OK-Box aus (SH104 ist ein kleineres Modell, das auf dem deutschen Markt nicht ausgeliefert worden ist). Sind Sie einmal soweit vorgedrungen, erhalten Sie eine erneute Sicherheitsmeldung. Das Programm möchte wissen, ob sie wirklich die Festplatte formatieren möchten. "Yes" startet diesen Vorgang, mit "No!" geht's zurück zum Menü. Während des Formatierens, das etwa 1 bis 2 Minuten in Anspruch nimmt, erscheint keinerlei Information auf dem Bildschirm. Lediglich die Maus nimmt die bekannte Bienenform an. Nach einer Weile erscheint dann wieder der normale Mauspfeil, die Formatierung ist beendet.

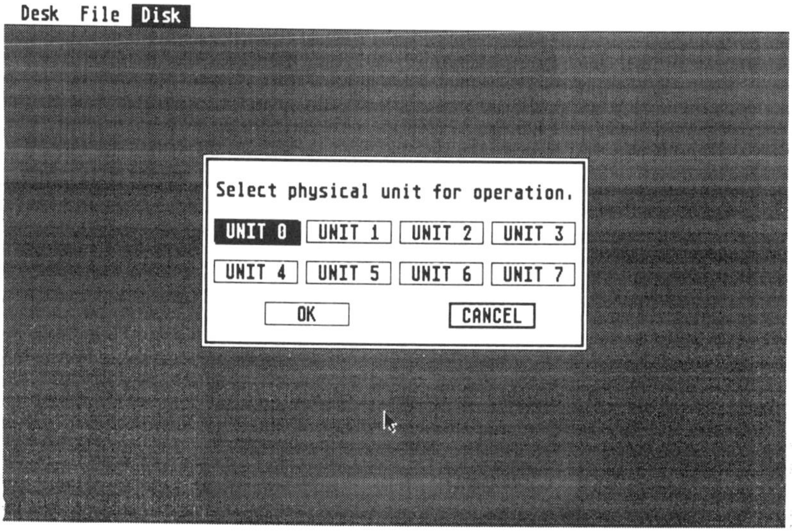

Abb. 3.6: Das Formatierungsmenü

Kann ich die Festplatte jetzt schon benutzen?

Nein. Erst müssen Sie partitionieren, d.h. die 20,3 MB, die Ihnen zur Verfügung stehen, in bis zu 4 Partitionen aufteilen. Eine einzelne Partition kann bis zu 16 MB umfassen.

Was ist eine Partition?

Eine Partition ist eine Art virtuelles Laufwerk, die das Treiberprogramm auf der Festplatte einrichtet. Jede Partition wird vom ST wie ein eigenständiges Laufwerk behandelt, auf der (fast) alle üblichen Aktionen ablaufen können. Tatsächlich werden aber alle Partitionen auf einem Gerät zusammengefaßt, um dessen große Kapazität nutzen zu können.

Die Aufteilung ist nötig, weil der ST nicht mehr als 16 MB in einem Laufwerk verwalten kann. Der Grund dafür: für die FAT ist bei der Festlegung der Laufwerkspezifikation nur ein gewisser Platz festgelegt worden. Dieser Platz reicht nun einmal maximal für 16 MB. Zu der Zeit, als dies festgelegt wurde, waren Festplatten mit Kapazitäten von 10 MB das "höchste der Gefühle". Sie sehen, in welch kurzer Zeit die Entwicklung unseren vergleichsweise modernen ST überholt hat.

Wie richte ich die Partitionen ein?

Auch hierfür ist HDX.PRG zuständig. Wählen Sie bitte den Menüpunkt "Partition" an. Es erscheinen wieder die üblichen Sicherheitsabfragen, die Sie bereits vom Formatieren her kennen. Wichtig ist, daß auch das Partitionieren alle Daten auf der Festplatte löscht. Sie können zwar die Partitionierung aufrufen, ohne neu zu formatieren (etwa um die Aufteilung Ihren geänderten Wünschen anzupassen), aber auch dabei müssen Sie den Datenverlust in Kauf nehmen. Das HDX-Programm fragt Sie dann, wie die Laufwerke eingeteilt werden sollen.

Die genaue Aufteilung bleibt Ihnen überlassen; einige Vorschläge dazu können Sie im Programm durch einen Klick auf "Menu" erhalten. Wenn Sie in einer der beiden Dialogboxen OK anklicken, wird die bisher gewählte Partition übernommen (nicht ohne daß vorher noch einmal eine Sicherheitsabfrage erscheint); "Cancel" bringt Sie wie üblich zum Menü zurück. Je nachdem, wie viele Partitionen Sie einrichten, werden diese vom ST später als Laufwerke C, D, E und F behandelt (bei der Benutzung mehrerer Festplattengeräte auch weitere Buchstaben).

Kann ich jetzt endlich anfangen?

Nein! Eines ist noch zu tun. Für jede der eingerichteten Partitionen sollten Sie einmal den Menüpunkt "Markbad" aufrufen.

Damit werden alle schadhaften Sektoren der Harddisk ausgemustert, um später einen fehlerfreien Betrieb zu gewährleisten.

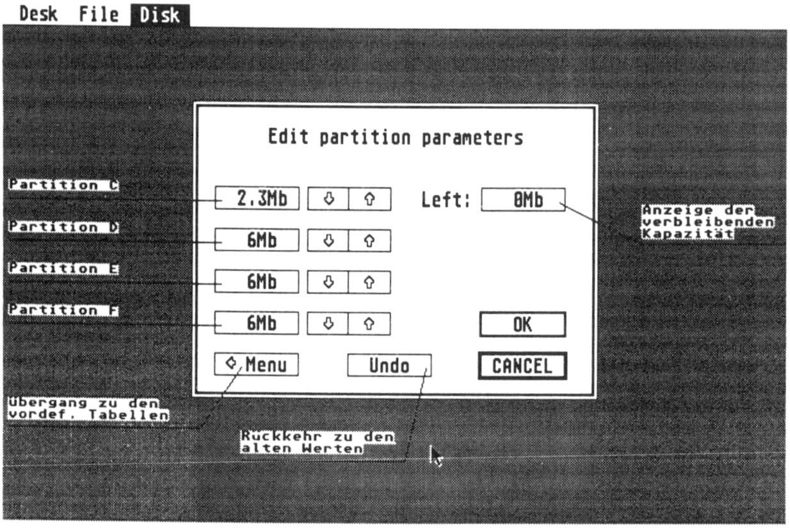

Abb. 3.7: Das Partitionierungsmenü

Es gibt keine Festplatte ohne Fehler in der Magnetschicht. Diese Fehler sind herstellungsbedingt und werden soweit möglich schon im Werk erkannt. Aus diesem Grund werden Festplatten auch immer mit einer leicht höheren Kapazität hergestellt, als der Hersteller eigentlich garantiert. Fallen einzelne Teile aus, so können die eigentlich überschüssigen Sektoren den Kapazitätsverlust wieder ausgleichen. Dabei ist 1 fehlerhafter Sektor pro Megabyte Speicherkapazität akzeptabel.

Was bleibt nun noch zu tun?

Zunächst verlassen Sie bitte HDX.PRG. Dabei wird ein Reset ausgeführt, lassen Sie also Ihre Systemdiskette mit dem AHDI.PRG im Laufwerk A. Nach einiger Zeit erscheint das Desktop, auf dem jetzt ein weiteres Laufwerk-Icon mit der Bezeichnung "Hard-Disk" erscheint. Jetzt bleiben nur noch Kleinigkeiten zu tun:

1. Für jede eingerichtete Partition melden Sie bitte ein Laufwerk mit dem zugehörigen Buchstaben (D-F) an. Die Partition C wurde automatisch durch AHDI angemeldet.

2. Aktivieren Sie das Fenster für das Hauptverzeichnis von Laufwerk C und klicken Sie dann bitte "Arbeit sichern" an. In der Datei DESKTOP.INF sind jetzt die eben angemeldeten Laufwerke gespeichert. Damit ist dafür gesorgt, daß Sie die Partitionen beim nächsten Start Ihres Rechners nicht neu anmelden müssen.

3. Kopieren Sie alle Accessories, die Sie benutzen möchten, auf Laufwerk C. Ab jetzt werden Accessories (nicht aber der Auto-Ordner) bei jedem Booten von der Harddisk geladen. Damit verkürzt sich die Ladezeit ganz erheblich.

4. Das System steht zu Ihrer Verfügung. Ab jetzt können Sie damit arbeiten, wie es Ihnen beliebt.

Teilen Sie Ihre Programme und Dateien nach Themen geordnet auf die einzelnen Partitionen auf - z.B. Textverarbeitung, Programmiersprachen usw.

Was ändert sich ab jetzt?

Nicht viel. Oben habe ich bereits erwähnt, daß ab sofort die Accessories von der Harddisk geladen werden. Stehen Sie dort nicht, weicht der ST allerdings selbstständig wieder auf die alte Systemdiskette aus. Außer der höheren Kapazität und der enormen Geschwindigkeit werden Sie allerdings nicht viel von der Festplatte merken. Auf Ihrer Systemdiskette muß aber ab jetzt im Auto-Ordner der Festplattentreiber AHDI vorhanden sein, sonst können Sie das Gerät nicht nutzen.

Wie kann ich meine Festplatte vollständig bootfähig machen?

Mit der HD205 wird auf der Diskette das Programm HINSTALL.PRG mitgeliefert. Starten Sie dieses und nach einigen Sicherheitsabfragen wird die Partition Ihrer Festplatte bootfähig gemacht. Dazu wird der Treiber auf diese Partion kopiert. Von nun an wird der gesamte Bootvorgang von Festplatte durchgeführt, also Laden der Accessories und Abarbeiten des Auto-Ordners. Dabei brauchen Sie nicht einmal mehr die Systemdiskette mit dem AHDI-Programm.

Seit einiger Zeit gibt es Public-Domain-Programme, die genau diese Funktion ausführen. Sollten Sie eine HD204 besitzen, so können Sie mit einem solchen Programm Ihre Festplatte bootfähig machen.

3.4.2 Die Arbeit mit der Festplatte

Wie bediene ich eine Harddisk?

Prinzipiell ist die Arbeit mit der Harddisk nicht von der mit anderen Datenstationen verschieden. Sie können die Dateien wie auch bei einer Diskette kopieren, öffnen und löschen. Naturgemäß ist es nicht möglich, 1:1-Kopien einer Festplatten-Partition zu machen. Und natürlich weigert sich das Desktop auch, eine Festplatte zu formatieren. Das können Sie ausschließlich mit dem mitgelieferten Spezialprogramm.

Wenn Sie einmal alle Dateien einer Festplatten-Partition löschen wollen, brauchen Sie dies nicht unbedingt per Papierkorb tun. Etwas einfacher ist die Funktion Zero im HDX.PRG, das den gleichen Job etwas schneller ausführt.

Muß ich die Daten auf der Festplatte anders organisieren als auf einer Diskette?

Es ist natürlich möglich, auf einer Festplatte alle Dateien im Hauptverzeichnis unterzubringen. Aber das wird schnell sehr unübersichtlich. Deshalb gibt es einige goldene Regeln:

1. Nur solche Dateien auf die Festplatte bringen, die wirklich häufig gebraucht werden. Soll meinen: wenn Sie die Arbeit an einem Projekt abgeschlossen haben und die dazugehörigen Dateien für längere Zeit nicht mehr benötigen, lagern Sie diese auf Disketten aus. So wird der doch recht teure Speicherplatz auf der Festplatte nicht unnötig belegt. Sollten Sie dann später diese Dateien wieder häufiger benötigen, kopieren Sie sie einfach wieder auf die Festplatte.

2. Fassen Sie logisch zusammengehörige Dateien in Ordnern zusammen. Auf diese Weise werden die Inhaltsverzeichnisse übersichtlicher, weil z.B. die Textdateien alle im Verzeichnis Texte stehen, während die Grafiken im Ordner Grafiken abgelegt werden.

3. Löschen Sie von Zeit zu Zeit nicht mehr benötigte BAK-Dateien. Sie werden sich wundern, wieviel Platz dadurch wieder frei wird.

Es gibt einige Programme, die in bestimmten Verzeichnissen gespeichert sein müssen, um die gewünschte Wirkung zu zeigen. Bestes Beispiel dafür sind die Accessories, die nur dann beim Booten geladen werden, wenn Sie im Hauptverzeichnis von Partition C stehen. Dies gilt auch für den Auto-Ordner wenn Ihre Festplatte bootfähig ist.

Muß die Festplatte auch einmal aufgeräumt werden?

Wenn Sie häufig Dateien löschen und wieder neue Dateien erzeugen, kann es vorkommen, daß die Festplatte vergleichsweise langsam wird. Ursache: Beim Erzeugen neuer Dateien versucht die Festplatte zuerst, die Plätze gelöschter Dateien neu zu belegen. Das führt dazu, daß einzelne Files recht weit über die Plattenoberfläche verstreut werden, so daß der Zugriff darauf sehr langsam wird.

Es gibt zwei Möglichkeiten, dies zu ändern. Die erste ist sicher die bequemere. Sie besorgen sich ein spezielles Reorganisationsprogramm, das alle Dateien auf der Festplatte untersucht und bei Bedarf möglichst zusammenhängend speichert. Die zweite Möglichkeit ist sehr arbeitsintensiv. Speichern Sie möglichst alle Dateien auf Disketten ab (dabei können Sie nach Partitionen getrennt vorgehen). Dann löschen Sie bitte alle gesicherten Dateien auf der Festplatte. Wenn Sie den ehemaligen Inhalt nun wieder zurückspeichern, werden die Dateien zusammenhängend gespeichert; der Zugriff wird wieder schneller.

Was muß ich beim Starten des Rechners beachten?

Beim Einschalten des Rechners (bitte erst 15 Sekunden nach dem Einschalten der Festplatte) muß sich in Laufwerk A die Systemdiskette mit dem Harddisk-Treiber-Programm befinden, falls Ihre Festplatte nicht bootfähig ist. Ohne dieses ist keine korrekte Arbeit möglich.

Das Festplatten-Treiber-Programm können Sie sich quasi wie eine Erweiterung des Betriebssystems vorstellen. Der ST weiß nach dem Einschalten zunächst nicht, welche Geräte vorhanden sind und wie diese angesprochen werden müssen. Wäre dies bereits im Betriebssystem fest verankert, so könnten immer nur bestimmte, festgelegte Geräte an den ST angeschlossen werden. So ist aber die Möglichkeit gegeben, neue Entwicklungen zu berücksichtigen.

Das Treiberprogramm sorgt nun dafür, daß alle Zugriffe auf die Festplatte in der für dieses spezielle Gerät notwenigen Weise geschehen. Fehlt der Treiber, oder wird er beschädigt, so ist eine Benutzung der Festplatte unmöglich. Für den Fall der Fälle sollten Sie daher die Originaldiskette, die der Festplatte beigelegt war, gut aufheben, um evtl. defekte Programme durch das Original ersetzen zu können.

Was muß ich tun, wenn ich einmal ohne Festplatte arbeiten möchte?

Das ist sehr einfach. Schalten Sie die Festplatte gar nicht erst ein und booten Sie den Rechner mit einer Systemdiskette, in dessen Auto-Ordner der AHDI nicht vorhanden ist. Tun Sie dies, obwohl die Festplatte eingeschaltet ist, so hat der ST diese zwar als physikalisches Gerät erkannt (es erscheint dann auch ein Icon für Laufwerk C), doch logisch kann er sie nicht bedienen. Hinzu kommt das Risiko, daß einige Viren auch eine solche "teilweise" vorhandene Festplatte infizieren können. Also: immer ganz ausschalten!

▸ Fehler

Nach Beendigung des Einschaltvorganges werden die Icons für die Festplatte nicht auf dem Desktop dargestellt.

▸ Abhilfe

Melden Sie ein neues Laufwerk mit dem Kennbuchstaben C und der Bezeichnung "Hard-Disk" an. Starten Sie dann das Programm AHDI.PRG im Auto-Ordner Ihrer Systemdiskette. Nach der Beendigung dieses Programms gibt es zwei Möglichkeiten:

1. Das Icon für Laufwerk C ist immer noch auf dem Desktop. Sehr gut! In diesem Fall war die Festplatte einfach nicht korrekt beim Desktop angemeldet. Löschen Sie bitte (falls vorhanden) die Datei DESKTOP.INF von Laufwerk C. Danach melden können Sie die Partitionen D, E und F noch anmelden, falls Sie diese beim Formatieren vorgese-

hen hatten. Nachdem dies geschehen ist, klicken Sie bitte den Menüpunkt "Arbeit sichern" im Desktop an. Damit werden die eben angemeldeten Laufwerke in der Datei DEKSTOP.INF gespeichert und stehen somit beim nächsten Start zur Verfügung.

2. Die andere Möglichkeit: Das Icon für Laufwerk C ist nach der Beendigung von AHDI.PRG wieder verschwunden. Starten Sie bitte HDX.PRG (von der mitgelieferten Diskette) und sehen Sie nach, welche Werte für die einzelnen Partitionen eingetragen sind. Stehen dort keine oder irreale Werte, dann haben Sie leider Pech gehabt: Ihre Daten sind weg. Sie müssen die Hard-Disk neu formatieren (siehe den letzten Abschnitt). Hat auch das keinen Erfolg, müssen Sie den Sektor 0 des Laufwerks C komplett mit Nullen überschreiben (ein Programm dazu ist unten abgedruckt) und danach die Festplatte erneut formatieren. Ist auch dies erfolglos, liegt ein Hardware-Fehler vor; das Gerät muß in die Werkstatt.

Waren die Werte für die Partition dagegen in Ordnung, so können Sie das HDX mit Quit verlassen. Starten Sie bitte den Rechner neu. Tritt der Fehler dann immer noch auf, bringen Sie das Gerät bitte mit einer möglichst genauen Fehlerbeschreibung zur Werkstatt.

▸ Fehler

Nach dem Einschalten erscheint das Desktop nicht. Außerdem werden auf dem Bildschirm kleine Bomben abgebildet oder das Bild flimmert ab und zu und der Boot-Vorgang scheint erneut zu beginnen.

▸ Abhilfe

Eines der Accessories scheint defekt zu sein. Um diesen Fehler zu beheben, müssen Sie zunächst an ein funktionierendes Desktop herankommen. Das geht so:

- Alle Geräte ausschalten, Verbindungskabel zur Hard-Disk lösen.

- Rechner, Diskettenlaufwerk und Monitor wieder einschalten. Tritt der Fehler hierbei nochmal auf, so liegt er im Auto-Ordner begründet. Gehen Sie dann bitte weiter wie im Kapitel 2 ("Der Einschaltvorgang") vor.
- Falls das Desktop erscheint, melden Sie bitte Laufwerk C wieder an.
- Starten Sie bitte das AHDI.PRG aus dem Auto-Ordner der System-Diskette.
- Löschen Sie bitte im Hauptverzeichnis von Laufwerk C die Datei DESKTOP.INF.
- Sie können jetzt damit beginnen, alle Accessories wie in Kapitel 2 einzeln zu überprüfen.

Sektor 0 mit Nullen überschreiben

Wenden Sie dieses Programm bitte nur in den oben beschriebenen, absoluten Notfällen an. Wenn Sie dieses Programm bei einer funktionierenden Festplatte anwenden, sind die darauf befindlichen Daten verloren und Sie müssen neu formatieren!

Hier die Version für GFA-BASIC:

```
' BOOTNULL
' Dieses Programm überschreibt den Sektor 0 von Laufwerk C mit
Nullen.
' Achtung! Auf keinen Fall bei Festplatten ohne Fehlersymptome
oder
' auf einer RAM-Disk einsetzen!
'
Print "Diese Programm zerstört Daten auf Laufwerk C. Sind Sie
sicher,"
Print "daß Sie es dennoch einsetzen wollen? (j/n)"
Repeat
  T$=Inkey$
Until T$<>""
If T$="j" Then
  ' Platz für Boot-Sektor einrichten
  A$=String$(512,0)
  Adr%=Varptr(A$)
  ' neuen Boot-Sektor auf Diskette schreiben
  R%=Bios(4,3,L:Adr%,1,0,2)
Endif
```

Hier die Version für Omikron- bzw. ST-BASIC

```
1 ' BOOTNULL
2 ' Dieses Programm überschreibt den Sektor 0 von Laufwerk C mit
Nullen.
3 ' Achtung! Auf keinen Fall bei Festplatten ohne Fehlersymptome
oder
4 ' auf einer RAM-Disk einsetzen!
5 '
6 PRINT "Diese Programm zerstört Daten auf Laufwerk C. Sind Sie
sicher,"
7 PRINT "daß Sie es dennoch einsetzen wollen? (j/n)"
8 REPEAT
9  T$= INKEY$
10 UNTIL T$<>""
11 IF T$="j" THEN
12  ' Platz für Boot-Sektor einrichten
13  A$= STRING$(512,0)
14  Adr%L= LPEEK( VARPTR(A$))+ LPEEK( SEGPTR +28)
15  ' neuen Boot-Sektor auf Diskette schreiben
16  BIOS (R%,4,3, HIGH(Adr%L), LOW(Adr%L),1,0,2)
17 ENDIF
```

Was muß ich tun, um eine Festplatte transportieren zu können?

Damit hier nichts passieren kann, gibt es auf jeder Harddisk eine Spur, die nicht mit Daten belegt wird, die sogenannte Park-Spur oder auch Landezone. Auf der Diskette, die Ihrer Festplatte beigelegt war, ist ein Programm namens SHIP.PRG enthalten, das die Köpfe Ihrer Festplatte auf diese Spur fahren kann und dort quasi bis zur nächsten Benutzung arettiert. Wenn Sie also Ihre Festplatte bewegen wollen, sollten Sie zunächst dieses Programm aufrufen und sofort nach dessen Beendigung das Gerät ausschalten. Dann können Sie unbesorgt auf Reisen gehen.

Aber Vorsicht: nach dem Parken darf die Festplatte auf keinen Fall mehr benutzt werden, weil sonst die Köpfe wieder aus der Park-Spur herausfahren. Wenn Sie dann die Harddisk transportieren wollen, sollten Sie dies trotz Kopf-Parken immer nur in der Originalverpackung tun. Diese bietet zusätzlichen Schutz gegen Stöße, so daß Ihren Daten nichts mehr passieren kann.

Sie können das Programm zum Parken der Schreib-Lese-Köpfe (SHIP.PRG) nicht von der Festplatte aus starten! Das Programm selbst führt zwar seine Aufgabe korrekt aus, danach versucht aber das Desktop wieder, das Inhaltsverzeichnis dieses Laufwerks zu lesen. Dazu müssen die Köpfe zwangsläufig auf die Spur mit dem Inhaltsverzeichnis wandern. Und genau da sollten sie ja nicht hin. Also gehen Sie bitte so vor:

- Nehmen Sie eine Diskette, auf der das Parkprogramm gespeichert ist, und legen Sie diese bitte in Laufwerk A
- Schließen Sie bitte bis auf das Fenster für Laufwerk A alle anderen Fenster (vor allem die für die Festplatte).
- Starten Sie das Parkprogramm.
- Sobald das Parkprogramm beendet ist, schalten Sie die gesamte Anlage ab. Starten Sie auf keinen Fall irgendwelche anderen Programme!
- Jetzt können Sie die Festplatte abmontieren und transportieren.

Was ist zu tun, wenn es trotz aller Vorsicht doch einmal zum Head-Crash gekommen sein sollte?

Versuchen Sie bitte zunächst, die defekten Sektoren mittels der Funktion Markbad im HDX-Programm zu desaktivieren. Dabei gehen natürlich diejenigen Dateien verloren, die mit den defekten Sektoren zu tun hatten. Führen Sie diese Funktion für jede Partition aus. Es muß aber nicht sein, daß damit der Fehler behoben ist. In den meisten Fällen ist dann der Datenbestand endgültig verloren, die Hardware kann aber durch geschicktes Formatieren (bei dem die zerstörten Sektoren ausgespart werden) und evtl. einige Reparaturen gerettet werden.

Fragen Sie bitte Ihren Fachhändler. Falls er die Reparatur nicht selbst ausführen kann, weiß er zumindest eine Adresse, wo dies möglich ist. Wenn Sie dann Ihr Gerät zur Werkstatt bringen wollen, versuchen Sie unbedingt, die Köpfe zu parken. Es ist nicht sicher, ob dies wirklich funktioniert, aber sie könnten damit weiteren Schaden vermeiden. Und transportieren Sie die Festplatte bitte besonders vorsichtig (Originalpackung!).

3.5 Fehler beim Zugriff auf Datenstationen

Wie entstehen Fehler?

Fehlermeldungen beim Zugriff auf Datenstationen sind in den meisten Fällen auf zwei Ursachen zurückzuführen. Entweder ist die Hardware defekt, oder Sie haben falsche Datei- bzw. Pfadnamen angegeben. Im ersten Fall haben Sie wenig Chancen, die Daten zu restaurieren. Meistens wurde die magnetisierbare Oberfläche einer Platte (Diskette oder Harddisk) durch Kratzer und/oder Verschmutzung beschädigt. Ein Versuch, Daten von solchen Stellen zu bearbeiten, führt auf jeden Fall zu Fehlermeldungen, in einigen Fällen sogar zur weiteren Zerstörung der Hardware.

Besonders gefürchtet ist der sogenannte Head-Crash einer Festplatte. Damit ist das Aufschlagen der Schreib-Lese-Köpfe auf der Plattenoberfläche gemeint, die fast nie ohne Unfall (sprich Beschädigungen) von sich geht. Die andere Möglichkeit zur Zerstörung von Daten ist der Einfluß magnetischer Felder auf den Datenträger. Gerät eine Diskette in ein starkes Magnetfeld (und wird womöglich noch darin bewegt), so kann es passieren, daß die magnetischen Datensignale derart abgeschwächt werden, daß sie das Laufwerk nicht mehr erkennt. In solchen Fällen sind die Daten ebenfalls verloren, doch bleibt Ihnen wenigstens der Trost, daß Sie die Diskette nach erneuter Formatierung weiterbenutzen können.

Headcrash ist ein Wort, das die alten Hasen unter den Festplattenbesitzern erschauern läßt - nicht ohne Grund, wie Sie gleich sehen werden. Aus den vorangegangenen Abschnitten wissen wir, daß eine Festplatte mit sehr eng beieinander liegenden Spuren arbeitet, um möglichst viele Daten auf den Magnetschichten unterbringen zu können. Magnetische Signale werden aber immer schwächer, je kleiner der Magnet bzw. die magnetisierte Fläche ist, von denen sie ausgehen.

Das bedeutet, daß die Signale einer Harddisk um ein Vielfaches schwächer als die einer Diskette sind. Als Folge davon muß der Tonkopf filigraner, die Positionierung genauer und überhaupt die ganze Mechanik präziser sein. Außerdem streuen Magentfelder, je weiter sie sich durch den Raum ausbreiten. Streuen bedeutet aber, daß unter Umständen Daten auf Nachbarspuren gestört werden. Sie merken schon, Festplatten sind besonders empfindliche Geräte, die besonderer Behandlung bedürfen.

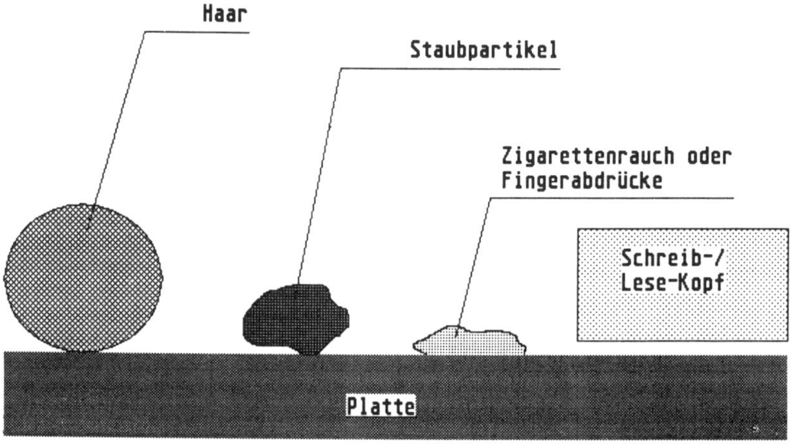

Abb. 3.8 Die Ursachen eines Headcrash

Das fängt schon mit dem Transport an. Sie dürfen eine solche Festplatte nicht einfach von Ihrem Schreibtisch nehmen und sie z.B. einer weiten Reise über die Autobahn aussetzen. Rüttelbewegungen jeder Art können den sogenannten Headcrash verursachen. Dazu muß man wissen, daß die Schreib-Lese-Köpfe die Platten nicht berühren, sondern in einem wahnwitzig geringen Abstand auf einem Luftpolster über sie hinwegfliegen (d.h. eigentlich dreht sich die Platte unter ihnen durch).

Dieser Abstand ist so gering, daß sich z.B. der Staub aus Zigarettenrauch oder sogar ein Fingerabdruck als störendes Hindernis bemerkbar macht. Aus diesem Grund sind Festplatten auch immer hermetisch gekapselt und die eintretende Luft wird durch spezielle Filter gereinigt. Sie werden sich unschwer vorstellen können, daß Staub auf der Plattenoberfläche oder ein Aufschlagen der Köpfe durch Rüttelbewegungen tiefe Furchen in die hauchdünne Magnetschicht reißen können - der sogenannte Headcrash ist da.

Folge dieser Beschädigungen ist fast immer der Verlust der betroffenen Datensektoren. Das kann bei normalen Sektoren recht glimplich ausgehen, es ist dann eben nur eine Datei zerstört. Die weitaus meiste Zeit verbringen die Schreib-Lese-Köpfe aber über den Sektoren, die das Inhaltsverzeichnis speichern. Sind diese zerstört, so kann man meistens überhaupt nichts mehr mit der Platte anfangen, die Daten sind unwiederbringlich verloren.

Was kann ich gegen Fehler tun?

Vor allem eines: Behandeln Sie Ihre Datenträger gut. Das bedeutet bei Disketten, daß diese staubfrei aufbewahrt werden (am besten in einem speziellen Diskettenkasten) und daß Sie nicht an ihnen herummanipulieren. Auf keinen Fall sollten Sie die Magnetschicht unter dem Schutzschieber berühren, denn Ihre Fingerabdrücke können bereits Datenverluste auslösen.

Bei Festplatten bedeutet Vorbeugung, daß Sie das Gerät niemals transportieren, ohne die Köpfe vorher geparkt zu haben. Außerdem sollten Sie nicht versuchen, die Harddisk zu öffnen. Achten Sie außerdem darauf, daß Ihre Datenträger keinen magnetischen Feldern ausgesetzt werden. Diese gehen vor allem von Lautsprechern, Rasierapparaten und ähnlichen Geräten aus.

Und wenn es doch einmal passiert ist?

Wenn Ihre Daten einmal zerstört sein sollten (siehe unten), kommt es vor allem darauf an, noch zu retten, was zu retten ist. Merken Sie sich zunächst genau, in welcher Situation der Fehler aufgetreten ist. Trat der Datendefekt beim Lesen oder Schreiben einer Datei auf, so können Sie Glück im Unglück haben. Meistens ist dann nur diese eine Datei betroffen, von der vielleicht noch eine BAK-Version existiert. Versuchen Sie nun, alle anderen Dateien dieser Datenstation auf eine andere Diskette zu kopieren. Das kann bei Festplatten in eine ziemliche Arbeit ausarten, ist aber notwendig, um den totalen Datenverlust zu vermeiden, falls der Datenträger defekt ist.

Etwas gefährlicher ist es schon, wenn der Fehler beim Öffnen eines Ordners auftrat. Das bedeutet, daß das Inhaltsverzeichnis Ihrer Diskette oder Festplatte defekt ist - einer der schlimmsten denkbaren Fälle. Versuchen Sie in diesem Fall, alle anderen Ordner zu öffnen. Sofern das möglich ist, sichern Sie die Dateien auf eine frisch formatierte Diskette. Dateien, die in nicht zu öffnenden Ordnern liegen, können Sie abschreiben. Erst wenn Sie Ihre Dateien so in Sicherheit gebracht haben, dürfen Sie mit der Fehlersuche beginnen.

▸ Fehler

Nach dem Anklicken der Datenstation-Icons werden falsche oder unsinnige Dateinamen im Fenster angezeigt.

▸ Abhilfe

Je nachdem, auf welchem Gerät der Fehler aufgetreten ist, kann er unterschiedliche Ursachen und Wirkungen haben. Handelt es sich um ein Verzeichnis auf einer Diskette (besonders häufig sind Ordner von diesem Problem betroffen), so ist das meist harmlos. Drücken Sie bitte zunächst die Esc-Taste, um das Laden des Verzeichnisses erneut zu erzwingen. Bringt das keine Änderung, und sind auch die Verbindungskabel in Ordnung, schließen Sie das Verzeichnis und öffnen es dann bitte erneut.

Sollte der Fehler jetzt noch nicht behoben sein, ist die Diskette defekt. Sie müssen sie neu formatieren (nicht ohne vorher möglichst viele Dateien gerettet zu haben). Es kann durchaus sein, daß diese Diskette dann nie wieder Probleme macht.

Es könnte auch sein, daß Sie gerade mit einer alten Betriebssystemversion versuchen, Ordner zu lesen, die mit einer neueren Version erzeugt wurden. In diesem Fall hilft nur eines: mit einer anderen Systemdiskette oder mit einer frisch formatierten Disk neu booten. Dann müßte das Problem behoben sein.

Etwas anders liegt der Fall, wenn der genannte Fehler auf einer Harddisk auftritt. Starten Sie bitte HDX.PRG und überprüfen Sie die Partitionierungswerte. Sind diese richtig, können Sie erneut booten. Ist der Fehler nicht verschwunden, so ist das Gerät defekt. Waren die Partitionierungswerte falsch eingetragen, so müssen Sie die Festplatte neu formatieren; Ihre Daten sind leider verloren. Zeigt auch das keinen Erfolg, müssen Sie den Sektor 0 vom Laufwerk C mit Nullen überschreiben (ein Programm dafür finden Sie in Kapitel 3.4.2) und dann erneut formatieren. Sollte sich wiederum nichts ändern, so ist das Gerät defekt.

▸ Fehler

Ein Zugriff wird mit der Meldung "Diskette in Laufwerk x: ist schreibgeschützt..." quittiert.

▸ Abhilfe

Es wird versucht, eine Datei zu löschen oder zu ändern, während der Schreibschutzschieber an der Diskette nach oben gedrückt ist. Setzen Sie den Schieber so um, daß das Loch in der

Ecke der Diskette geschlossen wird. Falls Sie aber nicht möchten, daß die Daten auf der Diskette verändert werden, wählen Sie bitte Abbruch.

▸ Fehler

Beim Zugriff auf eine Datei erscheint die Meldung "Floppy x: antwortet nicht. Bitte überprüfen und eine Disk einlegen."

▸ Abhilfe

Sie haben mit großer Wahrscheinlichkeit vergessen, eine Diskette in das angesprochene Laufwerk einzulegen oder diese war nicht formatiert. Holen Sie dies bitte nach. Wenn Sie das erledigt haben, können Sie "Weiter" anklicken; Zugriff müßte dann in der gewohnten Weise ablaufen. Andere Möglichkeit: das Laufwerk war nicht eingeschaltet oder die Stromversorgung nicht richtig eingesteckt. Trifft keine der genannten Möglichkeiten zu, ist mit großer Wahrscheinlichkeit das Gerät defekt und muß repariert werden. In diesem Fall sollten Sie Abbruch anklicken, um weitere Zugriffsversuche zu verhindern.

▸ Fehler

Es erscheint die Meldung "Diese Anwendung kann das angesprochene Objekt nicht finden."

▸ Abhilfe

Sie versuchen, eine Datei anzusprechen, die auf dem angesprochenen Laufwerk nicht existiert. Dies kann daher rühren, daß Sie eine andere Diskette eingelegt haben, als das Desktop anzeigt. Oder: Sie arbeiten mit einem Anwendungsprogramm und dieses erwartet eine andere Diskette als die eingelegte. Sie haben nach dem Erscheinen der Fehlermeldung die Möglichkeit, die richtige Diskette zu suchen und einzulegen. Wenn das erledigt ist, drücken Sie OK und das Programm bricht die Aktion ab.

▸ Fehler

Auf dem Bildschirm erscheint eine Meldung wie "Daten auf Disk x: defekt. Überprüfen Sie bitte die Verbindung!"

▸ Abhilfe

Das Überprüfen der Verbindungskabel ist in der Tat eine gute Idee. Es ist leicht möglich, daß einer der Stecker aus den Buchsen gerutscht ist und nun die Daten verstümmelt im ST ankommen. Als nächstes sollten Sie sich das Inhaltsverzeichnis des Laufwerks mit der Option "als Text" anzeigen lassen. Sofern die angesprochene Datei die Länge 0 aufweist, ist sie schon beim Abspeichern nicht korrekt auf die Diskette geschrieben worden. Löschen Sie diese 0-Byte-Datei und versuchen Sie bitte, diese Datei erneut auf die Diskette zu bringen (z.B. durch Kopieren). In einigen Fällen behebt dies den Fehler.

Bei Disketten kann es auch sein, daß die angesprochene Diskette noch nicht formatiert wurde. Der gleiche Fehler tritt auch bei zweiseitig formatierten Disketten mit einem einseitigen Laufwerk SF354 auf. Ansonsten ist es möglich, daß der Datenträger defekt ist. Bei Disketten gehen Sie bitte wie gewohnt vor: Dateien retten, soweit möglich, und dann die Diskette formatieren.

Bei Festplattenlaufwerken ist das schon schwieriger. Auf jeden Fall sollten Sie auch hier die Dateien retten. Dann rufen Sie bitte das Programm HDX.PRG auf und starten Sie die Funktion "Markbad" für die betroffene Partition. Dabei können einige Dateien zerstört werden. Falls der Fehler danach immer noch auftritt oder die gesamte Platte wie leergefegt ist, müssen Sie das Gerät zur Reparatur bringen (Kopf parken nicht vergessen).

Die meisten Anwendungsprogramme geben eigene Fehlermeldungen aus, die nicht mit denen des Desktop übereinstimmen müssen. Oft sagt der Text aber sinngemäß das gleiche aus, so daß eine korrekte Diagnose recht einfach ist. Manche Programme geben aber auch nur Fehlernummern aus, die oft negatives, teilweise aber auch positives Vorzeichen haben können. Hier ein paar Hinweise:

-2 Gerät nicht bereit
-4 Prüfsumme falsch
-6 Spur nicht gefunden
-7 Falscher Boot-Sektor
-8 Sektor nicht gefunden
-10 Schreibfehler
-11 Lesefehler
-13 Diskette schreibgeschützt
-14 Diskette wurde gewechselt
-15 Unbekanntes Gerät

-*16* Fehler beim Überprüfen eines Sektors
-*17* Andere Diskette einlegen
-*33* Datei nicht gefunden
-*34* Pfadname nicht gefunden
-*35* Zuviele Dateien offen
-*36* Zugriff nicht möglich
-*46* Ungültige Laufwerksbezeichnung
-*66* Keine Binärprogrammdatei

3.6 Größenangaben

Was hat es mit den Größenangaben zu Dateien und Ordnern auf sich?

Die Größenangaben, die der ST in bezug auf Dateien und Disketten macht, sind mit Vorsicht zu genießen. Nicht immer geben Sie ein korrektes Abbild der Situation.

Woher erfahre ich die Anzahl freier Bytes auf der Diskette?

Wählen Sie zu einem Laufwerk (auch Festplatte oder RAM-Disk) den Menüpunkt "zeige Info..." im Desktop. In der untersten Zeile der Dialogbox wird dann die Anzahl freier Bytes angegeben.

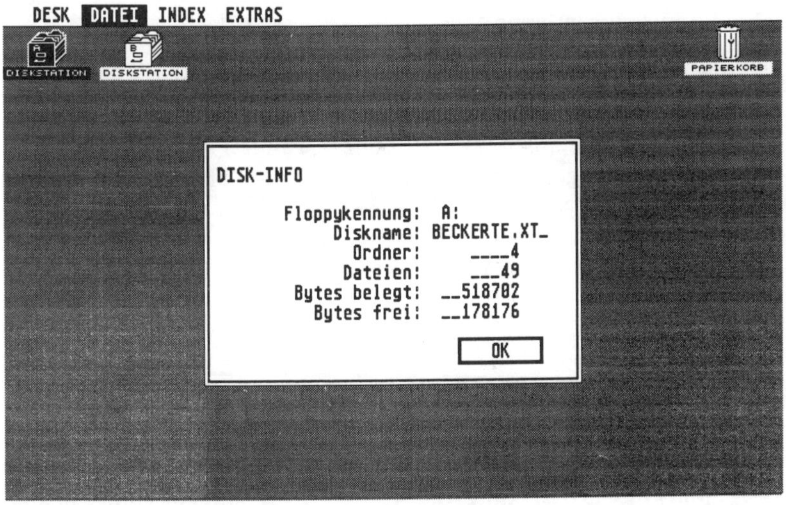

Abb. 3.9: Die Angabe freier Bytes zu einer Harddisk-Partition

▸ Fehler

Die Info hat ergeben, daß auf der Diskette gerade noch genug Platz vorhanden ist, um ein paar Dateien hinzuzukopieren. Doch bei der Ausführung dieser Operation erscheint die Meldung, daß die Diskette voll ist.

▸ Abhilfe

Hier liegt kein Fehler im üblichen Sinne vor. Auf der Diskette ist wirklich nicht genug Platz. Ursache: auch für eine Datei, die nur 100 Bytes umfaßt, müssen 1024 Bytes auf der Diskette vergeben werden. Ebenso kann der Speicherplatz der Diskette auch bei größeren Dateien immer nur in Schritten von 1024 Bytes vergeben werden (also z.B. 16384 Bytes für eine Datei mit 15500 Zeichen). Wenn Sie nun mehrere Dateien auf eine Diskette kopieren, entsteht durch diese schrittweise Vergabe ein gewisser Überhang, der zusätzlich verbraucht wird. Abhilfe ist daher nicht möglich.

1024 Bytes entsprechen genau zwei Sektoren. Eine Gruppe von zwei Sektoren nennt man auch Cluster (engl.: Haufen, Ansammlung). Wie andernorts bereits erwähnt, merkt sich der ST die Lage einer Datei auf der Diskettenoberfläche durch die Angabe von Spur und Sektor. Genauer muß es eigentlich heißen: durch die Angabe des Clusters. Faßt man jeweils zwei Sektoren zu solch einem Cluster zusammen, so braucht das Inhaltsverzeichnis weniger Platz, weil nicht so viele verschiedene Einträge unterschieden werden müssen.

Im Inhaltsverzeichnis (genauer in der File-Allocation-Table, kurz FAT) steht daher für jede Datei, welche Cluster sie belegt. In der FAT kann aus verständlichen Gründen für jeden Cluster nur ein Eintrag gemacht werden, also kann er auch nur durch einen File belegt werden, selbst wenn dieser nur 100 Bytes davon beanspruchen sollte. Die restlichen Bytes dieses Clusters stehen also - obwohl unbenutzt - keiner anderen Datei zur Verfügung.

Was hat es mit der Angabe der belegten Bytes in der Info-Anzeige auf sich?

Diese Zahl gibt an, wie viele Bytes der gesamte Inhalt der Diskette umfaßt. Dabei sind die reinen Dateilängen gemeint und nicht die wirklich belegten Bytes der Diskette. Daher kann sich bei der Addition von belegten und freien Bytes ein anderer Wert als die wirkliche Kapazität der Diskette ergeben.

Was sagt die Byteanzahl aus, die im Fenster angegeben wird?

Hier erfahren Sie, wie viele Bytes durch alle sichtbaren Dateien in diesem Fenster belegt werden. Dateien, die in Ordnern liegen, werden dabei nicht mitgezählt, ebenso die Ordner selbst. Sind in einem Fenster also nur 5 Ordner dargestellt, so lautet die Meldung: 0 Bytes in 5 Dateien, auch wenn in den Ordnern vielleicht hunderttausende von Zeichen belegt sind.

Wie erfahre ich, wie viele Bytes ein Ordner wirklich belegt?

Diesen Wert erhalten Sie, wenn Sie sich die Info zu diesem Ordner anzeigen lassen. Diesmal sind auch die nicht sichtbaren Dateien mitgezählt!

Welchen Wert gibt die Dateilänge in Fenstern (bei Anzeige als Text) bzw. in der Info zu einer Datei an?

Hier steht die echte Dateilänge, d.h. die Anzahl Bytes, die Sie wirklich nutzen können.

Wollen Sie wissen, wie viele Bytes durch diese Datei wirklich besetzt werden, so müssen Sie die Dateilänge auf das nächste volle Vielfache von 1024 aufrunden. Beispiele:

```
Dateilänge=   1000 -> belegte Bytes:   1024
Dateilänge= 100000 -> belegte Bytes: 100352
```

▸ Fehler

Zu einer Datei wird die Länge "0 Bytes" angezeigt.

▸ Abhilfe

Diese Meldung kann zwei Ursachen haben. Entweder ist die Datei wirklich leer und hat deshalb die Länge 0, oder die Datei wurde nicht korrekt erzeugt (z.B. durch einen Schreibfehler). In diesem Fall setzt der ST die Dateilänge von sich aus auf 0, um Zugriffe auf nicht existente oder zerstörte Daten zu vermeiden. Diese fehlerhafte Erzeugung von Dateien kann auf Beschädigungen der Diskette zurückgeführt werden. Eine andere Möglichkeit: Sie haben die Diskette aus dem Laufwerk genommen, während das rote Lämpchen brannte und der ST versuchte, die Datei zu erzeugen.

3.7 Datensicherung - ein ernstes Thema

Warum Datensicherung?

Datensicherung (auch Backup genannt) ist besonders für Benutzer einer Festplatte wichtig. Fehler auf Festplatten haben die unangenehme Eigenschaft, daß sie immer einen sehr großen Datenbestand von 20, 40 oder gar 60 Megabyte betreffen, während ein Fehler auf einer einzelnen Diskette nur 720 Kilobytes lahmlegen kann. Deshalb sei Festplattenbesitzern hier eindringlich empfohlen, zumindest regelmäßig Backups zu machen. Ist ein Head-Crash (siehe dort) erst einmal aufgetreten, dann kann man oft nicht mehr viel retten. Anwender, die ohne Festplatte arbeiten, sollten sich aber nicht in Sicherheit wiegen.

Stellen Sie sich vor, Sie schreiben Ihre Diplom-Arbeit mit dem ST und erleiden kurz vor Fertigstellung einen Diskettenschaden! Hier heißt es ebenfalls: jeden Tag die Textdisketten sichern. Im einzelnen bedeutet Backup, daß Sie von Ihren wichtigen Dateien immer eine Kopie mit dem aktuellen Stand besitzen. Dafür gibt es mehrere Wege. Der einfachste ist, regelmäßig die gefährdeten Dateien auf eine andere Diskette zu kopieren.

Was mache ich mit Anwenderprogrammen?

Wichtig ist: wenn irgendwie möglich, arbeiten Sie bitte auf keinen Fall mit den Originaldisketten des Softwareherstellers. Diese gehören an einen sicheren Ort (Schrank, Tresor etc.). Bevor Sie ein Programm benutzen, sollten Sie davon eine sogenannte Arbeitskopie ziehen, d.h. Sie erstellen eine 1:1-Kopie von der Diskette (siehe Kapitel 2). Es ist wichtig, daß solche Disketten 1:1 kopiert werden! Manche Softwarepakete verlangen allerdings ein etwas anderes Vorgehen (z.B. zuerst Eintragen von Benutzername und Anschrift). Dies ist dann in der Anleitung beschrieben.

Kann ich mich auf die BAK-Versionen meiner Dateien verlassen?

Nein! Wenn eine Festplatte oder Diskette zerstört wird, dann meist so gründlich, daß auch die BAK-Dateien in Mitleidenschaft gezogen werden. Der Sinn dieser Einrichtung ist es, Sie vor Datenverlusten durch Fehlbedienungen zu schützen.

Wie oft muß ich ein Backup durchführen?

Wie oft Sie Ihre Daten sichern, hängt von vielen Faktoren ab, zum Beispiel auch vom persönlichen Arbeitsaufwand und der Datenmenge. Falls Sie jeden Tag mit dem ST arbeiten und dabei große Datenmengen produzieren, ist es ratsam, zumindest die an diesem Tag hinzugekommenen bzw. geänderten Dateien an jedem Abend zu kopieren. Das gleiche gilt für Besitzer einer Festplatte. Wie führe ich das Backup am besten durch?

Zunächst einmal ist es nicht notwendig, daß Sie bei jeder Datensicherung alle Dateien kopieren. Es reicht, dies einmal im Monat (bzw. in längeren Abständen bei geringerer Beanspruchung) zu tun. In kürzeren Abständen werden dagegen nur die geänderten Dateien gesichert. Manche Anwender empfehlen auch eine Gesamt-Sicherung der Harddisk vor jedem Transport.

Nun ist das Kopieren von Dateien auch mit dem ST und seinem grandiosen GEM ein recht mühsames Unterfangen. Zum Glück kann man dies auch einem Programm überlassen. Für Festplatten gibt es schon seit einiger Zeit spezielle Programme, die das Backup besonders schnell durchführen. Außerdem haben diese die angenehme Eigenschaft, die Dateien zu komprimieren, so daß Sie mit weniger Disketten auskommen können (für die normale Sicherung aller Dateien einer 60 MB können Sie einen Diskettenstapel von bis zu 30 cm Höhe brauchen). Bei sehr großen Datenmengen ist dann auch die Anschaffung eines Tape-Streamers empfehlenswert. Das ist eine Art Tonband-Gerät, das in der Lage ist, große Mengen von Daten auf sehr kleinem Raum zu speichern. Allerdings sind diese Geräte recht teuer.

Anwender von Diskettenstationen werden im Stich gelassen, was die Datensicherung betrifft. Aus diesem Grunde ist unten ein Programm abgedruckt, daß von einer Diskette alle Files kopiert, die nach einem bestimmten Datum erstellt worden sind. Sinn dieser Aktion: kopiert man alle Dateien, die nach dem letzten Backup entstanden sind, so werden automatisch immer die aktuellsten Daten gesichert. Voraussetzung für die Anwendung des untenstehenden Programms ist, daß Sie bei jedem Systemstart die Uhr und das Datum des ST richtig stellen. Besitzer eines Mega-ST haben es da leichter, in diesen Rechnern ist eine batteriegepufferte Uhr eingebaut, die nur einmal gestellt werden muß und dann solange die richtige Zeit anzeigt, bis die Batterien leer sind.

Außerdem sind zwei Fälle zu unterscheiden. Falls Sie eine Harddisk oder zwei Diskettenlaufwerke besitzen, können Sie direkt von einer Station zur anderen sichern. Für Sie ist das Programm Direkt-Backup gedacht. Aus technischen Gründen liegen die beiden Programme nur als GFA-BASIC-Versionen vor.

Sollten Sie nur ein Laufwerk besitzen, kann das Kopieren nicht so einfach durchgeführt werden, da Sie zwischendurch die Diskette wechseln müssen. Der Ausweg aus dem Dilemma: die zu kopierenden Dateien werden auf einer RAM-Disk zwischengelagert. Besitzen Sie also nur eine Diskettenstation, so müssen Sie das Programm RAM-Backup in Verbindung mit einer RAM-Disk benutzen.

```
'Autoback (Version für GFA-BASIC)
' Programm für automatisches Backup einer Diskette
'
' Alten DTA-Buffer sichern
D%=Gemdos(&H2F)
' Quelldiskette anfordern
Print "Bitte legen Sie die Quelldiskette in Laufwerk A ein!"
Print
Void Inp(2)
' Letztes Backup-Datum erfragen
Print "Bitte das Datum des letzten Backup eingeben:"
Input "Tag   ";Tag%
Input "Monat ";Monat%
Input "Jahr  ";Jahr%
Print
' Daten kodieren
Bdatum%=Tag%+Monat%*32+(Jahr%-1980)*512
' Alle relevanten Dateien auf RAM-Disk kopieren
Chdrive 1
Gosub Dir_suche("A:","")
' Zieldiskette anfordern
Print
Print "Bitte legen Sie die Zieldiskette in Laufwerk A ein!"
Print "Weiter mit beliebiger Taste."
Print
Void Inp(2)
' Alle Dateien von RAM-Disk nach Laufwerk A kopieren
Chdrive 4
```

```
Gosub Dir_suche("D:","")
Print
Print "Backup beendet!"
' Alte Einstellungen zurück
Chdrive 1
Void Gemdos(&H1A,L:D%)
'-----------------------------------------------------------
Procedure Dir_suche(L$,F$)
  ' Sucht alle Dateien im angegebenen Ordner F$ auf Laufwerk L$,
  ' die zum letzten Backupdatum passen und läßt andere Ordner
  ' rekursiv durchsuchen
  Local A$,F2$,Dta$,Adr%,A%
  ' lokalen DTA-Buffer für dieses Verzeichnis reservieren
  Dta$=Space$(44)
  Adr%=Varptr(Dta$)
  Void Gemdos(&H1A,L:Adr%)
  ' Suche starten
  F2$=F$+"\*.*"+Chr$(0)
  A%=Gemdos(&H4E,L:Varptr(F2$),&H10)
  ' ggf. kopieren
  Gosub Vergleich
  ' restliche Files in diesem Ordner untersuchen
  Repeat
    ' DTA-Buffer löschen
    For I=Adr%+30 To Adr%+43
      Poke I,32
    Next I
    ' nächsten Eintrag suchen
    A%=Gemdos(&H4F)
    ' ggf. kopieren
    Gosub Vergleich
    ' Ist die gefundene Datei ein Ordner ?
    If (Peek(Adr%+21)=16) And (A%=0) And (A$<>"..") Then
      ' ja -> Ordner durchsuchen
      Gosub Dir_suche(L$,F$+"\"+A$)
      ' nach Rückkehr alte DTA wieder herstellen
      Void Gemdos(&H1A,L:Adr%)
    Endif
  Until A%<>0
Return
'-----------------------------------------------------------
Procedure A_nach_d(Fm$,Am$)
  ' Kopiert Datei (Fm$+"\"+Am$) von Laufwerk A in die RAM-Disk
Local Pointer%,Dateilaenge%,Anz%
  ' Wenn Ordner in RAM-Disk nicht existiert, dann erzeugen
  Gosub Ordner_erz("D:",Fm$)
  ' Dateien öffnen und übertragen
  Open "I",#1,"A:"+Fm$+"\"+Am$
  Open "O",#2,"D:"+Fm$+"\"+Am$
  Pointer%=0
  Dateilaenge%=Lpeek(Adr%+26)
  While Not Eof(#1)
```

```
    Anz%=Min(512,Dateilaenge%-Pointer%)
    Print #2,Input$(Anz%,#1);
    Pointer%=Pointer%+512
  Wend
  Close #1
  Close #2
Return
'-------------------------------------------------------------------
Procedure D_nach_a(Fm$,Am$)
  ' Kopiert Datei (Fm$+"\"+Am$) von RAM-Disk nach Laufwerk A
  Local Pointer%,Dateilaenge%,Anz%
  ' Wenn Ordner in Laufwerk A nicht existiert, dann erzeugen
  ' Testen, ob schon ein altes Backup vorliegt
  If Exist("A:"+Fm$+"\"+Am$) Then
    ' wenn ja -> löschen
    Kill "A:"+Fm$+"\"+Am$
  Endif
  ' Dateien öffnen und übertragen
  Open "I",#1,"D:"+Fm$+"\"+Am$
  Open "O",#2,"A:"+Fm$+"\"+Am$
  Pointer%=0
  Dateilaenge%=Lpeek(Adr%+26)
  While Not Eof(#1)
    Anz%=Min(512,Dateilaenge%-Pointer%)
    Print #2,Input$(Anz%,#1);
    Pointer%=Pointer%+512
  Wend
  Close #1
  Close #2
Return
'-------------------------------------------------------------------
Procedure Ordner_erz(Lw$,Fo$)
  ' testet, ob der Ordner Fo$ auf dem in Lw$ angegebenen Laufwerk
  ' existiert und erzeugt ihn nötigenfalls
  Local Dta$,F2$,Dta%,Fc%
  ' neuen DTA-Buffer für diese Prozedur reservieren
  Dta%=Gemdos(&H2F)
  Dta$=Space$(44)
  Void Gemdos(&H1A,L:Varptr(Dta$))
  ' Suche starten
  F2$=Lw$+Fo$+"\*.*"+Chr$(0)
  Fc%=Gemdos(&H4E,L:Varptr(F2$),&H10)
  If (Fc%<0) And (Len(Fo$)>0) Then
    ' Ordner existiert nicht, also erzeugen
    Mkdir Lw$+Fo$
  Endif
  ' alten DTA-Buffer wiederherstellen
  Void Gemdos(&H1A,L:Dta%)
Return
'-------------------------------------------------------------------
Procedure Vergleich
  ' testet, ob eine Datei kopiert werden muß und veranlaßt dies
```

```
ggf.
  ' Filenamen aus Buffer lesen
  A$=""
  For I=Adr%+30 To Adr%+43
    Exit If Peek(I)<=32
    A$=A$+Chr$(Peek(I))
  Next I
  ' Datum holen und vergleichen
  Datum%=Dpeek(Adr%+24)
  If (Peek(Adr%+21)<>16) And (A$<>"") Then
    ' nur korrekte Filenamen und keine Ordner bearbeiten
    If (Bdatum%<Datum%) And (L$="A:") Then
      ' Neue Datei Laufwerk A -> kopieren
      Print "Kopiere Datei ";F$+"\"+A$
      Gosub A_nach_d(F$,A$)
    Endif
    If (L$="D:") Then
      ' Datei von RAM-Disk auf Laufwerk A kopieren, kein
Datumstest
      Print "Sichere Datei ";F$+"\"+A$
      Gosub D_nach_a(F$,A$)
    Endif
  Endif
Return
```

Zur Bedienung

Wenn Sie mit RAM-Backup arbeiten wollen, brauchen Sie eine RAM-Disk, die als Laufwerk D angemeldet ist und genug Platz bietet, um alle seit dem letzten Backup geänderten Dateien aufzunehmen. Vor dem Programmstart muß die RAM-Disk leer sein. Erfüllt Ihr Rechner diese Voraussetzungen, so können Sie RAM-Backup starten. Zunächst werden Sie gebeten, die sogenannte Quelldiskette einzulegen. Das ist die Diskette, von der ein Backup gemacht werden soll. Wenn Sie das erledigt haben, drücken Sie bitte eine beliebige Taste. Als nächstes möchte das Programm von Ihnen das Datum der letzten Datensicherung wissen.

Noch einmal der Hinweis: das Backup kann nur dann richtig funktionieren, wenn Sie bei jedem Booten die Uhr richtig stellen (falls Sie eine batteriegepufferte Uhr besitzen, können Sie das natürlich vergessen). Sobald Sie das Datum eingegeben haben, beginnt der Rechner damit, alle Dateien neueren Datums auf die RAM-Disk zu kopieren. Sie können das am Aufleuchten der roten Lampe am Laufwerk erkennen.

Je nach Umfang der Daten kann dieser Vorgang einige Zeit in Anspruch nehmen. Während dieser Tätigkeit zeigt der Rechner auf dem Bildschirm die Namen der Dateien an, die gerade in die RAM-Disk übertragen werden ("Kopiere ..."). Nach einiger Zeit verlangt der ST dann die sogenannte Zieldiskette, also die Scheibe, auf die die geänderten Daten gesichert werden sollen. Nach dem Einlegen drücken Sie auch hier bitte wieder eine beliebige Taste. Das Programm beginnt dann damit, alle Dateien aus der RAM-Disk auf die Zieldiskette zu sichern und zeigt das auch an ("Sichere ...").

Hier das Listing für das Sichern mit zwei Laufwerken:

```
' D_D_BACK
' Programm für automatisches Backup mit mindestens zwei Laufwerken
'
' Alten DTA-Buffer sichern
D%=Gemdos(&H2F)
' Disketten anfordern
Print "Bitte geben Sie das Quellaufwerk an!"
Q$=Upper$(Input$(1))
Print Q$
Print
Print "Bitte geben Sie das Ziellaufwerk an!"
Print "Sorgen Sie bitte ggf. dafür, daß die Disketten eingelegt
sind."
Z$=Upper$(Input$(1))
Print Z$
Print
' Letztes Backup-Datum erfragen
Print "Bitte das Datum des letzten Backup eingeben:"
Input "Tag   ";Tag%
Input "Monat ";Monat%
Input "Jahr  ";Jahr%
Print
' Daten kodieren
Bdatum%=Tag%+Monat%*32+(Jahr%-1980)*512
' Alle relevanten Dateien kopieren
Chdrive (Asc(Q$)-Asc("A"))
Gosub Dir_suche(Q$+":","")
Print
Print "Backup beendet!"
' Alte Einstellungen zurück
Chdrive 1
Void Gemdos(&H1A,L:D%)
'-----------------------------------------------------------------
Procedure Dir_suche(L$,F$)
  ' Sucht alle Dateien im angegebenen Ordner F$ auf Laufwerk L$,
  ' die zum letzten Backupdatum passen und läßt andere Ordner
```

```
  ' rekursiv durchsuchen
  Local A$,F2$,Dta$,Adr%,A%
  ' lokalen DTA-Buffer für dieses Verzeichnis reservieren
  Dta$=Space$(44)
  Adr%=Varptr(Dta$)
  Void Gemdos(&H1A,L:Adr%)
  ' Suche starten
  F2$=F$+"\*.*"+Chr$(0)
  A%=Gemdos(&H4E,L:Varptr(F2$),&H10)
  ' ggf. kopieren
  Gosub Vergleich
  ' restliche Files in diesem Ordner untersuchen
  Repeat
    ' DTA-Buffer löschen
    For I=Adr%+30 To Adr%+43
      Poke I,32
    Next I
    ' nächsten Eintrag suchen
    A%=Gemdos(&H4F)
    ' ggf. kopieren
    Gosub Vergleich
    ' Ist die gefundene Datei ein Ordner ?
    If (Peek(Adr%+21)=16) And (A%=0) And (A$<>"..") Then
      ' ja -> Ordner durchsuchen
      Gosub Dir_suche(L$,F$+"\"+A$)
      ' nach Rückkehr alte DTA wieder herstellen
      Void Gemdos(&H1A,L:Adr%)
    Endif
  Until A%<>0
Return
'-------------------------------------------------------------
Procedure A_nach_d(Fm$,Am$)
  ' Kopiert Datei (Fm$+"\"+Am$) von Laufwerk q$ nach z$
  Local Pointer%,Dateilaenge%,Anz%
  ' Wenn Ordner in Ziel-Disk nicht existiert, dann erzeugen
  Gosub Ordner_erz(Z$+":",Fm$)
  ' Dateien öffnen und übertragen
  Open "I",#1,Q$+":"+Fm$+"\"+Am$
  Open "O",#2,Z$+":"+Fm$+"\"+Am$
  Pointer%=0
  Dateilaenge%=Lpeek(Adr%+26)
  While Not Eof(#1)
    Anz%=Min(512,Dateilaenge%-Pointer%)
    Print #2,Input$(Anz%,#1);
    Pointer%=Pointer%+512
  Wend
  Close #1
  Close #2
Return
'-------------------------------------------------------------
Procedure Ordner_erz(Lw$,Fo$)
  ' testet, ob der Ordner Fo$ auf dem in Lw$ angegebenen Laufwerk
```

```
  ' existiert und erzeugt ihn nötigenfalls
  Local Dta$,F2$,Dta%,Fc%
  ' neuen DTA-Buffer für diese Prozedur reservieren
  Dta%=Gemdos(&H2F)
  Dta$=Space$(44)
  Void Gemdos(&H1A,L:Varptr(Dta$))
  ' Suche starten
  F2$=Lw$+Fo$+"\*.*"+Chr$(0)
  Fc%=Gemdos(&H4E,L:Varptr(F2$),&H10)
  If (Fc%<0) And (Len(Fo$)>0) Then
    ' Ordner existiert nicht, also erzeugen
    Mkdir Lw$+Fo$
  Endif
  ' alten DTA-Buffer wiederherstellen
  Void Gemdos(&H1A,L:Dta%)
Return
'-----------------------------------------------------------------
Procedure Vergleich
  ' testet, ob eine Datei kopiert werden muß und veranlaßt dies
ggf.
  ' Filenamen aus Buffer lesen
  A$=""
  For I=Adr%+30 To Adr%+43
    Exit If Peek(I)<=32
    A$=A$+Chr$(Peek(I))
  Next I
  ' Datum holen und vergleichen
  Datum%=Dpeek(Adr%+24)
  If (Peek(Adr%+21)<>16) And (A$<>"") Then
    ' nur korrekte Filenamen und keine Ordner bearbeiten
    If (Bdatum%<Datum%) Then
      ' Neue Datei kopieren
      Print "Kopiere Datei ";F$+"\"+A$
      Gosub A_nach_d(F$,A$)
    Endif
  Endif
Return
```

Zur Bedienung von Direkt-Backup

Direkt-Backup verlangt das Vorhandensein zweier beliebiger Laufwerke am ST. Dies können z.B. eine Harddisk und eine Diskettenstation, im Extremfall aber auch eine RAM-Disk und eine Diskettenstation sein. Nach dem Start dieses Programms werden Sie zunächst nach der Kennung (ein Buchstabe) des Quellaufwerks gefragt (also der Station, deren Daten gesichert werden sollen). Bitte tippen Sie den Buchstaben (z.B. C für die Harddisk, A für die erste Diskettenstation) ein. Groß- und Kleinschreibung spielen keine Rolle.

Im nächsten Schritt müssen Sie in gleicher Weise die Kennung des Ziellaufwerks eingeben. Bitte achten Sie darauf, daß die beiden Laufwerke - wenn nötig - die richtigen Disketten beinhalten. Sind die beiden Laufwerke dem Programm bekannt, werden Sie noch nach dem Datum des letzten Backup gefragt. Sobald Sie diese Eingabe abgeschlossen haben, beginnt das Programm damit, die geänderten Files auszusortieren und auf das Ziellaufwerk zu kopieren. Jede so kopierte Datei wird auch mit Namen angezeigt.

Bei der regelmäßigen Benutzung der BACKUP-Programme hat sich folgendes Vorgehen als nützlich erwiesen: Reservieren Sie zu jeder wichtigen Datendiskette eine weitere Backup-Diskette. Jeden Tag (am besten abends) starten Sie dann das Programm und sichern immer auf die gleiche Diskette. Da alte Dateien auf der Backup-Diskette, die überholt ist, automatisch durch die neuesten Versionen ersetzt werden, haben Sie auf der Sicherungsdiskette nach dem Backup immer den neuesten Stand. Wenn Sie ganz sicher gehen wollen, bewahren Sie Original und Kopie immer an getrennten Orten auf, so daß im Fall der Fälle nur eine Version zerstört würde.

Sollten Sie die Datensicherung nicht jeden Tag betreiben, hier noch ein kleiner Tip. Notieren Sie nach jedem Backup das Tagesdatum in einer Ecke des Diskettenaufklebers (z.B. mit Bleistift, damit man es wieder entfernen kann), dann können Sie es bei Bedarf sofort ablesen.

4. Drucker

Neben den Massenspeichern haben wir hier wohl das wichtigste Zubehör vor uns. Drucker gibt es in verschiedenen Ausführungen, und leider hat auch jedes Modell so seine Eigenheiten. Aus diesem Grunde ist es wohl kaum möglich, allgemeingültige Patentrezepte für die Bedienung der "Papierspucker" zu geben.

4.1 Die Hardware

Welche Arten von Druckern gibt es?

Man unterscheidet diverse Typen von Druckern. Je nach der Art, wie sie die Buchstaben zu Papier bringen, spricht man von Nadel-, Tintenstrahl-, Typenrad-, Thermo- und Laserdruckern. Nadeldrucker besitzen einen Druckkopf, in dem 9 oder 24 Nadeln von Elektromagneten gegen das Farbband geschossen werden. Der Druckkopf bewegt sich quer über das Papier und ermöglicht so den senkrecht untereinander angeordneten Nadeln, ein Zeichen Spalte für Spalte aufzubauen. Weil jeder Buchstabe und jedes Symbol von solchen Druckern aus einer Matrix von Punkten zusammengesetzt wird, gehören diese Geräte zur Gruppe der Matrixdrucker.

An dieser Eigenschaft können Sie die Ausgaben eines Matrixdruckers auch erkennen, obwohl die Druckqualität in den letzten Jahren derart gestiegen ist, daß man selbst mit der Lupe große Schwierigkeiten hat, die einzelnen Punkte zu unterscheiden. Der große Nachteil der Nadeldrucker: sie sind meist sehr laut, weshalb sie oft "Brötchentoaster" oder "Kreissäge" genannt werden.

Tintenstrahldrucker gehören ebenfalls zu den Matrixdruckern. Hier wird ein Zeichen nicht durch Nadeln erzeugt, sondern durch den Abschuß mikroskopisch kleiner Tintentröpfchen, die durch elektrostatische Aufladung an die richtige Stelle des Papiers gelenkt werden. Vorteil: wegen der berührungsfreien Druckmethode sind die Tintenstrahldrucker sehr leise. Nachteil: Sie können keine Durchschläge erzeugen und arbeiten nicht mit jedem Papier.

Thermodrucker arbeiten ebenfalls nach dem Matrixprinzip. Hier wird das Abbild auf dem Papier durch Hitze erzeugt. Das klappt natürlich nicht so ohne weiteres mit jedem Papier oder Farbband. Entweder werden spezielle Thermo-Farbbänder benutzt (man spricht dann auch vom Thermo-Transfer-Verfahren), von denen die (feste) Tinte auf das Papier herübergeschmolzen wird, oder man muß sehr teures hitzeempfindliches Spezialpapier benutzen. Neben dem hohen Preis hat dieses den Nachteil, daß es nach einiger Zeit stark abdunkelt. Das Thermo-Transfer-Verfahren wird vor allem für Schreibmaschinen und ähnliche Druckwerke benutzt (führend ist hier IBM), während das reine Thermo-Druckverfahren wegen der schlechten Eigenschaften des Papiers immer mehr aus der Mode kommt.

Auch Laserdrucker gehören im weitesten Sinne zu den Matrixdruckern. Sie arbeiten im Prinzip wie ein Kopierer (mit denen sie auch starke Ähnlichkeiten haben). Auf eine Trommel wird durch Laser-Licht und elektrostatische Aufladung ein "elektrisches" Abbild einer ganzen Druckseite gebracht, die aus einzelnen Punkten zusammengesetzt ist. Durch die aufgeladenen Punkte wird Farbpulver angezogen, das dann auf das Papier abgewälzt wird. Da Laser-Licht ungeheuer fein fokussiert werden kann, sind die Punkte entsprechend winzig. Als Ergebnis erhält man das beste Druckbild, das mit Computern derzeit zu erzielen ist. Der große Nachteil: Sowohl in der Anschaffung als auch in den laufenden Kosten ist der Laserdrucker die weitaus teuerste Alternative (billige Geräte kosten um die 5000 DM, nach oben hin ist erst bei fünfstelligen Beträgen Schluß).

Ein ganz anderes Prinzip verfolgen die Typenraddrucker, die kaum noch hergestellt werden. Ihnen ist sicherlich das Arbeitsprinzip einer Schreibmaschine bekannt, wo ganze Buchstaben (Typen) auf das Farbband geschlagen werden, um so einen farbigen Abdruck auf dem Papier zu erzeugen. Genau so arbeiten Typenraddrucker, bei denen eine Anzahl von Typen auf einem Rad angeordnet sind. Um ein Zeichen zu drucken, muß der Drucker das Rad zunächst in die richtige Position drehen und kann dann die Type abfeuern.

Es wird Ihnen schnell einleuchten, daß dieses Prinzip sehr langsam ist, dafür aber recht gute Druckqualität liefert. Weiterer Nachteil: Typenraddrucker können keine Grafiken ausgeben. In letzter Zeit hat es sich eingebürgert, daß elektronische Schreibmaschinen (bei denen es sich aus Computersicht lediglich um

Typenraddrucker mit eingebauter Tastatur handelt) mit der Möglichkeit versehen sind, an einen Computer angeschlossen zu werden.

Wo werden Drucker angeschlossen?

Das hängt vom Modell ab. Sehen Sie bitte in der Beschreibung Ihres Gerätes nach, mit welcher Schnittstelle (das Fachwort dafür lautet Interface) es ausgerüstet ist. Falls Sie die Bezeichnungen "parallel" oder "Centronics" finden, wird Ihr Drucker an den Anschluß "Printer" auf der Rückseite des ST angeschlossen. Finden Sie dagegen die Bezeichnungen "seriell", "RS.232" oder "V.24", so gehört Ihr Druckerkabel in den Stecker mit dem Aufdruck "Modem". Besitzen Sie dagegen einen Atari-Laserdrucker, so wird dieser an die Buchse "Hard-Disk" angeschlossen. Beachten Sie bitte in diesem Fall die Bedienungsanleitung!

Machen Sie es sich bitte zur Gewohnheit, alle Anschlüsse nur bei ausgeschalteten Geräten vorzunehmen. In vielen Fällen sind die Anschlußpins direkt mit den elektronischen Komponenten Ihrer Geräte verbunden. Statische Aufladungen oder Kurzschlüsse können die Hardware zerstören. Berühren Sie deshalb vor dem Montieren eine Wasserleitung oder ein blankes Heizungsrohr. Diese sind meist geerdet und führen evtl. vorhandene Aufladungen ab.

Woher bekomme ich ein Druckerkabel?

In ganz seltenen Fällen ist das Kabel direkt dem Drucker beigelegt, meistens müssen Sie es aber dazukaufen, weil es viele verschiedene Typen von Anschlüssen gibt. Sofern der Drucker eine parallele Schnittstelle besitzt, ist der Fall recht einfach. Fragen Sie Ihren Händler nach einem parallelen Druckerkabel für den ST. Sie können ein solches Kabel auch selbst herstellen; das ist aber mit einiger Löterei verbunden. Für alle, die das trotzdem versuchen wollen, ist die Pinbelegung der wichtigsten Steckerarten im Kapitel über Schnittstellen aufgelistet. Dabei sollten Sie beachten, daß parallele Schnittstellen keine besonders großen Übertragungswege vertragen. Bei spätestens 3 Metern Länge ist Schluß.

Besitzen Sie einen Drucker mit serieller Schnittstelle, so wird der Fall etwas komplizierter. Die serielle Schnittstelle ist leider nicht so genormt, wie man sich das als Anwender wünschen würde.

Normalfall wird Ihr Händler Ihnen zu Ihrem Drucker auch das passende Kabel besorgen können. Im anderen Fall müssen Sie selbst löten. Die Pin-Belegungen sind auch hier im Kapitel "Schnittstellen" aufgelistet.

Wo stelle ich den Drucker am besten auf?

Persönlich bevorzuge ich die Aufstellung auf dem Schreibtisch - aber das ist Geschmackssache. Wenn Sie Ihren Drucker nicht immer im Blick haben müssen, können Sie ihn ruhig auch auf einem separaten Tischchen in der Nähe des Rechners unterbringen. Allerdings sollten Sie beachten, daß unter dem Drucker genug Platz ist, um einen Papierstapel unterzubringen. Außerdem muß bei der Verwendung von sogenanntem Endlospapier hinter dem Drucker genügend Raum für die bedruckten Blätter bleiben. Sehr wichtig: die beiden Stapel mit den bedruckten bzw. unbedruckten Blättern müssen genau unter dem Drucker liegen, sonst besteht die Gefahr, daß das Papier schiefzieht oder sogar ein Papierstau entsteht. Halten Sie die Papierwege auch von Kabeln frei.

Was muß ich beim Druckerpapier beachten?

Grundsätzlich können Drucker mit zwei Papierarten beschickt werden: Endlospapier und Einzelblätter. Einzelblätter sind meistens "korrespondenz-tauglicher", weil sie keine Perforation aufweisen und außerdem genau dem DIN-A4-Format (21 cm x 29,7 cm) entsprechen. Zudem haben Einzelblätter den Vorteil, daß man sein bisheriges Briefpapier (evtl. mit eingedruckter Adresse usw.) weiterbenutzen kann. Nachteil: man muß jedes Blatt einzeln einspannen oder einen teuren Sheet-Feeder (engl.: Einzelblattzuführung) kaufen.

Endlospapier ist das EDV-Papier überhaupt. Endlos bedeutet: viele aneinanderhängende Blätter, die im Zickzack gefaltet auf einem Stapel liegen. Wie so vieles in Deutschland ist auch Endlospapier genormt: seine Maße betragen aus irgendwelchen unerfindlichen Gründen 24,13 cm x 30,48 cm (inklusive Lochrändern). Man spricht hier auch von 9,5 Zoll Breite und 12 Zoll Länge. Nimmt man die Lochränder ab, so hat dieses Papier die gleiche Breite wie Einzelblätter, allerdings ist es gut einen Zentimeter länger.

Für breitere Drucker (die DIN-A3-Blätter einspannen können), gibt es auch Endlospapier mit größerer Breite (12 Zoll). Endlospapier gibt es in verschiedenen Ausführungen: mit normaler Perforation, mit Micro-Perforation (die man nach dem Reißen nicht mehr so leicht sieht) und als Billigpapier zuweilen auch ohne seitliche Perforation. Der Name "Endlospapier" ist natürlich nicht korrekt - jeder Stapel hat einmal ein Ende. Normalerweise erhalten Sie solches Papier in Kartons mit 500, 1000, 2000 oder 5000 Blatt.

Manche Hersteller bieten auch vorgedruckte Formulare oder Endlospapier mit mehreren Durchschlägen an. Sehen Sie bitte vor dem Kauf im Handbuch Ihres Druckers nach, wie viele Durchschläge dieser maximal verträgt. Außerdem im Angebot: Endlos-Aufkleber und Endlos-Briefumschläge.

Welche Papierstärke ist empfehlenswert?

Die meisten Drucker verkraften Papierstärken bis zu 0,25 mm (das ist schon Karton-Stärke). Wichtiger ist meist die Gewichtsangabe in Gramm pro Quadratmeter. Qualitäten unter 80 g/qm sind eigentlich nur für den Ausdruck von Listings geeignet; außerdem reißen diese Papiere leichter, so daß bei einfacheren Druckermodellen der Papierstau schon vorprogrammiert ist. Wollen Sie mit dem Drucker Korrespondenz schreiben, so sind Papiergewichte ab 80 g/qm empfehlenswert. Dieses Papier scheint auch nicht mehr durch.

Vielfach werden Endlospapiere heute schon aus Umweltpapier hergestellt. Wenn Sie vielleicht auch noch Bedenken haben, dieses Recycling-Papier für Ihre Korrespondez einzusetzen, sollten Sie es zumindest für den Ausdruck Ihrer "internen" Unterlagen benutzen - unser aller Umwelt zuliebe.

Was ist ein Traktor?

Soll Endlospapier verwendet werden, so muß dieses mittels zweier Stachelwalzen transportiert werden (daher auch die Lochleiste an beiden Seiten). Diese Walzen und die dazugehörige Mechanik nennt man Traktor. In vielen Druckern ist ein solcher Traktor fest eingebaut, andere benutzen sogenannte Aufsatztraktoren, die bei Bedarf eingebaut werden können.

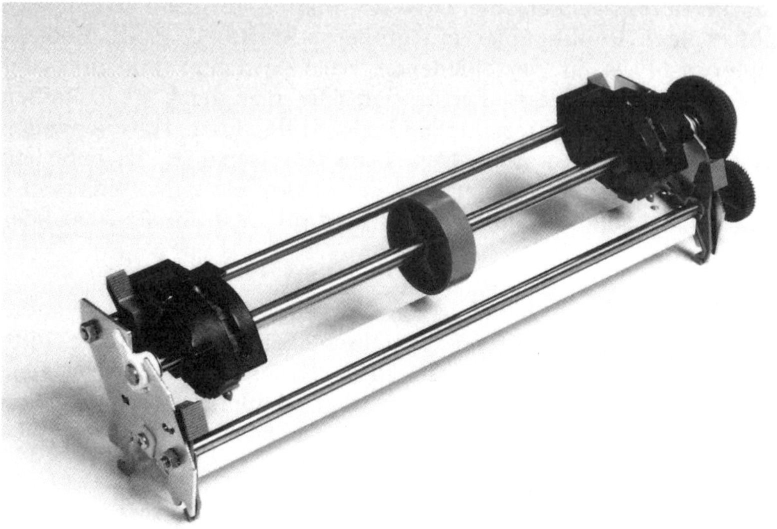

Abb. 4.1: Ein Traktor

Was ist ein Einzelblatteinzug?

Dieser Begriff hat zwei Bedeutungen. Zum einen ist damit das Gerät gemeint, in welches ein Stapel Einzelblätter eingelegt werden kann. Auf Knopfdruck oder Software-Befehl wird dann automatisch das nächste Blatt in den Drucker eingezogen. Solche Geräte sind recht teuer. Die andere Bedeutung kennzeichnet eine Eigenschaft des Druckers. Auf einen Knopfdruck hin dreht der Drucker seine Walze genau soweit, daß ein an der Rückseite per Hand angelegtes Blatt bis zum Anfang eingezogen wird.

Was bedeutet NLQ?

NLQ ist die Abkürzung für Near Letter Quality (zu deutsch: Fast-Korrespondenz-Qualität). Damit wird die Fähigkeit eines Matrixdruckers gemeint, Buchstaben in korrespondenztauglicher Qualität zu erzeugen. Das Gegenteil von NLQ ist die sogenannte Draft-Qualität, die Sie bestimmt von Ihrer letzten Stromrechnung her kennen.

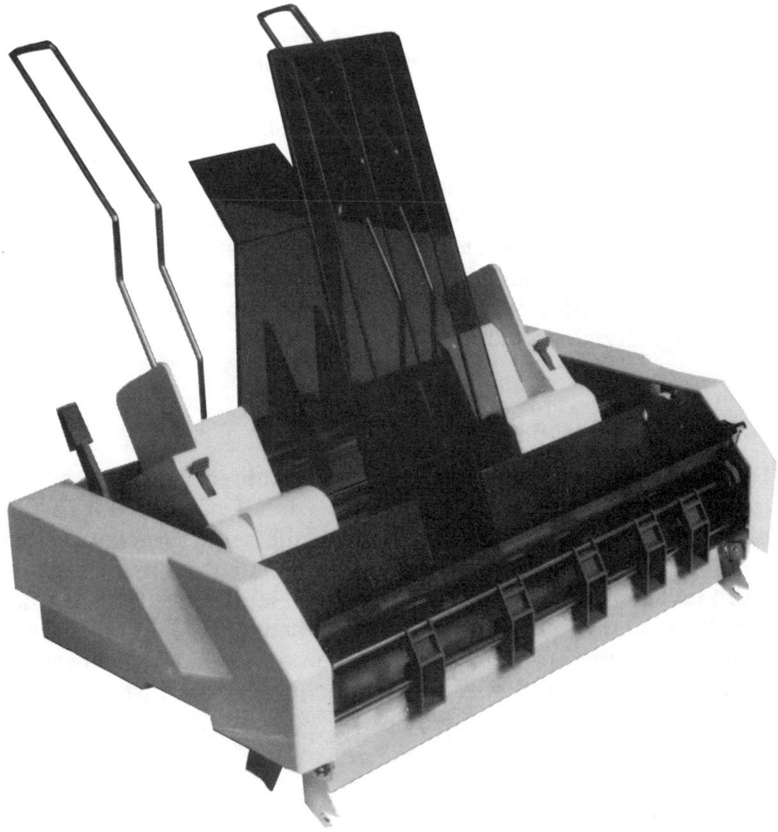

Abb. 4.2: Ein Einzelblatteinzug

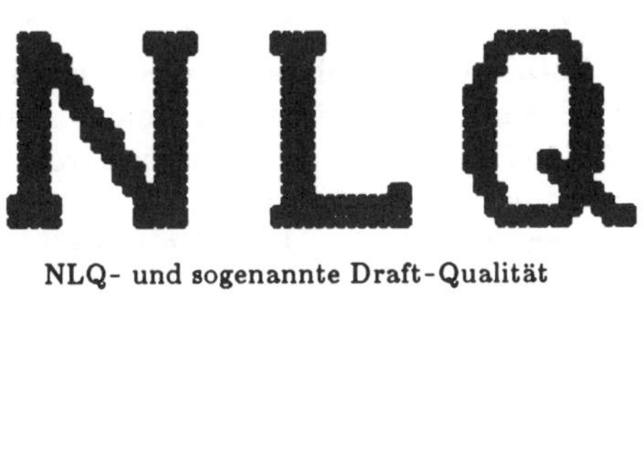

Abb. 4.3: NLQ- und sogenannte Draft-Qualität

9-Nadel-Drucker erkaufen sich die NLQ-Fähigkeit mit einem kleinen Trick: die Zeichen werden nicht in einem Durchgang gedruckt. Statt dessen fährt der Druckkopf mehrfach über die gleiche Zeile hinweg, wobei Papier und Druckkopf jedesmal um ein winziges Stück verschoben werden. Auf diese Weise werden die Abstände zwischen den einzelnen Punkten auf dem Papier minimal. Die teureren 24-Nadeldrucker wenden diesen Trick zwar ebenfalls an, brauchen aber unter Umständen nicht soviele Durchgänge und sind deshalb schneller. Außerdem ist die normale Druckqualität bei diesen Geräte oft schon so gut, daß man auf NLQ verzichten kann.

Was bedeutet Epson-kompatibel?

Der japanische Hersteller Epson ist seit Jahren führend auf dem Markt der Drucker. Dazu hat wohl vor allem beigetragen, daß dieser Hersteller die Befehlscodes für alle seine Drucker weitgehend einheitlich gehalten hat. In den letzten Jahren sind viele Konkurrenten dazu übergegangen, ihre Geräte ebenfalls mit dem Esc/P-Standard auszurüsten (Esc/P bedeutet Epson Standard Code for Printers). Wenn Ihr Drucker diese Befehle beherrscht, sind Sie schon so gut wie aus dem Schneider, da fast jedes Programm für diese voreingestellt ist.

Was bedeutet IBM-kompatibel?

Ungefähr zu der Zeit, als IBM seinen ersten PC auf den Markt brachte, hat der blaue Riese (so der Spitzname in der Branche) auch seine eigenen Drucker vorgestellt. IBM hat es sich nicht nehmen lassen, die eigenen Drucker mit anderen Zeichensätzen und vor allem mit leicht geänderten Befehlen (im Vergleich zu Esc/P) auszurüsten. Da IBM aber auch Trendsetter ist, hat sich der IBM-Standard schnell ausgebreitet, so daß viele Drucker heute beide Modi beherrschen.

Hat Atari auch einen eigenen Standard?

"Jein". Atari hat sich bei seinem eigenen Drucker SMM804 an die bisher bekannten Befehlscodes gehalten. Aber der ST hat gegenüber IBM- und Epson-Standard einen leicht veränderten Zeichensatz. Der SMM804 ist neben einigen anderen Druckern als einziger in der Lage, diese Spezialzeichen des ST ohne Klimmzüge auszudrucken. Es ist aber kein Beinbruch, wenn Sie keinen dieser sogenannten ST-kompatiblen Drucker erworben haben. Bei normalen Anwendungen bieten diese kaum jemals einen Vorteil.

Was sind DIP-Schalter?

DIP ist die Abkürzung für Dual-Inline-Package. Gemeint sind damit alle elektronischen Bauteile, die wie herkömmliche ICs mit zwei Reihen von Pins versehen sind. DIP-Schalter sind kleine Schalter, die in solch einem DIP-Gehäuse eingebaut sind. Mit Ihrer Hilfe können an den meisten Druckern Voreinstellungen vorgenommen werden. Wo die DIP-Schalter (Spitzname: Mäuseklaviere) an Ihrem Drucker sitzen, sagt Ihnen die Anleitung, ebenso wie die genaue Bedeutung. Wegen Ihrer mikroskopischen Größe können Sie die Schalter natürlich nicht mit den Fingern bedienen. Ein Kugelschreiber leistet da schon gute Dienste.

Abb. 4.4: DIP-Schalter

Was kann an den DIP-Schaltern eingestellt werden?

Die meisten Drucker legen an diesen Schaltern fest, ob sie im Esc/P- oder IBM-Modus arbeiten. Hinzu kommen dann Angaben wie Zeichensatz, Druckqualität, Normal- oder Schmalschrift, Seitenlänge usw. Im Normalfall sind die Schalter vom Werk auf einen bestimmten Zustand eingestellt, der zunächst einmal an den meisten Rechnern funktionieren sollte. Im Zweifelsfall stellen Sie die Schalter bitte so ein, daß der IBM-Modus in der Qualität Draft gewählt ist. Falls vorhanden, sollte die Seitenlänge auf 12 Zoll eingestellt sein und die Zeilenvorschub-Option CR+LF lauten. Alle anderen Optionen sollten zunächst ausgeschaltet sein.

Die Einstellungen, die Sie an den Schaltern vornehmen, werden nicht sofort wirksam. Erst beim nächsten Einschalten werden diese übernommen. Sie sollten deshalb Änderungen nur bei ausgeschaltetem Drucker durchführen. Außerdem können Sie jede Änderung durch einen Softwarebefehl wieder zurücknehmen.

Wofür ist der sogenannte Papier-Ende-Sensor?

Fast alle Drucker verfügen über eine kleine Blechzunge in der Papierführung, über die das Vorhandensein von Papier überprüft werden kann. Fehlt es, so unterbricht der Sensor automatisch den Druck, um ein Bedrucken der Walze zu verhindern. In den meisten Fällen blinkt dann eine LED am Drucker, die mit "PAPER OUT" beschriftet ist. In solchen Fällen können Sie erst dann weiterdrucken, wenn Sie neues Papier eingelegt haben und dann ON-LINE drücken.

▸ Fehler

Bei der Benutzung besonders schmaler Papiere (z.B. Endlos-Aufkleber) signalisiert der Drucker "PAPER OUT", obwohl Papier eingespannt ist.

▸ Abhilfe

Das Papier ist so schmal, daß es links am Sensor vorbeiläuft. Für solche Fälle kann man die Funktion dieses Schalters bei vielen Druckern per Mäuseklavier oder Software-Befehl unterbinden. Im letzteren Fall müssen Sie allerdings erst ein normales Blatt einlegen, um den Sensor zu überlisten, denn dieser verhindert den Empfang von Befehlscodes, solange das Papier fehlt. Erst nachdem Sie wieder ON-LINE gedrückt haben, können Sie den Befehl senden.

4.2 Voreinstellungen

Warum Voreinstellungen?

Bevor Sie Ihren Drucker benutzen können, müssen diverse Einstellungen gemacht werden. So muß der Computer wissen, welche Papierbreite benutzt wird, wo der Drucker angeschlossen ist und auf welche Kommandos er reagiert.

Drucker werden in der Regel dadurch gesteuert, daß der Computer spezielle Steuerzeichen sendet, die sich von den üblichen, druckbaren Zeichen unterscheiden. Mit diesen Steuerzeichen ist es dann möglich, dem Drucker Befehle zu erteilen wie etwa "Drucke die nächste Zeile fett". Leider sind diese Befehle nicht genormt. Zwar halten sich die meisten Hersteller inzwischen an gewisse Standards, doch gibt es immer wieder feine Unterschiede, die den Anwender zur Verzweifelung treiben können.

Was muß ich im Accessory "Drucker Anpassung" einstellen?

Der Menüpunkt "Drucker Anpassung" gehört zum CONTROL.ACC. Falls diese Accessory nicht zur Verfügung stehen sollte, kopieren Sie es bitte von der mitgelieferten Disk auf Ihre Systemdiskette und booten Sie den Rechner neu. Nach dem Aufruf der "Drucker Anpassung" erscheint folgendes Menü:

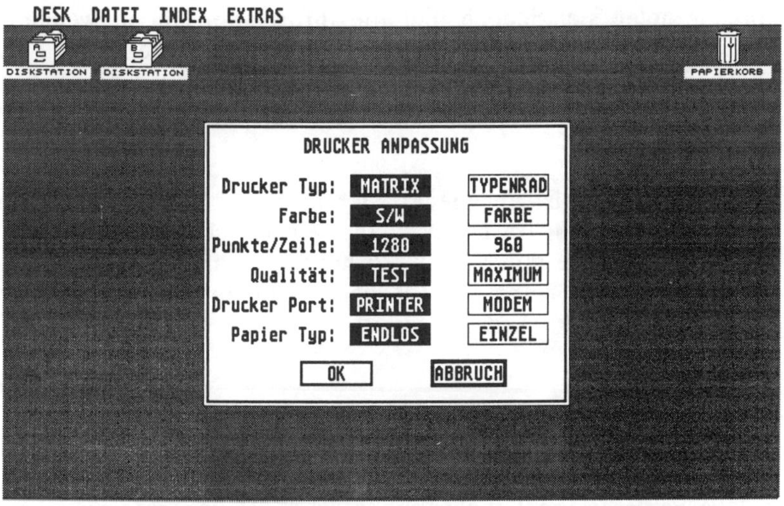

Abb. 4.5: Das Accessory Drucker Anpassung

Drucker Typ

Hier stellen Sie den Typ Ihres Druckers ein. Nur wenn Sie wirklich einen Typenraddrucker (mit dem charakteristischen runden Typenrad) angeschlossen haben, sollten Sie diesen Punkt anwählen. Ansonsten muß Ihre Wahl Matrix lauten. Haben Sie Typenrad gewählt, so läßt der ST keine Hardcopies mehr zu, weil diese Geräte nicht grafikfähig sind.

Farbe

Besitzt Ihr Drucker ein mehrfarbiges Farbband und kann dieses auch nutzen? Wenn ja (im Zweifelsfall Anleitung befragen), so können Sie Ihre Hardcopies auch mehrfarbig ausgeben lassen. In diesem Fall bitte Farbe wählen.

Punkte/Zeile

Vergessen Sie alles, was Sie über Punktdichten gehört haben. Falls Sie einen Drucker besitzen, der DIN-A3-Blätter einspannen kann (bzw. DIN-A4 quer), dann wählen Sie bitte den Button mit der Aufschrift "1280". In allen anderen Fällen dürfte "960" die richtige Alternative sein.

Qualität

Die Einstellung dieser Buttons ist zunächst einmal beliebig. Auf dem Desktop hat sie keine Bedeutung. Einige Anwenderprogramme holen sich jedoch hier die Information ab, in welchem Modus sie drucken sollen. Dann wählen Sie bitte "Test" für Draft-Qualität oder "Maximum" für NLQ.

Drucker Port

Diese Einstellung ist ungeheuer wichtig. Sehen Sie bitte nach, in welchem Anschluß das Druckerkabel eingesteckt ist. Befindet es sich in der Buchse mit Namen "Printer", so wählen sie diese Alternative; ist das Kabel im "Modem"-Anschluß, so müssen Sie auch "Modem" anklicken.

Papier Typ

Auch diese Auswahl ist zunächst ohne Bedeutung. Einige Programme (wie z.B. Beckertext) erhalten von hier die Information, welche Papierart im Drucker eingespannt ist und reagieren entsprechend. Wählen Sie bitte immer die Alternative, die gerade den realen Gegebenheiten entspricht. Wie Sie das auch schon von anderen Programmen her kennen, können Sie die Drucker Anpassung entweder durch einen Klick in die OK-Box beenden (dann werden die Einstellungen übernommen) oder den Notausgang über Abbruch wählen.

Welche Drucker kann ich mit dem Accessory bedienen?

Normalerweise sollte jeder Esc/P- oder IBM-kompatible Drucker einigermaßen lesbare Ergebnisse liefern. Vor allem die Hardcopies (mittels Alternate-Help) sollten möglich sein. Bei der Ausgabe von Texten ist es dann trotzdem möglich, daß einige Zeichen falsch oder überhaupt nicht gedruckt werden. Dies läßt sich nur durch den Einsatz zusätzlicher Software ändern.

▸ Fehler

Hardcopies werden zwar gedruckt, aber diesen fehlt der rechte Rand. Außerdem ist der Druck sehr schwach.

▸ Abhilfe

Sie haben versucht, eine DIN-A3-Hardcopy auf einem DIN-A4-Drucker auszugeben. Ändern Sie die Einstellung "Punkte/Zeile" im Accessory Drucker Anpassung auf 960.

▸ Fehler

Der ST druckt keine Hardcopies, obwohl Alternate-Help gedrückt bzw. "Hardcopy" im Desktop angeklickt wurde.

▸ Abhilfe

In der "Drucker Anpassung" haben Sie als Druckertyp Typenrad angegeben. Diese Geräte können keine Hardcopies drucken. Falls Sie sich verwählt haben, ändern Sie die Einstellung und versuchen Sie es dann bitte noch einmal.

▸ Fehler

Nach dem Start eines Druckvorganges tut sich überhaupt nichts. Der Mauszeiger läßt sich nicht mehr bewgen.

► **Abhilfe**

Es könnte sein, daß Sie den Drucker nicht eingeschaltet oder nicht korrekt angeschlossen haben. Stimmen alle Einstellungen (insbesondere "Drucker Port")? Wenn ja, so drücken Sie bitte einmal die Taste ON-LINE auf dem Drucker. Geschieht dann immer noch nichts, war vielleicht das Programm, mit dem die Druckausgabe veranlaßt wurde, fehlerhaft. Starten Sie den ST neu. Versuchen Sie dann bitte, eine Hardcopy oder einen Ausdruck einer Datei machen zu lassen. Wenn jetzt immer noch nichts passiert, obwohl die Einstellungen ansonsten korrekt waren, ist mit großer Wahrscheinlichkeit der Drucker oder das Verbindungskabel defekt.

Muß ich noch andere Voreinstellungen vornehmen?

Wenn Sie einen Drucker mit serieller Schnittstelle (Anschluß über "Modem") besitzen, müssen Sie außerdem noch festlegen, in welchem Modus die Schnittstelle arbeiten soll. Sehen Sie bitte im Handbuch Ihres Druckers nach, welche Parameter er für die serielle Schnittstelle voraussetzt bzw. welche anhand der DIP-Schalter eingestellt sind. Diese Werte übertragen Sie bitte in das Accessory "RS 232 Einstellung" (Beschreibung im Kapitel "Schnittstellen).

Bedingt durch einen Fehler im Betriebssystem der alten ST-Modelle (260, 520, 1040) wird die serielle Schnittstelle nicht korrekt bedient. Daher wird ein Drucker an der seriellen Schnittstelle in den meisten Fällen nur ein einziges Zeichen ausgeben und dann stehenbleiben. Abhilfe bringen hier spezielle Treiberprogramme, die Sie evtl. von Ihrem Händler erhalten können. Außerdem beinhalten die meisten Anwendungsprogramme eigene Treiber für Drucker an der seriellen Schnittstelle.

Was sind Treiberprogramme und was bewirken Sie?

Treiberprogramme klinken sich sozusagen in das normale Betriebssystem des ST ein und sorgen dafür, daß alle Ausgaben an den Drucker im richtigen Format geschehen. Die Treiber liegen meist als Accessory oder im Auto-Ordner vor, so daß sie automatisch gestartet werden. Manche lassen außerdem noch weitere Eingaben zu, mit denen der Drucker an die speziellen Gegebenheiten angepaßt werden kann.

Sollte sich Ihr Drucker partout weigern, mit dem ST zusammenzuarbeiten, kann dies an fehlenden Treibern liegen. Insbesondere die 24-Nadeldrucker können erst mit den dazugehörigen Treiberprogrammen voll ausgenutzt werden. Bei Laserdruckern passiert ohne die Treiber gar nichts. Deshalb wird dem Atari-Laserdrucker SLM804 auch eine Diskette mit diversen helfenden Programmen beigelegt.

4.3 Der Drucker im Einsatz

Was hat es mit den verschiedenen Länderzeichensätzen auf sich? Bekanntlich hat fast jede Sprache ihre speziellen Zeichen - nehmen wir doch nur einmal unsere deutschen Umlaute oder die Akzentzeichen der Franzosen. Computer arbeiten normalerweise mit dem ASCII (American Standard Code for Information Interchange - zu deutsch: amerikanischer Standardcode für Informationsaustausch). Das Wort "American" in der Bezeichnung deutet es schon an: dieser Code ist für den Gebrauch der englischen Sprache angelegt und enthält deshalb keinerlei spezifische Zeichen - vom $ einmal abgesehen.

Die verschiedenen Druckerhersteller wollten Ihre Drucker natürlich auch bei uns verkaufen, also mußten internationale Zeichensätze her. Bei Epson ist man darauf verfallen, ein paar ungebräuchliche Zeichen wie "{", "~" u.ä. durch die jeweiligen länderspezifischen Symbole zu ersetzen. IBM hat dagegen eine andere Lösung gefunden. Der ursprünglich nur 127 Zeichen umfassende Satz wurde auf das doppelte erweitert und in den entstehenden Freiraum alle gewünschten Spezialzeichen integriert.

Der Vorteil dieser Methode: Alle IBM-Drucker und -Computer weltweit können mit dem gleichen Zeichensatz arbeiten, während bei der Epson-Methode immer ein Umschalten auf die jeweils gewünschte Tabelle nötig wird. Der ST benutzt im wesentlichen den IBM-2-Zeichensatz, ändert aber einige Sonderzeichen ab. Eine Auflistung der verschiedenen Zeichensätze finden Sie im Anhang.

Einige Drucker halten zwei IBM-Zeichensätze bereit, IBM-1 und IBM-2. IBM-1 ist meistens die ältere Version, die die Umlaute noch nicht enthält!

Wie schalte ich den jeweiligen Zeichensatz ein?

Dafür gibt es im allgemeinen zwei Möglichkeiten. Die erste: Sie verstellen die DIP-Schalter entsprechend den in der Anleitung gegebenen Möglichkeiten. Normalerweise kann aber der IBM-Zeichensatz auch nur dann eingestellt werden, wenn der gesamte Drucker in den IBM-Modus umgestellt wird. Umgekehrt sind die Epson-Zeichensätze nur über den Esc/P-Modus erreichbar. Für den Anfang erreichen Sie die besten Ergebnisse, wenn Sie den IBM-Modus mit dem Zeichensatz 2 wählen. Beachten Sie bitte, daß die Änderungen an den DIP-Schaltern erst mit dem nächsten Einschalten des Druckers wirksam werden.

Die andere Möglichkeit zum Umschalten des Zeichensatzes ist das Absenden von Befehlscodes. Das geht am einfachsten über das BASIC. Die nötigen Befehlscodes hängen davon ab, in welchem Modus sich Ihr Drucker befindet (DIP-Schalter-Einstellungen). Beispielsweise befindet sich Drucker im Esc/P-Modus mit dem amerikanischen Zeichensatz. Lassen Sie den Befehl

```
LPRINT CHR$(27);"R";CHR$(n)
```

ausführen, wobei Sie für n einen Wert von 0 bis 10 einfügen (siehe Tabelle). Damit wird Ihr Drucker auf den jeweiligen Länderzeichensatz umgestellt. Falls Ihr Handbuch ein etwas anderes Format für die Befehlscodes anzeigt: Esc steht für CHR$(27), normale Zahlen können Sie direkt übernehmen.

Bei hexadezimalen Zahlen, die Sie daran erkennen können, daß Buchstaben auftauchen, ohne daß diese in Anführungszeichen stehen, müssen Sie evtl. noch umwandeln (siehe Kap. "Zahlensysteme"). Andere Möglichkeit: Übernehmen Sie den hexadezimalen Wert und stellen Sie dann bei GFA-BASIC ein &H und bei ST-BASIC ein $-Zeichen davor. Beispiel: 1B wird zu &H1B bzw. $1B.

Tabelle der Zeichensatznummern

n	Land	n	Land
0	USA	6	Italien
1	Frankreich	7	Spanien
2	Deutschland	8	Japan
3	England	9	Norwegen
4	Dänemark I	10	Dänemark II
5	Schweden		

In den meisten Fällen können Sie mit folgender Befehlssequenz den Druckermodus wechseln:

```
LPRINT CHR$(27);"~50"
```

schaltet den Esc/P-Modus ein, und folgende Anweisung bringt den Drucker in den IBM-Modus.

```
LPRINT CHR$(27);"~51"
```

▸ Fehler

Beim Ausdrucken von Dateien über das Desktop erscheinen statt der erwarteten Umlaute irgendwelche Sonderzeichen.

▸ Abhilfe

Zunächst sollten Sie sicherstellen, daß die auszudruckende Datei keinerlei Steuerzeichen enthält. Zu diesem Zweck lassen Sie bitte die Datei auf dem Bildschirm anzeigen. Tauchen dabei nur normale Buchstaben auf, so liegt der Fehler nicht an der Datei. Ihr Drucker arbeitet wahrscheinlich mit dem falschen Zeichensatz. Vergewissern Sie sich, in welchem Modus der Drucker eingestellt ist (Aus- und Einschalten bringt das Gerät in den Modus, der durch die DIP-Schalter bestimmt wird).

Arbeitete der Drucker im IBM-Modus, so besteht die Möglichkeit, daß einige Akzent- und Umlautsymbole als sogenannte Hochbit-Steuerzeichen aufgefaßt werden. Falls vorhanden, setzen Sie bitte einen DIP-Schalter so, daß diese Option auf Akzentzeichen steht. Fruchtet das auch nicht, so müssen Sie leider mit den falschen Zeichen leben. Einziger Ausweg: Drucken Sie die Datei mit einem Textverarbeitungsprogramm korrekt aus. Falls Ihr Drucker im Esc/P-Modus war, versuchen Sie es bitte mit dem IBM-Modus oder dem deutschen Zeichensatz.

▸ Fehler

Beim Ausdrucken einer Datei mit einem Anwendungsprogramm erscheinen falsche Zeichen auf dem Papier.

▸ **Abhilfe**

Hier haben wir einen typischen Fall von falscher Druckeranpassung. Weiter unten können Sie nachlesen, wie man eine solche Druckeranpassung selbst durchführt.

▸ **Fehler**

Beim Ausdrucken (über die serielle Schnittstelle) erscheinen wirre Zeichenfolgen auf dem Papier, die anscheinend gar nichts mit der Datei zu tun haben.

▸ **Abhilfe**

Dieses Problem liegt ausnahmsweise mal nicht am fehlerhaft eingestellten Zeichensatz. Es spricht alles dafür, daß die Parameter der seriellen Schnittstelle nicht korrekt eingestellt sind - siehe Kapitel "Schnittstellen".

▸ **Fehler**

Beim Ausdrucken einer Datei über das Desktop werden einige Zeichen plötzlich fett, kursiv oder in anderen Schriftarten ausgedruckt.

▸ **Abhilfe**

Die Datei enthält Steuerzeichen. Drucken Sie sie mit dem Textverarbeitungssystem aus, mit dem sie erstellt worden ist.

Wozu muß die Seitenlänge eingestellt werden?

Papier wird nicht überall auf der Welt in der gleichen Länge hergestellt. In der amerikanischen Norm hat das normale Endlosblatt eine Länge von 11 Zoll, in Europa werden dagegen 12-Zoll-Blätter verwendet. Sie sollten deshalb die Seitenlänge an den DIP-Schaltern immer auf diesen Wert einstellen, um Komplikationen zu vermeiden. Der Drucker benutzt die Zoll-Angabe, um das Papier am Seitenende korrekt bis zum nächsten Blattanfang zu transportieren.

▸ Fehler

Beim Ausdruck mehrerer Seiten hintereinander wird die nächste Seite immer ein Stück versetzt angefangen.

▸ Abhilfe

Der Drucker ist nicht auf die richtige Seitenlänge eingestellt. Er nimmt 11-Zoll-Blätter an und transportiert das Papier deshalb auch nur soweit, wie es den kürzeren Blättern entspricht. Auf diese Weise wandert jeder Seitenanfang ein paar Zeilen weiter nach oben. Stellen Sie die Blattlänge auf 12 Zoll und schalten Sie dann bitte den Drucker kurz aus und dann wieder ein.

▸ Fehler

Beim Drücken der Form-Feed-Taste (FF) oder am Seitenende legt der Drucker den Blattanfang immer in die Mitte eines neuen Papiers. Die Seitenlänge ist aber richtig eingestellt.

▸ Abhilfe

Der Drucker geht davon aus, daß das Papier beim Einschalten so eingelegt ist, daß sich der Druckkopf genau am Blattanfang befindet. Das Gerät ist keinesfalls in der Lage, die Perforation zu sehen. Statt dessen zählt der Drucker für jede Seite einfach die Menge des transportierten Papiers und berechnet daraus die Länge bis zum nächten Blattanfang. Schalten Sie den Drucker aus und transportieren Sie bitte das Papier von Hand so, daß der Druckkopf direkt unter der Perforation steht. Dann können Sie wieder einschalten.

Transportieren Sie das Papier bitte niemals bei eingeschaltetem Drucker von Hand weiter. Solange das Gerät eingeschaltet ist, stehen die empfindlichen Schrittmotoren unter Spannung. Werden diese dann von Hand bewegt, verkürzt das die Lebensdauer und die Präzision, die gerade beim Drucken sehr wichtig ist.

▸ Fehler

Beim Ausdrucken einer Datei oder eines Listings wird über die Perforation gedruckt; es bleibt kein unterer und oberer Rand.

▸ **Abhilfe**

Das beschriebene Problem ist eigentlich der Normalfall. Nur Anwendungsprogramme versuchen von sich aus, eine korrekte Seitenformatierung zu erreichen. Sie können aber den Drucker veranlassen, die Perforation jedesmal zu überspringen, indem Sie ihm einen entsprechenden Befehl senden (siehe Drucker-Anleitung).

Einige Geräte erlauben sogar, diese Funktion per DIP-Schalter einzustellen. Ich rate davon ab, weil die meisten Anwendungsprogramme dann nicht mehr richtig formatieren können. Sie sollten den Perforation-Skip (so die englische Bezeichnung dafür) nur bei Bedarf per Befehlscode ein- und vor dem Gebrauch eines Anwendungsprogramms ggf. wieder ausschalten.

Was bedeuten CR und CR/LF?

CR ist die Abkürzung für Carriage Return (also Wagenrücklauf). Damit ist das Zurückkehren des Druckkopfs an den linken Papierrand gemeint. LF steht für Line Feed, was auf deutsch Zeilenvorschub bedeutet. Erhält ein Drucker ein CR, so führt er normalerweise nur den Wagenrücklauf aus, das Papier wird dabei nicht weiter transportiert. Ebenso verhält es sich mit dem LF; hier wird nur transportiert, der Rücklauf unterbleibt. An den meisten Druckern kann man aber einstellen, daß bei jedem CR automatisch ein LF ausgeführt wird; man nennt das auch Auto-Line-Feed. Sie sollten diese Funktion zunächst nicht einschalten, da die meisten Programme für den ST automatisch am Zeilenende CR und LF senden.

▸ **Fehler**

Alles wird in einer Zeile gedruckt, das Papier bewegt sich nicht.

▸ **Abhilfe**

Kontrollieren Sie zunächst, ob das Papier korrekt eingelegt ist und ggf. Traktor oder Walze richtig greifen. Wenn ja, so erwartet das druckende Programm ein Auto-Line-Feed. Schalten Sie diese Option bitte per DIP-Schalter oder Software ein.

▸ Fehler

Nach jeder Zeile wird eine Leerzeile gedruckt.

▸ Abhilfe

Hier ist es genau umgekehrt. Das Programm erwartet, daß Auto-Line-Feed abgeschaltet ist und schickt deshalb zusätzlich zu jedem CR auch ein LF. Schalten Sie bitte den Auto-Line-Feed ab.

4.4 Drucker und Anwendungsprogramme

Können Anwendungsprogramme mit jedem Drucker zusammenarbeiten? Im Prinzip ja. Es hängt davon ab, welche Anpassungsmöglichkeiten die Programmierer vorgesehen haben. In den meisten Fällen werden fertige Anpassungen für die wichtigsten Druckertypen mitgeliefert, so daß Sie nur noch den richtigen Typ angeben müssen. Manchmal fehlt dieser Service, und Sie müssen die Anpassungstabellen selbst erstellen.

Welche mitgelieferte Anpassung muß ich wählen?

Das ist recht einfach. In den meisten Fällen gibt das Programm eine ganze Liste von Anpassungen vor, die jeweils den Namen eines Druckertyps tragen. Nun kommt es darauf an, ob Sie Ihren Drucker in dieser Liste wiederfinden. Wenn ja - wunderbar. Wählen Sie diese Anpassung; damit dürften die meisten Probleme behoben sein.

Befindet sich Ihr Druckertyp nicht in der Liste, versuchen Sie, einen dazu kompatiblen zu finden. Will sagen: arbeitet Ihr Drucker im Esc/P-Modus, so können Sie normalerweise die Anpassung für den Epson FX80 oder den Epson FX85 wählen (manchmal wird eine solche Anpassung sogar "STANDARD" genannt). Diese sind eigentlich immer vorhanden. Falls Ihr Drucker im IBM-Modus arbeitet, nehmen Sie bitte die IBM-Anpassung. Dies gilt auch, wenn Sie einen Drucker besitzen, der besonders auf den ST abgestimmt ist (z.B. SMM804 oder TAXAN KP 810 ST) und für den keine speziellen Anpassungen vorhanden sind.

passung fast immer dadurch selbst erstellen, daß Sie eine Tabelle mit den Druckerbefehlscodes anfertigen. Dieses Prinzip wird inzwischen von fast allen Programmen in ähnlicher Weise benutzt, so daß ich die Vorgehensweise am Beispiel Beckertext einmal aufzeigen möchte. Bevor Sie dies mit Ihrer eigenen Software probieren, sollten Sie aber auf jeden Fall das dazugehörige Handbuch durchlesen!

Druckeranpassungen werden fast immer in Form von Texten angefertigt, die für jede Funktion und für jedes Zeichen eine Folge von Codes enthalten. Meistens sind diese Texte in einem speziellen Ordner abgespeichert und können direkt in eine Textverarbeitung geladen werden (ggf. die Extension in der Objekt-Auswahl ändern). Nehmen Sie dazu eine Anpassung, die Ihrem Modell schon ziemlich nahe kommt (sprich: mit der die Daten wenigstens teilweise korrekt ausgedruckt worden sind). Eine solche Tabelle sieht ungefähr so aus:

```
\0      27,@,27,0,27,1  8     * Druckertabelle für IBM-Kompat.
\1+     27,E                  * fett ein
\1-     27,F                  * fett aus
\2+
\2-
\3+     27,4                  * kursiv ein
\3-     27,5                  * kursiv aus
\4+     27,-,1                * Unterstreichen ein
\4-     27,-,0                * Unterstreichen aus
\5+     27,G                  * Doppeldruck ein
\5-     27,H                  * Doppeldruck aus
\6+     27,S,0                * Hochsetzen ein
\6-     27,T                  * Hochsetzen aus
\7+     27,S,1                * Tiefsetzen ein
\7-     27,T                  * Tiefsetzen aus
\A      18,27,P               * Elite
\B      18,27,M               * Pica
\C      15                    * schmal
\E      14                    * breit
\a      10                    * 10 cpi
\b      12                    * 12 cpi
\c      17                    * 17 cpi
\e      5                     * 5 cpi
\Z      27,A                  * Zeilenabstand in 72stel "\z
27,2                          * Nachspann Zeilenabstand
\n      13,10                 * Neue Zeile (CR/LF)
```

```
ä     132
ö     148
ü     129
ß     225
Ä     142
Ö     153
Ü     154
I     21
```

Wie geht man nun damit um?

Zu Anfang stehen meist die Steuerzeichen, die das Programm auch zur Textformatierung und -gestaltung nutzt. Im Falle von Beckertext sind diese Steuerzeichen durch einen vorgestellten Backslash gekennzeichnet. Alles, was in einer Zeile nach dem Symbol für ein Zeichen folgt, wird später statt des Zeichens an den Drucker geschickt. Eine Ausnahme bilden die mit einem Stern abgetrennten Kommentare, sie dienen nur zu Ihrer Orientierung. "\0" steht bei Beckertext für die Schriftart 0, die wieder auf normalen Druck zurückschalten sollte. Im obigen Beispiel sind dort insgesamt drei Befehle (siehe Drucker-Handbuch) eingetragen:

27,"@" steht für die Druckerinitialisierung, d.h. das Gerät wird wieder in den Einschaltzustand zurückversetzt.

27,"O" löscht eine ggf. eingeschaltete untere Randbegrenzung.

27,18 löscht alle Tabulatoren (nur bei IBM!).

"\1+" beschreibt die Codes, die zum Einschalten der Fettschrift nötig sind. Im IBM-Modus lautet dieser 27,"E".

Nehmen wir nun an, Sie möchten, daß der Drucker automatisch alles in NLQ-Schrift druckt, sodaß Sie sich das Umschalten sparen können. Das bedeutet, die "normale" Schriftart wechselt zu NLQ. Der Befehlscode für "NLQ ein" ist 27,"x1". Hängen Sie diese Codes an die bereits in der Zeile \0 eingetragenen an und speichern Sie die Anpassung unter einem anderen Namen. Immer wenn Sie in Zukunft diese Druckeranpassung benutzten, wird automatisch alles in NLQ gedruckt.

Gehen wir weiter nach unten: in der Zeile, die mit ä beginnt, ist der Wert 132 eingetragen. 132 ist im IBM-Zeichensatz die Nummer des "ä". Bei jedem Druck eines "ä" sendet Beckertext also den Code 132 an den Drucker. Dies ist eigentlich der einfachste Fall. Bei Esc/P-Druckern müssen die Umlaute aus den länderspezifischen Zeichensätzen geholt werden. Dazu werden dann meist mehrere Befehle in diese Zeile eingetragen, etwa so:

```
ä        27,'R',2,'{',27,'R',0
```

27,"R",2 schaltet den deutschen Zeichensatz ein (nur bei Epson-kompatiblen Druckern!), { ist das Zeichen des amerikanischen Satzes, das im deutschen Zeichensatz zum Umlaut umdefiniert worden ist. 27,"R",0 schaltet schließlich wieder in den amerikanischen Zeichensatz um. Solche Anpassungen können Sie für jedes beliebige Zeichen vornehmen.

Woher weiß ich, welche Befehle in die Zeilen eingetragen werden müssen?

Das genaue Aussehen der Befehlscodes müssen Sie dem Handbuch zu Ihrem Drucker entnehmen. Diese Codes werden in den unterschiedlichsten Formaten angegeben, so daß Sie sie evtl. ein wenig übersetzen müssen. In den obigen Beschreibungen ist Ihnen sicher schon aufgefallen, daß die Codes entweder als Zahl oder als Zeichen (und dann in Hochkommata) auftraten. Die Zahlen stehen dabei für ein Zeichen im sogenannten ASCII-Code (siehe Anhang).

Nicht alle Zeichen dieses Codes sind druckbar, viele davon haben steuernde Funktionen. Bestes Beispiel dafür ist der Code 27, der für das Zeichen Esc steht. Richtig - dieses Zeichen finden Sie auch auf der Tastatur, aber dort wird es von den meisten Programmen als Funktionstaste betrachtet, so daß Sie Esc nicht direkt eintippen können, sondern eben als Code. In den meisten Druckernanleitungen werden die Befehlscodes in ungefähr dieser Form angegeben:

```
ESC "R",CHR$(2)
```

Esc steht - wie bereits erwähnt - für den Code 27. Treten weitere solcher Bezeichnungen auf, sehen Sie bitte in der ASCII-Tabelle nach, welchen Code diese besitzen. Das "R" können Sie in die Druckeranpassung fast originalgetreu übernehmen. In einigen Fällen müssen Sie die Anführungsstriche durch Hochkommata ersetzen. Folgt schließlich noch CHR$(2). Dabei handelt es sich eigentlich um eine BASIC-Funktion, die das Zeichen mit dem Code 2 ausgibt. Für unsere Übersetzung heißt das, daß wir einfach die Zahl in den Klammern hinschreiben können. Insgesamt wird der obige Befehl also so übersetzt:

```
27;'R';2
```

Manche Programme verlangen die Angabe der Zahlen im Hexadezimalsystem. Sehen Sie dazu bitte im Kapitel über Zahlensysteme nach.

Und wie bringe ich dem Programm bei, daß es die neue Tabelle benutzen soll?

Das hängt wiederum weitgehend vom Programm ab. Auf jeden Fall sollten Sie die Tabelle unter einem neuen Namen im Verzeichnis mit den bereits vorhandenen Anpassungen abspeichern. Dabei müssen Sie in den meisten Fällen den sogenannten ASCII- oder Nicht-Wordprozessor-Modus benutzen, der dafür sorgt, daß der eben erstellte Text ohne interne Steuerzeichen abgespeichert wird. In einigen Fällen muß diese Tabelle nun noch von einem speziellen Programm bearbeitet werden, in anderen Fällen reicht es, wenn Sie das Programm verlassen. Im darauf folgenden Neustart müssen Sie dann nur noch angeben, daß diesmal eine andere Tabelle benutzt werden soll.

Woher weiß ich, welche Zeilen in der Tabelle geändert werden müssen?

Hier heißt es probieren. Am besten ist es, wenn Sie einmal alle möglichen Zeichen in die Textverarbeitung eintippen und diese Zeichensammlung ausdrucken lassen. Am Ergebnis können Sie später ablesen, welche Zeichen richtig und welche falsch gesendet werden. Wenn Sie den Zeichensatz in Normalschrift richtig angepaßt haben, können Sie mit ein paar Testausdrucken in den verschiedenen Schriftarten wie "fett", "kursiv" usw. fortfahren. In diesem zweiten Schritt können Sie dann die Befehlscodes für die zugehörigen Schriftarten ändern, bis diese richtig angepaßt sind.

▸ Fehler

Beim Einschalten mehrerer Attribute gleichzeitig werden diese nicht korrekt ausgedruckt, also statt kursiver Fettschrift erscheint beispielsweise nur Fettdruck.

▸ Abhilfe

Hier handelt es sich nicht um eine fehlerhafte Anpassung, sondern um ein spezielles Druckermerkmal. Viele Geräte sind nämlich nicht in der Lage, alle Schriftarten beliebig zu mischen. Treten solche verbotenen Kombinationen auf, wird häufig einer der beiden Funktionen unterdrückt.

Was sind Formulare oder Layout-Tabellen?

Viele Textverarbeitungsprogramme benutzen Formulare oder Layout-Tabellen, um die richtige Gestaltung einer Seite beim Druck festzulegen. Auch hier soll wieder Beckertext als Beispiel dienen. Hier sieht ein Formular folgendermaßen aus:

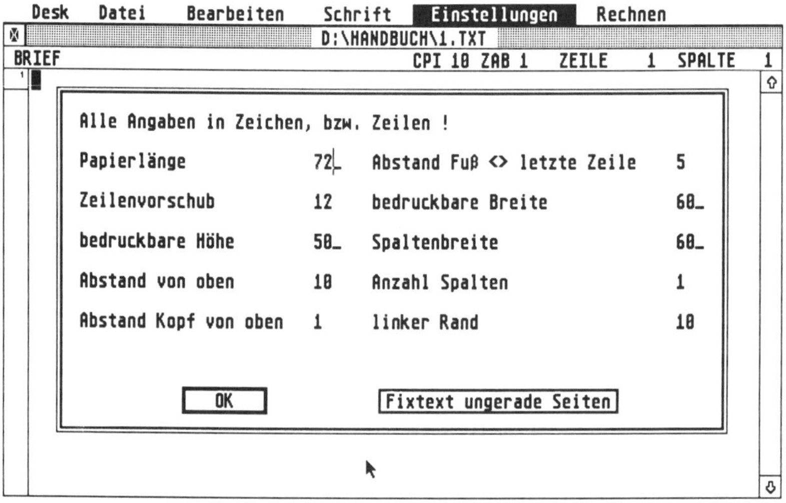

Abb. 4.6: Ein Beckertext-Formular

Wie Sie sehen, werden hier elementare Werte wie zum Beispiel die Seitenlänge eingetragen. Diese Zahlen variieren von Programm zu Programm, aber auch von Blattgröße zu Blattgröße. Im schlimmsten Fall können Sie die richtigen Einstellungen nur durch Probieren ermitteln.

Papierlänge

Hier wird eingestellt, wie lang das Papier insgesamt ist. Für Endlospapier werden hier 72 Zeilen oder 12 Zoll angegeben. Bei Einzelblättern ist das etwas andere, denn diese müssen zwangsläufig etwas weiter eingespannt werden als Endlosblätter. Als Folge verkürzt sich die noch nutzbare Länge des Blattes. In der Praxis hat sich bei Einzelblättern eine Papierlänge von 66 Zeilen oder 11 Zoll als richtig erwiesen. Für andere Druckmedien (z.B. Aufkleber oder Postkarten) müssen Sie diese Länge entsprechend kürzen.

"Bedruckbare Höhe" oder "Spaltenlänge"

Dieser Wert beschreibt, wie viele der möglichen Zeilen wirklich bedruckt werden sollen. Hiervon hängt auch ab, wie groß der untere Rand wird. 50 bis 55 Zeilen lassen sich auf einem DIN-A4-Blatt unterbringen, ohne daß es eng wird.

"Abstand von oben" oder "oberer Rand"

Mit dieser Zahl geben Sie an, wie viele Zeilen vom oberen Papierrand bis zur ersten bedruckten Zeile frei bleiben sollen. Die Differenz aus Papierlänge und der Summe von Spaltenlänge und oberem Rand gibt die Größe des unteren Randes an (im Beispiel: 72 - (55 + 10) = 7 Zeilen unterer Rand). Mit diesem Wert müssen Sie evtl. ein wenig experimentieren, bis das Druckergebnis Ihren Vorstellungen entspricht. Bei Einzelblättern muß dieser Wert außerdem sehr klein sein (0 oder 1), da sich der obere Rand schon beim Einlegen des Papiers ergibt.

"Abstand Kopf..." bzw. "Abstand Fuß..."

Viele Textverarbeitungsprogramme erlauben die Verwendung von Kopf- und Fußzeilen. Diese werden in einem bestimmten Abstand unter den Blattrand bzw. unter den Ausdruck gesetzt. Die genauen Abstände können hier festgelegt werden.

Zeilenvorschub

Hier wird - ähnlich einer Schreibmaschine - angegeben, wie weit die Zeilen auseinandergedruckt werden. Die Einheit, in der das geschieht, ist sehr verschieden. Beckertext arbeitet mit typografischen Punkten (das ist 1/72 Zoll), wobei 12 Punkte dem sogenannten einzeiligen Druck entsprechen. Andere Programme erlauben die direkte Angabe von Werten wie 1, 1,5, oder 2 für den jeweiligen Zeilenabstand.

"Bedruckbare Breite" oder "Blattbreite"

Diese Zahl legt fest, wie viele Zeichen maximal in eine Zeile passen sollen. Im deutschen Sprachraum wird bei DIN-A4-Blättern mit Zeilenbreiten von 60 bis 65 Zeichen gearbeitet. Nutzt man die gesamte Blattbreite aus, so können bis zu 80 Zeichen in eine Zeile gebracht werden.

"Spaltenbreite"

Einige Programme - darunter auch Beckertext - ermöglichen den Ausdruck mehrerer Spalten auf einer Seite. Deren Breite kann hier festgelegt werden. Entsprechend gibt der nächste Wert im oben gezeigten Formular die Anzahl dieser Spalten an.

"Linker Rand"

Hier wird eingetragen, wie groß der freie Platz zwischen erstem Zeichen in einer Zeile und dem linken Blattrand bleiben soll. Sie sollten diesen Wert so wählen, daß der rechte Rand etwa gleich groß wird. Die Breite des rechten Randes ergibt sich aus der Differenz zwischen maximal möglicher Zeilenbreite (80 bei DIN-A4) und der Summe aus linker Randbreite und bedruckbarer Breite (im Beispiel: 80 - (60 + 10) = 10).

5. Der Bildschirm

Kein anderes Teil eines Computer-Systems wirkt so direkt auf den Menschen ein wie der Bildschirm. Betrachtet man allein den gesundheitlichen Aspekt, dann wird deutlich, daß man dieser Frage mehr Aufmerksamkeit schenken sollte, als dies gemeinhin üblich ist.

Welche Typen von Monitoren kann ich an meinen ST anschließen?

Zunächst können Sie an jedes ST-Modell die Atari-Monitore SM124 und SC1224 anschließen. Der SM124 ist der mittlerweile berühmte Schwarz-weiß-Monitor, der bezüglich seiner Darstellungsqualität beispielhaft ist. Mit diesem Gerät können Sie nur in der höchsten Auflösungsstufe arbeiten. SC1224 ist die Typenbezeichnung des Atari-Farbmonitors, der rein äußerlich dem SM124 recht ähnlich sieht. Dieses Gerät kann die Auflösungsstufen mittel und niedrig darstellen. Die beiden Atari-Monitore können die jeweils andere Auflösung nicht darstellen und werden vom Rechner automatisch erkannt.

Neben diesen Geräten können Sie mittlerweile eine Reihe speziell angepaßter Monitore von Fremd-Herstellern anschließen. So sind sogenannte Multi-Sync-Monitore auf dem Markt, die mittels spezieller Schaltungen alle drei Auflösungsstufen in gleich guter Qualität abbilden können. Wichtig: Monitore von Fremdherstellern müssen speziell angepaßt sein, um am ST zu funktionieren. Fragen Sie Ihren Fachhändler.

Schließlich können Sie an einige ST-Modelle (520 ST/M etc.). auch Ihren Fernseher anschließen. Diese Alternative kann aber bei dauerndem Gebrauch auf keinen Fall empfohlen werden, da die Darstellungsqualität weit hinter den "Profi-"Monitoren zurückbleibt. Mit einem speziellen Adapterkabel können Sie auch an jeden ST einen Fernseher mit Scart-Buchse anschließen. In diesen Fällen weiß Ihr Händler Rat. Sie erkennen die Scart-Buchse an Ihrem Fernseher durch ihre ungewöhnliche Form.

Wenn Sie einen Farbmonitor mit minderer Qualität besitzen, können Sie die Darstellung evtl. ein wenig aufwerten. Dazu müssen Sie im Kontrollfeld die Farben so einstellen, daß der Hintergrund dunkel erscheint, während die Zeichen mit möglichst kontrastreichen hellen Farben dargestellt werden.

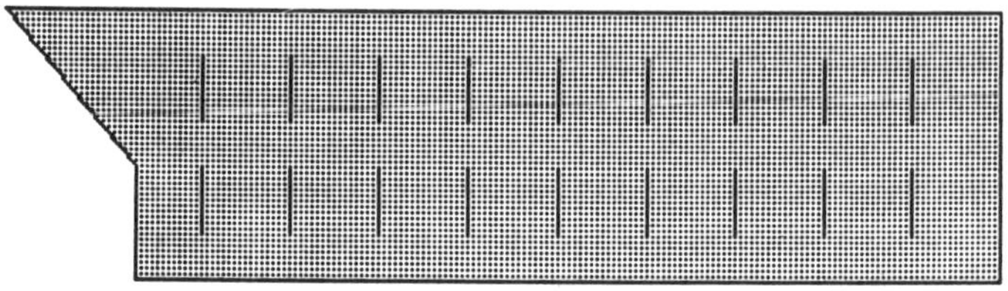

Abb. 5.1: So sieht eine Scart-Buchse aus

Versuchen Sie auf keinen Fall, einen nicht angepaßten Monitor an Ihren ST anzuschließen. Das führt in aller Regel zur Zerstörung der Hardware - sowohl Rechner als auch Monitor können dabei Schaden nehmen.

Monitore und Fernseher arbeiten nach dem gleichen Prinzip. Das darzustellende Bild wird in Zeilen zerlegt und diese Zeilen jeweils an den Monitor übertragen. Das ankommende Signal steuert einen Elektronenstrahl, der von einer "Elektronenkanone" in der Bildröhre erzeugt wird. Je nachdem, ob in der gerade geschriebenen Zeile ein Punkt leuchten soll oder nicht, wird der Strahl ein- bzw. ausgeschaltet. Bei eingeschaltetem Strahl treffen die abgeschossenen Elektronen auf eine Phosphorschicht unter der Sichtfläche der Bildröhre.

Da Phosphor die Eigenschaft besitzt, unter Elektronenbeschuß zu leuchten, entsteht so Punkt für Punkt ein Bild auf dem Schirm. Schwarz-weiß-Monitore arbeiten mit einem einzigen Strahl, während bei Farbbildschirmen drei Strahlen unterschiedlich leuchtende Phosphorschichten beschießen. Je nachdem, ob und wie stark rot, grün oder blau leuchtender Phosphor getroffen wird, entsteht eine andere Farbe. So lassen sich durch geschickte Mischung alle Farben auf dem Bildschirm erzeugen.

Das Bild auf dem Schirm wird nun zeilenweise aufgebaut. Immer wenn eine Seite fertig erzeugt wurde, beginnt der Zeichenvorgang wieder in der linken oberen Ecke. Dadurch, daß der Phosphor eine gewisse Zeit nachleuchtet, erhält unser träges Auge den Eindruck eines stehenden Bildes. Die Anzahl der Bilderzeugungen pro Sekunde wird auch Bildwiederhol- oder vertikale Ablenkfrequenz genannt und ist wesentlich für die Qualität der Darstellung. Fernseher haben eine Bildwiederholfrequenz von 25 Hz, der SM124 dagegen arbeitet mit 71 Hz. Je höher dieser Wert ist, umso flimmerfreier erscheint das Bild.

Im Unterschied dazu ist die horizontale Ablenkfrequenz zu sehen, die angibt, wie schnell eine einzelne Bildzeile erzeugt werden kann. Dieser Wert muß genau auf den jeweiligen Computer angepaßt sein, damit der Rechner den Monitor bei der Bilderzeugung nicht überholt. Deshalb kann nicht jeder Monitor an jeden Rechner angeschlossen werden.

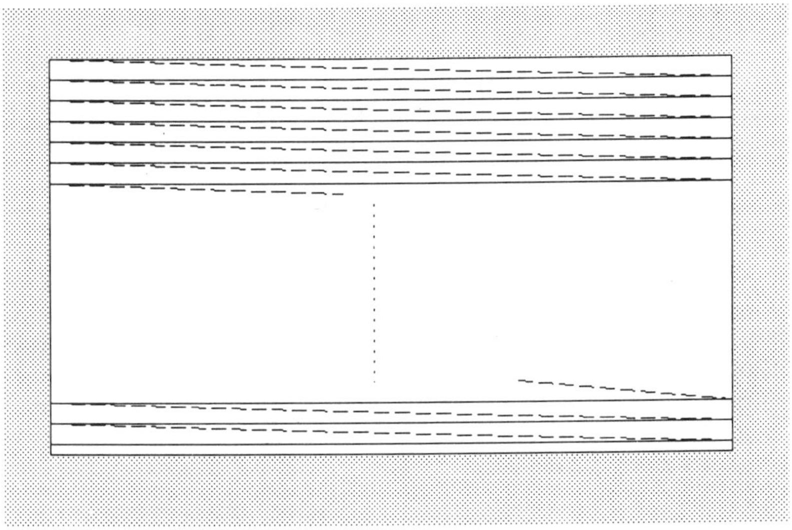

Abb. 5.2: Zeilenweiser Aufbau des Bildes

Eine recht neue Entwicklung stellen die sogenannten Multi-Sync-Monitore dar. Diese sind mit einer speziellen Elektronik ausgestattet, die die Frequenzen ermitteln kann, mit denen der Computer arbeitet. Der Monitor stellt sich dann automatisch auf den optimalen Wert ein, so daß er mit fast jedem Rechner benutzt werden kann. Solche Geräte sind die einzigen, die nach einer gewissen Anpassung alle drei Auflösungen des ST darstellen können.

Was bedeutet die Abkürzung RGB?

RGB steht für rot-grün-blau und bezeichnet Farbmonitore, bei denen die drei Elektronenstrahlen direkt vom Computer gesteuert werden können. Im Normalfall erhält ein Farbmonitor ein sogenanntes Composite-Signal, das die Steuerung aller drei Farben gemeinsam überträgt. Bei dessen Decodierung geht im Normalfall ein wenig von der Darstellungsqualität verloren. RGB-

Geräte erhalten diese Signale von vornherein getrennt und brauchen diesen Verlust daher nicht in Kauf zu nehmen. Der ST bietet an seinem Monitorausgang beide Signalvarianten an. Farbfernseher arbeiten meistens mit dem Composite-Signal, so daß sie allein aus diesem Grunde schon eine geringere Darstellungsqualität bieten.

Was heißt Crt?

Crt ist die Abkürzung für Cathode Ray Tube, was nichts anderes als der englische Begriff für Bildröhre ist.

Wo sollte der Monitor aufgestellt werden?

Am besten findet der Bildschirm auf einem speziellen Monitorständer Platz, mit dem Sie das Gerät bei Bedarf mit einem Handgriff in die richtige Position bringen können. Der Ständer sollte genau gegenüber Ihrer Sitzposition stehen, um unnötige Beanspruchungen des Nackens zu verhindern. Sie sollten dabei darauf achten, daß die Kabel nicht geknickt werden und daß Tageslicht möglichst seitlich auf den Bildschirm trifft, um Spiegelungen zu vermeiden.

Wo wird der Monitor angeschlossen?

Im Normalfall wird der Monitor an der gleichnamigen DIN-Buchse auf der Rückseite des ST angeschlossen. Bei der Verwendung von Fremdherstellergeräten ist es unter Umständen nötig, einen Adapter zwischenzuschalten. Bei Modellen mit eingebautem Modulator (520 ST/M etc.), die auch den Anschluß eines Fernsehers erlauben, befindet sich zwischen Monitorbuchse und den Midi-Anschlüssen noch eine weitere Buchse, die das Antennenkabel aufnimmt.

▸ Fehler

Bei Herumrücken der Geräte ist auch das Monitorkabel bewegt worden. Daraufhin hat der ST einen Reset ausgeführt.

▸ Abhilfe

Hier liegt kein Hardwarefehler vor. Wahrscheinlich ist das Monitorkabel nicht richtig in die Buchse eingesteckt (die Qualität der Buchsen und Stecker ist nicht gerade ein Ruhmesblatt für Atari) und bei der Bewegung aus dem Gerät gerutscht. Wann immer der ST feststellt, daß der Monitor-Anschluß wechselt, führt er automatisch einen Reset durch. Kontrollieren Sie also den Stecker und sichern Sie ihn gegen weiteres Verrutschen.

Was bedeuten die verschiedenen Auflösungsstufen?

Bei Auflösungsstufe "hoch" stehen Ihnen 640 x 400 Bildpunkte in zwei Farben (schwarz und weiß) zur Verfügung. Diese Auflösung ist am besten für die professionelle Nutzung geeignet (insbesondere Textverarbeitung etc.), weil sie sich durch hohe Qualität auszeichnet.

Die Auflösungsstufe "mittel" hat 640 x 200 Punkte bei 4 Farben. Wie in der höchsten Auflösung können Sie auch hier 80 Zeichen pro Zeile darstellen, allerdings erscheinen die Zeichen ein wenig in der Höhe gestreckt. Auch die Grafiken wirken ein wenig gedehnt. Falls Sie einen Farbmonitor besitzen, können Sie diese Auflösung einsetzen, um Textverarbeitung u.ä. zu betreiben.

In der niedrigen Auflösung können Sie nur noch 320 x 200 Punkte darstellen lassen - dies allerdings bei 16 Farben. Dies reicht nur noch für 40 Zeichen pro Zeile (in der normalen Schriftart). Grafiken wie Zeichen erscheinen nicht verzerrt, letztere aber etwas klobig. Sie sollten diesen Modus vor allem für Grafiken und Spiele benutzen.

Wie schalte ich die Auflösungstufen um?

Sofern das überhaupt möglich ist, können Sie die Auflösung im Desktop unter dem Menüpunkt "Voreinstellung" ändern. Aber: dabei wird auf jeden Fall ein Reset ausgeführt!

Muß ich irgendetwas einstellen?

Außer der Auflösung müssen Sie am ST eigentlich nichts einstellen. Beim ersten Mal sollten Sie allerdings am Monitor selbst die Helligkeit und den Kontrast einregeln - das geht genau wie beim Fernseher. Die Regler dazu finden Sie an der rechten Seite des Gerätes. Außerdem müssen Sie die Lautstärke auf den gewünschten Wert drehen, da alle Tonausgaben über den eingebauten Lautsprecher des Monitors laufen. Wenn Sie vergessen, den Ton richtig aufzudrehen, hören Sie unter Umständen nichts von Ihren Programmen (was allerdings auch einmal ganz angenehm sein kann).

Gibt es sinnvolles Zubehör?

Anwender, die zwei Monitore benutzen (einen für die Farbdarstellung und einen für den Schwarz-weiß-Modus), werden eine kleine Umschaltbox begrüßen, die das lästige Auswechseln der Stecker überflüssig macht. Je nach persönlichen Gegebenheiten kann außerdem ein Entspiegelungsvorsatz sehr sinnvoll sein (unbedingt im Laden testen).

6. Tastatur und Maus

Wie funktioniert die Tastatur eigentlich?

In der Tastatur überwacht ein eigener kleiner Prozessor eine ganze Reihe von Schaltern, nämlich die Tasten. Wird einer dieser Schalter betätigt, so merkt das der Tastaturprozessor. Gleichzeitig ermittelt er die Nummer der Taste und sendet diese an den ST. Dieser kann dann seine eigenen Schlüsse aus der übermittelten Tastennummer ziehen.

Bei genauer Betrachtung entpuppt sich die Tastatur als kleiner Computer im Computer, der vielfältige Aufgaben zu erledigen hat. Wie jeder richtige Computer auch besitzt der Tastaturprozessor RAM und ROM (allerdings sehr klein) sowie eine Schnittstelle zum Hauptrechner. Man hat diese Methode gewählt, um den Hauptrechner von zeitraubenden Routinearbeiten zu entlasten.

So braucht der 68000 nicht ständig alle Tasten zu überwachen, sondern kann darauf warten, daß der Tastaturprozessor von ganz alleine die Betätigung einer Taste meldet. Hinzu kommen noch diverse andere Tätigkeiten, die in der Tastatur zunächst ohne Beteiligung des Hauptrechners ablaufen. So wird auch die Maus über die Tastatur gesteuert; der Tastaturprozessor meldet die Bewegungen bei Bedarf weiter. Schließlich hat auch noch die Uhr in der Tastatur ihren Sitz. Uhrzeit und Datum können hier bei Bedarf abgeholt werden.

Der Tastaturprozessor liefert auch keineswegs den ASCII-Code der gedrückten Taste beim Hauptrechner ab. Letzterer erhält wirklich nur eine interne Tastennummer und zusätzliche Informationen, ob Tasten wie Shift, Control etc. gedrückt sind. Der Hauptrechner muß aus diesen Informationen den ASCII-Code des gewünschten Zeichens selbst errrechnen.

Hintergrund dieser Vorgehensweise: der ST wird je nach Land mit vielen verschiedenen Tastaturen ausgeliefert. So werden Sie auf einem USA-ST wohl kaum die deutschen Umlaute finden. Um nun nicht für jede Tastatur eine spezielle Version des Prozessors einbauen zu müssen, wird statt dessen einfach das Umrechnungsprogramm im Hauptrechner gewechselt. Dieses sitzt im ROM, das sowieso auf das jeweilige Land angepaßt werden muß (für deutsche Warnmeldungen etc.).

Aus technischen Gründen hat der Tastaturprozessor eine recht unangenehme Eigenschaft. Halten Sie die Mausknöpfe während des Bootens gedrückt, so kann der Tastaturprozessor abstürzen. Sie erkennen das daran, daß zwar das Desktop wie gewohnt erscheint, aber sämtliche Ein- und Ausgaben per Maus oder Tastatur unmöglich sind - der Mauspfeil rührt sich nicht von der Stelle. In solchen Fällen hilft nur noch neues Booten. Achten Sie deshalb immer darauf, daß die Maustasten beim Einschalten des Rechners nicht verklemmt oder sonstwie niedergedrückt sind.

Kann ich die Tastenwiederholung abstellen?

Nein, das geht leider nicht. Sie können aber über das Kontrollfeld (siehe Kap. 2) die Geschwindigkeit und die Verzögerung der Wiederholung einstellen.

Was hat es mit dem Tastaturklick auf sich?

Diese Klickgeräusche bei jedem Druck auf eine Taste sollen Ihnen ein genaues Gefühl für den Anschlag schaffen. Erst wenn der Klick ertönt, hat die Taste wirklich ausgelöst. Ob Sie den Klick hören wollen, ist Ihre (Geschmacksache). Bei Bedarf können Sie diese Option im Kontrollfeld ausschalten.

Wozu sind die Funktionstasten vorhanden?

Die Funktionstasten sind eigentlich ein echtes Bonbon. Für den normalen Betrieb Ihres ST sind diese nicht nötig. Ihr Sinn liegt vielmehr darin, in Anwenderprogrammen bestimmte Funktionen auszulösen (daher der Name). Welche Aktionen Sie damit aktivieren können, ist von Programm zu Programm unterschiedlich. Sehr beliebt in Textverarbeitungen ist die Möglichkeit, verschiedene Floskeltexte (z.B. "Sehr geehrte...") auf die Funktionstasten zu legen, um diese auf Tastendruck in den Text einzufügen.

Was bewirkt Caps Lock?

Caps ist die Abkürzung für Capitals, also Großbuchstaben. Sie kennen sicher von Ihrer Schreibmaschine die feststellbare Umschaltertaste für Großbuchstaben (die Umschalttaste heißt auf Ihrem ST Shift). Caps Lock wirkt so ähnlich. Nach einem Druck auf Caps Lock werden bei einem Druck auf eine Buchstabentaste nur noch Großbuchstaben erzeugt, die anderen Tasten (Zahlen, Sonderzeichen usw.) werden jedoch wie bisher behandelt. Wenn Sie also einen Text nur in Versalien (Großbuchstaben) eingeben möchten, benutzten Sie diese Funktion. Ein weiterer Druck auf Caps Lock bewirkt die Rückkehr zum normalen Modus.

In vielen Programmen hat Caps Lock die unangenehme Wirkung, daß die Cursortasten nicht mehr so richtig funktionieren. Hinzu kommt, daß nicht wie auf anderen Computern eine kleine Warnleuchte auf die Caps Lock-Funktion aufmerksam macht. Aus diesem Grund übersieht man diese Möglichkeit sehr leicht.

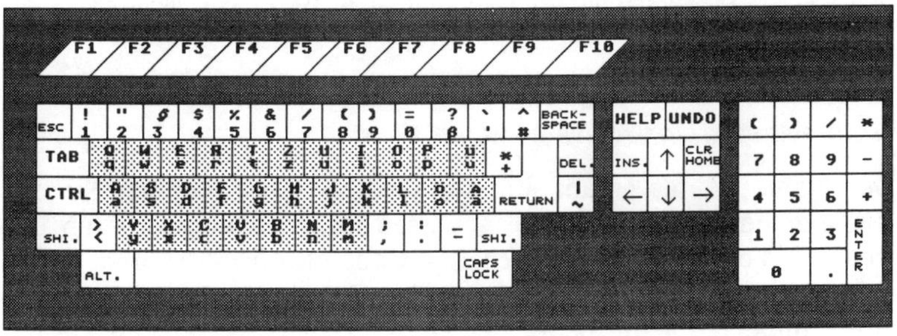

Unterlegte Tasten werden durch CAPS LOCK beeinflußt

Abb. 6.1: Die Tastaturbelegung (unten: einfacher Tastendruck, oben: einfacher Tastendruck mit Shift)

Was bedeutet Alternate?

Mit dieser Taste können Sie eine Art dritte Ebene Ihrer Tastatur erreichen. Die erste Ebene stellen die normalen Buchstaben und Zeichen dar, die zweite wird über den zusätzlichen Druck auf Shift erreicht: Großbuchstaben und andere Sonderzeichen. Mit Alternate erreichen Sie jene Zeichen, die auf einigen Tasten an der rechten Seite klein eingezeichnet sind, z.B. die eckigen Klammern. Die vierte Ebene Ihrer Tastatur erreichen Sie schließlich über Shift und gleichzeitiges Alternate. Damit erreichen sie die Zeichen, die klein rechts oben auf den Tasten markiert sind, z.B. den Backslash ('\') oder die geschweiften Klammern.

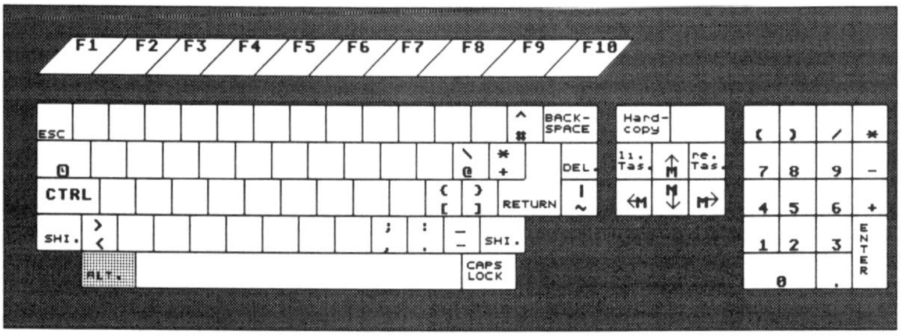

Cursorblock wirkt mit ALTERNATE als Maussimulator.

Abb. 6.2: **Tastenbelegung bei gedrückter Alternate-Taste** (unten: ohne Shift, oben: mit Shift)

Wofür wird die Control-Taste benutzt?

Der Name deutet es an: mit der Control-Taste können Sie den Rechner oder Programme in gewissen Grenzen kontrollieren und steuern. Vom Prinzip her arbeitet Control wie Shift und Alternate. Sie halten die Taste fest und drücken dann eine Zeichen- oder Sonderzeichentaste. In den meisten Fällen erreichen Sie dadurch die Erzeugung eines sogenannten Control-Codes.

Der bekannteste Code dieser Art ist Ctrl-c, die Kombination, mit der einige Programme (und auch die Dateianzeige des Desktop) abgebrochen werden können. Andere Programme reagieren ähnlich auf Ctrl-g oder Ctrl-d. In einigen wenigen Programmen kann eine Bildschirmausgabe durch Ctrl-s angehalten werden. Mit Ctrl-q geht es dann weiter. Ctrl-m bedeutet schließlich in vielen Fällen das gleiche wie ein Druck auf die Return-Taste.

Wofür steht Esc?

Esc ist die Kurzform von Escape, also zu deutsch "Flucht". Das ist ein wenig passender Ausdruck. In den meisten Fällen können Sie mit der Esc-Taste die Erzeugung einer Steuersequenz einleiten oder Befehle an ein Programm übergeben. Das Desktop reagiert auf die Esc-Taste auf zwei Weisen. Bei der Bearbeitung von Eingabezeilen wird diese gelöscht. Befindet sich ein Fenster auf dem Desktop, so versucht der ST, das darin angezeigte Inhaltsverzeichnis zu aktualisieren. Wichtig bei der Verwendung von Esc ist: diese Taste muß nicht festgehalten werden, wie das bei Shift u.ä. der Fall ist.

Worin unterscheiden sich Backspace und Delete?

Im Normalfall bedeutet Backspace, daß in einer Dialogbox oder sonstigen Eingabe das Zeichen links vom Cursor gelöscht wird. Dabei wandert der Cursor um eine Stelle nach links. Im Gegensatz dazu löscht Delete das Zeichen, auf das der Cursor gerade zeigt. Der Cursor bleibt dann an der gleichen Stelle. Diese Zuordnung gilt aber nicht für alle Programme. Sehr häufig findet man den Fall, das Backspace nur den Cursor nach links bewegt und Delete das Zeichen links vom Cursor löscht. Die genaue Ausgestaltung ist von Programm zu Programm verschieden.

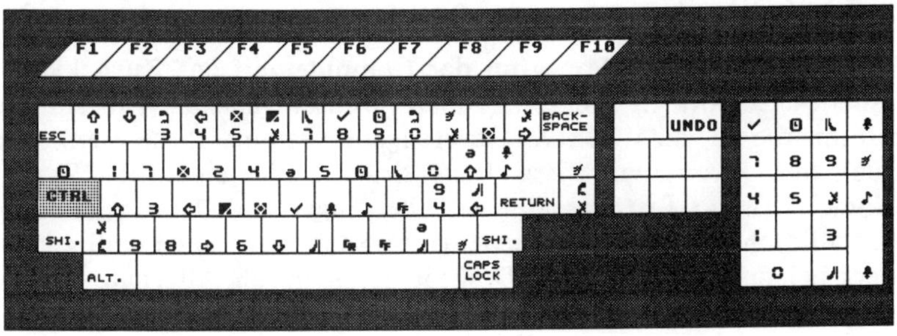

Abb. 6.3: Tastenbelegung mit Control (unten: ohne Shift, oben: mit Shift)

Hat Help irgendeine Funktion?

Das hängt wieder vom Programm ab. Vielfach kann man durch Druck auf Help einen kleinen Hilfstext abrufen, der einem die Funktionen des Programms erklärt. Auf dem Desktop ergibt sich noch eine weitere Einsatzmöglichkeit. Durch Druck auf Help, während Sie die Alternate-Taste festhalten, können Sie eine Hardcopy des Bildschirms auslösen. Mit der gleichen Tastenkombination können Sie die Ausgabe auch wieder abbrechen (siehe Kapitel 2).

Wie sieht es mit Undo aus?

Undo bedeutet eigentlich nur "ungeschehen machen". In vielen Programmen hat Undo dann auch die Funktion, die letzte Aktion wieder rückgängig zu machen. So erlauben viele Grafikprogramme per Undo das Löschen der zuletzt gezeichneten Figur.

Was bewirkt Insert?

Insert heißt auf deutsch "einfügen". Je nach Programm ist die Wirkung dieser Taste verschieden. Im Desktop erreichen Sie durch die Kombination Alternate-Insert das gleiche wie durch einen Druck auf die linke Maustaste. In Eingabezeilen wird durch Insert ein Zeichen Platz geschaffen. Manchmal kann durch Insert auch ein sogenannter Einfügemodus eingeschaltet werden, d.h. alle nachfolgenden Zeichen werden an der Cursorposition eingefügt und überschreiben bereits vorhandene Eingaben nicht mehr.

Was kann ich mit Clr/Home erreichen?

Home bedeutet seit Anbeginn der Computerzeit das Zurückkehren des Cursors in die linke obere Bildschirmecke. Tatsächlich führen die meisten Textverarbeitungsprogramme diese Funktion auch aus, wenn man diese Taste drückt. Clr (eigentlich Shift-Home) bewirkt fast das gleiche, allerdings wird dann zusätzlich der Bildschirm gelöscht. Diese Taste kann aber auch völlig anders belegt sein. Auf dem Desktop kann durch Alternate-Home die rechte Maustaste simuliert werden.

Wozu sind die Pfeiltasten da?

Bei den Pfeiltasten handelt es sich um die sogenannten Cursor-Tasten, mit denen in den meisten Programmen der Cursor in die entsprechende Richtung bewegt werden kann. Das Desktop benutzt die Cursortasten außerdem zur Simulation von Mausbewegungen (falls diese einmal fehlen sollte). Alternate plus Cursortaste bewegt den Mauspfeil um acht Schritte in die zugehörige Richtung. Da dies für manche Fälle zu grob ist, kann man durch zusätzliches Festhalten der Shift-Taste die Bewegung auf einen Schritt pro Tastendruck verlangsamen.

Gibt es auch Zeichen, die man nicht über die Tastatur erreichen kann?

Die meisten Spezialländerzeichen (z.B. die dänischen Umlaute, aber auch die griechischen und hebräischen Zeichen, siehe ASCII-Tabelle im Anhang) können über die Tastatur nicht erreicht werden. Einige Programme bieten aber die Möglichkeit, diese Zeichen per Mausklick aus einer Tabelle auszuwählen. Das angeklickte Zeichen wird dann in die Eingabe übernommen. In anderen Programmen kann nach Drücken einer speziellen Tastenkombination (z.B. Ctrl-a) der ASCII-Code eines gewünschten Zeichen als Zahl eingetippt werden (also z.B. Ctrl-a-1-8-9 für das Copyright-Zeichen). Informieren Sie sich über diese Möglichkeiten bitte in der jeweiligen Gebrauchsanleitung.

Kann man auch andere Tastaturen an den ST anschließen?

Im Normalfall kann der ST nur mit der Originaltastatur arbeiten. Inzwischen bieten aber einige Hersteller Adapterschaltungen an, die auch den Anschluß einer qualitativ hochwertigen PC-Tastatur erlauben.

Wie funktioniert eine Maus?

Wenn Sie die Rollkugel aus der Maus herausnehmen, sehen Sie zwei kleine Stahlwalzen, die offensichtlich von der Kugel bewegt werden können (ein drittes Rad dient als Andruckrolle). Diese Walzen dienen dazu, die Bewegungen der Maus in alle vier Richtungen aufzunehmen. Der Tastaturprozessor überwacht diese Walzen und meldet die Bewegungen an den Hauptrechner weiter.

Die eben beschriebenen Walzen sind auf einer Achse mit Lochscheiben montiert, die sich an jeweils zwei Lichtschranken vorbeibewegen. Jede Drehung der Walzen (und damit der Lochscheiben) erzeugt eine Reihe von Unterbrechungen des Lichtstrahls. Der Tastaturprozessor zählt die dadurch entstehenden Impulse und erhält dadurch die zurückgelegte Strecke.

Außerdem muß noch die Richtung der Bewegung ermittelt werden. Dies wird mit einem Trick erreicht. Wie erwähnt existieren für jede Lochscheibe zwei Lichtschranken. Diese sind so angeordnet, daß sie niemals gleichzeitig unterbrochen werden können. Aus der Abfolge der Unterbrechungen kann der Prozessor aber die Richtung der Bewegung erkennen.

▸ Fehler

Bei schneller Bewegung wird der Mauszeiger nicht in der Richtung der Maus, sondern entgegengesetzt verschoben.

▸ Abhilfe

Sie schieben zu schnell. Der Tastaturprozessor ist zwar flink, aber nicht flink genug, um die Impulse der Maus bei so schneller Bewegung korrekt auswerten zu können. Schieben Sie die Maus langsamer, dann wird dieses Phänomen verschwinden.

Kann ich jede Maus an den ST anschließen?

Die Maus des ST ist eine speziell angepaßte Version mit einer wesentlich vereinfachten Elektronik (deren Aufgaben übernimmt ja der Prozessor in der Tastatur). Mäuse von PCs können im Normalfall nicht angeschlossen werden, da sie die Auswertung von Bewegungsrichtung und -strecke zum Teil selbst vornehmen müssen und außerdem über aufwendigere Schnittstellen angeschlossen werden (aus diesem Grund sind solche Geräte auch wesentlich teurer). Auch bei den Mäusen von Amiga und MacIntosh könnten Probleme entstehen.

Kann ich den Mauszeiger auch ohne Maus bewegen?

Falls Ihre Maus einmal ausgefallen ist, können Sie den Mauszeiger mittels einiger spezieller Tastenkombinationen bedienen. Es sind jeweils äquivalent:

Linke Maustaste	Alternate-Insert
Rechte Maustaste	Alternate-Home
Zeiger schnell links	Alternate-<Cursor links>
Zeiger langsam links	Shift-Alternate-<Cursor links>

Nachteil dieser Simulation: oft ist es damit nicht möglich, eine Taste gedrückt zu halten, während man den Mauszeiger bewegen oder eine andere Taste drücken möchte.

Beim Simulieren der linken Maustaste mittels Alternate-Insert geschieht es recht häufig, daß man versehentlich die Help-Taste mitdrückt und so eine Hardcopy auslöst.

Kann ich an meinem ST auch die alten Joysticks aus der 8-Bit-Zeit benutzen?

Prinzipiell kann man an den ST auch die einstmals so beliebten Steuerknüppel anschließen. Dabei werden alle jene Joysticks akzeptiert, die an die alten Atari- und Commodore-Geräte (Videospiele und 8-Bit-Computer wie C-64 oder Atari 600 XL) passen. Allerdings ist der Nutzen recht begrenzt. Als Mausersatz sind die Steuerknüppel nicht geeignet; benötigt werden sie höchstens für einige Spielprogramme. Aber auch hier setzt sich zunehmend der Trend durch, statt des Joysticks die Maus oder die Cursortasten zur Steuerung zu verwenden, so daß diese immer mehr an Bedeutung verlieren.

Kann ich auch andere Geräte statt der Maus anschließen?

Hin und wieder kann man auch Trackballs kaufen, die statt der Maus verwendet werden. Trackballs sind eigentlich nichts anderes als auf den Rücken gedrehte Mäuse. Das Gehäuse steht still auf dem Tisch, während der Anwender nur die Kugel in der Mitte bewegt. Achten Sie beim Kauf solcher Geräte darauf, daß diese speziell an den ST angepaßt sind. Atari-kompatibel alleine reicht nicht, denn es hat auch Trackballs für die alten Atari-Video-Spiele gegeben, die bestenfalls als Joystickersatz an Ihrem ST dienen können.

7. Schnittstellen

Was ist eine Schnittstelle?

Im Gegensatz zum englischen Fachwort Interface kennzeichnet der deutsche Begriff in seiner wörtlichen Bedeutung den Sinn einer Schnittstelle schon ganz gut. Man kann sich durchaus vorstellen, daß ein Computer hier aufgeschnitten wird, um anderen Geräten Einblick bzw. Zugriffsmöglichkeiten zu geben. Im Klartext: Schnittstellen dienen der Kommunikation Ihres Computers mit anderen Geräten. Rein äußerlich können Sie eine Schnittstelle an einem Stecker auf der Rückseite erkennen. Sehen wir uns einmal an, welche Anschlüsse uns dort über den Weg laufen.

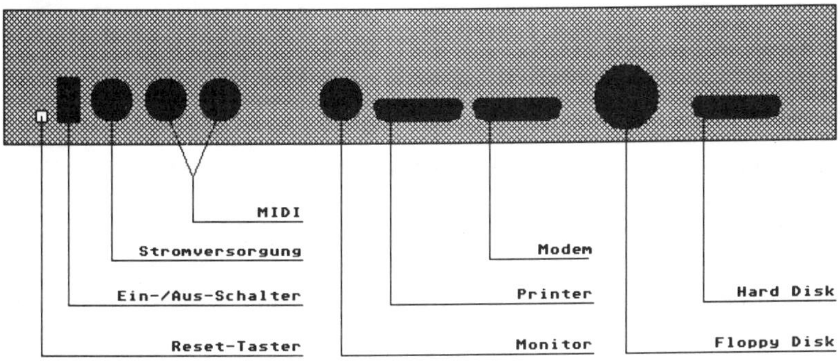

Steckerarten:	
Stromversorgung: 7-polige DIN-Buchse	Floppy-Disk: 14-polige Spezialbuchse
Midi: jeweils 5-polige DIN-Buchsen	Hard-Disk: 19-polige SUB-D-Buchse
Monitor: 13-polige Spezialbuchse	Joyports: 9-polige SUB-D-Stecker
Printer: 25-polige SUB-D-Buchse	Modulschacht: 40-polige Messerleiste
Modem: 25-poliger SUB-D-Stecker	(letztere ohne Abbildung)

Abb. 7.1: Die Anschlüsse auf der Rückseite des 520 ST+ (bei anderen Modellen ist die Anordnung etwas geändert, die Steckerformen sind aber gleich)

Printer bezeichnet eine sogenannte Centronics-Schnittstelle, "Modem" steht für ein RS-232-Interface. Nähere Angaben zu diesen wie auch den anderen Schnittstellen finden Sie in den folgenden Kapiteln.

Was muß ich beim Umgang mit Schnittstellen beachten?

Ganz wichtig ist, daß Sie vor jedem Anschließen oder Abnehmen von Kabeln alle Geräte ausschalten. Die Anschlüsse sind im allgemeinen recht empfindlich. Nur in absoluten Ausnahmefällen (zur Fehlerbeseitigung bei Festplatten) dürfen Sie auch einmal bei eingeschaltetem Gerät mit den Steckern hantieren. Bevor Sie die Kabel berühren, sollten Sie eventuelle statische Aufladungen durch das Berühren einer Wasserleitung o.ä. abführen. Tun Sie das nicht, so riskieren Sie unter Umständen eine Beschädigung der Hardware.

Die Anschlüsse des ST sind vor allem aus Sparsamkeitsgründen recht empfindlich ausgefallen. Um die Kosten für die Herstellung niedrig zu halten, hat Atari darauf verzichtet, die meisten Schnittstellen zu puffern. Die Pins sind also im Normalfall direkt mit den zugehörigen Chips auf der Platine verbunden. Deren Ersatz kann - da es sich vielfach um Spezialteile aus Atari-eigener Produktion handelt - recht teuer werden.

Muß ich die Stecker festschrauben?

Im Interesse einer sicheren mechanischen wie elektrischen Verbindung sollten Sie die Stecker festschrauben, wo immer sich die Gelegenheit dazu bietet. Bestes Negativbeispiel ist wohl der Monitorstecker, der - da ohne Schrauben - bei Bewegungen des Rechners recht leicht aus der Buchse rutschen und so einen Reset verursachen kann.

Welche Kabel sollen verwendet werden?

Sofern keine Kabel mitgeliefert werden, sollten Sie auf fertige Ware aus dem Handel zurückgreifen. Diese Kabel sind meistens mit einer Abschirmung versehen, die Störungen vorbeugen kann. Sollte das einmal nicht möglich sein, müssen Sie unter Umständen ein eigenes Kabel zusammenlöten. Die genauen Pinbelegungen dazu finden Sie in den entsprechenden Kapiteln zu jeder Schnittstelle bzw. im Anhang. Sie sollten aber im Interesse der Störsicherheit die Kabel nicht zu lang gestalten. Druckerkabel für die Centronicsbuchse sollten 3 Meter nicht überschreiten, RS-232-Kabel dürfen etwas länger sein (unter Umständen bis zu 50 m).

Die Länge eines Kabels wird vor allem durch zwei Faktoren begrenzt: Den Signalverlust durch Widerstand und die Beeinflußung durch Störimpulse. Der Signalverlust tritt in jedem Kabel durch den elektrischen Widerstand auf und wird umso größer, je länger das Kabel ist. Wie stark dieser Verlust ist, hängt auch von den sonstigen Eigenschaften der Schnittstelle ab. So sind RS-232-Schnittstellen nicht so empfindlich wie z.B. das Centronics-Interface. Der zweite Faktor tritt vor allem bei Parallelschnittstellen auf. Durch die eng nebeneinander liegenden Datenleitungen im Kabel kann es hier zu Induktionen kommen, die die Signale empfindlich stören können. Wird ein solches Signal auch noch durch den Widerstand geschwächt, kann es mit der Übertragung ganz aus sein.

Was haben die vielen Steckernamen zu bedeuten?

Am häufigsten werden beim Atari die sogenannten DIN-Buchsen verwendet. Diese Stecker haben zwar meist sehr wenig mit der Norm zu tun, rein äußerlich haben sie jedoch das gleiche Aussehen wie die bekannten Stecker an manchen älteren Stereo-Anlagen. Das runde Gehäuse beherbergt eine unterschiedliche Anzahl von Pins. Beispiele für solche DIN-Stecker sind die Anschlüsse für Floppy, Monitor, Midi und die Stromversorgung. Nachteil dieser sehr preisgünstigen Verbindungen: sie besitzen keine Sicherungsschrauben und rutschen deshalb sehr leicht.

SUB-D-Verbinder finden Sie an den Anschlüssen für Hard-Disk, Drucker, Modem und Joysticks bzw. Maus. Diese sehr zuverlässige Verbindung ist im Normalfall auch mit Sicherungsschrauben ausgerüstet. Die Anzahl der Leitungen in solchen Steckern ist sehr vierschieden und reicht von 5 bis 50. SUB-D-Verbinder mit Pins werden männlich, solche ohne Pins weiblich genannt. Durch die besondere Form (wie ein D - daher der Name) ist gewährleistet, daß diese Verbinder immer richtig eingesteckt werden. Messerleisten - wie die für die ROM-Module - sind ebenfalls sehr preisgünstig und werden häufig für interne Verbindungen gebraucht.

Recht häufig findet man an Druckern die sogenannten Amphenol-Stecker. Obwohl es sich so anhört, hat das nichts mit Chemie zu tun. Amphenolstecker haben ebenfalls eine D-Form, die Verbindung wird aber durch Kontakte ähnlich denen in einer Messerleiste hergestellt. Rein äußerlich können Sie diese Stecker leicht an den beiden Sicherungsbügeln erkennen, die statt Schrauben für eine sichere Verbindung sorgen.

Bedeuten gleiche Steckerformen auch, daß die Geräte zusammenpassen?

Auf keinen Fall! Es wäre unmöglich, für jedes Gerät eine eigene Steckerform zu schaffen. Daher gibt es oft gleiche Verbindungsstücke, obwohl die dazugehörigen Geräte elektrisch oder logisch überhaupt nicht zueinander passen. Bestes Beispiel sind Maus und Joystick, die beide über den gleichen Anschluß versorgt werden, aber völlig unterschiedliche Daten an den Computer liefern.

Was ist eine sogenannte Baudrate?

Mit der Baudrate ist die Übertragungsgeschwindigkeit bei einigen Schnittstellen angegeben. Ein Baud ist definiert als ein Bit pro Sekunde. 1000 Baud sind demnach 1000 Bits pro Sekunde. Leider kann man aus der Baudrate nicht immer direkt auf die Übertragungszeit für Daten schließen, da meist zu den Zeichen auch noch eine Reihe von Steuerbits übertragen werden müssen, die bei der Baudrate ebenfalls Berücksichtigung finden. Als Faustregel kann man aber sagen, daß 10 Baud ungefähr einem Zeichen pro Sekunde entsprechen.

Was ist unter Handshaking zu verstehen?

Handshaking (wörtlich: Händeschütteln) bezeichnet die Fähigkeit der meisten Schnittstellen, die Übertragung zwischen beiden Geräten so zu steuern, daß jeder Beteiligte genug Zeit zur Entgegennahme bzw. Verarbeitung der Daten hat. Zu diesem Zweck werden die meisten Verbindungen mit Handshaking-Leitungen ausgestattet, auf denen die Geräte Ihre Bereitschaft zur Übertragung signalisieren können. Der Sender muß dann immer so lange mit der Übertragung warten, bis der Empfänger sein "Fertig" schickt.

Handshaking ist die Methode, die die größtmöglichen Übertragungsgeschwindigkeiten erlaubt. Findet kein Handshaking statt, so muß der Sender so langsam arbeiten, daß der Empfänger genug Zeit hat, die Daten auch anzunehmen und zu verarbeiten. Beim Handshaking werden dagegen diese Wartezeiten nur dann eingelegt, wenn der Empfänger diese wirklich benötigt.

Welche Geräte werden wo angeschlossen?

Für Monitor, Diskettenlaufwerke und Festplatten kommen natürlich nur die Spezialschnittstellen in Frage, die dafür eingerichtet wurden. Beim Drucker ist das schon wieder anders. Diese können - je nach Ausstattung - entweder an die RS-232- oder die Centronics-Schnittstelle angeschlossen werden. Modems, Akustikkoppler und Netzwerke werden im Normalfall über den RS-232-Anschluß angekoppelt. Wenn Sie einen anderen Rechner mit dem ST verbinden wollen, kommt ebenfalls diese Schnittstelle in Frage.

Was ist eine serielle Schnittstelle?

Unter seriellen Schnittstellen versteht man solche Verbindungen, die die Bits eines Zeichens nacheinander über eine einzige Leitung schicken. Beispiele für solche serielle Schnittstellen sind die RS 232 und MIDI. Vorteil: Für die Übertragung werden weniger Leitungen gebraucht. Es ist damit sogar möglich, Daten per Telefon zu übertragen. Nachteil: Die Übertragung ist langsamer als bei paralleler Übertragung.

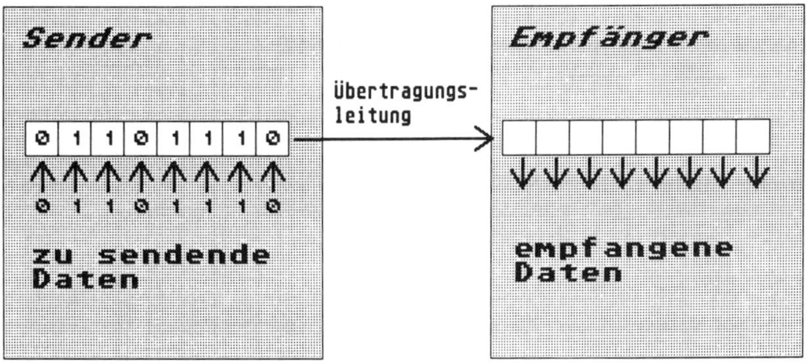

Abb. 7.2: Die Funktionsweise einer seriellen Schnittstelle

Was ist eine parallele Schnittstelle?

Im Gegensatz zur seriellen Schnittstelle stehen hier 8 oder mehr Datenleitungen gleichzeitig zur Verfügung, so daß die Übertragung sehr viel einfacher erfolgen kann. Ein Zeichen, das aus 8 Bits besteht, wird also in einem einzigen Schritt übertragen. Bekanntester Vertreter dieser Arbeitsweise ist die Centronics-Schnittstelle, die sich hinter dem Printer-Anschluß verbirgt.

Aber auch die Verbindungen zur Floppy und zur Festplatte arbeiten nach diesem Prinzip. Vorteil: schnelle Übertragung. Nachteil: Aufwendiger und etwas störanfälliger. Parallele Schnittstellen werden deshalb meistens für kurze, schnelle Verbindungen eingesetzt, während serielle Verbindungen oft für die Datenfernübertragung Verwendung finden.

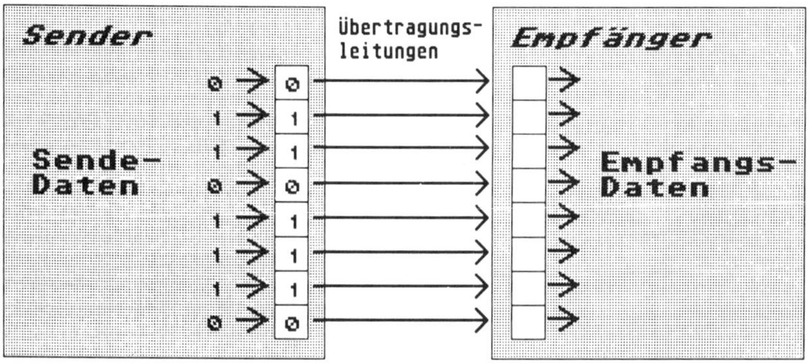

Abb. 7.3: Arbeitsweise einer parallelen Schnittstelle

7.1 Die Centronics-Schnittstelle

Wo finde ich die Centronics-Schnittstelle?

Am ST ist dieser Anschluß mit Printer gekennzeichnet. Der Stecker selbst ist ein 25-poliger SUB-D-Verbinder.

Wozu dient dieses Interface?

Es dient, wie der Name schon sagt, hauptsächlich dem Anschluß von Druckern. Dabei handelt es sich um eine 8-Bit-Parallel-Schnittstelle, die vom Druckerhersteller Centronics erstmals eingeführt wurde. Seitdem ist sie so oft verwandt worden, daß sie sich von ganz allein zum weltweiten Standard entwickelt hat.

Wie sieht die Steckerbelegung aus?

Bitte entnehmen Sie der Abbildung 7.4. die Numerierung der einzelnen Pins. Die meisten der Leitungen werden zum Anschluß gar nicht benötigt. So sind beim ST die Leitungen 10 und 12 bis 17 gar nicht belegt. Hier die Beschreibung der einzelnen Leitungen:

1 Strobe (low-aktiv), zeigt mit einem Low-Impuls die Gültigkeit der Daten auf den Datenleitungen an.

2-9 Data 1 - Data 8, 8 Datenleitungen

11 Busy, zeigt an, daß der Drucker noch keine weiteren Daten annehmen kann.

18-25 Ground, Erde

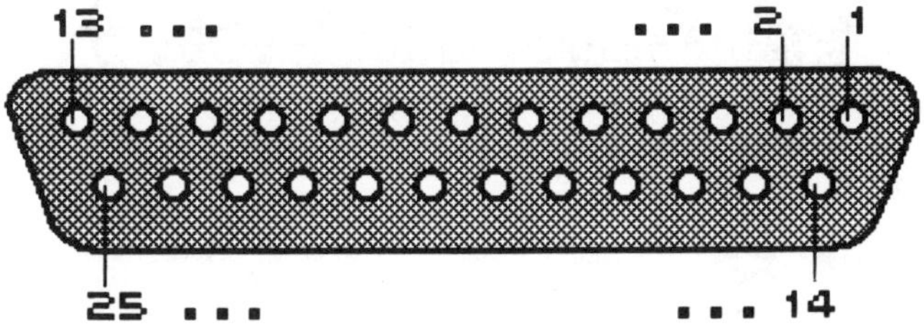

Abb. 7.4: Die Pins der Centronics-Schnittstelle (bei Aufsicht auf die Rückseite des ST)

Welche Pinbelegung hat der Stecker am Drucker?

Am Drucker wird im Normalfall der sogenannte Amphenolstecker benutzt. Abbildung 7.5 zeigt die Pin-Numerierung. Die Belegung im einzelnen (Hinweis bei einigen Modellen kann die Belegung leicht geändert sein; sehen Sie bitte im Handbuch nach):

1-9 wie am ST

11 wie am ST

10 Acknlg (low-aktiv), zeigt den Empfang von Daten an

12 Paper empty, zeigt Papierende an

13 Selected, zeigt On-Line-Betrieb an

14 Autofees XT (low-aktiv), veranlaßt automatisches LF nach jedem CR

15 nicht benutzt

16	Signal GND, Signalerdung
17	Chassis GND, Gehäuseerdung
18	Gleichspannung, +5V
19-30	GND, Masse-Leitungen
31	Reset (low-aktiv), dient zum Reset des Druckes
32	Error (low-aktiv), zeigt Fehler im Drucker an
33	Ext GND, externe Erdung
34-35	nicht benutzt
36	Select in (low-aktiv), dient zum Anwählen des Gerätes

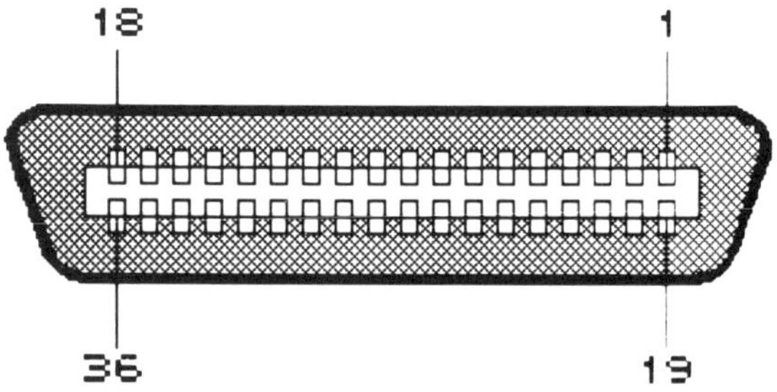

Abb. 7.5: Der Amphenolstecker (Aufsicht)

Wie baue ich mir ein Druckerkabel selbst?

Dazu gibt es zwei Möglichkeiten. Die einfachere ist wohl die Verwendung von sogenannten Quetschverbindern. Das sind Stecker, in die ein Flachbandkabel eingelegt wird, das dann von einer eingequetschten Platte in der richtigen Position gehalten wird. Besorgen Sie sich bitte je einen Amphenol- und einen SUB-D-Quetschverbinder und ein 25-poliges Flachbandkabel in der gewünschten Länge. Das Flachbandkabel ist an einer Seite durch einen andersfarbigen Streifen markiert. Das ist die Leitung 1.

Legen Sie das Kabel bitte so in die beiden Stecker ein, daß Leitung 1 jeweils auf Pin 1 zu liegen kommt. Einzige Ausnahme: Leitung 18 sollte an irgendeiner Stelle unterbrochen werden. Im Amphenolstecker bleiben dabei natürlich einige Pins frei. Jetzt können Sie die beiden Stecker zusammenquetschen. Der sicherste Weg: Spannen Sie die Stecker in einen Schraubstock mit glatten Backen ein und drehen Sie solange zu, bis die Platten einrasten.

Vorsicht: wenn die Platten einmal eingerastet sind, bekommt man sie kaum noch los. Die andere Methode zum Quetschen stammt zwar aus der Praxis, aber sollte nur von geübten Bastlern durchgeführt werden. Dabei werden die Stecker unter einen Bürostuhl gelegt. Dann setzen Sie sich bitte mit etwas Schwung an Ihren Arbeitsplatz...

▸ Fehler

Bei Verwendung eines Quetschverbinderkabels arbeitet der Drucker nicht korrekt oder piepst nach dem Einschalten.

▸ Abhilfe

Die mit den Quetschverbindern hergestellten Kabel sollten mit den meisten Druckern funktionieren. In seltenen Fällen können sich jedoch Probleme ergeben, dann müssen Sie das Kabel löten. Das Piepsen ist ein Hinweis des Druckers, daß das Kabel nicht in Ordnung ist. Kontrollieren Sie bitte, ob die Litzen wirklich auf den richtigen Pins liegen (ein Durchgangsprüfer oder ein einfaches Messgerät können dabei sehr gute Dienste leisten).

Wenn Sie schon ein Quetschverbinderkabel gebaut haben, das nicht funktioniert, und nun löten wollen, brauchen Sie nicht unbedingt zwei neue Stecker kaufen. Es reicht, wenn Sie nur den Amphenolstecker in der Lötversion kaufen, die Quetschverbindung am ST-Stecker kann weiterbestehen bleiben.

Und wenn ich das Kabel löten möchte?

Die Lötmethode hat den Vorteil, daß Sie auch Rundkabel mit entsprechend vielen Litzen benutzen können. Die Leitungen sollten dann so verbunden werden:

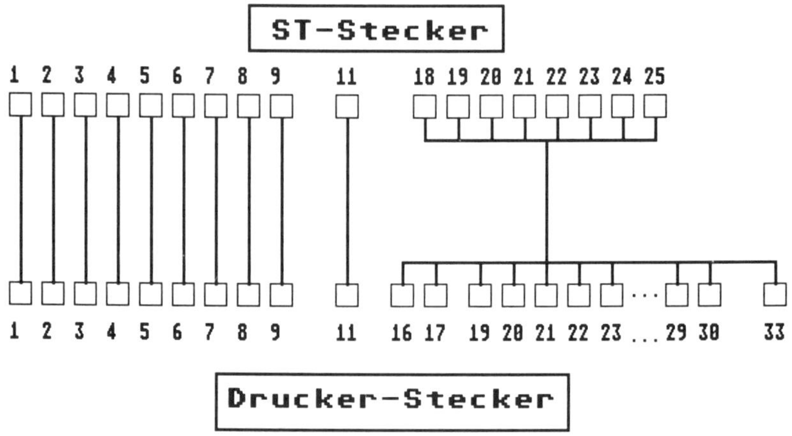

Abb. 7.6: Die Verbindungen für ein Druckerkabel

▸ Fehler

Ein an die Centronics-Schnittstelle angeschlossener Drucker reagiert nicht.

▸ Abhilfe

Sind die Kabel korrekt eingesteckt? Ist das Kabel korrekt gelötet? Ist der Drucker am richtigen Interface angemeldet (Accessory Drucker-Anpassung). Kontrollieren Sie diese Punkte bitte. Achten Sie außerdem darauf, daß der Drucker immer auf ON-LINE geschaltet ist.

7.2 Die RS-232-Schnittstelle

Woher kommt die Bezeichnung RS 232?

RS 232C (bzw. Recommended Standard Number 232 Revision C, so der genaue Name) ist die Bezeichnung einer Norm für serielle Schnittstellen. Die Nummer 232 ist dabei von entscheidender Wichtigkeit, weil es auch andere RS-Normen gibt. In Deutschland wird diese Norm auch oft mit V.24 bezeichnet. RS 232 steht für eine Norm, die weltweit die am stärksten verbreitete ist, was serielle Schnittstellen angeht.

An der Rückseite Ihres ST finden Sie den dazugehörigen Stecker mit der Bezeichnung Modem (mit dem Telefonhörer). Diese Bezeichnung hat historische Gründe, denn die RS-232-Norm war ursprünglich für die Datenfernverarbeitung gedacht. Aufgrund der hohen Verbreitung wird die RS-232C auch oft einfach als serielle Schnittstelle bezeichnet.

Was ist ein Modem?

Hierbei handelt es sich, wie so oft in der Welt der Computer, um eine Abkürzung, denn dieser Begriff steht für MOdulator-DEModulator. Man braucht ein solches Gerät, um Daten per Telefon zu übertragen (daher der Hörer). Es reicht leider nicht, einfach ein Bit (einen Impuls) über die Telefonleitung zu schicken, denn dort würde es hoffnungslos untergehen. Vielmehr ist es so, daß Einsen und Nullen durch verschieden hohe Töne repräsentiert werden. Bei abgehenden Daten müssen also aus Bits Töne gemacht werden. Diesen Vorgang nennt man auch Modulieren. Bei ankommenden Daten geht das Verfahren natürlich genau umgekehrt; aus Tönen müssen Bits gemacht werden, was die Fachwelt mit Demodulieren bezeichnet.

Was ist der Unterschied zwischen Modems und Akustikkopplern?

Modems sind direkt an der Telefonleitung angeschlossen und arbeiten daher mit Strömen. Im Unterschied dazu sind die sogenannten Akustikkoppler zu sehen, die aus Tönen Bits machen und umgekehrt. Sie sind nicht an das Telefonnetz angeschlossen, sondern beziehen Ihre Daten aus dem Lautsprecher des Telefonhörers bzw. sprechen sie in das Mikrofon. Hier handelt es sich also um eine rein akustische Kopplung.

Beide Gerätearten leisten im Grunde genommen ähnliche Arbeiten, nur sind die Modems aufgrund der elektrischen Kopplung an das Telefonnetz zu komfortableren Funktionen in der Lage (wenn die Post sie lassen würde). Wichtig ist im Moment nur, daß beide an der RS 232-Schnittstelle angeschlossen werden.

Was muß ich am Rechner einstellen?

Bevor man die RS-232-Schnittstelle benutzen kann, muß man im Accessory "RS 232 Einstellung" einige Parameter einstellen. Die serielle Schnittstelle kann nämlich mit verschiedenen Geschwindigkeiten und mit mehreren Handshaking-Verfahren arbeiten. Die richtige Auswahl dieser Werte ist wichtig, weil sonst nur verstümmelte oder gar keine Übertragungen stattfinden können. Gehen wir die Einstellungen im Accessory einmal durch:

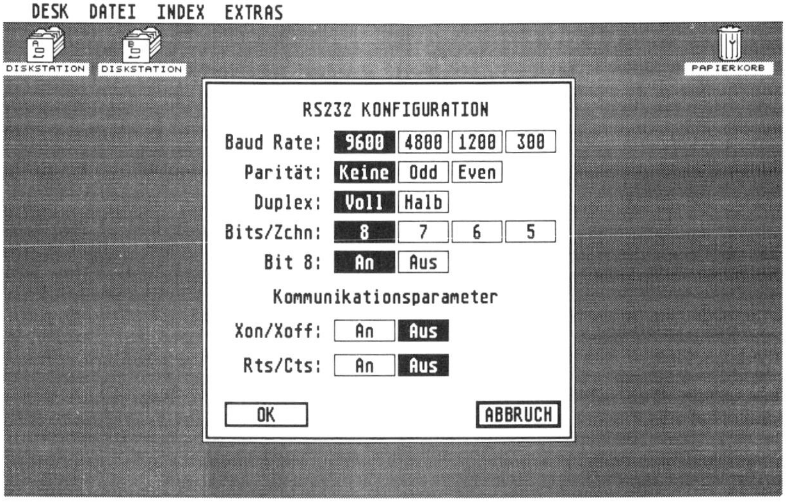

Abb. 7.7: Das Accessory zur Anpassung des RS 232-Schnittstelle.

Für alle Einstellungen gilt: Die Übertragung kann nur klappen, wenn beide angeschlossenen Geräte auf die gleichen Werte eingestellt sind. Sehen Sie also bitte nach, wie das angeschlossene Gerät arbeitet.

Baudrate

Hier wird die Übertragungsgeschwindigkeit eingestellt. Da die Bits, aus denen sich ein Zeichen zusammensetzt, nacheinander über die Leitung geschickt werden, ist es nötig, den zeitlichen Abstand dieser Impulse festzulegen. Die gebräuchlichsten Übertragungsraten bei Datenfernübertragung sind 300 und 1200 Baud. Für die Kopplung von Rechnern und die Bedienung von

Druckern empfiehlt sich zunächst eine Geschwindigkeit von 1200 Baud. Klappt die Übertragung, kann man auch auf höhere Geschwindigkeiten umsteigen, die allerdings störanfälliger sind.

Parität

In manchen Fällen wird dem übertragenen Zeichen noch ein sogenanntes Paritätsbit hinterhergeschickt, quasi die Quersumme der Bits. "Odd" heißt ungerade, "Even" steht demnach für gerade Parität. Gerade Parität bedeutet, daß bei einer ungeraden Zahl von 1-Bits ein zusätzliches 1-Bit gesendet wird, um die Anzahl gerade zu machen (und umgekehrt). Die Einstellung hier ist je nach Anwendung verschieden.

Duplex

Die RS-232-Schnittstelle kann in zwei Richtungen übertragen. Beim Duplex-Betrieb muß der Empfänger jedes Zeichen, daß empfangen wird, an den Sender zurückschicken. Auf diese Weise werden Übertragungsfehler erkannt. Im Halb-Duplex-Betrieb entfällt dieses Zurücksenden, dafür zeigt der ST bei Verwendung des VT-52-Emulators die gesendeten Zeichen auf dem Bildschirm an.

Bits/Zchn

In der Datenfernübertragung hat ein Zeichen nicht immer genau 8 Bits (wie das im Computer üblich ist). Wenn weniger Bits übertragen werden, stehen auch weniger Zeichen zur Verfügung, dafür ist die Übertragung schneller. Beim Anschluß von Druckern und Computern sollten Sie immer 8 Bits pro Zeichen wählen, um den vollen Zeichensatz ausnutzen zu können. Bei der Datenfernübertragung müssen Sie sich informieren, welche Bitzahl Ihr Kommunikationspartner verlangt.

Die Verwendung von weniger Bits hat wieder einmal historische Gründe. So hat der ursprüngliche ASCII-Zeichensatz nur 7 Bit breite Zeichen enthalten. Beim guten alten Telex wurden nur 6 Bits benutzt. Übrigens stehen Ihnen bei der Verwendung von 5 Bits nur noch 32 verschiedene Zeichen zur Verfügung.

Bit 8

Einige ältere Drucker verwerten von den acht gesendeten Bits nur sieben, das höchstwertige (Nr. 8) wird einfach vergessen. Für solche Drucker muß das Bit 8 ausgeschaltet werden. Hierzu können leider auch keine Empfehlungen gegeben werden - "Probieren geht über Studieren".

Xon/Xoff

Diese Kürzel bezeichnen ein Software-Handshaking. Die beiden Kommunikationspartner fordern sich durch das Senden spezieller Zeichen gegenseitig auf, mit der Übertragung fortzufahren bzw. diese anzuhalten.

Rts/Cts

Rts steht für Request to Send, Cts für Clear to send. Mit dieser Auswahl können Sie das sogenannte Hardware-Handshaking einschalten, d.h. die beiden Geräte signalisieren sich über spezielle Leitungen die Empfangs- bzw. Sendebereitschaft.

Die ST-Modelle 260, 520 und 1040 sind aufgrund eines Fehlers im ROM nicht in der Lage, das Handshaking korrekt durchzuführen. Eine Übertragung mit Handshaking (ob hard- oder softwaremäßig) führt fast immer zum Abstürzen des Rechners. Abhilfe: Benutzen Sie spezielle Kommunikationssoftware, die die Fehler ausbügeln kann. Falls Sie einen Drucker über die RS-232 anschließen möchten, können Sie diesen nur mit Anwendungssoftware benutzen, die spezielle Treiber für die serielle Schnittstelle enthält. Die Mega-STs sind von diesen Fehlern nicht betroffen, ebenso alle Geräte mit Blitter-TOS. Wenn eine Übertragung trotz der Fehler ohne Software stattfinden soll, müssen beide Parameter auf "Aus" geschaltet sein. Näheres siehe unter "Rechnerkopplung".

Was sind Start- und Stopbits?

Wenn der Rechner einfach die Datenbits über die serielle Schnittstelle auf die Reise schicken würde, könnte niemals eine korrekte Übertragung zustande kommen. Nehmen wir an, das erste Bit wäre eine Null - im Kabel geschieht nichts, denn Null bedeutet Strom aus. Wie soll der Empfänger feststellen, daß dort ein Null-Bit über die Leitung huscht? Deshalb muß vor jedem Datenpaket ein Startbit (eine 1!) geschickt werden, um dem

Empfänger den Beginn der Übertragung zu signalisieren. Am Ende eines Zeichens folgen dann noch 1 oder 2 Stopbits, die den Abschluß markieren.

Wie stelle ich die Stop-Bits an meinem ST ein?

Mit dem Accessory geht das überhaupt nicht, der Empfänger muß sich zwangsläufig nach dem ST richten. Manche Terminalprogramme erlauben jedoch das Setzen dieses Parameters. Im Normalfall arbeitet der ST mit zwei Stopbits. Auch hier hilft eigentlich nur Probieren, falls die Übertragung nicht klappen sollte.

Wozu ist der VT-52-Emulator gedacht?

Der VT-52-Emulator stellt eigentlich eine noble Zugabe von Atari dar. VT-52 ist ein sehr weit verbreitetes Terminal für Großrechner. Der ST kann dieses Terminal emulieren (d.h. nachahmen), so daß Sie Ihren Rechner theoretisch direkt an einen Großcomputer anschließen könnten. Der VT-52-Emulator dient dazu, Texteingaben an den Großrechner zu schicken und Ausgaben von diesem auf dem Bildschirm anzuzeigen. Leider wird dieser Vorteil durch die Fehler in der RS 232 wieder zunichte gemacht.

Welche Pinbelegung hat der RS-232-Stecker?

Zunächst ist zu bemerken, daß der ST nur über eine Spar-Ausgabe der RS 232 verfügt. Einige Pins mit Sonderfunktionen sind hier nicht belegt. Das braucht Sie aber nicht zu beunruhigen; die wenigsten Geräte verfügen über eine voll ausgerüstete serielle Schnittstelle. Der Stecker am ST ist ein 25-poliger SUB-D-Verbinder (männlich). Beachten Sie bitte, daß die Pins hier genau umgekehrt wie beim Centronics-Verbinder numeriert sind.

Die Pins 6, 9 - 19, 21 und 23 - 25 sind nicht belegt.

1	GND	(Gehäuseabschirmung)
2	TD	(Sendedaten)
3	RD	(Empfangsdaten)
4	RTS	(Request-to-Send, Hardware-Handshaking)
5	CTS	(Clear-to-Send, Hardware-Handshaking)
7	SG	(Signal-Masse)

8	DCD	(Data Carrier Detect, Modems zeigen hier an, daß sie eine Verbindung hergestellt haben)
20	DTR	(Data Terminal Ready, hier signalisiert der Rechner, daß er bereit zum Senden ist)
22	RI	(Ring Indicator, Modems melden hier das "Klingeln" des Telephons, also den Wunsch eines Partners nach Aufnahme einer Verbindung)

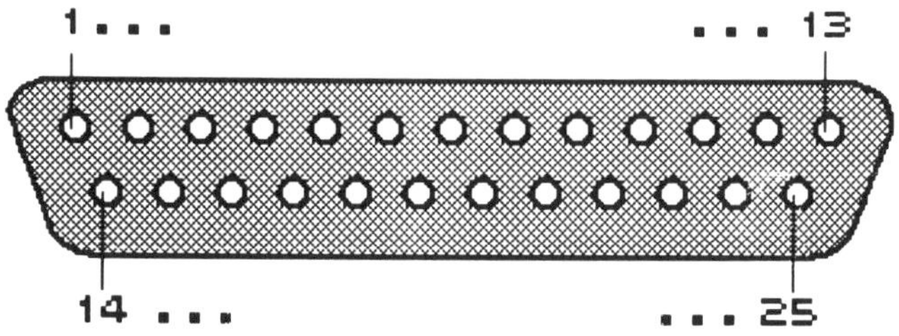

Abb. 7.8: Die Pinbelegung am RS-232-Stecker (Aufsicht von außen)

Gibt es noch andere Steckerformen für die serielle Schnittstelle?

Empfangsgeräte wie Modems o.ä. sind meistens mit einem weiblichen SUB-D-Verbinder ausgerüstet (ebenfalls 25-polig). Die Pinbelegung ist bei diesen Verbindern identisch, die Pins werden jedoch wie in Abb. 7.4. numeriert. Unter den PC-Kompatiblen hat sich die Unsitte verbreitet, die RS-232 über 9-polige SUB-D-Verbinder zu führen (wie bei einem Joystick). Bei diesen ist die Pinbelegung wie folgt:

1	DCD
2	RD
3	TD
4	DTR
5	Signal Ground
6	DSR (Data Set Ready, fehlt beim ST, zeigt Betriebsbereitschaft des Empfängers an)
7	RTS
8	CTS
9	RI

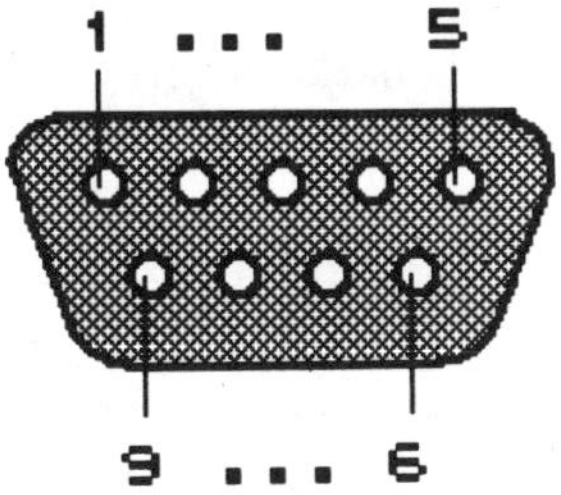

Abb. 7.9: 9-poliger RS-232-Stecker für PCs

Welches Kabel brauche ich zum Anschluß eines Modems?

Bei der RS-232 unterscheidet man den Anschluß von sogenannten Datenendeinrichtungen (Computer, Drucker) und Datenübertragungseinrichtungen (Modems, Akustikkoppler). Letztere sind besonders einfach zu behandeln. Zum Anschluß werden die einzelnen Signale 1:1 miteinander verbunden, d.h. TD an TD, RD an RD usw. Welche Pins dabei jeweils miteinander verbunden werden müssen, hängt von den vorhandenen Steckerformen ab. Liegen auf beiden Seiten 25-polige Verbinder vor, so können Sie im allgemeinen Quetschverbinder benutzen.

Was ist ein Nullmodem?

Ein Nullmodem soll einem Computer ein nicht vorhandenes Modem an der seriellen Schnittstelle vortäuschen. Man braucht es bei der Übertragung von Daten zwischen zwei Rechnern oder zwischen Rechner und Drucker.

Wie bereits erwähnt, wurde die RS232-Schnittstelle ursprünglich nur für den Anschluß von Modems und sonstigen Datenfernübertragungseinrichtungen konzipiert. Mit der Zeit entdeckte man diese Norm aber auch als ideale Verbindungsmöglichkeit zwischen Rechnern. In diesem Falle fehlen natürlich die Modems, die sonst die Daten auf die Reise über die Telefonleitung schicken. Eine serielle Schnittstelle erwartet ankommende Daten auf der RD-Leitung und sendet auf TD.

Werden nun zwei Rechner mit einem 1:1-Kabel verbunden, so senden beide Geräte auf der gleichen Leitung. In einem Nullmodem werden die Daten- und Handshaking-Signale über Kreuz geschaltet, so daß jede Leitung am richtigen Pin landet.

Technisch gesehen ist dahinter nur ein simples Kabel zu sehen, in dem einige Adern sich überkreuzen.

Welches Kabel brauche ich zur Kopplung zweier Rechner?

Hier brauchen Sie das erwähnte Null-Modem, dessen Schaltung Sie in Abb. 7.10. ablesen können. Wegen der gekreuzten Leitungen lassen sich hier keine Quetschverbinder benutzen. Vielfach können Sie solche Null-Modems auch schon kaufen.

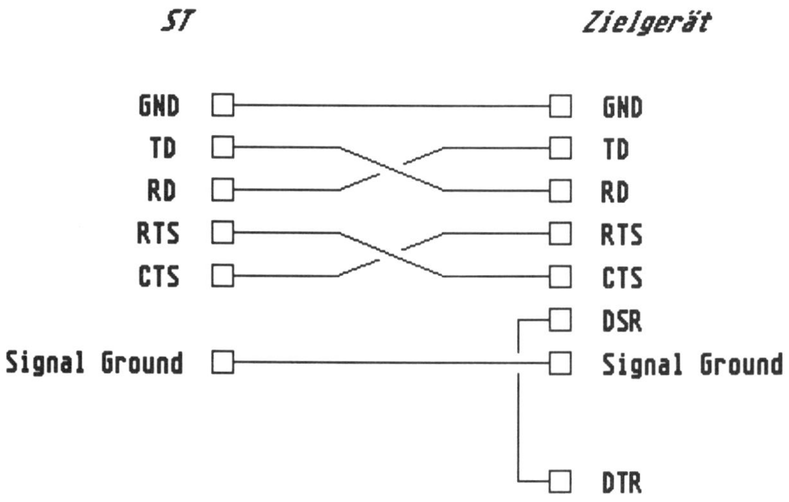

Abb. 7.10: Die Verdrahtung eines Null-Modems

Wie baue ich mir ein Druckerkabel?

In den meisten Fällen können Sie das oben gezeigte Null-Modem auch für den Anschluß eines Druckers verwenden. Manchmal funktioniert das jedoch nicht, dann müssen Sie etwas anders vorgehen. Abb. 7.11. zeigt die etwas geänderte Beschaltung.

Bei der Verwendung dieses Druckerkabels sollten Sie jedoch beachten, daß ein Hardware-Handshaking nicht möglich ist. In diesen Fällen müssen Sie unbedingt im Accessory "RS 232 Einstellung" die Option RTS/CTS aus- und die Option Xon/Xoff einschalten. Und noch einmal der Hinweis: die meisten Drucker mit serieller Schnittstelle arbeiten am ST wegen der erwähnten Fehler im ROM nur dann korrekt, wenn Anwenderprogramme einen eigenen Treiber eingebaut haben.

▸ Fehler

Bei der Benutzung der seriellen Schnittstelle zeigt das angeschlossene Gerät ein untypisches Verhalten (z.B. lassen sich Drucker nicht auf ON-LINE schalten) oder reagiert gar nicht. Daten werden offensichtlich nicht übernommen.

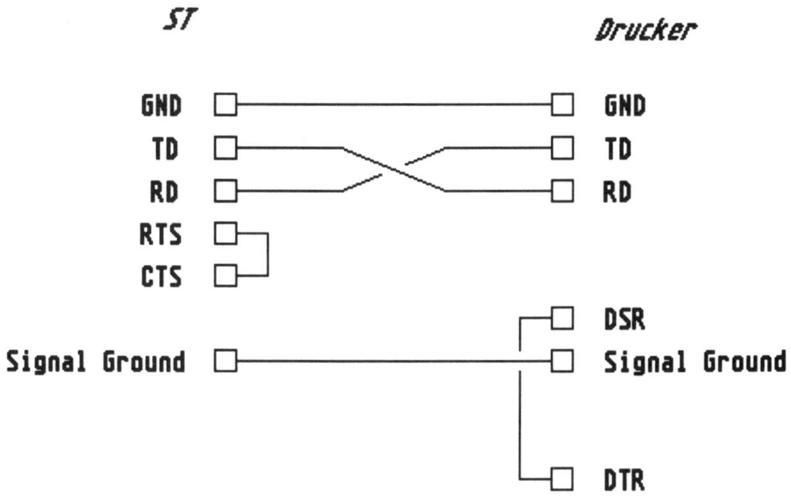

Abb. 7.11: Ein serielles Druckerkabel

▸ Abhilfe

Wahrscheinlich ist das Kabel nicht korrekt. Benutzen Sie vielleicht ein 1:1-Kabel für die Ansteuerung eines Druckers oder Computers? Ist das Kabel korrekt gelötet? Sind die Schnittstellenparameter korrekt eingestellt? Überprüfen Sie bitte alle diese Möglichkeiten. Schließlich kann auch noch der seltene Fall vorliegen, daß das angeschlossene Gerät mit keinem der oben vorgestellten Kabel zusammenarbeitet. In diesem Fall sollten Sie einen Fachmann konsultieren.

▸ **Fehler**

Am Zielgerät kommen nur wirre Zeichen an.

▸ **Abhilfe**

In diesem Fall sind wahrscheinlich Parität und/oder Baudrate der Schnittstelle nicht richtig eingestellt. Kontrollieren Sie diese Werte bitte und sorgen Sie dafür, daß beide Geräte auf gleiche Werte eingestellt sind. Sollten Sie dazu die DIP-Schalter an einem Drucker ändern müssen, schalten Sie diesen bitte vor der nächsten Übertragung kurz aus und dann wieder ein, um die Übernahme der neuen Einstellung zu gewährleisten. Falls beide Geräte mit den gleichen Parametern arbeiteten und der Fehler trotzdem auftritt, könnte die Baudrate zu hoch gewählt sein. Wählen Sie einen geringeren Wert.

▸ **Fehler**

Am Zielgerät kommt nur ein Zeichen an, dann stoppt die Übertragung.

▸ **Abhilfe**

Hier handelt es sich um den Fehler in den Betriebssystem-ROMs, der eine korrekte Übertragung verhindert. Um mit dem Zielgerät richtig arbeiten zu können, brauchen Sie eine geeignete Software mit eigenen Treibern.

7.3 MIDI

Was heißt MIDI?

MIDI ist die Abkürzung für Musical Instrument Digital Interface. Engagierte Hobby-Musiker unter Ihnen werden diesen Standard vielleicht kennen. Hier haben sich nämlich die Hersteller von digital arbeitenden Musikinstrumenten (z.B. Synthesizer oder Drum-Machines) geeinigt und eine einheitliche Anschlußnorm geschaffen. Im Klartext: mittels MIDI-Schnittstellen ist man in der Lage, mehrere solcher Musikinstrumente miteinander zu koppeln und gemeinsam zu steuern.

Damit ist es also denkbar, daß Ihr ST als Steuerrechner für eine ganze Batterie von Instrumenten dient und z.B. komplette Melodien an ein Keyboard verschickt. Wenn Sie also das nächste Mal in ein Rockkonzert gehen und auf der Bühne einen ST stehen sehen, wissen Sie: MIDI ist am Werk.

Wo finde ich die MIDI-Schnittstelle?

Die MIDI-Schnittstelle zeigt sich in Form von zwei runden Buchsen, die bei 520 ST+, 520 ST/M und 260/ST direkt neben dem Anschluß für das Netzteil, beim 1040ST auf der linken Seite des Gerätes neben dem Modulport und beim Mega ST hinten zwischen Printer- und Monitoranschluß zu sehen sind und die Bezeichnungen "MIDI In" und "MIDI Out" tragen.

MIDI ist eine serielle Schnittstelle und basiert auf dem Prinzip der Stromschleife, d.h. alle angeschlossenen Geräte sind ringförmig miteinander verbunden. Möchte ein Gerät mit einem anderen kommunizieren, schickt es seine Mitteilung über den Ausgang MIDI Out los. Diese Nachricht kommt beim nächsten Gerät über MIDI In herein. Der Empfänger sieht sich dann die Meldung genau an und stellt fest, ob sie für ihn bestimmt ist.

Falls ja, kann er entsprechend reagieren. In jedem Fall aber wird die Meldung über Midi Through an den nächsten in der Kette weitergegeben, auch wenn die Nachfolger gar nicht davon betroffen sind. Auf diese Weise läuft die Nachricht über alle angeschlossenen Geräte zurück zum Sender. Dieses umständliche Verfahren hat durchaus seinen Sinn. Falls die Meldung nicht unbeschädigt wieder beim Sender ankommt, muß irgendwo ein Übertragungsfehler vorliegen und der Sendevorgang kann wiederholt werden. Die Übertragungsgeschwindigkeit bei MIDI beträgt 31250 Baud, das Datenformat ist ein Startbit, 8 Datenbits und 1 Stopbit.

Was kann man mit MIDI machen?

Zunächst einmal brauchen Sie für die Nutzung der MIDI-Schnittstelle Software, die dafür eingerichtet ist. Es gibt bereits spezielle Programme, mit deren Hilfe der ST Melodien speichern und auf angeschlossenen Keyboards abspielen kann (sog. Sequenzer). Meist kann dann auch noch eine Drum-Machine mit angeschlossen werden und und und...

Kann MIDI auch für andere Zwecke eingesetzt werden?

MIDI ist recht schnell und braucht, da es sich hierbei um eine serielle Schnittstelle handelt, nur wenige Leitungen, die zudem noch sehr lang sein dürfen. Aus diesem Grund ist man schon mehrfach auf die Idee gekommen, diese Schnittstelle nicht nur zum Steuern von Musikinstrumenten zu benutzen. So existieren Netzwerke, die auf MIDI basieren und viele Computer miteinander verbinden.

Wie wird die MIDI-Schnittstelle bedient?

Das hängt einzig und allein vom verwendeten Programm ab. Daher können hier leider keine weitergehenden Tips gegeben werden.

7.4 Die Anschlüsse für Hard- und Floppy-Disk

Wofür sind diese Anschlüsse gedacht?

"Hard-Disk" steht für den sogenannten DMA-Anschluß. Ursprünglich nur für den Anschluß einer Festplatte gedacht, sind hier wichtige Weiterentwicklungen gemacht worden. Bekanntestes Beispiel ist der Atari-Laserdrucker, der hier ebenfalls mit dem ST verbunden wird.

An die "Floppy-Disk"-Buchse kommt, wie Sie wissen, ein Diskettenlaufwerk. Falls in Ihrem Rechner kein Laufwerk eingebaut ist, stecken Sie hier das Kabel zum Laufwerk A ein, an das dann seinerseits Laufwerk B angeschlossen wird. Bei den Modellen 1040 STF, 520 STF und den Mega-ST's, die alle eingebaute Laufwerke haben, wird hier eine zusätzliche Station angeschlossen. Wichtig ist: mehr als zwei Disketten-Stationen kann der ST nicht bedienen, auch wenn der Anschluß einer weiteren Station möglich scheint, weil ja schließlich noch eine Buchse frei ist.

Was ist DMA?

Die Festplatte hat neben der großen Kapazität noch die angenehme Eigenschaft, daß sie ungeheuer schnell arbeitet. Man sagt sogar, daß die Harddisk im Prinzip genauso schnell wie eine RAM-Disk arbeitet, lediglich durch die ab und zu notwenigen Spurwechsel der Schreib-Lese-Köpfe wird sie etwas langsamer. Wie dem auch sei, das Zauberkürzel in diesem Zusammenhang heißt DMA. Das steht für Direct Memory Access (direkter Speicherzugriff) und kennzeichnet eine recht ausgefuchste Methode, Daten zwischen Speicher und Festplatte hin und her zu transportieren.

Im Normalfall läuft die Übertragung von Daten zwischen Speicher und Peripherie ungefähr so ab: der Prozessor holt die Daten aus dem Speicher, gibt sie an die Schnittstelle weiter und diese an das betreffende Gerät (bzw. umgekehrt). Bei DMA-Betrieb kann das Peripheriegerät direkt in den Speicher schreiben oder daraus lesen. Der Prozessor braucht nur noch den Ort der Speicherung anzugeben und hat mit dem Rest nichts mehr zu tun. Auf diese Weise wird bei jedem übertragenen Zeichen der Umweg über den Prozessor vermieden.

DMA wird übrigens nicht nur in Verbindung mit Festplattenlaufwerken angewandt. Auch die Floppy-Disk füllt den Speicher per DMA. Hier merkt man aber von der großen Geschwindigkeit nicht so viel, weil die Diskettenstation an sich sehr viel langsamer ist. Außerdem bedingt diese Technik, daß Festplatte und Disketten nie gleichzeitig bedient werden können, da immer nur ein Gerät über den DMA-Kanal zugreifen darf.

7.5 Der Modulschacht

Wozu ist der Modulschacht da?

Was hier ein bißchen an ein Telespiel erinnert, hat einen durchaus ernsten Hintergrund. So können hier ROM-Module eingesteckt werden, die seriöse wie amüsante Software enthalten. Bestes Beispiel sind die BASIC-Interpreter von GFA und Omikron, die beide auf solchen ROMs erhältlich waren bzw. noch erhältlich sind. Außerdem findet man in der einschlägigen Fachliteratur immer wieder Bauanleitungen, die den schlichten Modulanschluß in eine universelle Schnittstelle verwandeln.

Gibt es verschiedene Arten von Modulen?

Neben Anwendungssoftware auf Modulen gibt es auch reine Datenmodule, die keine Programme enthalten. Sie werden von verschiedenen Programmen genutzt, die darauf wie auf normale Speicher zugreifen können. Schließlich gibt es noch sogenannte

Diagnosemodule, über die jeder Atari-Händler verfügt. Diese enthalten spezielle Prüfprogramme, mit denen eine Fehlerdiagnose sehr vereinfacht werden kann.

Wie kann ich Programme aus einem ROM-Modul starten?

Sie können ein ROM-Modul wie eine normale Datenstation in das GEM einbinden. Melden Sie zu diesem Zweck ein Laufwerk mit der Kennung c an. Dieses wird automatisch dem ROM-Modul zugeteilt. Ab jetzt können Sie die Programme auf dem Modul wie jedes andere auf Diskette nutzen. Nur Dateien verändern oder neue anlegen können Sie auf einem ROM-Modul nicht.

Achten Sie beim Einstecken eines Moduls darauf, daß alle Geräte ausgeschaltet sind! Sonst droht die Beschädigung der Hardware. Außerdem müssen Sie streng darauf achten, daß Sie das Modul richtig herum in den Rechner einstecken. Sollten sich nach dem Einschalten dann Anomalien ergeben, schalten Sie den Rechner sofort wieder aus und überprüfen Sie, ob das Modul wirklich entsprechend der Anleitung eingesteckt wurde. Falls ja, und der Fehler verschwindet nicht, liegt ein Defekt im Modul vor.

8. Datenaustausch mit anderen Rechnern?

Welche prinzipiellen Möglichkeiten zur Datenübertragung gibt es?

Zunächst bietet sich wohl an, den Datenaustausch mittels Disketten zu probieren. Solange der Tauschpartner ebenfalls über ein 3½-Zoll-Diskettenlaufwerk verfügt, gibt es zumindest die theoretische Möglichkeit, die eigenen Disketten auch dort einzusetzen. Die andere Möglichkeit zum Datenaustausch ist die Kopplung zweier Rechner über die serielle Schnittstelle.

Was kann man austauschen?

Auf jeden Fall können Sie reine Textfiles austauschen. Wichtig ist, daß diese Dateien keine Steuerzeichen mehr enthalten, denn diese würden auf dem anderen Rechner falsch interpretiert. Benutzen Sie deshalb in Textverarbeitungen die Möglichkeit, den Text als reines ASCII-File abspeichern zu können. Dabei gehen natürlich die Formatierungen verloren, aber das ist leider nicht zu vermeiden.

Bei Dateien aus einer Dateiverwaltung oder aus Grafik-Programmen wird die Übertragung schon schwieriger. In den meisten Fällen arbeiten die Programme auf anderen Rechnern mit verschiedenen Datenformaten, so daß sich bei der Übernahme Schwierigkeiten ergeben können. Hier hilft nur Probieren weiter. In manchen Fällen ist es auch möglich, kleine Konvertierungsprogramme zu schreiben. Allerdings ist dazu eine genaue Kenntnis der Datenstrukturen erforderlich.

Kann man auch Programme austauschen?

So gut wie überhaupt nicht möglich ist der Austausch von Programmen. Zur Zeit existieren auf dem Markt vier große Rechnerfamilien, deren Programme untereinander nicht austauschbar sind. Neben den ST-Modellen gibt es die weitverbreitete Gruppe der PC-Kompatiblen, die Amigas und die Modellfamilie rund um den Apple MacIntosh. Jeder dieser Familien hat eigene Programmformate, die PC-Kompatiblen haben auch noch einen anderen Prozessor, sodaß hier die Übertragung selbst bei den PCs aus dem Hause Atari scheitert.

Amiga und Mac besitzen zwar denselben Prozessor (den 68000), verarbeiten aber ganz unterschiedliche Betriebssysteme, so daß es auch hier unmöglich ist, die Programme des einen auf dem anderen Rechner laufen zu lassen. Wichtige Ausnahmen: für den ST gibt es sogenannte Emulatoren, die einen PC bzw. einen MacIntosh auf dem ST nachahmen können. Wenn Sie einen solchen Emulator besitzen, können Sie natürlich die fremde Software übernehmen.

Wie geht der Datenaustausch mit einem Amiga vor sich?

Das einfachste wird hier die Übertragung per serieller Schnittstelle sein. Dazu müssen Sie allerdings einige Tricks beachten - siehe unten. Ein anderer Weg steht durch das Programm DOS-2-DOS offen, das es dem Amiga ermöglicht, diverse andere Diskettenformate (darunter auch das Atari-Format) zu lesen und zu beschreiben. Auf diese Weise können Sie Dateien höchst elegant per Diskette auf den Amiga übertragen.

Sind die Daten dann einmal auf dem anderen Rechner angekommen, müssen diese noch ein wenig nachbearbeitet werden. Der Amiga benutzt nämlich einen leicht abgeänderten Zeichensatz, so daß insbesondere Spezialzeichen und Umlaute ein sehr merkwürdiges Aussehen zeigen werden. Abhilfe: Laden Sie die Datei in eine Textverarbeitung und führen Sie einen Ersetzungsvorgang durch, bei dem das fremde Zeichen durch das gewünschte ersetzt wird.

Wie kann ich Daten mit einem MacIntosh austauschen?

Zur Übertragung auf einen Mac steht leider nur die serielle Schnittstelle zur Verfügung. Zur genauen Vorgehensweise sehen Sie bitte weiter unten nach. Außerdem stimmen die Zeichensätze nicht überein, sodaß Tauschvorgänge ausgeführt werden müssen.

Wie funktioniert der Datenaustausch mit PC's?

Hier haben wir den einfachsten Fall. Falls der PC mit einem 3½-Zoll-Laufwerk ausgestattet ist, steht einer Übertragung per Diskette nichts mehr im Wege. Der Atari ST kann das Diskettenformat der PC's lesen und beschreiben. Einzige Voraussetzung: die zur Übertragung vorgesehene Diskette muß auf einem PC formatiert sein. Auf diese können Sie dann alle Dateien kopieren, die der jeweils andere Rechner erhalten soll. Falls der PC kein 3½-Zoll-Laufwerk besitzt, müssen Sie auf die serielle Schnittstelle ausweichen. Zum Glück ist auch der Zeichensatz des PC nicht allzusehr von dem des ST verschieden. In den meisten Fällen wird es reichen, einfach das 'ß' anzupassen. Beim ST wird dafür der ASCII-Code 158 verwendet, beim PC ist es die 225.

▸ Fehler

Bei der Übertragung per Diskette weigert sich einer der Rechner, die Diskette des jeweils anderen zu lesen, obwohl dies eigentlich möglich sein müßte.

▸ Abhilfe

Es kann sein, daß eines der beiden Laufwerke dejustiert ist, d.h. die Schreib-Leseköpfe sind ein wenig aus der richtigen Bahn gerutscht. Lassen Sie Ihr Laufwerk beim Händler überprüfen und ggf. neu einstellen. Das ist nicht teuer und trägt auch zur allgemeinen Datensicherheit bei.

Wie geht der Datenaustausch per RS-232-Schnittstelle vor sich?

Zunächst müssen Sie die beiden Rechner mit einem Nullmodem wie in Kapitel 7 beschrieben miteinander koppeln. Vorsicht: Bei einigen Geräten können die Stecker zwar genau wie beim ST aussehen, doch die Pinbelegung ist evtl. ganz anders. Informieren Sie sich bitte in der zugehörigen Gebrauchsanleitung.

Steht die Verbindung (und sind auf beiden Rechnern gleiche Schnittstellenparameter eingestellt), so kann die Übertragung beginnen. Dazu brauchen Sie auf dem ST ein geeignetes Terminalprogramm, also eine Software, die der Datenübermittlung dient. Achten Sie bitte darauf - sofern Sie keinen Mega-ST besitzen - daß das Terminalprogramm eigene Routinen zur Bedienung der Schnittstelle besitzt, sonst pfuscht Ihnen der Fehler im Betriebssystem ins Handwerk.

Falls Sie mit einem Mega-ST arbeiten, können Sie auch das folgende BASIC-Programm einsetzen. Es besteht aus nur sechs Zeilen und überträgt eine beliebige Datei Zeichen für Zeichen per serieller Schnittstelle an einen anderen Rechner. Am schnellsten ist die Übertragung, wenn beide Rechner das RTS/CTS-Verfahren beherrschen. Das Listing des Terminalprogramms sieht so aus:

Version für GFA-BASIC

```
Open "I",#1,"Dateiname"
While Not Eof(#1)
  Byte=Inp(#1)
  Out 1,Byte
Wend
Close #1
```

Version für Omikron- bzw. ST-BASIC

```
1 OPEN "I",1,"Dateiname"
2 OPEN "V",2
3 WHILE NOT EOF(1)
4   Byte$=INPUT$(1,1)
5   PRINT#2, Byte$
6 WEND
7 CLOSE 1
8 CLOSE 2
```

Für "Dateiname" müssen Sie natürlich den Namen der Datei einsetzen, die Sie übertragen möchten. Falls es mit diesen Progammen Schwierigkeiten geben sollte, müssen Sie auf ein richtiges Terminalprogramm umsteigen. Auf dem Zielgerät muß ebenfalls ein Terminalprogramm eingesetzt werden, das aber diesmal auf Empfang geschaltet wird.

9. Software

Was heißt eigentlich Software?

Software (wörtlich: "Weiche Ware") ist das Gegenteil von Hardware. Das Wort Hardware steht im Englischen auch für "Werkzeug". Die Geräte stellen also ein Werkzeug dar, die Programme, die darauf laufen, sind die Software.

Was sind Anwendungsprogramme?

Unter Anwendungsprogrammen versteht man solche Software, die speziell für eine bestimmte Anwendung geschrieben ist. Beispiele: Textverarbeitungen, Dateiverwaltungen etc. Das Gegenteil von Anwendungen sind Programmiersprachen und Tools.

Was versteht man unter Tools?

Tool heißt ebenfalls "Werkzeug". Solche Programme dienen zum Beispiel zur bequemeren Verwaltung der Dateien auf einer Diskette. Das Programm TREE aus Kapitel 3 ist ein typisches Tool. Andere Tools können Dateien besonders schnell kopieren oder ermöglichen einen direkten Zugriff auf jedes einzelne Byte einer Diskette (sogenannte Disk-Monitoren).

Darf man Software kopieren?

Im Normalfall ist jedes Kopieren von fremder Software ein Verstoß gegen das Urheberrechtsgesetz. Gekaufte Programme sind fremdes geistiges Eigentum und dürfen daher nur für den eigenen Gebrauch vervielfältigt werden - z.B. wenn Sie ein Programm von der Originaldiskette auf eine Arbeitskopie oder die Festplatte übertragen. Auch die berühmte Weitergabe an den besten Freund (von dem es plötzlich sehr viele gibt) ist verboten.

Nur wenn die Hersteller des Programms ausdrücklich das Kopieren freigeben, ist es auch erlaubt. In manchen Fällen wird sogar das Herstellen von Sicherungskopien durch eine Kopierschutz unmöglich gemacht. Eine Sicherungskopie wäre hier aber rechtlich erlaubt - jedoch nur für den eigenen Gebrauch. Falls Sie das Original-Programm weitergeben, müssen Sie die Kopie vernichten.

Was bedeuten die Begriffe Public-Domain-Software, Freeware und Shareware?

Hier handelt es sich um Programme, die Sie beliebig oft kopieren und verbreiten dürfen. Public-Domain heißt soviel wie "Öffentliches Gut", d.h. der Programmierer hat auf seine Urheberrechte an dieser Software verzichtet und stellt sie jedermann kostenlos zur Verfügung. Das gleiche gilt für die sogenannte Freeware. Shareware ist etwas ähnliches. Der Programmierer hat hier nicht gänzlich auf seine Rechte verzichtet.

Sie dürfen Shareware beliebig kopieren und verteilen und sich das Programm nach Herzenslust anschauen. Wenn Sie die Software aber wirklich gebrauchen können, sollten Sie fairerweise den gefordeten Betrag (meistens 10,- bis 20,- DM) an den Programmierer schicken. Damit haben Sie das Programm endgültig erworben. In den meisten Fällen erhalten Sie dann als kleines Dankeschön eine detaillierte Anleitung. Oft kann man sich auch als Anwender registrieren lassen und erhält so jede neue Version automatisch zugeschickt.

Wie komme ich an die Free- bzw. Shareware heran?

Der billigste Weg ist sicher das Kopieren von Freunden (dies ist ja ausdrücklich erlaubt). Public-Domain-Software wird aber auch von sogenannten Kopierdiensten vertrieben, die für die Kopie einer Public-Domain-Diskette recht hohe Gebühren verlangen, mitunter bis zu 20 DM. Wohlgemerkt: Diese Kopierdienste sind keineswegs die Urheber dieser Programme, sie kopieren sie nur. Ich empfehle Ihnen daher, sich mit möglichst vielen ST-Besitzern zusammenzutun, um diese Gebühren für den einzelnen klein zu halten. Wenn Sie die Disketten einmal haben, kann Sie niemand daran hindern, die Software an Bekannte weiterzugeben. Ähnliches gilt auch für die Kopierdienste einiger Computerzeitschriften, die aber meist sehr viel zivilere Gebühren als die kommerziellen Vertreiber fordern.

Wie gut ist Public-Domain-Software?

Hochklassige Software können Sie hier sicherlich nicht erwarten. Doch ist es oft erstaunlich, welchen Standard die freien Programme bereits erreicht haben. Leider hilft hier nur eine Methode: Probieren. Das kann bei kommerziellen Kopierdiensten natürlich recht teuer werden - aber auch mit "richtiger" Software kann man Pech haben.

9.1 Textverarbeitung und Editor

Was ist der Unterschied zwischen einer Textverarbeitung und einem Editor?

Ein Editor ist ein Programm, mit dem man Texte schreiben und redigieren kann - mehr nicht. Eine Textverarbeitung erlaubt darüberhinaus noch vielfältige andere Funktionen. Das beginnt bei der Formatierung des Textes (automatischer Randausgleich, Zentrieren), geht weiter bei Trennhilfen und Lexika und hört auf bei der Verwaltung von Fußnoten, der automatischen Erstellung von Inhaltsverzeichnissen und dem Einbinden von Grafiken. Editoren sind daher meist sehr viel einfacher und schneller. Sie werden vor allem zum Schreiben von Programmtexten eingesetzt. In den meisten Fällen wird zu jeder Programmiersprache ein Editor mitgeliefert, der oft auch noch an die speziellen Gegebenheiten der Sprache angepaßt ist.

Was muß eine Textverarbeitung können?

Natürlich muß eine Textverarbeitung zuerst einmal Texte bearbeiten können. Diese sollten dann in beliebiger Form ausdruckbar sein - und zwar auf möglichst vielen Druckern, ohne daß Sie eine umständliche Anpassung vornehmen müssen. In punkto Formatierung muß wenigstens der sogenannte Block- und der Flattersatz möglich sein. Unter Umständen kann auch ein mehrspaltiger Ausdruck sehr nützlich werden, wenn Sie zum Beispiel für eine Zeitung schreiben. Vielfach wird auch eine Trennhilfe oder ein Lexikon geboten, was in den deutschen Sprache allerdings auf gewisse Schwierigkeiten stößt.

Gute Programme erlauben die Erstellung von Serienbriefen (mit jeweils gleichem Text, aber verschiedenen Adressen, die aus einer Dateiverwaltung direkt übernommen werden). Wenn Sie häufig Abbildungen zur Illustration Ihrer Texte benötigen, sollte Ihre Textverarbeitung unbedingt Grafikdateien aus einem Malprogramm einbinden können. So entfällt das lästige Kleben.

Für alle, die häufig professionelle Texte erstellen müssen (Wissenschaftler, Studenten, Autoren), ist die automatische Erstellung von Inhalts- und Stichwortverzeichnis wichtig. Hierbei müssen die entsprechenden Zeilen bzw. Wörter im Text nur markiert werden und das Programm setzt beim Druck daraus automatisch die gewünschten Verzeichnisse zusammen. Kaufleute werden es begrüßen, wenn die Textverarbeitung auch direkt Berechnungen im Text ausführen kann - z.B. die Summe aller Werte in einer Spalte.

Es versteht sich wohl von selbst, daß die Textverarbeitung die Benutzung verschiedener Schriftarten wie fett, kursiv usw. unterstützt.

```
DIES IST EIN
TEXT IM SOGE-
NANNTEN FLAT-
TERSATZ. DER
RECHTE RAND
FLATTERT HIN
UND HER.
```

```
DIES    IST    EIN
TEXT IM    SOGE-
NANNTEN BLOCK-
SATZ.
DER        RECHTE
RAND   WIRD  IM-
MER    AN    DER
GLEICHEN STEL-
GEHALTEN.
```

Abb. 9.1: Block- und Flattersatz

Was bewirkt eine Trennhilfe und wie gut ist sie?

Eine Trennhilfe trennt automatisch solche Wörter, die über ein Zeilenende hinausreichen. Je nach Aufwand, den die Entwickler getrieben haben, ist diese Trennhilfe mehr oder weniger gut. Nur eines gibt es nicht: 100%-ig korrekt arbeitende Trennprogramme. Die deutsche Sprache wehrt sich bisher mit Händen und Füssen dagegen, Trennungen mechanisch durchführen zu lassen. Das liegt vor allem an den zusammengesetzten Hauptwörtern, aber auch an einigen Ausnahmen. Wenn Sie also eine Trennhilfe benutzen, müssen Sie die so erzielten Trennungen auf jeden Fall noch kontrollieren.

Die meisten Trennhilfen lassen sich durch das Einfügen eigener Bindestriche von der richtigen Schreibweise überzeugen. Wenn Ihre Textverarbeitung also wieder einmal falsch getrennt hat, setzen Sie an der richtigen Stelle einen Bindestrich und lassen Sie die Zeile neu formatieren. In den meisten Fällen übernimmt das Programm Ihren Vorschlag, soweit er in die Zeile paßt.

Was sind Lexika oder Wörterbücher?

Das stellt schon die nächste Stufe der Rechtschreibhilfe dar. In einer meist sehr großen Datei sind viele Wörter und Silben gespeichert. Diese werden mit dem eingetippten Text verglichen. Findet das Programm eine Silbe oder ein Wort, das nicht im Lexikon gespeichert ist, so geht es von einem Rechtschreibfehler aus und moniert dieses Wort. Sie haben dann die Möglichkeit, dieses Wort zu ändern oder - falls es sich um ein neues Wort handelt - dieses in das Lexikon zu übernehmen. Auf diese Weise wächst das Lexikon mit der Zeit auf den Wortschatz an, den Sie in Ihrer täglichen Schriftsprache verwenden. Je nach Programm kann man den Text durch ein solches Lexikon nachträglich oder während der Eingabe kontrollieren lassen. Nützlicher Nebeneffekt der Lexika: die Trennhilfe wird genauer, da die neuen Wörter im Lexikon meist silbenweise abgelegt werden.

Wenn Sie die ersten Male mit einem Lexikon arbeiten, enthält es nur wenige Wörter. Lassen Sie in dieser Situation die Kontrolle während der Eingabe durchführen, so werden Sie nach wenigen Wörtern immer wieder unterbrochen, was sich natürlich äußerst hinderlich auf den Schreibfluß auswirkt. Lassen Sie deshalb das Lexikon zunächst nur nachträglich den Text bearbeiten, bis nur noch wenige Wörter moniert werden. Dann können Sie ohne große Störungen auch die mitlaufende Kontrolle benutzen.

Was sind Blöcke?

Blöcke in einer Textverarbeitung oder einem Editor sind markierte Textteile. Ein Block kann meistens beliebig lang sein (Buchstaben, Wörter, Zeilen, Absätze). Mit diesen Blöcken lassen sich dann eine Reihe von Operationen ausführen. So können die meisten Textverarbeitungsprogramme Blöcke verschieben, kopieren und löschen. Die meisten Programme zeigen einen Block dadurch an, daß der Text auf dem Bildschirm invertiert oder farbig unterlegt wird.

Was kann man mit Blöcken machen?

Blöcke eignen sich vorzüglich dazu, vorgefertigte Textbausteine zu kompletten Briefen zusammenzusetzen. Wenn Sie also öfter einmal wiederkehrende Formulierungen benötigen (z.B. in Rechnungen oder Geschäftsbriefen), tippen Sie diese einmal ein und speichern diese dann auf Diskette oder Festplatte - möglichst unter einem aussagekräftigen Namen.

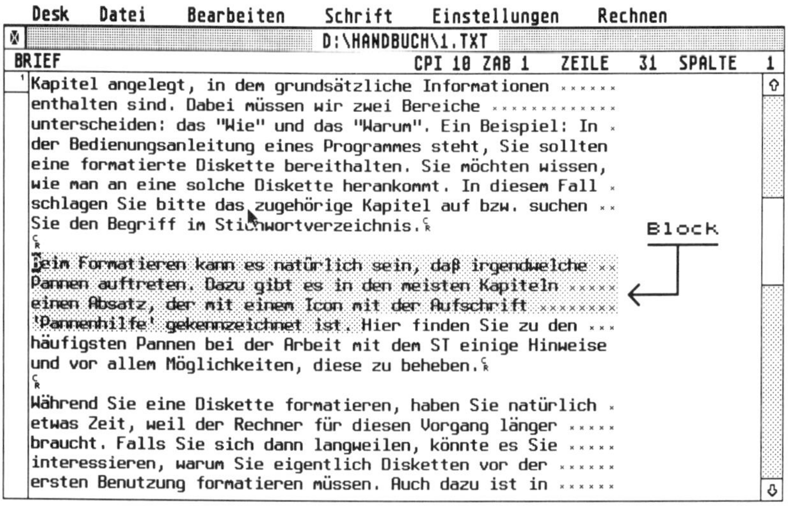

Abb. 9.2: Ein markierter Block

Wenn Sie dann beim Schreiben eines Briefes diesen Baustein wieder benötigen, laden Sie einfach den Textblock von der Diskette, statt ihn mühsam neu eintippen zu müssen. Andere Anwendungsgebiete von Blöcken: innerhalb eines Textes (z.B. in Programmen) wird ein ähnliches oder sogar identischens Stück mehrfach gebraucht. Markieren Sie es als Block. Diesen Block können Sie dann auf Tastendruck überalldahin kopieren (also vervielfältigen), wo er wieder gebraucht wird. Dann können Sie noch evtl. nötige Änderungen durchführen.

Auch sonst lassen sich Blöcke recht kreativ einsetzen. Stellen Sie sich vor, Sie haben einen Text erstellt, der in letzter Minute komplett neu gegliedert werden muß. Das heißt nicht etwas neutippen. Markieren Sie nacheinander alle umzustellenden Textteile als Block und verschieben Sie sie dann an den gewünschten Ort. Der Block wird an der alten Stelle entfernt und am neuen Ort fein säuberlich eingefügt - fertig. Natürlich können Sie überflüssige Teile auch entfernen: Block markieren und löschen.

In vielen Fällen müssen Änderungen an der Formatierung über den ganzen Text vorgenommen werden, die Textverarbeitung läßt dies aber nur absatzweise zu. Normalerweise müßte man dann jeden Absatz einzeln anfahren und formatieren. Mitunter hilft aber auch folgender Trick: markieren Sie den gesamten Text als Block. Stellen Sie nun die neuen Formate ein. Die meisten Programme beziehen diese Änderung nicht mehr auf den Absatz, in dem der Cursor steht, sondern auf den markierten Block - also in unserem Fall den ganzen Text.

Dieser Trick funktioniert natürlich auch mit anderen Funktionen als der Formatierung. Nehmen wir an, Sie haben eine Schriftart so an den Drucker angepaßt, daß Sie damit den NLQ-Modus einschalten können. Um nun einen ganzen Text in NLQ drucken zu lassen, markieren Sie wieder alles als einen Block und schalten diesen Block auf die gewünschte Schriftart um.

Wozu dient die Ersetzen-Funktion?

Zunächst einmal wirkt diese Funktion trivial: jedes Vorkommen eines Wortes wird durch ein anderes ersetzt. Doch auf den zweiten Blick entdeckt man eine Reihe von Anwendungen mehr. Wenn Sie beispielsweise einen Text mit einigen sehr häufigen Fachworten schreiben (wie wäre es mit "Allphasen-Netto-Umsatzsteuer mit Vorsteuerabzug"?), dann ist es natürlich sehr zeitsparend, wenn man statt des Wortungetüms eine Abkürzung eintippen kann. Im obigen Beispiel: überall, wo das Fachwort auftreten soll, tippen Sie ANU ein. Ist der Text dann fertig, lassen Sie ANU einfach durch "Allphasen-Netto-Umsatzsteuer mit Vorsteuerabzug" ersetzen.

Kann ich auch ein bestimmtes Wort überall im Text entfernen lassen?

Auch dafür eignet sich die Ersetzen-Funktion sehr gut. Beispiel: Sie möchten überall im Text den Satz "Na also." löschen. Die brutale Methode wäre, jedes Vorkommen dieses Satzes zu suchen und dann zu löschen. Mit Ersetzen geht das einfacher. Lassen Sie den Satz "Na also." durch einen leeren Text ersetzen. Auf diese Weise wird der Satz im ganzen Text gelöscht.

Kann ich mit "Ersetzen" auch Zeichensatzanpassungen vornehmen?

Das ist die nächste wichtige Anpassung. Wenn Sie einen Text von einem anderen Rechner übernommen haben, stimmen einige Zeichen (z.B. ä,ß) nicht mehr. Statt dessen erscheinen irgendwelche Grafik- oder sonstige Sonderzeichen. Abhilfe: lassen Sie diese Sonderzeichen durch die gewünschten Zeichen ersetzen. Wird also statt des ß ein # angezeigt, lassen Sie # durch ß ersetzen.

Falls das ersetzte Zeichen auch in anderen Fällen im Text vorkommt, erscheint dort natürlich auch das Ersatzzeichen. Wurde also das Doppelkreuz nicht nur für das ß eingesetzt, sondern auch z.B. zum Unterstreichen, so erscheinnt statt dieser Unterstreichungen eine Reihe von ß. Hier hilft nur Probieren.

▸ Fehler

Das Zeichen ß oder Worte, die das ß enthalten, werden nicht gefunden, obwohl es nachweislich im Text vorkommt.

▸ Abhilfe

Wenig beachtet, aber wichtig: der ST kennt zwei ß-Zeichen. Das eine mit dem ASCII-Code 158 existiert nur auf dem ST und wird normalerweise als ß eingesetzt. Es gibt aber noch das Beta-Zeichen mit dem ASCII-Wert 225, das genauso aussieht und zum Beispiel auf PC's zur Darstellung des scharfen S eingesetzt wird. In solchen Fällen sollten Sie das Beta-Zeichen durch das ß ersetzen lassen und können dann wie gewohnt fortfahren.

Kann ich Textdateien beliebig zwischen Textverarbeitungsprogrammen austauschen?

Im allgemeinen benutzt jedes Programm eine andere Methode, um Formatierungen und Schriftarten auf der Diskette zu speichern. Wenn Sie daher eine Datei aus einem anderen Textverarbeitungssystem mit Ihrem Programm laden, erhalten Sie mit ziemlicher Sicherheit ein totales Chaos auf dem Bildschirm. Doch dagegen ist ein Kraut gewachsen. Um Texte zwischen verschiedenen Programmen auszutauschen, sollten Sie diese im ASCII-Modus abspeichern, d.h. der Text wird ganz ohne Formatierungen und Steuerzeichen auf der Diskette abgelegt.

In der Datei stehen dann nur noch die reinen Texteingaben, die Sie gemacht haben. In manchen Programmen müssen Sie dazu erst den sogenannten Word-Processor-Modus ausschalten (Word-Processor ist der engl. Ausdruck für Textverarbeitung). Die Anwendung dieser Methode heißt aber auch, daß alle Einstellungen wie Schriftarten oder spezielle Formatierungen verloren gehen.

Was ist Fließtext?

Unter Fließtext wird häufig eine Textdatei verstanden, die nur den reinen Text enthält (wie im obigen Abschnitt besprochen). Dabei darf dann nur am Ende eines Absatzes ein CR-Zeichen stehen. Einige Programme (z.B. 1st-Word-Plus) speichern, wenn man die ASCII-Option verwendet, den Text mit einem CR-Zeichen nach jeder Zeile ab. In diesem Fall können Sie leider keinen Fließtext erzeugen. Fließtext ist eigentlich die universellste Methode, Texte auf andere Systeme zu übertragen. Insbesondere, wenn Sie als Journalist tätig sind, sollten Sie darauf achten, daß Ihre Textverarbeitung diese Fähigkeit besitzt. Sie können dann den Text auf Diskette in die Redaktion geben.

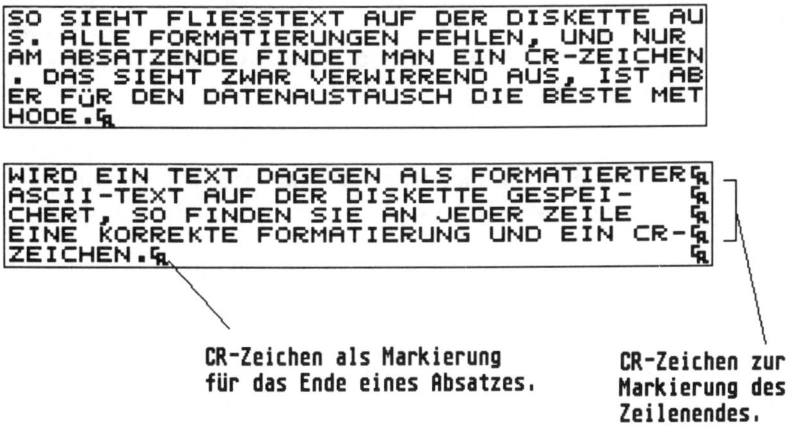

Abb. 9.3: Fließtext und formatierter ASCII-Text

Kann ich auch Listings von Programmen in der Textverarbeitung bearbeiten?

Das kommt ganz darauf an. Die Quelltexte von Compiler-Sprachen können Sie auf jeden Fall laden und auch manipulieren. Wenn Sie die so bearbeiteten Dateien dann jedoch wieder compilieren wollen, müssen Sie diese unbedingt im ASCII-Modus speichern. Dabei ist es unerheblich, ob das Programm Fließtext speichert oder nicht. Bei BASIC-Programmen sieht das nicht ganz so einfach aus. Diese werden im allgemeinen codiert gespeichert, so daß zum Beispiel statt eines Print-Befehls nur eine Nummer auf der Diskette steht (dadurch werden die Programme schneller und brauchen weniger Platz).

Die bisher bekannten BASIC-Interpreter bieten aber die Möglichkeit, die Listings auch als ASCII-File auf der Diskette zu speichern (per Save "name",A). In diesem Fall werden die Befehlsworte ausgeschrieben, das ganze Programm steht also im Klartext in der Datei. Solche Files können Sie auch in die Textverarbeitung laden und dort bearbeiten. Wollen Sie derart manipulierte Dateien wieder in das BASIC laden, müssen Sie diese per Merge in den Speicher bringen - Load funktioniert dann nicht.

Lassen sich Dateien aus gänzlich andersartiger Software in die Textverarbeitung übernehmen?

Das kommt auf den Versuch an. Sie können zum Beispiel die Datei DESKTOP.INF als Text laden und ansehen. Eine Veränderung wird im Normalfall nichts bringen, aber theoretisch können Sie die Daten so quasi per Hand manipulieren.

Manche Programme erlauben es, die Druckausgabe nicht zum Drucker, sondern in eine Datei zu schicken. Wozu ist das gut?

Beim Drucken in eine Datei handelt es sich nicht, wie auf den ersten Blick zu vermuten wäre, um eine spezielle Art des Speicherns von Texten. Die Datei wird tatsächlich Byte für Byte so erzeugt, wie sie auch an den Drucker geschickt würde - inklusive aller Steuercode für den Drucker. Wenn Sie solch eine Datei vom Desktop aus auf dem Drucker ausgeben lassen, erhalten Sie haargenau den gleichen Ausdruck wie aus dem Textsystem. Sie sparen sich aber das mitunter langwierige Laden des Programmes. Sie sollten die Option benutzen, wenn Sie den gleichen Text häufiger ausdrucken müssen (z.B. für Aufkleber, Formulare usw.). Statt dann jedesmal die Textverarbeitung zu starten, reicht ein Doppelklick auf die Druckdatei.

Die Möglichkeit, ein Inhaltsverzeichnis oder ein Stichwortregister erstellen zu lassen, ist oft an das Ausdrucken des Textes gebunden. Was ist nun, wenn ich das Inhaltsverzeichnis nachträglich erstellen möchte, z.B. weil ich das beim Druck vergaß?

Das ist kein Beinbruch. Hier gibt es einen kleinen Trick. Falls Ihr Drucker an der seriellen Schnittstelle angeschlossen ist, klemmen Sie das Kabel bitte ab (Geräte ausschalten). Bei Druckern an der Centronics-Schnittstelle entfällt dieser Schritt. Dann stellen Sie das Accessory "Drucker Anpassung" bitte so ein, daß der ST von einem Drucker an der seriellen Schnittstelle (Modem) ausgeht. In der "RS 232 Einstellung" setzen Sie bitte alle Handshaking-Parameter auf "Aus", die Baudrate auf 9600 und den Duplex-Modus auf "Halb". Dann lassen Sie den Text noch einmal ausdrucken - diesmal mit eingeschalteter Inhaltsverzeichnis- bzw. Stichwortregister-Option.

Die Daten gehen über die serielle Schnittstelle hinaus, an der kein Gerät angeschlossen ist. Das merkt der ST aber nicht, weshalb der Druck wie üblich abläuft - nur es erscheint eben nichts auf dem Papier. Dabei kann das Textverarbeitungsprogramm das Inhaltsverzeichnis bzw. das Stichwortregister erstellen und in einer Datei ablegen.

9.2 Dateiverwaltungen und Datenbanken

Was ist der Unterschied zwischen Dateiverwaltung und Datenbank?

Die Dateiverwaltung ist die einfachere Form. Hier kann nur eine Datei verwaltet werden, z.B. eine Adressenkartei. Einfachere Exemplare gehen von festen Formaten der Datensätze aus, weiter entwickelte Programme ermöglichen dem Anwender die Definition der Datensätze nach eigenen Bedürfnissen. Eine Kombination der Datei mit fremden Daten ist nicht möglich. Zur Standardausrüstung zählen außerdem Funktionen zum Suchen von Adressen nach bestimmten Kriterien, evtl. auch nach mehreren Kriterien gleichzeitig. Zusätzlich können meist auch noch Gruppen von Datensätzen ausgesondert werden (z.B. alle Adressen zum Namen Müller).

Im Unterschied dazu sind Datenbanken sehr viel flexibler. Hier können mehrere Dateien verwaltet und kombiniert werden. Ein Beispiel: Sie haben sowohl eine Adressendatei in Ihrer Datenbank, als auch eine Geburtstagsdatei. In letzterer haben Sie sich die Geburtsdaten Ihrer Bekannten notiert. In der Adressendatei befinden sich nicht nur die Namen und Adressen Ihrer Freunde, sondern auch noch Geschäftsadressen, die nicht in der Geburtstagsdatei auftauchen.

Umgekehrt mag es in der Geburtstagsdatei einige Geburtstagskinder geben, die nicht in der Adressendatei vorkommen. Einem guten Datenbanksystem können Sie nun den Auftrag erteilen, die Adressen aller Freunde auszugeben, die im Monat Juli feiern werden. Dabei kombiniert die Software automatisch die beiden Dateien und sucht nur diejenigen Adressen heraus, zu denen es auch ein Geburtsdatum gibt.

Mit einer Dateiverwaltung hätten Sie diese Aufgabe zwar auch mit vertretbarem Aufwand lösen können. Sie hätten dazu allerdings vor der Erstellung der Datei ein Feld mit dem Geburtsdatum erstellen müssen, daß dann in jeder Adresse wieder aufgetaucht wäre (also auch bei den Geschäftsadressen). Es leuchtet schnell ein, daß Datenbanken sehr viel flexibler sind. Diese Flexiblität hat allerdings ihren Preis - nicht nur in geldlicher Hinsicht. Datenbanken werden überwiegend mit einer speziellen Zugriffsspache bedient, die zunächst erlernt werden muß. Ein Zugriff könnte dann so oder ähnlich aussehen:

```
SELECT Adresse FROM Adressendatei
 WHERE Name IN Geburtstagsdatei
  AND Monat FROM Geburtstagsdatei = 'JULI'
```

Was versteht man unter relationalen Datenbanken?

Eine Steigerung des Datenbankenbegriffes stellen die relationalen Datenbanken dar. Hier braucht sich der Anwender nicht mehr um die Organisation der Daten zu kümmern, dies übernimmt das System. Zur Definiton von Dateien genügt es allein, die sogenannten funktionalen Abhängigkeiten zwischen den Feldern anzugeben. Ein Beispiel für eine solche funktionale Abhängigkeit ist der Zusammenhang zwischen Name und Adresse. Im allgemeinen kann jede Adresse allein durch die Angabe des dazugehörigen Namens gefunden werden (Namensgleichheiten seien hier der Einfachheit halber ausgeschlossen). In gleicher Weise kann man aber auch an das Geburtsdatum herankommen. Relationale Datenbanken sammeln solche funktionalen Abhängigkeiten und ordnen die Daten so an, daß man sie über diese Beziehungen abrufen kann.

Wofür braucht man eine Dateiverwaltung?

Es gibt Anwender, die mit einer Dateiverwaltung die Adressen ihres Bekanntenkreises oder Ihre Schallplattensammlung archivieren. Aber seien wir ehrlich: im Normalfall ist die Adresse aus dem ca. 100 Leute umfassenden Bekanntenkreis im Notizbuch schneller gefunden und wo die gesuchte Schallplatte steht, weiß man sowieso auswendig. Etwas anders sieht der Fall aus, wenn wirklich große Datenmengen zu verwalten sind, also beispielsweise die Kundenkartei eines Handwerkers oder das mittlerweile recht groß gewordene Archiv eines Journalisten.

Als Faustregel läßt sich festhalten, daß eine Dateiverwaltung immer da angebracht ist, wo man mehr als 10 Minuten täglich mit dem Suchen von bestimmten, immer ähnlich aussehenden Informationen zubringt. Legen Sie besonderen Wert auf Flexibilität, dann müssen Sie sich unter Umständen sogar eine Datenbank anschaffen.

Was muß ein solches Programm können?

Wichtig: Programme, die die deutschen Umlaute nicht korrekt behandeln (also das ä nicht nach dem a, sondern nach dem z einordnen), haben in Ihrem Diskettenkasten nichts zu suchen - denn damit handeln Sie sich unter Umständen mehr zusätzlichen Aufwand als Erleichterung ein. Testen Sie solche Software ggf. beim Händler. Dateiverwaltungen wie Datenbanken sollten außerdem in der Lage sein, diverse Formen von Auswertungen zu erstellen: Listen, Aufkleber usw.

Standard ist eigentlich, daß nicht nur nach einzelnen Daten, sondern nach ganzen Bereichen (z.B. alle Adressen aus dem Postleitzahlbereich 4) gesucht werden kann und die Ergebnisse dieser Auswertungen dann in den genannten Listen dargestellt werden. In vielen Fällen kann man auch nach mehreren Kriterien gleichzeitig suchen lassen (z.B. alle Müllers im Postleitzahlbereich 4). Sehr nützlich sind auch Funktionen für den Import und Export, d.h. Übernahme bzw. Übergabe von Daten aus bzw. an andere Programme.

Was ist ein Datensatz?

Ein Datensatz enthält eine Reihe von Datenfeldern, in die zusammengehörige Informat8ionen eingetragen werden können. So ist zum Beispiel eine Adresse ein Datensatz, in dem Felder wie Name, Straße, Ort usw. existieren. Das Aussehen eines Datensatzes muß festgelegt werden, bevor die ersten Daten eingegeben werden. Dabei bestimmen Sie unter anderem, wie viele Zeichen pro Datenfeld reserviert werden.

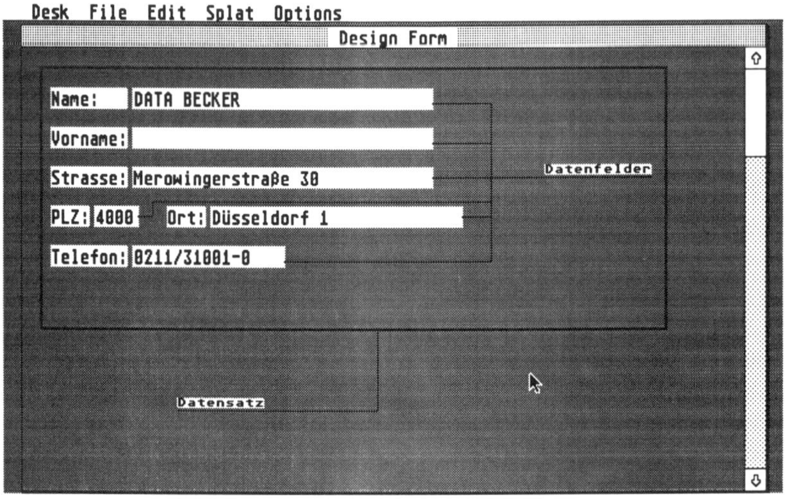

Abb. 9.4: Ein Datensatz

Was ist ein Indexfeld?

Ein Datensatz wird vom Computer in den meisten Fällen als eine Einheit angesehen, d.h. wenn Sie die Daten nach Namen ordnen lassen, werden auch die übrigen Felder in der durch die Namen vorgegebene Reihenfolge mitsortiert. Bei der Festlegeung des Datensatzaussehens müssen Sie in vielen Programmen angeben, welches der Felder das Indexfeld ist. Die gesamte Datei wird nach dem Indexfeld sortiert, d.h. mit diesem wird die Reihenfolge der Datensätze bestimmt. Wählen Sie in einer Adressendatei die Namen als Indexfeld, so werden die Adressen in der Reihenfolge der Namen gespeichert, wählen Sie die des Ortfelds, so richtet sich die Reihenfolge nach dem Ort in einer Adresse.

Sie sehen also, daß ein Indexfeld eine sehr wichtige Rolle hat, denn nach Telefonnummern sortierte Daten sind im allgemeinen recht unübersichtlich. Das soll aber nicht heißen, das sie solcherart geordnete Daten nicht auch in eine andere Reihenfolge bringen können. Weiterhin erhöht die Benutzung von Indexfeldern die Sucharbeit enorm, da diese meist im Rechner verwaltet werden.

Kann ich Daten aus einer Dateiverwaltung in andere Programme übernehmen?

In vielen Fällen ist das möglich. So steht in den meisten Fällen nichts dagegen, wenn Sie eine Auswertung als Text in die Textverarbeitung laden und dort nachbearbeiten. Umgekehrt können Sie eine Adressenliste, die als Text vorliegt, im Normalfall leider nicht in eine Dateiverwaltung übernehmen. Viele Textverarbeitungen erlauben außerdem den Druck von Serienbriefen. Dazu wird zunächst mit der Dateiverwaltung eine Liste von Adressen erstellt, an die der Brief geschickt werden soll. Das Textverarbeitungsprogramm übernimmt diese Liste und setzt die Adressen in jeden Brief automatisch beim Druck ein.

9.3 Grafiksoftware

Was bedeutet "pixel-orientiertes Programm"?

Ein Pixel ist ein Bildpunkt. Pixel-orientierte Grafikprogramme arbeiten demnach so, daß man jeden einzelnen Punkt eines Bildes mit der Maus einfärben kann. Dazu muß eine sogenannte Bit-Map gespeichert werden, also eine Art Landkarte, die für jeden Punkt die Art der Färbung angibt. Bei der Verwendung eines Monochrom-Monitors stehen dem Künstler natürlich nur zwei Farben (schwarz und weiß) zur Verfügung. Aber, wie man am Beispiel des Desktop sieht, durch geschickte Auswahl der geschwärzten Punkte kann man auch Graustufen erzeugen.

Pixel-orientierte Programme haben diverse Vorteile, so gehört zum Beispiel eine sogenannte Spritzpistole zur Standardausstattung. Damit ist eine Funktion gemeint, die ziemlich zufällig Punkte in einem eng begrenzten Kreis setzt und so einen Effekt erzielt, der ungefähr dem Sprühnebel einer Spraydose entspricht. Der Nachteil: Hat man sich vermalt, müssen die falsch gesetzten Bildpunkte häufig mit einem "Radiergummi" (hier aber elektronisch) wieder gelöscht werden, was recht mühsam sein kann, wenn sich die gezeichnete Figur mit einer anderen überschneidet.

Pixel-orientierte Bilder sind recht speicherplatzintensiv, dafür kann man sie meistens direkt vom Bildschirm abfotografieren (siehe unten). Aus diesem Grunde kann man meist auch nur eine Bildschirmseite bearbeiten. Um Punkte genauer setzen zu können, verfügen die meisten Programme auch über eine sogenannte Bit-Lupe, d.h. ein vorher bestimmtes Gebiet wird mehrfach vergrößert angezeigt und kann dann nachbearbeitet werden. Bekannte Programme auf diesem Gebiet sind DOODLE, DEGAS, NEOCHROME und PROFI PAINTER

Das Ausbügeln von Fehlern in Pixel-Grafiken ist sehr arbeitsintensiv. Viele Programme erlauben aber das Arbeiten mit mehreren Bildschirmen gleichzeitig. Man sollte daher nach etwa 10 Arbeitsschritten die bisherige Zeichnung in eine andere Bildseite kopieren und dort mit der Bearbeitung fortfahren. Macht man dann Fehler, kann man immer noch auf die letzte Seite zurückgreifen und mit der alten Version weitermachen.

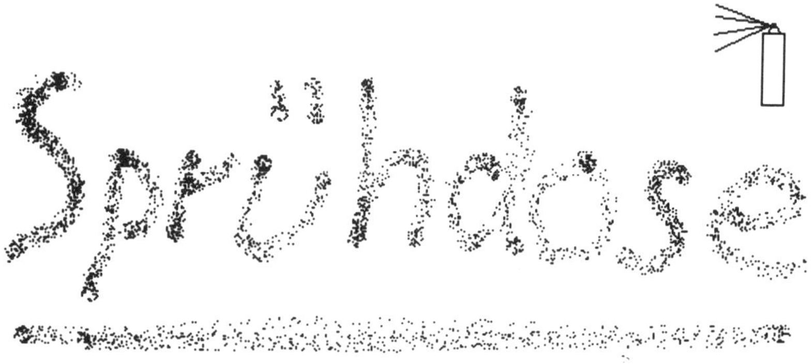

Abb. 9.5: Der Sprühdosen-Effekt

Was ist ein "objekt-orientiertes" Programm?

Ein Objekt kann jedes grafische Element sein, also zum Beispiel eine Linie, ein Kreis, ein Rechteck usw. Statt einer Bit-Map speichert ein solches Programm eine Liste von Objekten, in denen die Koordinaten und das Aussehen etwa in der folgenden Art gespeichert sind: "Kreis mit Radius 100 Punkte und Mittelpunkt 200,200". Durch das Zeichnen mit der Maus werden neue Elemente in diese Liste aufgenommen. Der Clou dabei: im Gegensatz zu pixelorientierten Programmen kann man die gezeichneten Objekte nachträglich verändern.

Man klickt zum Beispiel einen Kreis an, und vergrößert seinen Radius nachträglich auf 150 Punkte. Für das Programm bedeutet das lediglich das Ändern der Liste und anhand dieser das Neuzeichnen des Bildes. Genauso kann man sich auch ein lange vorher gezeichnetes Objekt herausgreifen und dieses wieder löschen oder an eine andere Stelle des Bildes verschieben. Der Speicherbedarf des Bildes ist bei objekt-orientierten Programmen sehr viel geringer; auch ermöglichen die meisten Programme ein Arbeiten mit Bildgrößen von DIN-A4 oder DIN-A3.

Um jede Stelle des Bildes gleich gut bearbeiten zu können, kann man ein Fenster wie einen Rahmen über dieses Bild schieben und sich den jeweils benötigten Ausschnitt heranholen. Sogar das Zoomen ist vorgesehen. Bekannteste Vertreter dieser Gattung von Grafiksoftware sind EASY-DRAW, STAD sowie einige CAD-Programme wie CAMPUS und GFA-DRAFT.

Welche Programmart ist besser?

Es ist schwer zu sagen, ob nun pixel- oder objekt-orientierte Grafikprogramme besser sind. Das hängt von Ihren Wünschen ab. Wollen Sie eher malend - im darstellenden Sinne - tätig werden, dann wird ein pixel-orientiertes Programm wegen der leichter erzielbaren Effekte für Sie besser sein. Diese Software entspricht wohl am meisten dem klassischen Pinsel. Wenn Sie eher an (technische) Zeichnungen wie etwa Struktogramme, Diagramme oder gar Konstruktionsskizzen denken, dann sollten Sie zum objekt-orientierten Programm greifen, das weitgehend den Drehbleistift nachahmt.

Wenn Sie häufig programmieren, werden Sie wahrscheinlich auch hin und wieder Struktogramme zeichnen müssen. Das ist mit Papier und Bleistift nicht sehr bequem. Wenn Sie diese Arbeit mit einem objekt-orientierten Grafikprogramm durchführen, sind Sie nach einer kurzen Einarbeitungszeit schneller und außerdem haben Sie die Möglichkeit, Fehler nachträglich auszubügeln.

Kann ich Bilder zwischen den einzelnen Programmen austauschen?

Der Transfer von Grafiken ist nur bedingt möglich, da wieder einmal jedes Programm seine eigenen Speicherformate hat. Bei pixel-orientierter Software besitzen aber alle diese Formate eine gewisse Ähnlichkeit, so daß die Programme selbst bereits vielfach in der Lage sind, fremde Bilder einzulesen. Einzelne, weitergehende Übertragungsmöglichkeiten sind unten beschrieben. Der Transfer zwischen objekt-orientierten Programmen ist noch schwieriger.

Sollten Sie jedoch mit EASY-DRAW oder anderen Programmen arbeiten, die ihre Bilder per Metafile als Dateien mit der Endung GEM ablegen, so können Sie diese Grafiken uneingeschränkt austauschen - sogar mit GEM-Programmen auf PCs. Der Austausch von Bildern zwischen pixel- und objekt-orientierten Programmen ist in der Regel unmöglich. Einzige Möglichkeit: Sie "fotografieren" den Bildschirminhalt eines objektorientierten Grafikprogrammes mit einem speziellen Programm ab und übertragen diese Daten dann in die pixel-orientierten Programme.

Was ist Metafile?

Metafile ist eine Einrichtung des GEM, die einen gewissen Standard bei der Speicherung objekt-orientierter Grafiken bringen soll. Statt die Datei auf der Diskette oder Festplatte selbst zu erzeugen, übergibt das Programm die Daten einem sogenannten Metafile-Treiber, der daraus eine Datei in festgelegtem Format erzeugt. Sie können diesen Treiber am Filenamen META.SYS auf der Diskette erkennen.

Wie geht man mit Metafiles um?

Zunächst einmal muß META.SYS im System installiert sein, um mit Metafiles arbeiten zu können. Das wird automatisch erreicht, wenn beim Booten eine Diskette benutzt wurde, in deren Auto-Ordner das Programm GDOS.PRG steht. GDOS ist eine Art Betriebssystemerweiterung, das für die Behandlung von Treibern wie META usw. zuständig ist. Es gibt aber auch Programme, die GDOS nutzen, ohne auf Metafiles zurückzugreifen (Beispiel: Profi-Painter). Sie können das daran feststellen, daß in der Datei ASSIGN.SYS der Metafile nicht erwähnt wird. Wenn Sie nun eine GEM-Datei laden oder speichern wollen, muß im dem Laufwerk, von dem gebootet wurde, die Systemdiskette liegen - unabhängig davon, auf welchem Laufwerk Sie die Bild-Datei liegen haben. Das GEM holt sich beim dieser Gelegenheit den META-Treiber von der Diskette und übergibt ihm die Daten, die dieser dann umwandelt.

Einige Anwenderprogramme arbeiten auf keinen Fall, wenn das GDOS.PRG bei Start im Auto-Ordner lag. Wenn Sie also nach der Benutzung eines GDOS-Programmes mit solcher Software arbeiten wollen, müssen Sie auf jeden Fall neu booten (mit einer Systemdiskette ohne GDOS).

Kann ich Doodle-Bilder in Degas einlesen?

Ja, mit einem kleinen Trick. Degas und Doodle benutzen eigentlich bei schwarz-weißen Bildern das gleiche Format, nur Degas setzt noch einige Informationen hinzu. Ohne diese Zusatzinformationen weigert sich Degas aber auf jeden Fall, ein Bild einzulesen. Das folgende Programm behebt das. Hier die Version für GFA-BASIC:

```
' HEADER - konvertiert DOODLE-Bilder in das DEGAS-Format
' Konvertierungsdaten
Data 0,2,7,119,0
Data 0,0,0,0,0
Data 0,0,0,0,0
Data 0,0,0,0,0
Data 0,0,0,0,0
Data 0,0,0,0,0
Data 0,0,0,0
' File auswählen
Fileselect "\*.*","",Name$
Hidem
' Datei laden
Bload Name$,Xbios(2)
Void Inp(2)
' Header im Speicher installieren
For I=1 To 34
  Read H%
  Poke Xbios(2)-35+I,H%
Next I
' Extension ändern
Gosub Extension(Name$)
Let Name$=Left$(Name$,Extpos)+"PI3"
' neue Datei speichern
Bsave Name$,Xbios(2)-34,32034
'
Procedure Suchpfad(F$)
  Local S,Sh,D
  ' Letzten Backslash suchen
  S=Instr(F$,"\")
  While S<>0
    ' Noch weitere Backslashes vorhanden?
    Sh=S
    S=Instr(S+1,F$,"\")
  Wend
  ' letzten gültigen Wert zurückholen
  S=Sh
  If S<>0 Then
    ' Backslash gefunden, Suchpfad klar
    Pos=S
  Else
    ' Kein Backslash, evtl. Laufwerksbezeichnung
```

```
    D=Instr(F$,":")
    Pos=D
  Endif
Return
Procedure Extension(F$)
  Local P
  ' Zunächst Länge des Suchpfades = erste Suchposition berechnen
  Gosub Suchpfad(F$)
  ' Variable POS gibt Länge des Suchpfades an
  ' Punkt suchen
  P=Instr(Pos+1,F$,".")
  If P=0 Then
    ' Kein Punkt vorhanden, also auch keine Extension
    Extpos=Len(F$)
  Else
    Extpos=P
  Endif
Return
```

Hier die Version für Omikron- bzw. ST-BASIC:

```
1 ' HEADER - konvertiert DOODLE-Bilder in das DEGAS-Format
2 ' Konvertierungsdaten
3 DATA 0,2,7,119,0
4 DATA 0,0,0,0,0
5 DATA 0,0,0,0,0
6 DATA 0,0,0,0,0
7 DATA 0,0,0,0,0
8 DATA 0,0,0,0,0
9 DATA 0,0,0,0
10 ' File auswählen
11 PRINT CHR$(27)+"f"
12 Pfad$="\*.*"
13 Dn$=""
14 MOUSEON
15 FILESELECT (Pfad$,Dn$,A%)
16 MOUSEOFF
17 CLS
18 ' Datei laden
19 Suchpfad(Pfad$)
20 Pfad$= LEFT$(Pfad$,Ps%L)
21 XBIOS (Ad%L,2)
22 BLOAD Pfad$+Dn$,Ad%L
23 A$= INPUT$(1)
24 ' Header im Speicher installieren
25 FOR I%L=1 TO 34
26  READ H%
27  POKE Ad%L-35+I%L,H%
28 NEXT I%L
29 ' Extension ändern
30 Extension(Dn$)
```

```
Dn$=Pfad$+ LEFT$(Dn$,Extpos%L)+"PI3"
' neue Datei speichern
BSAVE Dn$,Ad%L-34,32034
MOUSEOFF
PRINT CHR$(27)+"e"
END
'
DEF PROC Suchpfad(F$)
 LOCAL S%L,Sh%L,D%L
 ' Letzten Backslash suchen
 S%L= LEN(F$)- INSTR( MIRROR$(F$),"\")+1
 IF S%L<= LEN(F$) THEN
   ' Backslash gefunden, Suchpfad klar
   Ps%L=S%L
 ELSE
   ' Kein Backslash, evtl. Laufwerksbezeichnung
   D%L= INSTR(F$,":")
   Ps%L=D%L
 ENDIF
RETURN
DEF PROC Extension(F$)
 LOCAL P%L
 ' Punkt suchen
 P%L= INSTR(F$,".")
 IF P%L=0 THEN
   ' Kein Punkt vorhanden, also auch keine Extension
   Extpos%L= LEN(F$)
 ELSE
   Extpos%L=P%L
 ENDIF
RETURN
```

Zur Bedienung: Nach dem Start erscheint eine File-Select-Box, mit der Sie das zu konvertierende Bild anwählen können. Es wird auf dem Bildschirm angezeigt. Danach wartet das Programm zunächst auf einen Tastendruck. Sobald Sie eine beliebige Taste gedrückt haben, wird das Bild konvertiert und in das gleiche Verzeichnis gespeichert, in dem auch das Original steht. Dabei wird die Extension von DOO in PI3 geändert. Beachten Sie bitte, daß für die Konvertierung nur Bilder aus dem Schwarz-weiß-Modus in Frage kommen.

Das obige Konvertierungsprogramm eignet sich auch für Bilder, die mit dem Programm GRAF_PRO aus dem GFA-BASIC-Buch erstellt wurden. Außerdem sollte es bei allen Bilddateien funktionieren, deren Länge genau 32000 Bytes beträgt.

Wählen Sie eine Datei aus, die mehr als 32000 Bytes umfaßt, wird Ihr ST mit fast tödlicher Sicherheit abstürzen. Also Vorsicht!

Kann ich meine Grafiken auch in Textverarbeitungen einbinden?

Das hängt von der Textverarbeitung ab. Einige Programme sind in der Lage, Bilddateien direkt zu verarbeiten, bei anderen muß der Bildschirm erst fotografiert werden, d.h. mit einem speziellen Programm (z.B. BT_SNAP.PRG von der Beckertext-Diskette oder SNAPSHOT.ACC) wird der Bildschirminhalt in eine Datei auf der Diskette oder Festplatte übertragen. Diese Dateien können dann von der Textverarbeitung ausgedruckt werden.

Kann ich Bilddateien aus BT_SNAP auch in ein Grafikprogramm laden?

Das geht nur, sofern Sie den ganzen Bildschirm fotografiert haben (in diesem Fall hat die Datei eine Länge von 32006 Bytes) und das Bild im Schwarz-weiß-Modus aufgenommen wurde. Dann können Sie das Programm Header (siehe oben) einsetzen. Allerdings muß dabei in der GFA-BASIC-Version die Zeile

```
Bload Name$,Xbios(2)
```

in

```
Bload Name$,Xbios(2)-6
```

und in der Omikron-/ST-BASIC-Version die Zeile

```
22 BLOAD Pfad$+Dn$,Ad%L
```

in

```
22 BLOAD Pfad$+Dn$,Ad%L-6
```

geändert werden.

9.4 Emulatoren

Was ist ein Emulator?

Emulatoren sind Programme, die einen anderen Computer auf dem ST emulieren (in der EDV-Fachsprache sagt man emulieren, wenn ein Programm oder Computer einen anderen nachahmt; man spricht von Simulation, wenn ein Computer eine völlig artfremde Maschine, z.B. ein Flugzeug simuliert). Dabei wird das fremde Computermodell so vollständig und detailgetreu nachgeahmt, daß der ST in möglichst vielen Funktionen genau wie ein PC oder ein MacIntosh reagiert.

Für den ST gibt es insgesamt drei Emulatoren: CPMZ80.TOS ahmt einen CP/M-Computer mit Z80-Prozessor nach. Diesen Emulator gibt es schon seit 1985; er ist Public-Domain-Software und wird kaum noch gebraucht, da CP/M nach und nach von der Bildfläche verschwindet. PCDITTO emuliert einen PC-Kompatiblen vollständig per Software nach, der Aladin-Enhancer läßt den Apple MacIntosh auf dem ST lebendig werden.

Wie arbeiten Emulatoren?

Es gibt im wesentlichen zwei Verfahren, nach denen ein Emulator arbeiten kann. Benutzt das emulierte Gerät den gleichen Prozessor wie der ST (was zum Beispiel beim MacIntosh der Fall ist), so muß man nur die Umgebung dieses Prozessors im Speicher des ST nachahmen. So sind zum Beispiel die Organisation des Bildschirmspeichers und der Schnittstellen beim Mac ganz anders gelöst als im ST. Der Emulator gaukelt dem Prozessor nun vor, daß eben diese veränderte Hardware vorliegt. Auf diese Weise ist er in der Lage, Programme für den fremden Computer auszuführen. Allerdings muß dazu das Betriebssystem des fremden Computers ebenfalls vorhanden sein. Das wird im allgemeinen bei einem Emulator nicht mitgeliefert.

Es kann aber auch sein, daß der simulierte Computer mit einem anderen Prozessor ausgestattet ist, der gänzlich andere Maschinenbefehle versteht als der 68000 im ST. Dann hat der Emulator noch die zusätzliche Aufgabe, den fremden Prozessor zu emulieren, also jeden fremden Maschinenbefehl in eine Reihe von 68000er-Befehlen umzusetzen. Es wird Ihnen einleuchten, daß dabei die Geschwindigkeit der Emulation leidet.

Die dritte Möglichkeit: Der Emulator ist hardwaremäßig realisiert, wie das einige Zeit lang im Gespräch war. Hier noch von einem Emulator zu sprechen, scheint mir allerdings etwas verfehlt, denn im Gerät steckt dann ein kleiner Computer für sich, der die Hardware des ST zur Ein- und Ausgabe nutzt. Seit der Cebit 1986 kursierten immer wieder Gerüchte, daß Atari einen solchen hardwaremäßigen PC-Emulator für den ST auf den Markt bringen wolle (vorgestellt wurde er 1986 bereits). Aber bisher ist es bei den Gerüchten geblieben.

9.4.1 Der PC-DITTO

Was bewirkt der PC-DITTO?

PC-DITTO ist ein softwaremäßiger PC-Emulator, d.h. auf dem ST wird ein IBM-PC nachgeahmt. Der IBM-PC ist der älteste der IBM-Personal-Computer und sollte nicht mit dem AT verwechselt werden, der mit einem anderen Prozessor arbeitet. Sie können dann auf dem ST fast alle Programme für den IBM-PC laufen lassen, allerdings mit erheblichen Geschwindigkeitseinbußen.

Was muß ich beachten?

Auf den folgenden Seiten kann auf keinen Fall eine Einführung in die Arbeit mit MS-DOS gegeben werden. Dazu ist dieses Betriebssystem viel zu komplex. Die Bedienung ist bei weitem nicht so einfach wie beim ST, so daß ich den MS-DOS-Neulingen unter Ihnen nur die Lektüre der einschlägigen Fachliteratur emfehlen kann. Ich gehe in den nächsten Abschnitten davon aus, daß Sie mit MS-DOS vertraut sind.

PC-DITTO emuliert einen IBM-Computer so genau, daß der ST, auf dem diese Emulation stattfindet, seine eigenen Disketten nicht mehr lesen kann. Das kann später unter Umständen zu Problemen führen. Außerdem müssen Sie wissen, daß mit dem PC-DITTO keinerlei Betriebssystem (MS-DOS) ausgeliefert wird. Das müssen Sie sich vorher besorgen.

Woher bekomme ich das MS-DOS?

Wenn Sie einen PC-kompatiblen Rechner mit 3,5-Zoll-Laufwerk besitzen, sind Sie schon aus dem Schneider. Kopieren Sie das DOS auf eine (vom PC formatierte) 3,5-Zoll-Diskette. Besitzen Sie keinen PC-Kompatiblen, so müssen Sie das DOS kaufen (dabei erhalten Sie dann auch ein Handbuch). Ich empfehle Ihnen auf jeden Fall, ein DOS mit einer möglichst großen Versionsnummer zu erwerben (zur Zeit der Erstellung dieses Buches war DOS 3.3 die neueste Version). Versionen unter 2.0 sind für die Arbeit mit PC-DITTO ungeeignet (Ihnen stehen dann unter anderem keine Ordner mehr zur Verfügung).

Wie installiere ich PC-DITTO?

Kopieren Sie bitte zunächst alle Dateien von der DITTO-Diskette auf eine eigene Diskette und bewahren Sie das Original an einem sicheren Ort auf. Lesen Sie auf jeden Fall die Datei README.1ST. Dann öffnen Sie den Ordner Mono, wenn Sie mit einem Schwarz-weiß-Monitor SM124 arbeiten, oder den Ordner Color, wenn Sie mit einem Farbmonitor arbeiten. Starten Sie bitte das ST-Programm PCDMENU.PRG. Auf dem Bildschirm erscheinen mehrere kleine Buttons, die auf Mausklick ein Menü freigeben. Anhand der hier gemachten Einstellungen wird der PC-DITTO später konfiguriert. Gehen wir die Punkte einmal durch.

DISK

Hier wird eingestellt, welche Laufwerke der PC verwalten soll. Im Normalfall können die Einstellungen so belassen werden, wie sie bereits bestehen. Wenn Sie ein zweites Laufwerk an den ST angeschlossen haben, können Sie festlegen, von wo das DOS später gebootet wird. Steht der erste Schalter auf "Internal", so wird das DOS von Laufwerk A geladen und später wird das Laufwerk A des ST auch von DOS als Laufwerk A betrachtet. Möchten Sie, daß das externe Laufwerk als von DOS als A: angesprochen wird, so müssen Sie hier "External" anklicken. Mit dem zweiten Schalter legen Sie dann fest, welcher Art das externe Laufwerk ist. Wählen Sie 5,25 nur dann, wenn Sie wirklich eine große Floppy-Station an Ihren ST angeschlossen haben. Besitzen Sie kein zweites Laufwerk, so müssen Sie auf jeden Fall "None" anklicken.

Falls Sie eine Festplatte besitzen, können Sie diese auch unter DOS benutzen; klicken Sie den nächsten Schalter in diesem Fall bitte auf "Yes". Wenn Sie zwar eine Harddisk besitzen, diese aber nicht benutzen wollen, können Sie "No" wählen. Empfohlen werden kann die Benutzung der Festplatte unter DOS nicht, da das System so langsam arbeitet, daß vom Geschwindigkeitsvorteil nichts zu spüren ist. Hinzu kommt, daß das DOS die Daten auf der Festplatte in einigen Fällen zerstören kann.

Wenn Sie versuchen, eine Festplatten-Partition mit weniger als 4,2 Megabyte unter DOS zu verwenden, werden die darauf befindlichen Daten zerstört. Also Vorsicht! Haben Sie Einstellungen verändert, verlassen Sie das Menü bitte per Save Changes.

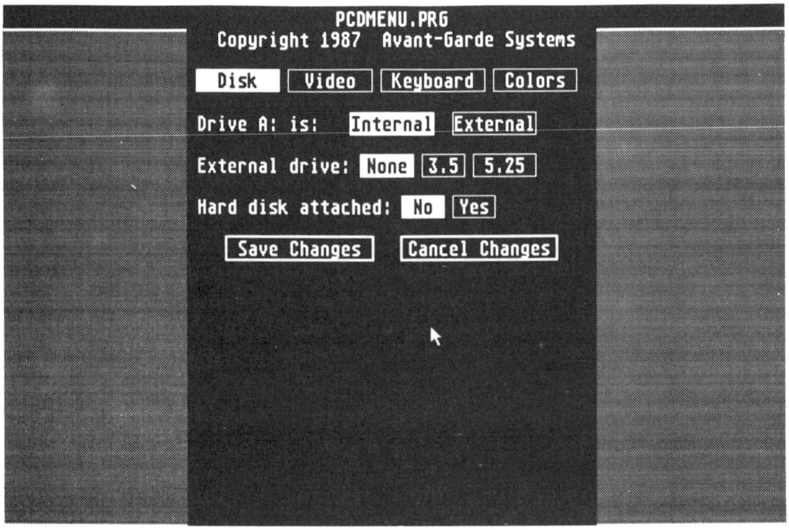

Abb. 9.6: Die Einstellungen unter DISK

VIDEO

Hier wird eingestellt, welche Art von Video-Karte emuliert wird. Der ST kann auch beim Betrieb mit dem SM124 den CGA-Modus emulieren; die Farben werden dann als Graustufen dargestellt. Wählen Sie unter Display Adapter die Option "Mono", so wird ein IBM-Monochrom-Adapter ohne Grafik emuliert; dies ist in den meisten Fällen nicht empfehlenswert. In der Stellung "Color" wird der CGA-Modus eingeschaltet. Falls Sie den Mono-Modus gewählt haben, müssen Sie noch einstellen, wie die Schriftarten hell, blinkend und unterstrichen auf dem ST aussehen sollen. Sie können wählen zwischen reverser und normaler Darstellung der Zeichen.

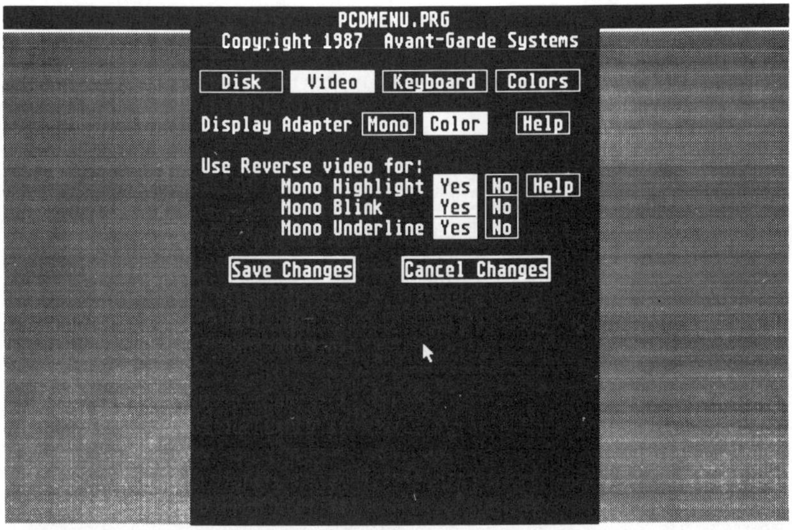

Abb. 9.7: Die Einstellungen unter VIDEO

KEYBOARD

Hier stellen Sie - fast wie im Kontrollfeld - ein, welche Geschwindigkeit und Verzögerung die Tastatutwiederholung haben soll.

COLORS

Hier wird - ebenfalls analog zum Kontrollfeld - die Farbgebung in den verschiedenen Bildschirmmodi eingestellt. Im allgemeinen können Sie die Einstellungen so belassen, wie sie sind.

Wenn Sie Änderungen an den Einstellungen vorgenommen haben, verlassen Sie PCDMENU bitte über "Save Changes". Damit ist der PC-DITTO fertig installiert.

Wie startet man den Emulator?

Einfach per Doppelklick auf PC_DITTO.PRG. Das ist das eigentliche Emulationsprogramm, das im ST die PC-Umgebung herstellt. Nach dem Start erscheint die Aufforderung, entweder eine DOS-Diskette einzulegen (auf dieser muß das Betriebssystem MS-DOS oder PC-DOS installiert sein) und Return zu drücken, oder per ESC zum Desktop zurückzukehren.

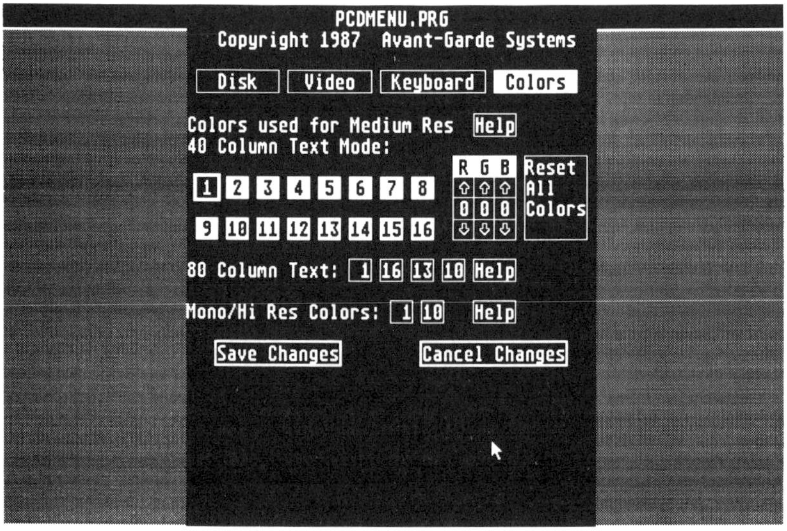

Abb. 9.8: Die Einstellungen unter COLORS

Welche Disketten kann man unter DOS benutzen?

Unter MS-DOS können Sie nur solche Disketten benutzen, die im MS-DOS-Format formatiert worden sind. Obwohl das ST-Format physikalisch gleich ist (80 Spuren mit je 9 Sektoren), ist es logisch anders aufgebaut. Ein MS-DOS-Rechner wird sich weigern, auch nur das Inhaltsverzeichnis einer ST-Diskette anzuzeigen. Sie können aber solche MS-DOS-Disketten unter PC-DITTO erzeugen. Glücklicherweise ist aber umgekehrt der ST in der Lage, MS-DOS-Formate sowohl zu lesen als auch zu beschreiben.

Der Knackpunkt bei der Verwendung des richtigen Diskettenformates ist der Boot-Sektor. Bei ST-formatierten Disketten enthält er speziellen 68000er-Code, der von DOS nicht erkannt werden kann. Bei der Formatierung unter DOS wird dagegen 8086-Code aufgebracht, den der ST zum Glück entschlüsseln kann. Das Lesen des Boot-Sektors ist aber zwingend notwendig, weil hier das genaue Format einer Diskette angegeben ist. Nur wenn der Rechner diese Angaben kennt, ist er auch in der Lage, das Inhaltsverzeichnis korrekt anzuzeigen.

Wie erhält man eine DOS-formatierte Diskette?

Der einfachste Weg wird sein, das MS-DOS-Kommando Format auszuführen. Das hat aber den Nachteil, daß die Diskette nur mit 40 Spuren beschrieben wird und somit nur 360 KByte Speicherkapazität besitzt. Auch der ST kann solche Disketten lesen und beschreiben. Wollen Sie DOS-Disketten mit den vollen 720 KByte formatieren, können Sie das Programm ST_FORMAT.PRG unter GEM ausführen lassen. Dieses Programm formatiert 720-KByte-DOS-Disketten.

Die Laufwerke des ST werden beim DOS nicht als 3,5-Zoll-Geräte angemeldet; dies wäre auch nur ab der Version 3.2 möglich. Der PC-DITTO kann aber bei der Installation noch nicht wissen, welche DOS-Version später geladen wird. Aus diesem Grund wird das ST-Laufwerk als 5,25-Zoll-Gerät betrachtet, was dazu führt, daß bei jedem Aufruf von FORMAT die Diskette mit 360 KByte (dem Standard-Format für 5,25 Zoll) formatiert wird. Diese Klippe ist leider nicht zu umgehen, außer durch die Verwendung von ST_FORMAT.PRG.

Wie funktioniert ST_FORMAT.PRG?

Starten Sie das Programm einfach durch einen Doppelklick von Ihrer PC-DITTO-Diskette aus (es liegt im Ordner IBM_FMT). Durch einen Druck auf die Help-Taste erscheint ein Menü vor Ihnen, in das Sie einige Eintragungen machen müssen, um DOS-Disketten zu formatieren. Sie können den Cursor mit den Cursortasten auf und ab bewegen und jeweils die gewünschten Parameter eintippen. Die Einstellung für 720-KByte-Disketten lautet: D(ouble-sided), x(hier setzen Sie bitte das Laufwerk ein, auf dem formatiert werden soll), 80 (Spuren), 9 (Sektoren), 0 (Step-Rate). Durch UNDO gelangen Sie wieder zurück zum Hauptmenü, mit Return starten Sie dann den Formatierungsvorgang.

Kann ich die 720-KByte-Disketten uneingeschränkt verwenden?

Das hängt von Ihrer DOS-Version ab. Seit Version 3.2 ist MS-DOS auf die Verwendung dieser sogenannten Hochkapazitätsdisketten eingerichtet. Beim Lesen und Beschreiben treten dann keinerlei Probleme auf. Lediglich das Formatieren muß aus den beschriebenen Gründen unter GEMDOS geschehen. Bei DOS-Versionen unter 3.2. ist die Sache etwas komplizierter. Hier muß ein spezieller Treiber installiert werden, der mitgeliefert wurde. Fügen Sie in die CONFIG.SYS-Datei folgende Zeile ein:

```
DEVICE=PC_DDRVR.SYS
```

Damit wird der Treiber beim nächsten Booten in das System eingebunden. Dieser Treiber ermöglicht es, die 720-KByte-Disketten unter speziellen Laufwerksbezeichnungen anzusprechen (obwohl die Disketten physikalisch im gleichen Gerät stecken). Welche Kennungen zu verwenden sind, entnehmen Sie bitte der folgenden Tabelle:

Vorhandene Geräte	Disk in A ansprechbar als	Disk in B ansprechbar als
1 Floppy	B	-
2 Floppies	C	D
1 Floppy, Harddisk	D	-
2 Floppies, Harddisk	DE	

Wenn Sie den MS-DOS-Befehl ASSIGN A=x bzw. bei zwei Floppies ASSIGN A=x, B=y ausführen lassen, wobei Sie für x und y die Laufwerkskennungen der neuen Scheinlaufwerke eingeben, so können Sie die 720-KByte-Disketten auch unter den herkömmlichen Bezeichnungen A bzw. B ansprechen.

▸ Fehler

Beim Booten zeigt der DITTO eine Meldung an, daß die Diskette im Laufwerk A keine System-Diskette bzw. defekt sei.

▸ Abhilfe

Es könnte sein, daß Sie eine Diskette mit ST-Format statt der Systemdiskette in das Laufwerk gesteckt haben. Auch wenn eine solche ST-formatierte Diskette das DOS enthalten sollte, kann es nicht davon gelesen werden. Falls Sie MS-DOS-Versionen älter als 3.2. verwenden, sollten Sie beachten, daß diese nicht von

720-KByte-Disketten gebootet werden können. Schließlich kann es noch sein, daß die Diskette wirklich kein DOS enthält oder fehlerhaft ist.

▸ Fehler

Beim ersten Zugriff auf eine neu eingelegte Diskette (z.B. nach B:<Return>) erscheint die Fehlermeldung "Allgemeiner Lesefehler".

▸ Abhilfe

Entweder ist die Diskette defekt, nicht formatiert oder es handelt sich um eine ST-formatierte Diskette. Diese kann der DITTO nicht lesen.

▸ Fehler

Nach dem Booten sind die deutschen Umlaute auf der Tastatur nicht mehr errreichbar.

▸ Abhilfe

Der PC ist nicht auf die deutsche Tastaturbelegung umgeschaltet worden. Versuchen Sie zunächst bitte, diesen Fehler durch Drücken von Alternate-Control-F2 zu beheben. Falls das nicht hilft, müssen Sie den deutschen Tastaturtreiber mittels eines der beiden folgenden Kommandos aufrufen:

```
KEYB GR
KEYBGR
```

Wie bringe ich Daten vom ST in den PC-DITTO?

Egal, ob es sich dabei um Programme oder Dateien handelt, Sie brauchen diese Files nur auf eine Diskette im PC-Format zu kopieren. Von dieser kann der MS-DOS-Rechner sie dann lesen. Der umgekehrte Weg verläuft genauso; Daten, die der PC geschrieben hat, können Sie mit dem ST weiterverarbeiten. Auf diese Weise können Sie auch die mitgelieferten PC-Programme von der Original-Diskette des Emulators in den PC bringen.

Wozu sind die Programme QWICKEYS und SPEEDY

Hierbei handelt es sich in beiden Fällen um sogenannte Public-Domain-Software, die aber für den Betrieb des PC-DITTO fast unverzichtbar ist. SPEEDY beschleunigt die Bildschirmausgabe in einigen Fällen, was gerade beim DITTO sehr nötig ist. QWICKEYS sorgt für eine schnellere Bedienung von Tastatur und Cursorsteuerung. Sie sollten beide Programme durch einen Aufruf in der AUTOEXEC.BAT bei jedem Systemstart automatisch aufrufen lassen. Schreiben Sie dazu die beiden Zeilen

```
SPEEDY /H
QWICKEYS
```

in diese Batch-Datei.

Wie schnell (oder wie langsam) ist der Emulator?

Wie Sie an der Bildschirmausgabe selbst sehr schnell merken werden, ist der PC-DITTO nicht gerade ein Sprinter. Allgemein wird ein Norton-Faktor von ca. 0.3 angegeben - das bedeutet, daß der Original-PC von IBM (der auch schon als recht langsam gilt) etwa 3 mal schneller arbeitet.

Wie verläßt man den Emulator?

Entweder durch Ausschalten des Rechners oder durch gleichzeitiges Drücken der Tasten Control-Alternate-Delete. Es erscheint wieder die Einschaltmeldung des PC-DITTO. Mit Return können Sie das DOS neu laden, per Esc kommen Sie zurück zum Desktop.

Für Neulinge: Kleiner MS-DOS-Exkurs

Wenn Sie das erste Mal mit MS-DOS zu tun haben, werden Sie schnell merken, daß unter diesem Betriebssystem nichts so komfortabel läuft, wie Sie das vom ST her gewohnt sind. Zunächst: alle Eingaben und Kommandos werden über Tastatur getätigt, auch das Kopieren. Angenehm für uns ist, daß die Dateinamen und das hierarchische File-System auf dem ST mit denen des MS-DOS identisch sind. Auch sonst werden Sie einige Ähnlichkeiten entdecken.

Was steht auf dem Bildschirm?

Wenn Sie MS-DOS geladen haben, erscheint in der aktuellen Zeile (das ist die, in der der Cursor steht) das sogenannte Systemprompt. Das sieht ungefähr so aus:

```
A:>_
```

Das A gibt an, daß Laufwerk A das gerade aktuelle Laufwerk ist (auf dem Desktop würde das bedeuten, daß Sie ein Fenster mit dem Hauptverzeichnis von Laufwerk A geöffnet haben).

Wie kann ich ein Inhaltsverzeichnis anzeigen lassen?

Um das Inhaltsverzeichnis dieser Diskette anzeigen zu lassen, tippen Sie bitte

```
DIR <Return>
```

ein (gefolgt von einem Return). DIR ist das Kürzel für Directory, dem englischen Wort für Inhaltsverzeichnis. Daraufhin werden die Files der Diskette wie beim ST im Textmodus angezeigt. Ordner werden durch ein angehängtes <DIR> gekennzeichnet.

Wie komme ich in einen Ordner hinein?

Um in einen Ordner zu gelangen, tippen Sie

```
CD ordnername <Return>
```

Um dessen Inhalt zu sehen, müssen Sie dann nur wieder Dir eingeben. Im Ordnerverzeichnis tauchen immer die beiden Ordner "." und ".." auf. Das hat mehr technische Gründe; Sie sollten sich daran nicht stören. Um aus dem Ordner wieder in das übergeordnete Verzeichnis zu kommen, können Sie den folgenden Befehl verwenden:

```
CD .. <Return>
```

Wie wechsle ich das Diskettenlaufwerk?

Wenn Sie auf die Disketten in einem anderen Laufwerk mit der Kennung x zugreifen wollen, tippen Sie einfach

```
x: <Return>
```

Für x müssen Sie dabei natürlich die richtige Kennung des Laufwerks eintippen, also beispielsweise A für das erste Laufwerk.

Woran erkenne ich Programme?

Programme tragen unter DOS die Extension COM oder EXE. Dateien mit den Endungen PRG, TOS oder TTP können unter DOS nicht gestartet werden.

Wie wird ein Programm gestartet?

Tippen Sie einfach dessen Namen, aber ohne Extension, ein. Wenn Sie also ein Programm namens TEXT.EXE starten wollen, müssen Sie nur

```
TEXT <Return>
```

eintippen.

Wie lösche ich eine Datei?

Dazu dient der Befehl Delete. Um zum Beispiel die Datei TEXT.TXT zu löschen, müßten Sie folgendes eintippen:

```
DEL TEXT.TXT <Return>
```

Wie werden neue Ordner erzeugt?

Tippen Sie, um einen Ordner mit Namen TEXTE zu erzeugen, diesen Befehl ein:

```
MD TEXTE <Return>
```

Wie werden Ordner gelöscht?

Unter MS-DOS können nur leere Ordner gelöscht werden. Sie müssen also vorher ggf. mit CD ordnername in den Ordner hineingehen und dort alle Dateien mit DEL löschen, um dann nach CD.. das folgende Kommado zum Löschen geben zu können:

```
RMDIR ordnername <Return>
```

Wenn Sie mehr über MS-DOS erfahren wollen, kann ich Ihnen folgendes Buch empfehlen:

Helmut Tornsdorf: MS-DOS für Einsteiger; DATA BECKER, Düsseldorf, 1987

9.4.2 Der Aladin-MacIntosh-Emulator

Was bewirkt der Aladin?

Hier handelt es sich um einen eher hardwaremäßigen Emulator. Mit seiner Hilfe wird es möglich, die ROMs aus dem MacIntosh (512KByte-Version) an einen ST anzuschließen. Durch diese ROMs und das Emulationsprogramm ist der ST dann in der Lage, das Mac-Betriebssystem (den Finder) zu laden und zu verarbeiten. Wohlgemerkt: auch der Aladin enthält kein Betriebssystem, dieses müssen Sie sich besorgen.

Woher bekomme ich ein Betriebssystem?

Im Gegensatz zu MS-DOS wird der Finder nicht frei verkauft. Eine legale Kopie erhalten Sie also nur, wenn Sie bereits einen Mac besitzen und dessen Finder auf das Aladin-Format übertragen. Ähnliches gilt für die ROMs. Im freien Handel sind diese so gut wie überhaupt nicht erhältlich, also müßten Sie sie schon aus Ihrem Mac aus- und in den Aladin einbauen. Diese ganze Beschaffungsaktion wird noch dadurch erschwert, daß Apple die Verbreitung des Aladin durch Klagen gegen den Hersteller Proficomp zu verhindern sucht.

Wie sieht es beim Aladin mit dem Diskettenformat aus?

Auch dieser Emulator braucht sein spezielles Diskettenformat. Leider ist dies aber so vom ST- und auch vom MacIntosh-Format verschieden, daß solche Disketten nur unter dem Aladin beschrieben werden können. Einzige Ausnahme: die Übertragungsprogramme EMPF350.TOS und EMPF400.TOS. Diese ermöglichen - zusammen mit den Gegenstücken für den Mac - die Übertragung von Daten und Programmen von einem echten Mac auf den ST. Die so erzeugten Disketten können vom Aladin bearbeitet werden, nicht aber unter GEM. Zur Übertragung brauchen Sie neben den genannten Programmen auch noch ein Kabel, daß Sie sich anhand der Anleitung zusammenlöten müssen. Bevor Sie loslegen können, müssen Sie auf jeden Fall die Finder-Diskette auf das Atari-Format übertragen. Die Aladin-Disketten sind alle so gestaltet, daß Sie - falls sie zum Booten benutzt werden sollten - einen Hinweis darauf geben, daß sie nicht für den ST geeignet sind.

Was muß ich einstellen?

Vor dem ersten Start des Aladin sollten Sie das Konfigurations-Programm aufrufen (mittels C nach dem Booten von der Aladin-Boot-Diskette). Die Einstellungen hier sind alle selbstdokumentierend. Sie sollten Sie nach den jeweiligen Gegebenheiten Ihres ST wählen.

Richten Sie eine so große RAM-Disk (unter Mac Super-Disk genannt) ein, daß der Finder darin Platz findet. Damit können Sie später die Arbeit mit dem Mac erheblich beschleunigen.

Wie wird gestartet?

Legen Sie die Aladin-Startdiskette in das Laufwerk A und schalten Sie den Rechner ein. Der ST beginnt zu booten und nach ein paar Sekunden erscheint das Titelbild auf dem Bildschirm. Auf einen Druck auf die Leertaste hin wird der eigentliche Emulator gestartet. Mit Help beginnt die Emulation, auf dem Schirm erscheint ein Mac-Icon. Sobald Ihnen der MacIntosh zublinzelt, können Sie die Finder-Diskette einlegen. Der Mac bootet jetzt sein Betriebssystem.

Nach einigen Sekunden erscheint das Desktop des MacIntosh. Sie sollten nun zuerst den Ordner "System f" auf die Super-Disk kopieren. Ist dies getan, können Sie die Finder-Diskette auswerfen lassen und den Menüpunkt "Ausschalten" wählen. Dies veranlaßt den Mac zum neuen Booten - diesmal aber von der Super-Disk, was in Null-komma-nichts geschehen ist. Der Vorteil dabei: während der normalen Arbeit mit dem Mac kommt es häufiger vor, daß Teile des Finders von der Diskette nachgeladen werden müssen. Dies klappt bei einer RAM-Disk natürlich sehr viel schneller.

Wie bringe ich Daten vom ST in den Aladin?

Wahrscheinlich überhaupt nicht, denn die Diskettenformate sind absolut inkompatibel. Sie können also mit dem ST auf keinen Fall die Aladin-Disketten beschreiben. Der einzige Weg, um Daten zu übertragen, wäre wohl die Verwendung eines zweiten Rechners, der mit dem Aladin über die serielle Schnittstelle gekoppelt wird und von dem aus die Daten in den Weg via Kommunikationsprogramm eingespeist werden.

Wie erhalte ich Aladin-Disketten?

Lassen Sie einfach eine neue Diskette unter Aladin (also mit der Funktion im Mac-Desktop) initialisieren. Das geht so:

1. Legen Sie die neue Diskette in Laufwerk A ein. Der Mac versucht nun, das Inhaltsverzeichnis dieser Diskette automatisch anzuzeigen. Weil die Diskette aber leer ist, mißlingt das.
2. Der Mac fragt, ob er die Diskette initialisieren soll. Falls Sie die Diskette wirklich formatieren lassen wollen, antworten Sie bitte mit ja.
3. Der Mac formatiert die Diskette im Aladin-Format.

Die Schreibschutzschieber der Aladin-Disketten müssen immer geschlossen sein, weil der Emulator sonst den Diskettenwechsel nicht erkennen kann. Ein Schreibschutz ist daher nur softwaremäßig möglich.

Kann ich auch Festplatten vom Aladin aus benutzen?

Meines Wissens nach geht das nicht. Der Finder und der Emulator sind nicht darauf eingerichtet. Lassen Sie deshalb eine evtl. vorhandene Festplatte bei der Benutzung des Aladin ausgeschaltet.

Kleine MacIntosh-Kunde für Neulinge

Wie wird der Mac bedient?

Der Mac wird wie der ST vor allem über die Maus gesteuert. Branchenkenner sagen, daß das GEM sein Vorbild in der Benutzeroberfläche des Mac hatte, was bei genauem Hinsehen auch nicht verwundert. Vom Aussehen her werden Sie kaum Unterschiede feststellen.

Wie wird ein Fenster geöffnet?

Das geht ganz automatisch. Wenn Sie eine Diskette in das Diskettenlaufwerk einlegen, wird der Mac in den meisten Fällen sofort versuchen, das Inhaltsverzeichnis anzuzeigen. Tut er das nicht, so können Sie das erscheinende Icon für diese Diskette doppelklicken.

Wie werden Programme gestartet und Ordner geöffnet?

Wie beim ST mit Doppelklick. Geschlossen wird natürlich mit der kleinen Schließbox in der linken oberen Ecke des Fensters. Auch sonst entspricht die Bedienung der Fenster weitgehend der unter GEM.

Kann ich die Icons auch verschieben?

Ja, und diesmal nicht nur zum Kopieren. Kopiert wird zwar auch wie auf dem ST - also durch Verschieben auf einen Ordner oder das Symbol einer anderen Diskette. Wird eine Datei aber innerhalb des Fensters verschoben, so wechselt Sie lediglich den Ort. Sie können also (zumindest bei der Anzeige als Icons) die Reihenfolge der Icons selbst bestimmen.

Kann ich eine Diskette beliebig aus dem Laufwerk nehmen?

Nein. Der Original-Mac besitzt gar keinen Auswurfknopf an seinem Laufwerk. Er wirft die Disketten auf Befehl vom Desktop motorisch aus. Da der ST über diese Möglichkeit nicht verfügt, dürfen Sie den Auswurfknopf nur dann betätigen, wenn Sie vorher den Menüpunkt "Auswerfen" betätigt haben. Tun Sie das trotzdem, so wird der Mac durch Piepsen und Blinken der Laufwerks-LED auf den Fehler aufmerksam machen.

Wie werden die Menüs bedient?

Fast wie beim ST - aber nur fast. Um ein Menü herunterklappen zu lassen, fahren Sie bitte auf dessen Überschrift und halten dann die Maustaste fest. Solange die Taste gedrückt bleibt, ist das Menü sichtbar, wenn Sie die Taste loslassen, verschwindet es. Um eine Funktion anzuwählen, fahren Sie den Pfeil bitte bei gedrückter Taste auf die gewünschte Zeile und lassen Sie dort die Maustaste los.

9.5 Viren

Was sind Viren?

Viren sind Programme, die sich selbsttätig und unbemerkt vom Anwender auf andere Disketten kopieren oder - in Rechnernetzen - in alle angeschlossenen Computer verbreiten können. Der Name Virus deutet bereits an, daß sie unseren Rechner "krank" machen können. Nach nicht zu bestimmender Zeit werden solche Viren plötzlich aktiv und zerstören zum Beispiel Daten. Die Folgen eines Virus sind unterschiedlich. Manche Programme begnügen sich mit einer schlichten Meldung auf dem Bildschirm, garstige Exemplare formatieren mal eben ohne Vorwarnung ihre Diskette. Das Fatale an Viren ist, daß man ihr Vorhandensein im eigenen System im Normalfall erst dann bemerkt, wenn es schon zu spät ist.

Wie funktionieren Viren?

Es gibt zwei Arten von Viren. Die einen sind sogenannte Boot-Viren, die über den Boot-Sektor in das System gelangen; die anderen sind sogenannte Programmviren. Um die Arbeitsweise solcher Boot-Viren verstehen zu können, muß man zunächst wissen, was beim Booten eines Atari ST abläuft. Bekanntlich versucht der ST nach dem Einschalten zunächst, den Sektor 0 der Diskette in Laufwerk A zu lesen. Man nennt diesen Sektor auch Boot-Sektor. Er enthält im Normalfall nur die Informationen über die Kapazität und den logischen Aufbau der Diskette. Außerdem hat dieser Sektor noch eine andere Aufgabe.

Sollen andere Betriebssysteme als das im ROM (z.B. eine Diskettenversion) geladen werden, so hat der Boot-Sektor eine besondere Form. Neben den Formatierungsinformationen enthält er dann auch noch ein kleines Assemblerprogramm (ca. 0,5 KByte), den Lader. Falls der Boot-Sektor (und das ist wichtig) als Prüfsumme den hexadezimalen Wert $1234 aufweist, wird dieser Lader beim Systemstart in den Speicher geladen und ausgeführt. Das ist genau die Stelle, an der sich Viren in das Betriebssystem einklinken. Im Normalfall hat ein solcher Lader nur die Aufgabe, das auf der Diskette vorhandene Betriebssystem zu laden und zu starten. Viren dagegen tarnen sich eben als solche Lader und haben nach dem Start durch die Boot-Sequenz nichts anderes zu tun, als sich resident im Speicher zu installieren (quasi wie ein Accessory). Danach geben sie die Kontrolle wieder an die Boot-Sequenz zurück und das System macht weiter, als wäre nichts geschehen.

Wie infiziert ein Virus andere Disketten?

Der Virus ist nun also in unser System eingedrungen. Wie aber kommt er auf andere Disketten? Dazu muß man eine weitere Eigenheit des TOS kennen. Zu vielen wichtigen Routinen des TOS gibt es sogenannte Vektoren. Das sind Speicherzellen in den unteren 4 KByte des RAM, die jeweils auf eine Routine zeigen. Letztere werden nämlich nie direkt, sondern immer nur über diese Zeiger angesprungen. Da diese Zeiger im RAM liegen, ist es natürlich ein leichtes, ihre Werte zu verändern. Viren verbiegen nun die Vektoren von Betriebssystemroutinen derart, daß sie auf das Virusprogramm zeigen.

Statt der gewünschten Betriebssystemroutine wird also der Virus angesprungen und erst dieser ruft das TOS auf. Mit dieser Technik ist es nun möglich, den Virus vor eine Betriebssystem-Funktion für den Diskettenzugriff zu schalten, z.B. die Funktion zum Lesen einer Datei. Wenn in dieser Situation versucht wird, eine Datei zu lesen, wird damit automatisch der Virus angesprungen und die im Laufwerk befindliche Diskette infiziert.

Wie funktionieren Programmviren?

Diese zugegebenermaßen selteneren Viren hängen sich an bestehende Programme an - z.B. Ihre Textverarbeitung. Dabei wird in den meisten Fällen das Anwenderprogramm leicht beschädigt, was aber nur selten auffällt, bevor es zu spät ist. Solche infizierten Programme können nur noch aus dem Verkehr gezogen werden. Vorsicht! Über die Programmviren ist derzeit noch nicht allzuviel bekannt, so daß ich leider keine näheren Angaben dazu machen kann.

Wie schützt man sich vor Viren?

"Safer Copy" ist angesagt. Wer oft mit fremden Disketten arbeitet, sollte aufpassen, von wem diese stammen. Auf jeden Fall sollte dabei der Schreibschutz aktiviert werden. Damit kann man alle Viren blockieren. Wichtiger ist vielleicht die Erkenntnis, daß viele der bisher bekannten Viren auf dem ST aus dem Boot-Sektor stammen. Deshalb können diese auch nur dann aktiv werden, wenn mit einer verseuchten Diskette gebootet wird. Also goldene Regel Nr. 1: Niemals mit fremden Disketten booten!

Wenn dies unumgänglich sein sollte, gilt folgendes: Möglichst wenige Geräte einschalten (vor allem die Harddisk AUSschalten, Abmelden reicht nicht) und vor der Verwendung eigener Disketten den Rechner ca. 10 Sekunden lang ausschalten. Die meisten Viren überstehen einen Reset, also wirklich die Spannung abschalten!

Schließlich sollten Sie alle Ihre Disketten auf Viren überprüfen und diese ggf. entfernen. Dazu dient das unten abgedruckte Programm (in jeweils einer Version für GFA-BASIC und Omikron- bzw. ST-BASIC). Die Funktionsweise ist recht einfach. Der Boot-Sektor wird auf Ausführbarkeit untersucht, d.h. ob er die magische Prüfsumme $1234 besitzt. Ist dies gegeben, so zeigt das Programm den Boot-Sektor auf dem Bildschirm an. Dabei sind zwei Fälle möglich:

1. Es handelt sich um einen normalen Lader. Diese sind meistens mit deutlichen Copyright-Meldungen versehen. Sie sollten nicht gelöscht werden.

2. Sie haben einen echten Virus gefunden. Letzte Sicherheit kann hier eigentlich nur das Disassemblieren des Boot-Sektors geben, doch können Sie bei ausführbaren Boot-Sektoren ohne Copyright-Meldungen fast immer von Viren ausgehen. In diesem Fall: betätigen Sie die j-Taste und löschen damit den Virus von der Diskette. Dazu braucht das Programm nur den Sektor mit leeren Daten zu überschreiben.

Wichtig: absolute Sicherheit vor Viren wird es auch mit diesem Programm nicht geben, denn die Programmierer solcher Seuchen schlafen nicht und entwickeln Ihre Programme weiter.

Version für GFA-BASIC:

```
' VIRUSCHK - Virus-Killer
' Dieses Programm entdeckt Viren im Boot-Sektor
' einer Diskette und zerstört sie auf Wunsch.
' Zur Orientierung wird ein gefundener Virus
```

```
' auf dem Bildschirm angezeigt. Taucht darin
' die Copyright-Meldung von Atari oder einer
' anderen Firma auf, so handelt es sich nicht
' um einen Virus, sondern um einen Bootstrap-
' loader für Treiberprogramme, Betriebssysteme
' o.ä. In diese Fall bitte nicht löschen.
'
' Platz für Boot-Sektor einrichten
A$=Space$(512)
Adr%=Varptr(A$)
T!=False
Repeat
  ' Diskette anfordern
  Print "Bitte legen Sie die verdächtige Diskette";
  Print " in Laufwerk A ein."
  Print "Dann drücken Sie bitte eine beliebige Taste";
  Print " bzw. ESC für Ende."
  Print
  Repeat
    T$=Inkey$
  Until T$<>""
  If T$<>Chr$(27) Then
    ' Boot-Sektor einlesen
    R%=Bios(4,2,L:Adr%,1,0,0)
    ' Auswerten
    If R%<>0 Then
      ' Fehler beim Lesen
      Alert 3,"  Lesefehler !  |",1,"Abbruch",R%
    Else
      ' Checksumme bilden
      S%=0
      For I%=0 To 511 Step 2
        Add S%,Dpeek(Adr%+I%)
        S%=S% Mod 65536
      Next I%
      ' Checksumme auswerten
      If S%=&H1234 Then
        ' ausführbarer Sektor gefunden!
        ' Sektor anzeigen'
        Print "Virusgefahr! Der Boot-Sektor hat";
        Print " folgendes Aussehen:"
        Print
        For I%=0 To 511
          Out 5,Peek(Adr%+I%)
        Next I%
        Print
        Print
        Print "Löschen j/n ?"
        Repeat
          T$=Inkey$
        Until T$="j" Or T$="n"
        If T$="j" Then
```

```
          ' neuen Boot-Sektor im Speicher erzeugen
          For I%=16 To 511
            Dpoke Adr%+I%,&HE5
          Next I%
          ' neue Checksumme berechnen
          S%=0
          For I%=0 To 511 Step 2
            Add S%,Dpeek(Adr%+I%)
            S%=S% Mod 65536
          Next I%
          If S%=&H1234 Then
            ' ggf. Checksumme ändern
            Dpoke Adr%+510,(Dpeek(Adr%+510)+1) Mod 65536
          Endif
          ' neuen Boot-Sektor auf Diskette schreiben
          R%=Bios(4,3,L:Adr%,1,0,0)
          If R%<>0 Then
            ' Fehler beim Schreiben
            Alert 3,"  Lesefehler !  |",1,"Abbruch",R%
          Endif
        Endif
      Else
        Print "Diese Diskette enthält keinen Boot-Sektor";
        Print "-Virus!";Chr$(13)
        Void Inp(2)
      Endif
    Endif
  Else
    T!=True
  Endif
  Cls
Until T!=True
```

Version für Omikron- bzw. ST-BASIC

```
0 ' VIRUSCHK - Virus-Killer
1 ' Dieses Programm entdeckt Viren im Boot-Sektor
2 ' Zur Orientierung wird ein gefundener Virus auf
3 ' dem Bildschirm angezeigt. Eine Copyright-Meldung
4 ' weist auf einen Bootstraploader hin und nicht auf
5 ' einen Virus. In diesem Fall bitte nicht löschen.
6 '
7 '
8 '
9 ' Platz für Boot-Sektor einrichten
10 A$= SPACE$(512)
11 Adr%L= LPEEK( VARPTR(A$))+ LPEEK( SEGPTR +28)
12 T%=0
13 REPEAT
14   ' Diskette anfordern
15   PRINT "Legen Sie die Diskette in Laufwerk A ein."
```

```
PRINT "Beliebige Taste drücken bzw. ESC für Ende."
PRINT
T$= INPUT$(1)
IF T$<> CHR$(27) THEN
  ' Boot-Sektor einlesen
    BIOS (R%,4,2, HIGH(Adr%L), LOW(Adr%L),1,0,0)
  ' Auswerten
  IF R%<>0 THEN
    ' Fehler beim Lesen
    FORM_ALERT (1,"[3][  Lesefehler !  |][Abbruch]",R%)
  ELSE
    ' Checksumme bilden
    S%L=0
    FOR I%=0 TO 511 STEP 2
      S%L=S%L+ PEEK(Adr%L+I%)*256+ PEEK(Adr%L+I%+1)
      S%L=S%L MOD 65536
    NEXT I%
    ' Checksumme auswerten
    IF S%L=$1234 THEN
      ' ausführbarer Sektor gefunden!
      ' Sektor anzeigen'
      PRINT "Virusgefahr! Boot-Sektor sieht so aus:"
      PRINT
      FOR I%=0 TO 511
        PRINT CHR$(1); CHR$( PEEK(Adr%L+I%));
      NEXT I%
      PRINT
      PRINT
      PRINT "Löschen j/n ?"
      T$= INPUT$(1)
      IF T$="j" THEN
        ' neuen Boot-Sektor im Speicher erzeugen
        FOR I%=16 TO 511
            POKE (Adr%L+I%),$E5
        NEXT I%
        ' neue Checksumme berechnen
        S%L=0
        FOR I%=0 TO 511 STEP 2
          S%L=S%L+ PEEK(Adr%L+I%)*256+ PEEK(Adr%L+I%+1)
          S%L=S%L MOD 65536
        NEXT I%
        IF S%L=$1234 THEN
       WPOKE Adr%L+510,(WPEEK(Adr%L+510)+1) AND $FFFF59 ENDIF
        ' neuen Boot-Sektor auf Diskette schreiben
        BIOS (R%,4,3, HIGH(Adr%L), LOW(Adr%L),1,0,0)
        IF R%<>0 THEN
          ' Fehler beim Schreiben
          FORM_ALERT (1,"[3][Lesefehler!|][Abbruch]",R%)
        ENDIF
      ENDIF
    ELSE
      PRINT "Disk hat keinen Boot-Sektor-Virus!";CHR$(13)69
```

```
T$= INPUT$(1)
        ENDIF
      ENDIF
    ELSE
      T%=1
    ENDIF
    CLS
  UNTIL T%=1
```

9.6 Kommandointerpreter

Was ist ein Kommandointerpreter?

In der Zeit vor der Erfindung der grafischen Benutzeroberflächen wie GEM konnte ein Computer nur über die Tastatur bedient werden. Obwohl diese Steuerung über Kommandoworte meistens umständlicher ist, gibt es immer noch einige Freaks, die auch auf dem ST lieber so arbeiten. Zu diesem Zweck gibt es Kommandointerpreter, die eine Befehlszeile von der Tastatur entgegennehmen und diese dann ausführen. Fairerweise sei gesagt, daß der Betrieb über Kommandointerpreter (manchmal auch Shells genannt) auch diverse Vorteile mit sich bringt - wohl der Grund, warum zum Beispiel MS-DOS nur ausnahmsweise und mit Zusatzprogrammen über eine grafische Benutzeroberfläche bedient werden kann.

Wie sehen die Kommandos aus?

Die Befehlsworte für die Interpreter orientieren sich meistens an MS-DOS oder dem großen Vorbild UNIX. Hier ist eine kleine Auswahl (den genauen Befehlssatz Ihres Kommandointerpreters müssen Sie Ihrem Anleitung entnehmen).

DIR	Anzeigen des Inhaltsverzeichnisses
LS	Anzeigen des Inhaltsverzeichnisses
CD	in einen Ordner hineingehen
MKDIR	neuen Ordner erzeugen
RMDIR	leeren Ordner löschen
DEL	Datei löschen
ERA	Datei löschen
TYPE	Datei anzeigen
CAT	Datei anzeigen
EXIT	Kommandointerpreter verlassen
TIME	Uhr stellen bzw. anzeigen
DATE	Datum stellen bzw. anzeigen

MV	Dateien umbenennen
REN	Dateien umbenennen
CP	Dateien kopieren
COPY	Dateien kopieren
PWD	akutellen Pfad anzeigen oder setzen
PATH	akutellen Pfad anzeigen oder setzen

Wenn Sie einmal eine Reihe von Dateien irrtümlich in einen falschen Ordner hineinkopiert haben, können Sie sie ganz leicht in das gewünschte Verzeichnis auf dem gleichen Laufwerk verschieben, wenn Sie für jede Datei den Befehl

```
REN dateiname ordnerpfad
```

eingeben. Beispiel: Die Datei TEXT.TXT steht im aktuellen Verzeichnis, soll aber in den Ordner A:\TEXTE\PROJEKT1 verschoben werden. Das müssen Sie folgenden Befehl eintippen:

```
REN TEXT.TXT A:\TEXTE\PROJEKT1\
```

Der letzte Backslash ist sehr wichtig, weil die Datei sonst in PROJEKT1 umbenannt würde.

Was sind Batch-Dateien?

Hier begegnen wir dem großen Vorteil der Kommandointerpreter. Diese haben zumeist die Fähigkeit, sogenannte Batch-Dateien (meist mit der Extension BAT) ausführen zu können. Vorweg jedoch ein kleiner Hinweis: Batch-Dateien sind oft schon kleine Programme für sich, so daß ihre Beherrschung einiges an Wissen voraussetzt. Dieses kann hier leider nicht in der Kürze dargestellt werden, so daß ich auf die Anleitung der Kommandointerpreter verweisen muß.

Batch-Dateien enthalten im Grunde genommen nur ganz normale Anweisungen an den Kommandointerpreter, die dieser dann ausführt, als wären Sie über die Tastatur eingegeben worden. Batch-Dateien können mit jedem Texteditor erstellt werden, der ASCII-Texte speichern kann (also ohne Steuerzeichen). Solche Folgen von Anweisungen können dann nur durch Angabe des Namens aufgerufen werden.

Ein Beispiel: Nehmen wir an, vor dem Start eines Programms müßte jedesmal eine Datei mit alten Fehlermeldungen gelöscht werden, die zudem noch recht versteckt in einem Ordner liegt.

Sie können natürlich vor jedem Start des Programms in den Ordner hineingehen und die bewußte Datei (nennen wir sie ERRORS.ERR) löschen. Es geht aber auch einfacher. Folgende Batch-Datei löscht die Datei im Ordner Daten in Laufwerk A und startet dann automatisch das Programm MAIN.PRG:

```
DEL A:\DATEN\ERRORS.ERR
CD A:\

MAIN
```

Zur Erläuterung: die erste Zeile löscht die Error-Datei im genannten Ordner. Mit dem zweiten Kommando wird das Hauptverzeichnis von Laufwerk A zum aktuellen Verzeichnis gemacht und dann durch MAIN das Programm gestartet. Wird diese Datei auf der Diskette unter dem Namen START.BAT gespeichert, so kann der obige Vorgang jedesmal einfach durch das Eintippen von START ausgelöst werden. Batch-Dateien ermöglichen oft noch viel weitergehende Manipulationen, oft sind sie sogar richtige Programmiersprachen mit Verzweigungen, Schleifen und Sprüngen.

9.7 Programmiersprachen

Was ist eine höhere Programmiersprache?

Ein Computer kann im Normalfall nur seine spezielle Maschinensprache verstehen, die für den Menschen recht kompliziert ist. Um das Programmieren einfacher und bequemer zu machen, hat man künstliche Sprachen erfunden, die für den Menschen einfache Befehle enthalten. Ein Befehl in einer solchen höheren Programmiersprache entspricht dabei unter Umständen vielen hundert Befehlen in der Maschinensprache (daher die Bezeichnung "höher").

Was ist ein Compiler?

Ein Compiler ist ein Übersetzungsprogramm, das Programmtexte einer höheren Sprache in die Maschinensprache übersetzt. Diese Übersetzung wird vor dem Programmlauf vorgenommen; es entsteht dabei ein komplettes Programm in Maschinensprache. Diese Zielprogramme sind sehr schnell und können vom Computer direkt ausgeführt werden. Nachteil: Compiler sind mitunter recht umständlich zu bedienen. Typische Compilersprachen sind C, Pascal und Fortran

Was ist ein Interpreter?

Auch ein Interpreter ist ein Übersetzungsprogramm, das Programmtexte in die Maschinensprache übersetzt. Im Gegensatz zum Compiler wird aber die Übersetzung hier während des Programmlaufs vorgenommen, d.h. der Interpreter übersetzt jeden Befehl Stück für Stück und führt ihn dabei sofort aus. Interpreter sind immer langsamer als Compilersprachen, haben aber den Vorteil, daß sie einfacher bedient werden können. Als Ergebnis der Übersetzung entsteht auch kein Maschinenprogramm, das später noch einmal ausgeführt werden könnte. Für den Anfänger auf dem Gebiet der Programmierung empfiehlt sich auf jeden Fall ein Interpreter. Typische Interpretersprachen sind BASIC, Lisp, Logo und Forth.

Was ist Assembler?

Richtige Maschinensprache besteht aus Folgen von Zahlen, wobei jede Zahl einen Befehlscode oder die Adresse von Daten darstellt. Wollte man direkt in Maschinensprache programmieren, so müßte man diese Zahlencodes direkt hinschreiben, was sehr fehleranfällig ist. Ein Assembler ist ein Übersetzungsprogramm, das jedem Maschinenbefehl einen Namen gibt (z.B. ADD für einen Additionsbefehl) und Assembler-Quelltexte in solche Maschinenprogramme übersetzt. Das hört sich eigentlich nach der Aufgabe eines Compilers an, es gibt aber wichtige Unterschiede.

So ist das Programmieren in Assembler im wesentlichen mit der Maschinensprache-Programmmierung identisch; nur kann man statt der Zahl einen Namen hinschreiben, der für den Menschen wesentlich einfacher zu verstehen ist. Zweiter Unterschied: höhere Programmiersprachen nehmen dem Programmierer sehr viele Aufgaben ab, die mit der Verwaltung von Speicher und Hardware zu tun haben. So muß der Assembler-Programmierer selbst darauf achten, daß sich Programme und Daten im Speicher nicht überschneiden.

9.7.1 Die verschiedenen Sprachen

Um Ihnen einen kleinen Einblick in die verschiedenen Sprachen zu geben, möchte ich ein kleines Beispiel in BASIC, C und Assembler vorführen. Es handelt sich dabei um eine ganz einfache Aufgabe, die Sie auch ohne Vorkenntnisse nachvollziehen können.Unsere Programmieraufgabe lautet, die Worte in einem eingegebenen Satz zu zählen. Genauer: es sollen die Leerzeichen gezählt werden, denn diese trennen ja im allgemeinen zwei Worte voneinander. Um uns nicht mit unnötigen Schwierigkeiten zu belasten, wird der Wortlaut des Satzes in jedem Programm fest installiert; wenn Sie also die Worte in einem anderen Satz zählen lassen möchten, müssen Sie das Programm ändern.

Wie kann man nun die Leerzeichen in einem Satz zählen? Wie würden Sie es machen? Richtig: alle Buchstaben der Reihe nach ansehen und auf einer kleinen Tafel einen Strich mehr machen, wenn es sich dabei um ein Leerzeichen gehandelt hat. Genauso kann das auch unser Computer machen. Übrigens haben wir gerade einen Algorithmus formuliert. Ein Algorithmus ist nichts weiter als eine Folge von Rechenanweisungen, die die Lösung eines Problems beschreiben. Unser Problem lautet: "Worte zählen" und unser Algorithmus sieht (etwas geordneter aufgeschrieben) so aus:Vorher: die Anzahl (bis jetzt) ist 0.

```
Für jeden Buchstaben des Satzes führe folgendes aus:
  Wenn der Buchstabe ein Leerzeichen ist,
    dann erhöhe die Anzahl um 1
```

Sie werden sehen, daß dieser Algorithmus sehr einfach in ein Programm umgesetzt werden kann. Gleichzeitig haben wir gesehen, was das Programmieren ausmacht: ein Problem muß analysiert und in viele kleine Teilschritte zerlegt werden. Die Qualität eines Programmierers mißt sich nicht daran, wie virtuos er mit seinem Computer umgehen kann, sondern an der Fähigkeit, Probleme zu analysieren.

9.7.2 BASIC

Wir werden uns im folgenden mit zwei BASIC-Dialekten befassen: GFA- und Omikron-BASIC. Von der Programmierung her sind diese beiden Dialekte fast gleichwertig, allerdings gibt es in der einen Sprache Befehle, die in der jeweils anderen nicht vorhanden sind.

Wie gibt man Programme in das GFA-BASIC ein?

Starten Sie den GFA-Interpreter zunächst durch einen Doppelklick auf GFABASIC.PRG. Nach dem Laden erscheint der Editor auf dem Bildschirm, der dann ungefähr so aussieht:

Abb. 9.9: Der Editor des GFA-BASIC

Sie können jetzt direkt beginnen, den Programmtext einzutippen. Mit den Cursortasten können Sie dabei wie gewohnt den Cursor bewegen. Aber: falls Sie beim Eintippen einen Fehler gemacht haben, weigert sich der Editor, diese Zeile zu verlassen. Statt dessen erscheint in der unteren Menüzeile eine Fehlermeldung. In diesem Fall kontrollieren Sie bitte, ob Sie alles richtig eingetippt haben. Erst nachdem Sie den Fehler korrigiert haben, können Sie den Cursor aus der Zeile hinausbewegen.

Wie speichere ich ein Programm?

Wenn Sie mit dem Eintippen fertig sind, sollten Sie das Programm zunächst abspeichern. Dazu klicken Sie bitte mit der Maus in das Feld "SAVE". Es erscheint eine Objektauswahl auf den Bildschirm, mit der Sie das Verzeichnis und den Namen für die Speicherung angeben können. Nach Klick auf OK wird dann gespeichert.

Wie kann ich abgespeicherte Programme wieder laden?

Klicken Sie bitte auf "LOAD". Es erscheint wiederum eine Objektauswahl, mit der Sie das gewünschte Programm anwählen können.

Wenn Sie ein Programm laden, geht das noch im Speicher befindliche Programm verloren. Achten Sie deshalb darauf, alte Programme ggf. zuerst zu speichern, bevor Sie ein anderes laden.

Wie starte ich das eingetippte Programm?

Dazu müssen Sie nur "RUN" in der obersten Menüzeile anklicken. Das Programm wird dann ausgeführt, wobei der Editor-Bildschirm verschwindet. Am Programmende (das kann durchaus sehr schnell kommen) erscheint eine kleine Hinweisbox ("Programmende"). Mit dem Klick auf OK gelangen Sie wieder in den Editor.

Wie verlasse ich GFA-BASIC wieder?

Dazu müssen Sie nur QUIT in der oberen Menüzeile anklicken. Es folgt noch eine Sicherheitsabfrage, dann landen Sie wieder im Desktop.

Wie tippe ich Programme in das neue ST-BASIC ein?

Der Interpreter wird durch einen Doppelklick auf OM_BASIC.PRG gestartet. Nach dem Laden drücken Sie bitte HELP; damit gelangen Sie in den eigentlichen Editor. Sie können jetzt damit beginnen, den Text des Programms einzutippen. Auch das geht wie gewohnt. Einziger Unterschied: die Delete-Taste wirkt so, wie man es sonst von Backspace her gewohnt ist.

Abb. 9.10.: Der Editor des neuen ST-BASIC

Wie werden Programme gespeichert?

In der obersten Bildschirmzeile befinden sich Menüs, die wie die des Desktop funktionieren, aber nicht ganz so aussehen. Wählen Sie "SAVE *.*" im am weitesten links stehenden Menü. Es erscheint eine Objektauswahl, mit der Sie wie gewohnt Verzeichnis und Namen der neuen Datei festlegen können.

Wie lade ich alte Programme wieder in den Speicher?

Auch das geht wie gewohnt über die Menüleiste. "LOAD *.*" anklicken, Datei auswählen, und schon wird das Programm geladen.

Wie werden Programme gestartet?

Wählen Sie "RUN" im ganz rechts stehenden Menü. Das Programm wird sofort ausgeführt. Das Programmende wird nicht irgendwie gekennzeichnet. Nach Beendigung des Programms landen Sie nicht wieder im Editor. Diesen müssen Sie erst durch einen Druck auf HELP wieder anwählen.

Wie verlasse ich das BASIC wieder?

Tippen Sie nach der Ausführung eines Programmes (also nicht im Editor) den Befehl QUIT ein. Das BASIC möchte dann noch eine Bestätigung von Ihnen - drücken Sie j und Sie landen wieder im Desktop.

Wie sieht nun das Programm zum Leerzeichenzählen aus?

Es ist für beide BASIC-Dialekte fast gleich. Wenn Sie das untenstehende Programm unter GFA-BASIC eintippen wollen, müssen Sie nur die Zeilennummern am Anfang jeder Zeile weglassen - also z.B. "NEXT I" statt "6 NEXT I". Hier das Listing:

```
0 Satz$="In diesem Satz gibt es 6 Leerzeichen!"
1 Anzahl=0
2 FOR I=1 TO LEN(Satz$)
3  IF MID$(Satz$,I,1)=" " THEN
4    Anzahl=Anzahl+1
5  ENDIF
6 NEXT I
7 PRINT Anzahl
```

Was bedeuten nun die einzelnen Zeilen?

In Zeile 0 wird der zu untersuchende Satz festgelegt. Damit das BASIC diesen Satz irgendwie bearbeiten kann, muß er mit einem Namen versehen werden, man spricht auch davon, daß der Satz einer Variablen zugewiesen wird. In unserem Fall lautet dieser Name "Satz$". Das Dollarzeichen am Ende kennzeichnet dabei, daß es sich um einen Text handelt, der mit diesem Namen versehen ist. Bei Zahlen entfällt dieser Zusatz, wie man in Zeile 1 sehen kann. Ab sofort betrachtet der Interpreter überall dort, wo der Name "Satz$" auftaucht, den vorher eingetippten Satz, überall dort, wo "Anzahl" steht, arbeitet das BASIC mit dem Wert 0. Man sagt auch, die Variable Anzahl hat den Wert 0 (dieser Wert kann sich ändern) und die Variable Satz$ hat den Wert "In diesem Satz gibt es 6 Leerzeichen!".

Was bedeutet das FOR?

Erinnern Sie sich an unseren Algorithmus von oben? Dort stand "Für jeden ...". Tatsächlich kennt auch das BASIC einen solchen Befehl. Lesen wir in Zeile 2 ein wenig weiter. Dort steht FOR I= 1 TO LEN(Satz$). LEN(Satz$) ist eine weitere Funktion des BASIC, die angibt, wie lang ein Text in einer Variable ist. Wir könnten unsere Zeile jetzt also ungefähr so übersetzen: "Für I von 1 bis zur Länge des Textes".

In der Tat wird damit der ganze Text vom ersten bis zum letzten Buchstaben durchlaufen. Die Variable I enthält dabei jeweils die Nummer des Buchstabens, der gerade betrachtet wird, also 1, 2, 3, usw. Wir wissen aber immer noch nicht, welche Bedeutung das FOR eigentlich hat. Sehen Sie sich dazu Zeile 6 an. Da steht "NEXT I", also auf gut Deutsch "Das nächste I, bitte". Dies ist die Anweisung für das BASIC, mit dem nächsten Wert von I weiterzumachen. Alles, was zwischen dem FOR und dem NEXT steht, wird für jeden möglichen Wert von I einmal ausgeführt. Man nennt das auch Schleife, weil die Bearbeitung dieses Zwischenstücks (die Zeilen 3, 4 und 5) immer wieder von vorne beginnt, sooft das FOR dies angibt. In unserem Fall werden die Zeilen 3, 4 und 5 (der sogenannte Schleifenrumpf) zuerst für den Fall I=1 durchlaufen, dann mit I=2 usw. bis I quasi am Ende des Textes angekommen ist.

Was passiert im Schleifenrumpf?

MID$(Satz$,I,1) ist eine Anweisung, die das BASIC dazu veranlaßt, aus dem Text in Satz$ ab der I-ten Stelle 1 Zeichen herauszugreifen. In unserem Fall wird also der i-te Buchstabe des Textes betrachtet. Dieser wird mit dem Leerzeichen (" ") verglichen. Falls dieser Vergleich positiv ausfiel, haben wir eines der gesuchten Leerzeichen im Satz gefunden, und die Anzahl muß um 1 nach oben verändert werden. Betrachten wir Zeile 3 einmal genauer. Etwas frei übersetzt steht dort "Wenn i-ter Buchstabe ein Leerzeichen ist". Das Wörtchen "dann" liegt Ihnen sicher auf der Zunge. Richtig! Sie finden das "dann" in der nächsten Zeile als "THEN" wieder. Zeile 4 wird nur dann ausgeführt, wenn die Bedingung MID$(...)=" " erfüllt war; dies wird durch das vorgestellte THEN bewirkt. Fiel der Vergleich negativ aus, so wird Zeile 4 übersprungen.

Was passiert nun, falls ein Leerzeichen gefunden wurde?

Hinter dem THEN steht die Anweisung "Anzahl=Anzahl+1". Mathematisch ist das natürlich Unsinn, denn eine Zahl kann niemals gleich ihrem Nachfolger sein. Hier findet auch kein Vergleich statt, sondern eine Zuweisung wie in Zeile 1. Das BASIC soll zum Inhalt der Variablen Anzahl eine 1 hinzuaddieren und dann das Ergebnis wieder mit Anzahl bezeichnen (der alte Wert von Anzahl geht dabei verloren). Auf diese Weise wird der Wert von Anzahl genau um 1 nach oben gezählt, also genau das, was wir wollten. Als kleine Eselsbrücke können Sie das Gleichheitszeichen hier in Gedanken durch einen Pfeil nach links ersetzen, etwa so: Anzahl <- Anzahl + 1.

Zeile 5 dient dem BASIC nun nur noch dazu, das Ende der IF-THEN-Konstruktion zu markieren. Sie sehen also, wenn das betrachtete Zeichen kein Leerzeichen war, geht der Computer lediglich zum nächsten Zeichen über.

Was bewirkt PRINT?

In Zeile 7 wird schließlich das Ergebnis unserer ganzen Rechnerei ausgegeben. PRINT bedeutet wörtlich "Drucke", im Fall von BASIC (und vielen anderen Sprachen) heißt es, etwas auf dem Bildschirm anzuzeigen. Was, das wird danach angegeben. PRINT Anzahl bedeutet dabei nicht etwa, daß das Wort Anzahl ausgegeben wird, sondern der Wert der Variablen Anzahl, und das ist nun einmal zufällig das Ergebnis, das wir haben wollten.

9.7.3 C

Was ist C?

C ist eine Compilersprache, die sehr effiziente Programmierung erlaubt. Wie effizient dies sein kann, sehen Sie nicht zuletzt daran, daß weite Teile des GEM und des TOS in C geschrieben wurden. Es handelt sich hier also um die "Leib- und Magensprache" unseres Computers. Da C-Compiler recht teuer und kompiziert zu bedienen sind, werde ich mich im folgenden darauf beschränken, das Aussehen unseres obigen Problems in C zu demonstrieren. Falls Sie sich näher für diese Sprache interessieren, sollten Sie dann zu geeigneter Fachliteratur greifen. Ich empfehle Ihnen aber, die Programmierung erst anhand einer einfacheren Sprachen zu erlernen (BASIC oder PASCAL), bevor Sie zu diesem Expertenmittel greifen.

Wie sieht das Programm in C aus?

```
char satz[]="In diesem Satz gibt es 6 Leerzeichen!";
main()
{
   int i,anzahl=0;
   for(i=0;satz[i]!=0;i++)
     if (satz[i]==' ')
       anzahl=anzahl+1;
   printf ("%d",anzahl);
}
```

"main()" ist die Bezeichnung für das Hauptprogramm. C-Programme bestehen im allgemeinen aus mehreren Teilprogrammen, die sich gegenseitig aufrufen können. Das Hauptprogramm, welches als erstes ausgeführt wird, heißt aber immer "main". Die geschweiften Klammern umschließen dabei den Rumpf des Hauptprogrammes.

In den Zeilen 1 und 5 werden die Variablen definiert. In C muß jede Variable vor der ersten Benutzung angemeldet werden. Satz hat hier den Typ char (Character, zu deutsch "Zeichen"). "int" steht für Integer (ganze Zahlen). Ansonsten wurden die Variablen wie in BASIC gewählt.

Das for-Statement kennen Sie schon. In C ist es aber ein wenig anders aufgebaut. Innerhalb der Klammer gibt es drei durch Semikolon getrennte Angaben. "i=0" gibt an, daß die Zählung bei 0 beginnen soll. "satz[i]!=0" bedeutet, daß nur solange gezählt werden soll, bis das i-te Zeichen im Satz den ASCII-Code 0 hat (wohlgemerkt den ASCII-Code, nicht das Zeichen 0). In C kennzeichnet dies das Ende einer Zeichenkette. "i++" gibt schließlich an, daß i in Einerschritten erhöht werden soll.

Auch das if-statement dürfte Ihnen vertraut erscheinen. Wenn das i-te Zeichen im Satz ein Leerzeichen ist, wird in der darauf folgenden Zeile die Variable anzahl um 1 erhöht. Wie Sie sehen, schert sich C auch nicht um organisatorische Sachen wie ein ENDIF oder NEXT. Das wird in C ganz allein durch die Struktur der Befehle ausgedrückt und verlangt vom Programmierer einige Übersicht.

"printf..." druckt schließlich - wie gehabt - die Anzahl auf dem Bildschirm aus.

9.7.4 Assembler

Es würde sicher zu weit führen, wollte ich das obige Problem auch in Assembler vorführen. Dazu wären seitenlange Erklärungen notwendig, die dieses Buch unnötig aufblähen würden. Zum Verständnis eines Teils der Prinzipien der Assemblerprogrammierung soll uns ein einziger Befehl genügen. Sehen wir uns einmal an, wie man in Assembler zwei Zahlen addiert. Nehmen wir an, diese beiden Zahlen lägen auf den Speicherplätzen ZAHL1 und ZAHL12.

Bevor ein Prozessor irgendwelche Daten bearbeiten kann, muß er diese Daten in seine Register holen. Register sind interne kleine Speicher, die besonders schnell manipuliert werden können. Und vor allem: die meisten Operationen können nur in einem Register, nicht im normalen Speicher durchgeführt werden. Bevor der Prozessor also ZAHL2 addieren kann, muß er ZAHL1 in ein Register (hier heißt es D0) holen. Das bewerkstelligt der folgende Befehl:

```
MOVE ZAHL1,D0
```

Beachten Sie bitte, daß jetzt die Zuweisungsrichtung von links nach rechts geht (ZAHL1 wird nach D0 transportiert, in BASIC würde das ungefähr so aussehen: D0=ZAHL1). Jetzt kann die zweite Zahl schon addiert werden, denn der Additionsbefehl führt zwei Tätigkeiten aus: die zweite Zahl holen und zum Inhalt von Register D0 addieren. Der Befehl lautet dann:

```
ADD ZAHL2,DO
```

Das entsprechende BASIC-Äquivalent hieße DO=DO+ZAHL2. Damit enthält das Register DO den Wert ZAHL1+ZAHL2. Dieses Ergebnis soll nun noch an einen Speicherplatz mit dem Namen ERG gebracht werden. Auch dafür kann MOVE benutzt werden:

```
MOVE DO,ERG
```

In BASIC-Schreibweise würde der befehl ERG=DO lauten. Sie können sich vorstellen, daß die Programmierung in Assembler recht kompliziert werden kann. Dafür gibt es aber auch keine andere Sprache, die so effizient und schnell arbeiten kann. So hat jede Programmiersprache ihre Vor- und Nachteile.

10. Für Anwender, die mehr wissen wollen...

Mit Computern verhält es sich wie mit Autos. Letztere kann man auch fahren, ohne zu wissen, wie ein Motor funktioniert oder wie man eine Panne behebt - doch für den Fall der Fälle sind solche Kenntnisse sehr nützlich. Da dies auch für Ihren ST gilt, möchte ich in diesem Kapitel noch einmal kurz das Wissen umreißen, das man als angehender Profi braucht - und das ist (wie Sie gleich sehen werden) überhaupt nicht schwer.

10.1 Wie funktioniert eigentlich ein Computer?

Wer sich schon einmal mit der Geschichte der Datenverarbeitung beschäftigt hat, der weiß, daß die ersten funktionsfähigen Exemplare um die Mitte der vierziger Jahre gebaut wurden (Stichwort Zuse Z3). Etwa um die gleiche Zeit, nämlich 1946, wurde das logische Konzept durch den amerikano-ungarischen Mathematiker namens John von Neumann entwickelt.

Während im Bereich der Schaltungstechniken seither entscheidende Fortschritte gemacht wurden, hat sich am grundlegenden Funktionsprinzip eigentlich nichts verändert. So erstaunlich das klingen mag, fast alle heute existierenden Computer werden noch nach dem von-Neumann-Prinzip gebaut. Erst in den letzten Jahren hat es ernstzunehmende Versuche gegeben, Alternativkonzepte auf die Beine zu stellen.

Genug der Vorrede, kommen wir zur Idee hinter dem von-Neumann-Konzept. Der Entdecker dieses Prinzips ging davon aus, daß ein Computer aus drei Baugruppen besteht: Prozessor, Speicher und Peripherie. Der Prozessor ist der Teil eines jeden Computers, in dem die eigentliche Datenverarbeitung stattfindet.

Nur der Prozessor ist in der Lage, Zahlen zu addieren, logisch zu verknüpfen oder auch einfach nur zu bewegen. Der Speicher dient lediglich als Aufbewahrungsort für die Daten, über die Peripherie kann der Prozessor mit der Außenwelt in Verbindung treten. Sehen wir uns nun Abbildung 10.1 an, die einen typischen von-Neumann-Rechner zeigt.

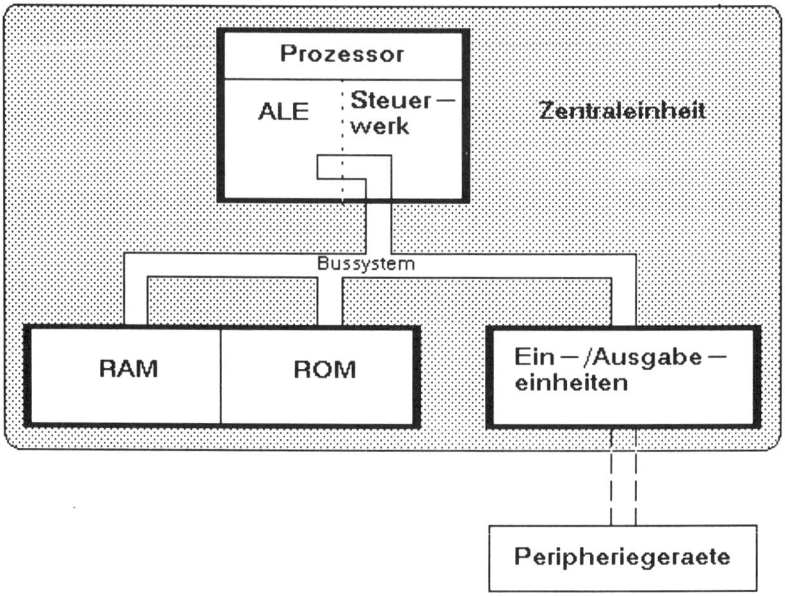

Abb. 10.1: Der von-Neumann-Rechner

Wie Sie sehen, ist der Prozessor (in unserem ST heißt er übrigens 68000) sowohl mit den verschiedenen Speicherarten als auch den sogenannten Ports verbunden. Im Speicher stehen Daten und Programme gleichberechtigt nebeneinander. Der Programmierer bzw. die verwendete Programmiersprache hat dafür zu sorgen, daß die Daten so abgelegt werden, daß sie nicht fälschlicherweise als Befehle interpretiert werden können und umgekehrt. Dies ist nötig, da sowohl Daten (seien es Texte, Zahlen oder sonstiges) als auch Befehle durch Nummern codiert werden, damit der Prozessor sie bearbeiten kann.

Wie läuft nun eine solche Befehlsausführung ab? Der Prozessor holt im ersten Schritt den Code des nächsten Befehls aus dem Speicher. Dafür ist das sogenannte Steuerwerk zuständig, dessen Aufgabe es ist, die gerade erhaltene Nummer (den Befehlscode) zu analysieren. Anhand dieser Zahl erkennt der Prozessor nämlich, ob er Daten verknüpfen oder verschieben soll. Bei Verknüpfungen müssen meist noch Daten aus dem Speicher geholt werden. Diese werden dann vom Steuerwerk an die ALE übermittelt. ALE steht für Arithmetisch-Logische Einheit, was nichts anderes bedeutet, als daß hier (und nur hier) Zahlen addiert, subtrahiert oder sonstwie verknüpft werden können. Ist dies geschehen, gibt die ALE das Ergebnis an das Steuerwerk zurück, von wo es an den gewünschten Ort im Speicher transportiert werden kann.

Die Arbeitsweise des von-Neumann-Konzepts kann mit den Buchstaben SISD abgekürzt werden. Das steht für Single Instruction - Single Data, oder auf Deutsch: ein einzelner Befehl mit nur einem Datum (zur gleichen Zeit). Von-Neumann-Rechner können also zu ein und demselben Zeitpunkt immer nur einen einzigen Befehl ausführen, der sich mit einer einzigen Zahl befaßt. Dadurch, daß viele solcher SISD-Abläufe nacheinander ausgeführt werden, kann man auch umfangreiche Berechnungen durchführen. Auch der ST arbeitet nach diesem langsam klingenden Prinzip. Trotzdem ist er sehr schnell, denn durch die geniale Einfachheit wird der Computer so gut wie überhaupt nicht mit Verwaltungsaufwand belastet. Außerdem sind diese Einzelbefehle so einfach, daß man sie in sehr kurzer Zeit ausführen kann.

10.2 Das Tor zur (Außen-)Welt

Bisher haben wir die Ports oder auch Schnittstellen mit Mißachtung gestraft. Das soll sich nun ändern, denn schließlich sind es diese Baugruppen, über die alle Ein- und Ausgaben des Computers laufen. Dabei handelt es sich um mehr oder minder komplex aufgebaute ICs (Integrierte Schaltkreise), die den Datenverkehr zwischen Prozessor und Peripherie (Laufwerke, Bildschirm usw.) regeln. Zu letzterem zählt auch die Tastatur, obwohl diese oft im gleichen Gehäuse steckt wie der Prozessor.

Die Portbausteine sind für den Mikroprozessor eine sehr bequeme Einrichtung. Soll ein Zeichen vom Prozessor z.B. zur Diskette übertragen werden, so braucht es nur beim zuständigen Schnittstellenbaustein abgeliefert zu werden. Um den Rest muß sich der Prozessor dann nicht mehr kümmern. Umgekehrt melden sich die meisten Portbausteine automatisch beim Prozessor, wenn Daten angekommen sind.

Die Verbindungsleitungen zwischen dem Prozessor und den übrigen Elementen des Computers nennt man auch Bus-System. Davon gibt es in jedem Computer drei: Datenbus, Adreßbus und Steuerbus. Der Steuerbus (auch Kontrollbus genannt) besteht nur aus einigen Steuerleitungen für bestimmte Zustände. So kann der

Prozessor z.B. über die sogenannte Read/Write-Leitung den Speicherbausteinen mitteilen, ob er Daten lesen oder schreiben möchte. Dieser Bus soll uns aber im folgenden nicht mehr interessieren.

Wichtiger ist da schon der Adreßbus. Mit seiner Hilfe kann der Prozessor bestimmte Zellen im Speicher ansprechen, also z.B. die Zelle Nr. 3576. Dabei ist der Größe des Speichers durch den Adreßbus eine Grenze gesetzt. Je mehr Leitungen der Adreßbus hat (man spricht auch von dessen Breite), umso größer die Adreßen, die der Prozessor abschicken kann. Da jede Leitung immer genau ein Bit (0 oder 1) transportieren kann, läßt sich die maximal mögliche Größe des Adreßraums bei n Leitungen durch 2^n berechnen (2^n ist typische Computerschreibweise und bedeutet 2 hoch n).

Der 68000 in unserem ST kann 24 Adreßleitungen bedienen und hat deshalb einen Adreßraum von 2^24 = 16777216 Bytes = 16 Mega-Byte. Aber leider hat das einen Haken, denn die Entwickler bei Atari haben unserem Prozessor nur 22 Adreßleitungen spendiert. Zwei unserer Adreßleitungen liegen also brach, was dazu führt, daß ein normaler Atari ST nur bis zu 4 Megabyte Speicherbereich ausgebaut werden kann. Keine Panik: 4 MB sind ungefähr soviel wie 2048 Schreibmaschinenseiten, das dürfte vorläufig selbst für sehr speicherintensive Anwendungen ausreichen.

Der letzte im Trio der Busse ist der Datenbus. Über dieses Leitungssystem werden die Daten zwischen Prozessor und Speicher transportiert. Auch hier ist die Breite wieder sehr entscheidend. Es dürfte einleuchten, daß ein 16-Bit-Datenbus (wie er im ST existiert) große Datenmengen schneller transportieren kann, als ein 8-Bit-Bus, wie er in Homecomputern vom Schlage des C-64 üblich ist, der nur jeweils 8 Bits gleichzeitig überträgt. Prozessoren, die 16 Bits gleichzeitig transportieren und verarbeiten können, werden auch 16-Bit-Prozessoren genannt. Der 68000 hat hier eine Besonderheit zu bieten. Innerhalb des Prozessors ist der Datenbus sogar auf 32 Bits verbreitert. Dadurch wird er bei internen Datentransporten sehr schnell. Wegen dieser Eigenschaft wird der 68000 oft auch als 16/32-Bit-Prozessor bezeichnet.

10.3 ST von innen

Ganz so einfach wie der oben beschriebene von-Neumann-Rechner ist unser ST zum Glück nicht, denn sonst wäre er wohl kaum zu solch grandiosen Leistungen fähig. Abb. 10.2. zeigt Ihnen das Blockschaltbild des Atari.

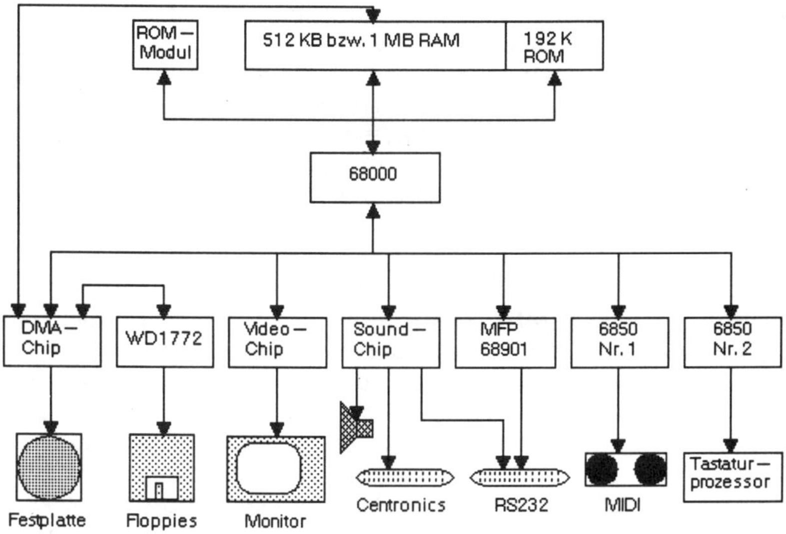

Abb. 10.2: Blockschaltbild des Atari ST

Das erste, was Ihnen wahrscheinlich an dieser Abbildung aufgefallen ist, sind die vielen, teilweise verschachtelten Ports. Dazu später mehr. Zunächst möchte ich Sie aber auf eine Besonderheit hinweisen, die die Tastatur betrifft. Wenn Sie genau hinsehen, werden Sie bemerken, daß die Tastatur über einen eigenen Mikroprozessor verfügt. Damit wird der ST nicht etwa in den Stand der Multiprozessorsysteme erhoben. Vielmehr kann man die Tastatur auch als ein sogenanntes intelligentes Peripheriegerät betrachten.

Intelligent heißt in diesem Fall, daß dort einzelne Prozesse ohne Beteiligung des Hauptrechners ablaufen können - in diesem Fall zum Beispiel die ständige Abfrage der Tasten und der Maus (die beide am Tastaturprozessor hängen und nicht im Diagramm eingezeichnet sind). Wie in jedem Rechner läuft auch im Tastaturprozessor ein Programm ab. Hier ist es so geschrieben worden, daß der kleine (8-Bit-)Prozessor dem 68000 in regelmäßigen Abständen petzt, welche Tasten der Anwender draußen gerade gedrückt hat und in welche Richtung die Maus bewegt wurde.

Diese Daten meldet der Tastaturprozessor dann über eingebaute Ports an einen der beiden 6850-Portbausteine des ST. 6850 ist übrigens schlicht und einfach ein Name wie z.B. Mercedes 190, Audi 80 oder BMW 320, den Sie sich nicht zu merken brauchen. Der 68000-Hauptprozessor sieht dann immer wieder beim 6850 nach, ob der Anwender schon wieder eine Taste gedrückt hat und holt sich diese Daten ggf. ab. Wie Sie dem Diagramm weiter entnehmen können, ist der andere 6850-Portbaustein für die Verwaltung der sogenannten MIDI-Schnittstelle zuständig (mehr zu MIDI können Sie in Kapitel 7 nachlesen). Gehen wir zum nächsten Port über, dem MFP 68901. Dieser Baustein ist im ST für die Bedienung der RS 232-Schnittstelle vorgesehen.

In Abb. 10.2 ist Ihnen sicher schon aufgefallen, daß die RS 232 nicht nur mit dem MFP 68901 verbunden ist, sondern auch mit dem Sound-Chip. Das klingt zunächst paradox, denn die Aufgabe eines Sound-Chips müßte doch vor allem die Erzeugung von Tönen sein. Ist sie auch, doch im Atari ST macht ein ganz spezieller Tonerzeuger seine Arbeit. Dieser Tausendsassa mit der Bezeichnung YM-2149 ist neben der Erzeugung von Tonfolgen nebenbei noch in der Lage, zwei Schnittstellen zu bedienen. Dies wird im ST auch kräftig ausgenutzt, denn die Centronics-Schnittstelle wird komplett vom Sound-Chip bedient. Und da der MFP 68901 nicht ausreicht, um die serielle Schnittstelle zu kontrollieren, haben sich die Entwicklungsingenieure beim Sound-Chip eine Leitung ausgeliehen, die ebenfalls zur RS 232 führt.

Ein recht einfacher Bursche ist der Video-Chip. Er hat die Aufgabe, je nach angeschlossenem Monitor ein entsprechendes Bildsignal zu erzeugen. Zu diesem Zweck kann der Video-Chip die Art des angeschlossenen Monitors (Farbe oder S/W) anhand des Kabels erkennen. Bei S/W-Monitoren macht sich der Video-Chip also erst gar nicht die Mühe, ein Farbsignal zu erzeugen, und umgekehrt. Woher weiß der Video-Chip nun, welche Punkte auf dem Bildschirm aufleuchten sollen? Ganz einfach: aus dem RAM. Dieser Chip ist in der Lage, ständig auf das sogenannte Video-RAM zugreifen zu können, ohne daß der Prozessor im ins Gehege kommen könnte.

Das Video-RAM ist ein reservierter Bereich des Speichers, in dem für jeden Punkt des Bildes genau festgelegt ist, ob er leuchten soll oder nicht und (im Farbmodus) in welcher Farbe dies zu geschehen hat. Damit wird auch klar, welche Vorgänge der Prozessor auszuführen hat, wenn er etwas auf dem Bildschirm anzeigen möchte: er teilt dann einfach über das Video-RAM mit, welche Punkte gesetzt werden sollen. Fertig. den Rest übernimmt der Video-Chip.

Nun bleiben nur noch zwei Schnittstellen unseres ST: Floppy Disk und Hard Disk. An die erste wird, wie Sie sicher schon wissen, das Diskettenlaufwerk angeschlossen. Auf der anderen Seite dieser Buchse sitzt der sogenannte Floppy-Controller WD 1772. Die Ansteuerung von Diskettenlaufwerken ist derart kompliziert, daß man dafür i.a. einen Spezialbaustein einsetzt, eben den Flopyy-Controller.

Das hat dann gleichzeitig den Vorteil, daß der Prozessor sich nur noch mit der Erteilung von Befehlen (z.B. "Hole mir die Daten von der ersten Spur") und der Entgegennahme von Daten zu beschäftigen hat. Aus technischen Gründen ist dieser Floppy-Controller aber nicht direkt mit dem Prozessor verbunden, sondern über den Umweg des DMA-Chips. DMA steht für Direct Memory Access (engl.: direkter Speicherzugriff) und stellt eine besonders schnelle Methode dar, Daten aus dem Speicher auf die Diskette oder Harddisk zu bekommen.

Damit haben wir den ST fast komplett beschrieben - nur eines fehlt noch: der Steckplatz für das ROM-Modul. Dabei handelt es sich im Grunde genommen gar nicht um eine Schnittstelle, denn hier sind einfach Adreß- und Datenbus nach außen geführt worden. Damit ist es möglich, das interne ROM durch Steckmodule um 128 K zu erweitern, z.B. um Programme jederzeit zur Verfügung zu haben. Aber Vorsicht! Die Pins in diesem Stecker sind direkt mit dem Prozessor verbunden. Wer hier spielt und dabei einen Kurzschluß verursacht, der riskiert einen kapitalen Prozessor-Blattschuß.

So, nun wissen Sie schon ganz gut über das Innenleben des ST Bescheid. In Zukunft sollten Ihnen Begriffe wie Floppy-Controller keine Probleme mehr bereiten. Nach der Hardware sollten wir uns endlich dem anderen Bestandteil eines jeden Computers zuwenden: der Software!

10.4 Immer hübsch der Reihe nach...

Wie Sie aus den letzten Abschnitten wissen, kann ein von-Neumann-Rechner immer nur eine Aktion zur gleichen Zeit durchführen. Trotzdem muß so gut wie jeder Rechner mehrere Tätigkeiten gleichzeitig ausführen. Ein Beispiel: Der ST ist in der Lage, den Mauspfeil auf dem Bildschirm zu bewegen und parallel dazu Daten von der Diskette in den Speicher zu laden. Um die Verwirrung komplett zu machen, gibt es sogar Rechner, die mehrere Programme gleichzeitig ausführen können, z.B. den Amiga oder (mit einem speziellen Programm) auch der ST.

Das riecht natürlich nach einem Widerspruch, habe ich doch oben ganz frech behauptet, der ST sei ein von-Neumann-Rechner (wie auch der Amiga, der übrigens mit dem gleichen Prozessor arbeitet)! Zunächst einmal: überall, wo ich oben "gleichzeitig" geschrieben habe, können Sie das Wort "scheinbar" hinzufügen. Denn wenn der ST Daten von der Diskette einliest, legt er zwischendurch immer wieder eine kleine Pause ein und verschiebt dabei ggf. den Mauszeiger anhand der Daten, die der Tastaturprozessor liefert (Sie erinnern sich: der Tastaturprozessor kontrolliert Tastatur und Maus).

Diese Pausen nennt man in der Fachsprache Interrupts (engl.: Unterbrechungen), weil der Prozessor seine eigentliche Arbeit (Diskettendaten empfangen) unterbricht und für kurze Zeit ein kleines Interruptprogramm abarbeitet. Dieses sorgt dann für die Bewegung des Mauspfeils. Für den Benutzer scheint es, als liefen beide Tätigkeiten gleichzeitig ab, weil

- der Interrupt bis zu 200 mal in der Sekunde ausgelöst wird und
- ein Interrupt so rasend schnell abgearbeitet ist, daß er bei der üblichen Arbeit nicht wahrgenommen wird.

Damit alles seine Ordnung hat, gibt es im Rechner in einem der Portbausteine eine Art Uhr, die in regelmäßigen Abständen wie ein Wecker ein Interruptsignal für den Prozessor erzeugt. Der Prozessor läßt dann im Normalfall alles stehen und liegen und beginnt mit der Ausführung des Interruptprogramms. Wenn dieses beendet ist, wird die Ausführung des alten Programmes genau an der Stelle fortgesetzt, an der sie unterbrochen wurde.

Einige Rechner sind nun in der Lage, mehrere Programme simultan auszuführen. Wie Sie vielleicht schon vermutet haben, hat auch hier der Interrupt seine Finger im Spiel. Statt sich auf kleinere Aufgaben wie die Bewegung des Mauszeigers zu beschränken, übernimmt der Interrupt hier zusätzlich noch Verwaltungsarbeiten. Er befiehlt dem Prozessor nämlich bei jeder Unterbrechung, zu einem anderen Programm zu wechseln. Nehmen wir an, auf einem Rechner sollen 3 Programme simultan ablaufen. Gegenwärtig ist der Prozessor mit Programm 1 beschäftigt, da reißt ihn der Interrupt aus seinen Gedanken.

Durch die Unterbrechung wird dem Programm 1 nun quasi die Rechenzeit entzogen und einem anderen Programm zugeteilt, z.B. Programm 2. Von diesem wird nun bis zum nächsten Interrupt ein kleines Stück bearbeitet, dann ist Programm 3 an der Reihe. Danach wird wieder Programm 1 ausgeführt usw. Die gesamte Rechenzeit des Prozessors wird also in kleine Zeitscheiben unterteilt, die abwechselnd allen Programmen zugute kommen. Für den menschlichen Benutzer, der ja viel langsamer reagiert, scheint es, als würden alle drei Programme zur gleichen Zeit ausgeführt. Übrigens nennt man dieses Prinzip Multi-Tasking (ein schwer übersetzbarer Begriff, vielleicht ist Mehrfach-Aufgaben-Bearbeitung passend).

Etwas ähnliches läuft auch in Ihrem ST ständig ab. Zwar kann der ST nicht mehrere Programme gleichzeitig bearbeiten, aber er kann sie simultan überwachen. Das hört sich konfus an, ist aber ganz leicht zu erklären, wenn man den Blick auf die Accessories richtet. Diese nützlichen kleinen Helfer im linken Drop-Down-Menü stehen ja (zumindest in GEM-Programmen - dazu später mehr) ständig zur Verfügung. Man braucht sie nur anzuklicken. Genau das ist die Stelle, an der wir Interrupt spielen dürfen. Statt nämlich ständig die Rechenzeit zwischen verschiedenen Programmen zu verteilen, beschränkt sich der ST darauf, nach Anforderung zwischen den verschiedenen Prozessen umzu schalten.

Das Signal, welches Programm als nächstes ausgeführt wird, geben wir mit unserer Maus. Vielleicht sind Sie jetzt enttäuscht, aber es gibt gute Gründe für diese Beschränkung. Multi-Tasking ist sehr aufwendig, weil nicht nur Rechenzeit vergeben, sondern auch dafür gesorgt werden muß, daß sich die verschiedenen Programme nicht ins Gehege kommen. Dadurch dauert die Ausführung eines Interrupts natürlich recht lange.

Die Folge ist, daß der Rechner einen immer größeren Teil seiner Rechenzeit für Verwaltungsaufgaben verwenden muß und immer weniger Zeit für die eigentlichen Programme bleibt, je mehr Aufgaben gleichzeitig bearbeitet werden sollen. Daher ist Multi-Tasking nur für sehr schnelle Rechner geeignet und auf jeden Fall langsamer als die normale Ausführung eines Programms. Damit wären wir beim Begriff des Betriebssystems angelangt. Die DIN 44300 definiert diesen Begriff so:

Betriebssystem: Die Programme eines digitalen Rechensystems, die zusammen mit den Eigenschaften der Rechenanlage die Basis der möglichen Betriebsarten des digitalen Rechensystems bilden und insbesondere die Abwicklung von Programmen steuern und überwachen."

(Quelle: Skript zur Vorlesung "Betriebssysteme I" im Wintersemester 1987/1988 an der RWTH Aachen von Professor Dr. D. Haupt). So umständlich und gestelzt dies auch klingen mag (DIN-Normen sind nun einmal so), einen Punkt werden Sie wiedererkannt haben: "... Abwicklung von Progammen steuern und überwachen." Das klingt verschärft nach einem Interrupt und in der Tat ist letzterer ein wichtiger Teil des Betriebssystems. Ein Betriebssystem ist einfach eine Sammlung von Programmen, die dem Anwender überhaupt erst die Nutzung des Rechners ermöglichen. So bedeutet der Doppelklick auf ein Programm-Icon im Klartext für den ST folgendes:

1. Lade das angeklickte Programm von der Diskette in den Speicher.
2. Starte dieses Programm (d.h. gib ihm Rechenzeit).

Ein paar von den Programmen im Betriebssystem fühlen sich nun angesprochen und führen die obigen Tätigkeiten aus. Übrigens ist kein Computer ohne Betriebssystem denkbar. Stellen Sie sich einfach folgende Situation vor: Ein ST ohne ROMs mit leeren RAM, d.h. im ganzen Speicher ist nicht ein einziges Stückchen Software zu finden. Der Prozessor würde ja gerne ein Programm ausführen, aber die liegen alle auf der Diskette. Also laden! Aber Vorsicht! Woher weiß der Prozessor, wie er an die Daten herankommt?

Im 68000 ist - wie in jedem anderen Prozessor - keinerlei Information eingebaut, wie das Rechnersystem um ihn herum aussieht. Das wäre auch sehr umständlich, denn dann müßte für jeden Computertyp ein eigener Prozessortyp entworfen werden.Die

Informationen, wie der Prozessor das ihn umgebende System von Ports bedienen kann, sind also im Betriebssystem enthalten, in der Form von Programmen. Daher lautet die Lösung für das eben angesprochene Dilemma, daß mindestens ein Programm in das Computersystem eingebaut sein muß - entweder das Betriebssystem selbst oder ein sogenannter Bootstrap-Loader.

Das ist ein kleines Programm, das nur darauf getrimmt ist, ein Betriebssystem von der Diskette in den Speicher zu laden und somit den Computer am eigenen Schopfe aus dem Sumpf zu ziehen. Im Fall des ST hat man sich (bis auf kleine Ausnahmen) für die erste Alternative entschieden, das Betriebssystem ist also direkt in den eingebauten ROMs vorhanden.

Neben der elementaren Notwendigkeit, ein Betriebssystem zu besitzen, gibt es dafür auch noch einen anderen Grund: Bequemlichkeit. Obwohl die Portbausteine dem Prozessor sehr viel Arbeit beim Senden und Empfangen von Daten abnehmen können, ist ihre Bedienung dennoch recht kompliziert. Denn der Prozessor muß den Schnittstellenbausteinen in vielen Fällen genau mitteilen, was mit den Daten im einzelnen zu geschehen hat. Das kann mitunter zig Maschinenbefehle nach sich ziehen, nur um einen Punkt auf dem Bildschirm zu setzen. Damit die Programmierer nicht jedesmal das Rad neu erfinden müssen, gibt es im Betriebssystem diverse Programme, die für die Bedienung der Schnittstellen zuständig sind.

Statt also die genaue Bedienung der Peripherie in sein Programm zu schreiben, braucht der Programmierer nur noch die Daten bereitstellen und das entsprechende Programm im Betriebssystem aufrufen. Aus vielen einzelnen Maschinenbefehlen wird auf dieser Weise ein einziger gemacht. Ein weiterer Vorteil dieser Methode: existieren von einem Computertyp verschiedene Versionen, die mit verschiedenen Peripheriebausteinen ausgerüstet sind, so braucht nicht jede Software umgeschrieben zu werden, sondern nur das Betriebssystem. Für die Software bleibt die Behandlung von Ein- und Ausgaben gleich, denn es muß ja nur mit dem Betriebssystem kommunizieren.

Wie erfolgreich dieses Prinzip funktioniert, kann man am Beispiel des IBM-PC sehen. Es gibt zu diesem Typ Hunderte von Kompatiblen, die natürlich nicht identisch sind (sonst würde IBM sicher sehr sauer reagieren). Obwohl also die Hardware sehr verschieden sein kann, laufen auf allen diesen Rechnern die Programme für den Original-PC. Wo dies nicht der Fall ist, kann man sicher sein, daß die Software die Kommunikation nicht dem Betriebssystem überläßt, sondern selbst vornimmt.

Das Betriebssystem im ST heißt übrigens TOS. Diese Abkürzung steht für Tramiel Operation System, auf Deutsch: Tramiels Betriebssystem (Jack Tramiel ist der Inhaber der Atari Corp.). Teile des TOS werden auch BIOS, XBIOS und GEMDOS genannt. Eigentlich nicht zum Betriebssystem gehört das GEM (Graphics Environment Manager). Hierbei handelt es sich um eine sogenannte Benutzeroberfläche, ein Programm, das auf besonders elegante und komfortable Art (per Maus und Fenster) die Kommunikation zwischen Betriebssystem und Benutzer regelt. GEM gibt es nicht nur für den ST, sondern auch für IBM-Kompatible.

Im Gegensatz dazu ist es beim Atari aber an das Betriebssystem gekoppelt, weshalb man fälschlicherweise auch oft vom GEM als dem Betriebssystem spricht. GEM ist eine sogenannte grafische Benutzeroberfläche, weil die Kommunikation zwischen Rechner und Anwender über Grafiken (z.B. die Icons) abläuft. Kommandointerpreter stellen auch Benutzeroberflächen dar, denn sie nehmen einen Befehl von der Tastatur entgegen und übermitteln ihn an das Betriebssystem - nur arbeiten diese eben nicht grafisch und sind deshalb nicht so komfortabel.

10.5 Warum die alten Römer keinen Computer erfinden konnten

Es mag vielleicht erstaunlich klingen, aber selbst wenn den alten Römern unsere heutigen technischen Errungenschaften zur Verfügung gestanden hätten, wären sie doch niemals in der Lage gewesen, den Computer zu erfinden. Und dies, obwohl sie schon vor 2000 Jahren Möglichkeiten hatten, Wasserleitungen über viele Kilometer zu verlegen, welche ein konstantes Gefälle aufwiesen. Dazu war schon einiges an Vermessungskünsten, vor allem aber an Mathematik nötig. Paradoxerweise aber war es genau ihre Rechentechnik, die sie an der Erfindung einer Rechenmaschine hinderte.

Wie dies zusammenpaßt, möchte ich Ihnen in diesem Kapitel erläutern. Dazu ist ein wenig Mathematik nötig. Keine Angst - hier sollen keine hochgestochenen mathematischen Theorien ausgebreitet werden. Ich möchte Sie lediglich zu einer ganz neuen Betrachtungsweise von ganz normalen Zahlen führen.

Bekanntlich hat unser Zahlensystem genau 10 Ziffern, nämlich 0, 1, 2, ..., 9. Das ist bestimmt nichts Aufregendes, gehen wir doch jeden Tag mit solchen Ziffern um. Wenn wir eine Anzahl beschreiben wollen, so reihen wir dazu Ziffern aneinander. Je höher die Ziffern, desto höher die Zahl. Doch der Wert einer Ziffernreihe wird nicht nur durch die Höhe der einzelnen Ziffern bestimmt - es ist auch wichtig, wo die einzelnen Ziffern stehen. 951 ist größer als 159, obwohl beide Zahlen aus den gleichen Ziffern bestehen. "Klar" werden Sie jetzt sagen, schließlich steht die Neun in den Hundertern. Genau hier ist das geniale Element eingebaut: die Stellung einer Ziffer bestimmt ihren Wert in weit größerem Maße als die Ziffer selbst. Deshalb können wir die Zahl 951 auch so schreiben:

```
951 = 9 * 100 + 5 * 10 + 1 * 1
```

(Anm.: Der * ist das in der Informatik weithin gebräuchliche Zeichen für die Multiplikation.) Mathematisch Vorbelastete haben schon bemerkt (wenn sie es nicht bereits als altbekannte Tatsache hingenommen hatten), daß die Stellenwerte (1, 10, 100, usw.) jeweils Potenzen von 10 sind. Das ist der Grund dafür, daß wir unser Zahlensystem auch dekadisches System oder Zahlensystem zur Basis 10 nennen.

Was hat das nun mit den Römern zu tun? Ganz einfach, die Römer hatten keine Stellenwerte, sondern der Wert einer Zahl hing bei ihnen (fast) nur von der Ziffer (bzw. dem Buchstaben) ab. Ein I steht für eine 1, ein C für eine 100 usw. III sind also 3 Einsen, das ergibt 3. CI ist 101, IC stellt dagegen eine 99 dar. Zudem gibt es im römischen Zahlensystem kein Zeichen für die Null.

Stellen Sie sich nun vor, Sie lebten in der Römerzeit. Unglücklicherweise sind Sie der Leibmathematiker von Cäsar. Sie kennen nur Ihr römisches Zahlensystem und sollen die Steuereinnahmen aus den gallischen Provinzen addieren. Damals war dies wahrlich eine Aufgabe, die den Gelehrten Schweißperlen auf die Stirn trieb, denn sie konnten ja nicht einfach die Zahlen untereinander schreiben und stellenweise addieren, wie wir das bisweilen auch noch in der Ära der Taschenrechner tun (versuchen Sie es einfach einmal mit verschiedenen Kombinationen, ab und zu klappt es vielleicht sogar).

Kein Wunder also, wenn sich in der Historie immer wieder Hinweise finden, daß die alten Römer sich in ihren Kolonien neue Zahlensysteme ausgeliehen hatten, um ihre Buchhaltung zu vereinfachen.

Gerade das spaltenweise Addieren ist aber die Grundlage jeder Rechenmaschine. Und die Rechenmaschine ist schon im 17. Jahrhundert erfunden worden. Übrigens geschah dies zeitlich fast parallel in Deutschland durch Gottfried Wilhelm Leibniz und in Frankreich durch Blaise Pascal. Bezeichnenderweise tat Pascal dies übrigens, um seinem Vater (einem Steuerbeamten) die Buchführung zu erleichtern.

Beide Maschinen arbeiteten weitgehend nach dem gleichen Prinzip. Wir werden gleich noch sehen, daß dieses Prinzip nur mit unserem Zahlensystem funktionieren kann. Sehen wir uns zunächst einmal an, wie wir gewöhnlich arbeiten, wenn wir 2 Dezimalzahlen schriftlich addieren wollen:

```
   126     (erster Summand)
+   95     (zweiter Summand)
   11      (Überträge)
  -----
= 221      (Ergebnis)
```

Jedes Schulkind weiß, daß ein Übertrag immer dann gemacht werden muß, wenn die Summe in einer Spalte 10 überschreitet. Leibniz und Pascal verfielen deshalb auf folgenden Trick. Auf ein Zahnrad mit 10 Rasten malten sie die Ziffern 0 bis 9. Von diesen Zahnrädern benutzten sie mindestens so viele, wie die zu addierenden Zahlen Stellen hatten. Diese Zahnräder wurden nun so gedreht, daß die oberste Zahl eine Ziffer aus dem ersten Summand anzeigte.

In unserem Beispiel würde das erste Zahnrad also eine 6 anzeigen, das nächste eine 2 usw. Um nun zu addieren, wurde zunächst das Zahnrad für die niedrigste Stelle um soviele Rasten weitergedreht, wie die niedrigste Stelle des zweiten Summanden angab. Um bei unserem Beispiel zu bleiben: wir müßten das erste Zahnrad um 5 Rasten weiterdrehen. In dieser Stellung sollte es dann eine 1 anzeigen (6 + 5 = 11). Sie sehen, allein durch das Weiterdrehen haben wir schon die kleinste Stelle addiert.

Was uns noch fehlt, ist der Übertrag. Unsere beiden Gelehrten fanden dazu eine ebenso simple wie geniale Lösung. Sie brachten nämlich an jedem Zahnrad an der Nullraste einen kleinen Stift an. Sobald das Zahnrad über die Null hinweggedreht wurde, griff dieser Stift in das Rad für die nächste Stelle und drehte dieses um genau eine Raste weiter. Auf diese Weise wird der Übertrag zur nächsten Stelle transportiert und gleichzeitig addiert. In unserem Beispiel würde das zweite Zahnrad nun statt einer 2 eine 3 zeigen.

Es wird jedem einleuchten, daß man dieses Spiel nun mit allen Stellen der Zahlen weiterführen kann, bis schließlich alle Spalten addiert und alle Überträge berücksichtigt sind. Und natürlich eignet sich diese Methode wunderbar, um in eine Maschine eingebaut zu werden. Wen wundert es da, daß bis in die 60er-Jahre dieses Jahrhunderts Rechenmaschinen nach diesem Prinzip (wenn auch verfeinert und erweitert) gebaut und benutzt wurden. Sieht man sich nun das römische Zahlensystem an, dann wissen Sie, warum diese alte Kulturvolk niemals eine Rechenmaschine erfinden konnte.

Allerdings muß zur Ehrenrettung der Antike gesagt werden, daß schon vor Jahrtausenden in einigen Hochkulturen (insbesondere des Fernen Ostens) der Abakus bekannt war, der meist aus Perlen bestand, die an mehreren Schnüren aufgereiht waren. Auch der Abakus arbeitet schon nach einem ähnlichen Prinzip wie die Leibnizsche Rechenmaschine; allerdings war es hier immer noch der Mensch, der die Überträge zu berücksichtigen hatte. Im Zuge der Ausweitung des römischen Reiches gelangte natürlich auch der Abakus nach Europa. Übrigens wird der Abakus in vielen Ländern Asiens heute noch benutzt; mancher Könner ist damit sogar schneller als sein Kollege mit dem Taschenrechner.

Natürlich konnte die Rechenmaschine von Leibniz auch subtrahieren; Sie ahnen sicher auch schon, wie das vor sich ging: Statt die Zahnräder wie bei der Addition nach rechts zu drehen, benutzt man einfach die umgekehrte Richtung.

10.6 Mittelalterliche Mathematik in Hochleistungscomputern

Wie Sie der Überschrift dieses Kapitels entnehmen können, bleiben wir bei der Mathematik; auch einen der Helden des letzten Abschnittes werden wir wieder treffen. Wir haben bereits gesehen, daß sich jede Zahl in Stellenwerte und Ziffern zerlegen läßt, z.B. 123 in

```
1 * 100 + 2 * 10 + 3 * 1
```

Mathematisch Vorbelastete unter Ihnen haben bereits erkannt, daß die Stellenwerte (1, 10, 100 usw.) Potenzen von 10 sind, nämlich 1 = 10^0, 10 = 10^1, 100 = 10^2 usw. Da die Zehn in jedem Stellenwert auf diese Weise vorkommt, heißt sie auch die Basis unseres Zahlensystems, und man nennt z.B. den Wert 123 eine Zahl zur Basis 10. Oft wird das dadurch gekennzeichnet, daß man hinter die Zahl tiefgestellt die Basis schreibt, also z.B. 123_{10}. Einer der ersten, der dies erkannte, war unser alter Bekannter Leibniz.

Wenn ich oben erwähnte, daß man die Basis einer Zahl oft zu dieser hinzusetzt, so folgt daraus fast schon, daß es auch andere Basen als die 10 geben muß. In der Tat ist das so, und das Verdienst Leibniz' war es, als erster systematische Untersuchungen über Zahlensysteme anderer Basen zu machen. Insbesondere befaßte er sich mit der Basis 2, die heute grundlegend für jeden Computer ist. Man kann daher guten Gewissens sagen, daß es Leibniz war, der im Mittelalter die mathematischen Grundlagen für die heutigen Hochleistungscomputer legte.

Wie aber sieht so ein Zahlensystem zur Basis 2 aus? Nun, zunächst sollten wir wissen, daß ein Zahlensystem immer genau soviele Ziffern besitzt, wie der Wert der Basis angibt. Unser Zehnersystem (die Basis haben wir Menschen übrigens gewählt, weil wir genau 10 Finger haben - und mit denen lernt man in den meisten Fällen rechnen) hat also 10 Ziffern: 0,1,2,3,4,5,6,7,8,9. Das Zahlensystem zur Basis 2, das auch Binärsystem genannt wird, hat nur zwei Ziffern: 0 und 1. Glücklicherweise ist aber das Rechnen mit diesen Ziffern nur wenig von herkömmlichen Arbeiten im Dezimalsystem verschieden. Betrachten wir noch einmal genau die Art und Weise, wie wir zwei Dezimalzahlen addieren.

Nehmen wir 3 und 9. Zusammen ergeben diese beiden Zahlen eine 12, das wissen wir aus eigener Erfahrung. Da es aber keine Ziffer für 12 gibt, schreiben wir zunächst nur eine 2 hin und machen einen Übertrag auf die nächste Stelle. Dieser Übertrag bedeutet, daß zur nächsten Stelle noch eine 1 hinzu gezählt werden muß, insgesamt also eine 10. Ähnlich geht es im Dualsystem: 0 + 0 = 0 (klar), 0 + 1 = 1 + 0 = 1. Jetzt aber kommen wir in Schwierigkeiten: 1 + 1 ergibt eigentlich eine 2. Eine Zwei gibt es im Binärsystem nicht, also müssen wir einen Übertrag machen; dieser hat aber diesmal nur den Wert 2, nicht 10 wie im Dezimalsystem. Ansonsten gibt es aber keine Unterschiede, der Übertrag wird einfach links dazugeschrieben. Also erhalten wir $1 + 1 = 10_2$. Tatsächlich gilt im Binärsystem:

$$10_2 = 1 * 2^1 + 0 * 2^0 = 1 * 2 + 0 * 1 = 2_{10}$$

Genauso kann man natürlich mit längeren Binärzahlen verfahren. Ein Beispiel:

$$\begin{array}{rrcrl} & 10110111_2 & = & 183_{10} & \\ + & 101100_2 & = & 44_{10} & \\ & 1111 & & 1 & \text{(Überträge)} \\ \hline = & 11100011_2 & = & 227_{10} & \end{array}$$

Genau dies ist die Art und Weise, wie jeder Computer rechnet. Natürlich kann man dieses System auch auf negative Zahlen und auf Brüche ausdehnen. Immer gilt jedoch, daß das Rechnen im Binärsystem prinzipiell genau wie im Dezimalsystem funktioniert, meistens ist es sogar einfacher.

In der EDV wird Ihnen noch ein zweites Zahlensystem sehr häufig begegnen: das Hexadezimalsystem. Es hat die Basis 16. Im Gegensatz zum Binärsystem gibt es keine technischen Gründe für die Benutzung dieses Systems, es dient nur der Bequemlichkeit. Sehr häufig müssen Programmierer nämlich einzelne Bits aus einer Zahl herausfischen, die dann einen bestimmten Zustand angeben. Binärzahlen mit ihrer Folge von 1 und 0 sind aber recht unübersichtlich und schwer zu merken. So benutzt man das Hexadezimalsystem mit den Ziffern 0 bis 9 und A (=10) bis F (=15).

Hexadezimalzahlen haben den Vorteil, sehr viel kürzer zu sein und außerdem kann man hier aus der Zahl direkt auf einzelne Bits schließen. Wie das geht? Nun, vier Bits einer Dualzahl entsprechen genau einer Ziffer im Hexadezimalsystem. 0101 entspricht also der Ziffer 5, 1010 entspricht dem A (=10). So ist das Hexadezimalsystem die ideale Methode, Binärzahlen für den Menschen übersichtlich darzustellen. Der Dezimalzahl 128 sehen Sie nicht an, das sie nur aus einem 1-Bit besteht (1000 0000), bei der hexadezimalen Entsprechung $80 fällt das schon leichter. Übrigens werden Hexadezimalzahlen häufig mit einem vorgestellten Symbol wie $, &H oder 0x gekennzeichnet.

10.7 Umrechnungen zwischen Zahlensystemen

Gehen wir zunächst einmal davon aus, daß Sie eine ganze Zahl im Dezimalsystem gegeben haben. Diese soll in ein anderes System (z.B. das Binärsystem) transformiert werden. Das kann durch fortwährendes Teilen (durch die Basis) und Notieren der Reste geschehen. Dazu ein Beispiel. Gegeben sei die Zahl 1234 im Dezimalsystem. Die Umwandlung ins Binärsystem (Basis 2) geschieht dann so:

```
1234 / 2 = 617 Rest 0
 617 / 2 = 308 Rest 1
 308 / 2 = 154 Rest 0
 154 / 2 =  77 Rest 0
  77 / 2 =  38 Rest 1
  38 / 2 =  19 Rest 0
  19 / 2 =   9 Rest 1
   9 / 2 =   4 Rest 1
   4 / 2 =   2 Rest 0
   2 / 2 =   1 Rest 0
   1 / 2 =   0 Rest 1
```

Die Reste ergeben (von unten nach oben gelesen) die gesuchte Binärzahl 10011010010. Das funktioniert genauso, wenn die Anfangszahl in einem anderen als dem Dezimalsystem gegeben ist. Allerdings muß dann in diesem anderen System gerechnet werden. Ein Beispiel: hexadezimal ausgedrückt ist 123 die Zahl 7B. Wenn diese jetzt ins Binärsystem umgewandelt werden soll, sieht die Berechnung so aus:

```
7B / 2 = 3D Rest 1
3D / 2 = 1E Rest 1
1E / 2 =  F Rest 0
 F / 2 =  7 Rest 1
 7 / 2 =  3 Rest 1
 3 / 2 =  1 Rest 1
 1 / 2 =  0 Rest 1
```

Das Rechnen in einem anderen System als dem dezimalen ist aber nicht immer möglich. In den meisten Fällen behilft man sich dann damit, die Anfangszahl zunächst in eine dezimale Darstellung zu bringen und von dort ins Zielsystem zu wandeln. Diese Rückwandlung ins das Zehnersystem geht recht einfach vor sich:

```
4D2 = 4*16^2 + 13*16^1 + 2*16^0
    = 1234
```

Ein paar Vereinfachungen gibt es aber trotzdem noch. Wenn eine Zahl von einem System mit der Basis b in ein System mit der Basis b^n (n>1) umgewandelt werden soll, kann man ganz einfach je n Stellen der Anfangszahl zusammenfassen und als eine Stelle der umgewandelten Zahl hinschreiben. Fleißigen Anwendern des Hexadezimalsystems ist dieses Phänomen sicher bekannt. Da 16=2^4 ist, können je vier Bits zu einer Hexadezimalziffer zusammengefaßt werden. Das sieht dann so aus (wieder am Beispiel 1234):

```
4 hex. ergibt die Bitfolge 0100
D hex. ergibt die Bitfolge 1101
2 hex. ergibt die Bitfolge 0010

        also insgesamt (wie gehabt): 0100 1101 0010
```

Auf dem umgekehrten Wege funktioniert das natürlich analog. Für die Umwandlung der einzelnen Ziffern steht Ihnen im Anhang eine Tabelle zur Verfügung.

10.8 Warum nur zwei Ziffern?

Nun werden Sie sich fragen, warum man mit dem Binärsystem arbeitet, obwohl doch alle Welt mit zehn Fingern rechnet. In der Tat wäre es wohl in manchen Situationen schöner, wenn auch der Computer für das Dezimalsystem konstruiert wäre. Aber das hätte so seine Macken. Um dies zu verstehen, brauchen wir einen kleinen Ausflug in die Welt der Elektrotechnik.

Bekanntlich hat jeder Computer einen Speicher. Aber haben Sie schon einmal darüber nachgedacht, was ein Speicher eigentlich genau ist? Die Antwort wird Sie verblüffen. Ein Speicher ist nichts anderes als eine Ansammlung von Schaltern. Diese etwas ungewöhnliche Erklärung können Sie an jedem Lichtschalter belegen. Wenn Sie das Licht in Ihrem Zimmer anknipsen, so teilen Sie dem Schalter quasi Ihren Willen mit: "Ich möchte, daß die Lampe leuchtet!" Der Schalter speichert Ihren Willen, denn solange Sie dem Schalter keinen anderslautenden Befehl geben, läßt er weiterhin den Strom zur Lampe durchfließen. Das Licht leuchtet ja nicht nur in dem Moment, wo Sie drücken. Erst wenn Sie den Knopf in die andere Richtung schieben (und Sie damit Ihren Willen ändern), speichert der Schalter etwas anderes.

Nichts anderes geschieht in einem Computerspeicher. Viele kleine Schalter merken sich, ob für eine bestimmte Leitung Strom fließen soll oder nicht. Dies ergibt aber erst einen Sinn, wenn mit dem Strom irgendetwas verbunden ist, z.B. eine Lampe, ein Motor oder ähnliches. In einem Computer steckt etwas anderes dahinter. "Strom aus" bedeutet eine 0, "Strom an" bedeutet eine 1. Mit dieser genialen Zuordnung kann in jedem Schalter eine Ziffer aus dem Binärsystem gespeichert werden. Wollte man Dezimalziffern speichern, so müßte jeder Schalter 10 Stellungen haben. Es leuchtet Ihnen wahrscheinlich ein, daß solch ein 10-Stufen-Schalter sehr kompliziert zu bauen ist. Ein Speicher für eine Binärstelle ist aber höchst einfach zu bauen, meistens reicht dazu ein einziger Transistor.

Übrigens haben wir eben Bekanntschaft mit der kleinsten denkbaren Informationseinheit überhaupt gemacht, dem Bit. So heißt nämlich die Unterscheidung zwischen Ja und Nein, 0 und 1 oder Strom an und Strom aus. Auch das Bit ist also keine Erfindung der Computertechnologie (obwohl erst die Informatiker diesen Begriff kreiert haben), denn Lichtschalter gab es auch schon vor 80 Jahren.

Bit ist übrigens die Abkürzung von BInary digiT, was schlicht und ergreifend Binärziffer heißt. Reiht man mehrere Bits auf, so kann man größere Zahlen speichern (siehe oben). Aber auch Buchstaben lassen sich in einer Bitkette unterbringen, wenn man für jeden Buchstaben eine Zahl reserviert (A=1, B=2 usw.) Für gewöhnlich faßt man acht Bits zusammen, was 2^8 = 256 verschiedene Möglichkeiten bringt. Eine solche Kette nennt man auch Byte.

Diese Einheit ist deshalb so bedeutsam, weil in einem Byte z.B. ein Buchstabe untergebracht wird (mit allen möglichen Sonderzeichen, Groß-, Kleinbuchstaben, Ziffern und diversen Steuerzeichen für besondere Zwecke hat der meist verwendete Code genau 256 Zeichen). Außerdem wird die Größe eines Speichers in der Anzahl der zu Verfügung stehenden Bytes angegeben. Dabei gilt es wieder eine kleine Besonderheit zu vermerken: 1 Kilobyte (kurz 1 KByte oder noch kürzer 1 K) umfaßt nicht 1000 Bytes, sondern 2^10 = 1024 Bytes. Sie können diese Einheit vom gewöhnlichen Kilo dadurch unterscheiden, daß das K groß geschrieben wird. 64 KByte sind also 64 * 1024 = 65536 Bytes, 64 kg sind dagegen nur 64000 Gramm.

10.9 Rechnen mit Binärzahlen

Zurück zur Binärarithmetik. Bisher haben wir nur mit positiven Zahlen gearbeitet. Bei der Subtraktion läßt es sich aber nicht vermeiden, auch negative Zahlen zu benutzen. In der Informatik hat man sich deshalb auf folgende Darstellung geeinigt:

1. Das erste Bit einer Zahl (ganz links) stellt das Vorzeichen dar. 0 bedeutet positiv, eine 1 zeigt negative Zahlen an.
2. Negative Zahlen werden im sogenannten Zweierkomplement dargestellt. (Warum das so ist, werden Sie gleich sehen). Das Zweierkomplement erhält man auf eine recht einfache Weise. Man muß nur eine positive Zahl nehmen und alle ihre Bits umkehren (d.h. aus 0 wird 1 und umgekehrt). Dann addieren wir noch eine 1 dazu. Fertig. Ein Beispiel:

```
              01101011  (107)
invertiert:   10010100  (-108)
1 addieren:   10010101  (-107)
```

Wie Sie sehen, wird bei der Bildung des Zweierkomplements automatisch das richtige Vorzeichen erzeugt. Übrigens funktioniert dieses Multiplizieren mit -1 auch in der anderen Richtung, würden wir die Zweierkomplementierung auf die -107 anwenden, käme unsere Ausgangszahl wieder heraus.

Zweierkomplementzahlen haben nun die angenehme Eigenschaft, daß man sie direkt addieren kann, um eine Subtraktion zu berechnen. Statt 110 - 107 berechnet ein Computer also 110 + (-107). In Binärdarstellung sieht das so aus:

```
  01101110   (110)
+ 10010101   (-107)
---------------------
 100000011   (  3)
```

Wie Sie sehen, entsteht ganz links ein Übertrag. Da dieser aber außerhalb der eigentlichen Zahl, nämlich bei der Addition der Vorzeichenbits entstanden ist, brauchen wir ihn hier nicht zu beachten. Unser Ergebnis lautet also tatsächlich 3.

Nach den obigen Erläuterungen wird es Sie kaum noch überraschen können, daß auch Multiplikationen und Divisionen im Binärsystem ganz analog zu unserer gewohnten Rechenweise geschehen. Im Gegensatz zu alten Prozessoren wie 6502 und Z80, die keine solchen Befehle aufwiesen (hier mußte ein kleines Programm in Aktion treten, das diese Operationen aus Additionen und Subtraktionen zusammensetzt), verfügt der 68000 über Anweisungen zur Multiplikation und Division.

Für das Verständnis der Arbeitsweise reicht daher das oben beschriebene Wissen vollkommen aus. Statt dessen sollten wir uns mit den sogenannten Booleschen Operatoren befassen, die uns später noch häufig wiederbegegnen werden.

10.10 Die Mathematik des Herrn Boole

Um es kurz zu machen: auch hier werden keine ganz neuen und komplizierten Welten aufgetan. Der englische Mathematiker George Boole hat sich nämlich im letzten Jahrhundert lediglich mit der Algebra der Bits beschäftigt, also jene Verknüpfungen, die in einer Gruppe durchgeführt werden können, die nur aus den Elementen 0 und 1 besteht. Zu seinen Ehren nennt man diese Theorie daher auch Boolesche Algebra.

Was Boole damals nicht wissen konnte: aus seiner Arbeit, die wohl nur für die Mathematiker unter seinen Zeitgenossen interessant gewesen sein dürfte, ist eine der Grundlagen der modernen Computertechnologie geworden. Er hat es aber wohl geahnt, denn in seinem Überschwang betitelte er sein Buch mit "The Laws of Thought", zu deutsch "Die Gesetze des Denkens".

Wie schon erwähnt, befaßt sich die Boolesche Algebra nur mit den Werten 0 (auch falsch oder false genannt) und 1 (wahr oder true). Darin können wir natürlich auf den ersten Blick unsere altbekannten Bits wiedererkennen. Was passiert nun, wenn man solche Wahrheitswerte miteinander verknüpft?

Nehmen wir zum Beispiel das Wort "und". Wenn wir eine Aussage wie "Die Banane ist krumm **UND** der Apfel ist rot" machen, so ist diese natürlich nur dann wahr, wenn beide Teilaussagen erfüllt sind, also die Banane krumm und der Apfel rot ist. Spielt man dies für alle Kombinationen von wahren und falschen Teilaussagen durch, so erhält man folgende Tabelle:

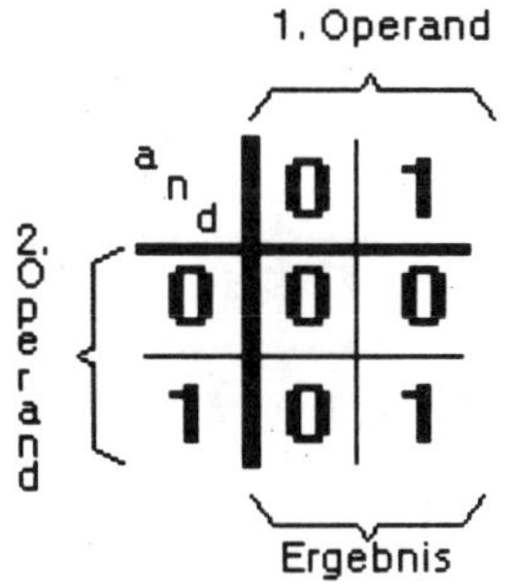

Abb. 10.3: **Verknüpfungstabelle für AND**

Das englische Wort für und heißt and, und so wird diese Verknüpfung im Sprachgebrauch der Informatiker AND genannt. Genauso ergeht es der Oder-Verknüpfung OR, die nach folgender Tabelle definiert ist:

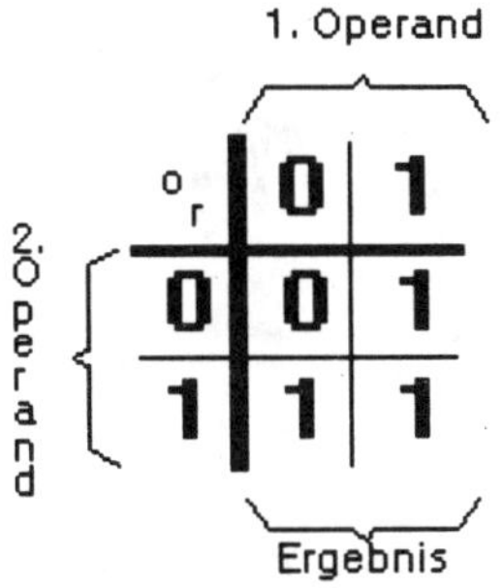

Abb. 10.4: **Verknüpfungstabelle für OR**

Die Gesamtaussage aus dem obigen Beispiel würde bei Einsetzen von **ODER** wahr, wenn mindestens eine der beide Teilaussagen erfüllt ist. Etwas anders ist es beim Exklusiv-Oder (in der Fachsprache meist mit XOR benannt). Die Tabelle dazu sieht so aus wie in Abbildung 10.5 dargestellt. Hier wird das Ergebnis nur dann wahr, wenn entweder die eine oder die andere Eingangsvariable wahr sind. Das Ergebnis ist false, wenn die beiden Eingangswerte gleich waren. Schließlich kennt die Boolesche Algebra (neben anderen, hier nicht so wichtigen) Verknüpfungen noch eine Verneinung NOT.

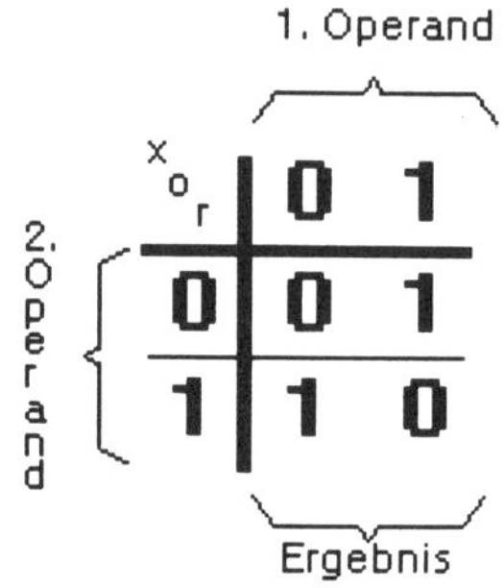

Abb. 10.5: Verknüpfungstabelle für XOR

NOT("Morgen regnet es") bedeutet also: "Morgen regnet es nicht". (Versuchen Sie bitte nicht, das so in den Rechner einzugeben.) Dementsprechend einfach sieht auch die Verknüpfungstabelle aus:

X	0	1
Not X	1	0

Abb. 10.6: NOT

Nun werden Sie sich vielleicht fragen, was wir mit diesen Operationen anfangen, da unser Computer doch mit Zahlen und Texten, aber nicht mit Wahrheitswerten arbeiten soll. Zuerst einmal haben die Informatiker daher die obigen Funktionen umdefiniert, so daß sie auf Folgen von Bits (also auch ganzen Zahlen) arbeiten. Ein Beispiel:

```
        01100110
AND     10101010
----------------
        00100010
```

Wie Sie sehen können, werden immer zwei untereinander stehende Bits miteinander verknüpft, und das quer durch das ganze Byte. Das funktioniert natürlich ganz genauso auch mit den anderen Funktionen. Bezweckt wird damit zweierlei. Zum einen können - so unglaublich das klingen mag - mit diesen Booleschen Operationen die Rechenarten Addition und Subtraktion und damit die gesamte bekannte Mathematik erzeugt werden. So braucht man zur Addition zweier Bits nur eine XOR- und eine AND-Verknüpfung.

Boolesche Operationen sind mit Transistoren derart einfach zu realisieren, daß quasi ihr ganzer Computer daraus aufgebaut ist. Um z.B. ein ganzes Byte zu addieren, muß man nur viele der eben beschriebenen Addierschaltungen hintereinanderreihen. Höchst einfach ist auch die im letzten Kapitel beschriebene Multiplikation mit -1 zu realisieren. Dazu mußte nur die Zahl bitweise invertiert (das bewerkstelligen wir mit der NOT-Funktion) und dann noch eine Eins hinzuaddiert werden.

Diese Anwendungen der Booleschen Operatoren ist fast ausschließlich auf die Hardwareebene beschränkt. In Programmen werden Ihnen aber hin und wieder solche Operationen auffallen:

```
Zeichencode AND 223
```

Was wird hier gemacht? Der Programmierer hat sich eine recht geläufige Methode ausgedacht, um ein einzelnes Bit in einer Zahl zu löschen. Dazu müssen wir uns in Gedächtnis rufen, welche Wirkung AND hat. Das Ergebnis ist nur dann eine 1, wenn beide Eingangsbits ebenfalls 1 waren. Die Zahl 223 hat die Binärdarstellung 11011111. Egal, mit welcher Zahl wir 223 AND-verknüpfen, in jedem Fall muß das fünfte Bit des Ergebnisses 0 sein, denn durch die Lücke in der Binärdarstellung von 223 hat das fünfte Bit der anderen Zahl gar keine Chance mehr, noch eine Eins zu erzeugen. Sehen wir uns das an einem Beispiel an:

```
     01100001  (97)
AND  11011111  (223)
-------------------
     01000001  (65)
```

Die restlichen Bits im Ergebnis werden immer dann 1, wenn auch in der ersten Zahl eine 1 vorhanden war. Wie trickreich solche Anweisungen wirklich sein können, wird erst klar, wenn man sich die mögliche Bedeutung der Zahlen 97 und 65 vor Augen führt. Wenn ein Computer Buchstaben speichern will, so muß er dies durch Codes tun, also indem er einfach alle Zeichen durchnumeriert. Im weltweit gebräuchlichsten Code, dem sogenannten ASCII, steht die Zahl 65 für A, 97 für a. Etwas frei übersetzt lautet die obige Berechnung also:

```
a AND 223 = A
```

Damit ergibt sich ein recht effektiver Weg, Kleinbuchstaben in Großbuchstaben umzurechnen. Übrigens kann man nicht nur Bits löschen, sondern auch setzen oder invertieren. Dafür kommen dann die Opertoren OR bzw. XOR in Frage. Damit ist es dann auch möglich, aus Kleinbuchstaben wieder Großbuchstaben zu machen:

```
A OR 32 = a
```

Folgende Verknüpfung läßt die Buchstabengröße hin und her wechseln:

```
Zeichen XOR 32
```

Probieren Sie es bitte aus - auf diese Weise lernen Sie die Wirkung der Booleschen Operationen am besten. Insbesondere wenn Sie selbst programmieren möchten, werden Ihnen diese Möglichkeiten noch oft über den Weg laufen.

11. Pflege und Wartung

Wie jedes technische Gerät braucht auch ein Computer ein gewisses Maß an Pflege. Aber bitte - stürzen Sie jetzt nicht in die Küche und holen Ihre Hausmittelchen hervor. Trotz aller weitentwickelten Technik sind Computer auch empfindlich. Wie es geht, zeigen die folgenden Abschnitte. Unabhängig von den verschiedenen Pflegehinweisen gibt es einige Regeln, die Sie im Umgang mit Computern immer beachten sollten:

1. Der Computerarbeitsplatz sollte trocken, staub- und fettfrei sein. Staub setzt sich mit der Zeit auf der Platine und in der Tastatur ab und kann die Funktionsfähigkeit beeinträchtigen.

2. Am Computerarbeitsplatz sollten Sie nicht rauchen und weder essen noch trinken. Rauch ist (neben der gesundheitsschädlichen Wirkung für den Menschen) Gift für viele Computer, weil die Platinen mit einer feinen Schmierschicht aus Teer und Rauchpartikeln überzogen werden. Ganz besonders allergisch reagieren Festplatten auf Rauch, auch wenn diese mit einem Luftfilter ausgestattet sind. Und sicherlich können Sie sich die Wirkung einer Tasse Kaffee auf der Hauptplatine des Rechners sehr plastisch vorstellen.

3. Setzen Sie Ihren Computer nicht starker Hitze oder Sonneneinstrahlung aus. Durch die Hitze kann sich die Platine verziehen, was oft zu Rissen in Leitungsbahnen führt. Diese Risse sorgen dann für Fehlschaltungen.

4. Verdecken Sie niemals Lüftungsschlitze an den Geräten. Betreiben Sie die Geräte vor allem nicht auf weichen Unterlagen wie Teppich oder dicken Tischdecken, da der Computer darin "einsinkt" und so die Lüftungsschlitze am Boden verdeckt werden.

5. Transporte sind Gift für einen Computer (die sogenannten Portables einmal ausgenommen). Die Geräte sollten einen festen Platz haben. Falls ein Transport doch einmal nötig werden sollte, nehmen Sie bitte die Originalverpackung als Transportvehikel. Vor allem bei der Festplatte sollten Sie

Vorsicht walten lassen (siehe Kap.3). Sie sollten beim Transport auch darauf achten, daß keine Disketten mehr in den Laufwerken stecken!

6. Knicken Sie niemals Kabel. Geknickte Kabel können Kurzschlüsse verursachen, und die sind der natürliche Feind eines jeden Computers.

11.1 Reinigung

Der Computer

Reinigung des Gehäuses

Das Gehäuse kann hin und wieder mit einem leicht feuchten Lappen abgewischt werden, um schmierigen Belag zu entfernen. Der Lappen sollte feucht und auf keinen Fall naß sein. Außerdem sollten Sie das Gerät während dieser Prozedur abschalten und erst nach dem Trocknen wieder einschalten. Ist das Gerät aber nur staubig geworden, vergessen Sie bitte den Lappen. Ein kleiner Spezialstaubsauger oder auch der auf kleinste Leistungs gestellte Hausstaubsauger entfernt den Staub - aber bitte: Gehen Sie vorsichtig zu Werke.

Reinigung der Tastatur

Auch die Tastatur sollte von Zeit zu Zeit von Staub befreit werden. Auch hier können Sie wieder mit dem Staubsauger zu Werke gehen. Aber auch bei noch so guter Pflege wird sich die Tastatur mit einem schmierigen braunen Belag überziehen, der von unseren Händen stammt. Um diesen zu entfernen, nehmen Sie bitte ein Wattestäbchen und tränken Sie es in reinem Alkohol oder Naßabspielflüssigkeit für Schallplatten. Damit können Sie den Belag bei ausgeschaltetem Gerät abwischen.

Reinigung der Anschlüsse

Die Schnittstellen sind für unsere Reinigungsaktivitäten tabu. Hier können Sie mehr Schaden anrichten als Nutzen. Ganz abgesehen davon werden die Schnittstellen kaum verschmutzen. Sollte sich einmal in einem nicht benutzten Stecker ein wenig Staub absetzen, blasen Sie ihn einfach hinaus.

Die Maus

Reinigung des Gehäuses

Auch das Mausgehäuse kann von Zeit zu Zeit mit einem feuchten Lappen abgewischt werden. Aber bitte: nur bei ausgeschaltetem Gerät.

Reinigung der Mechanik

Die Mausmechanik ist recht empfindlich. Daher sollte regelmäßig (am besten einmal in der Woche) die Kugel gereinigt werden. Dazu gehen Sie bitte so vor:

1. Legen Sie die Maus auf den Rücken. Auf der Unterseite befindet sich ein Loch für die Rollkugel, darüber eine Abdeckplatte.

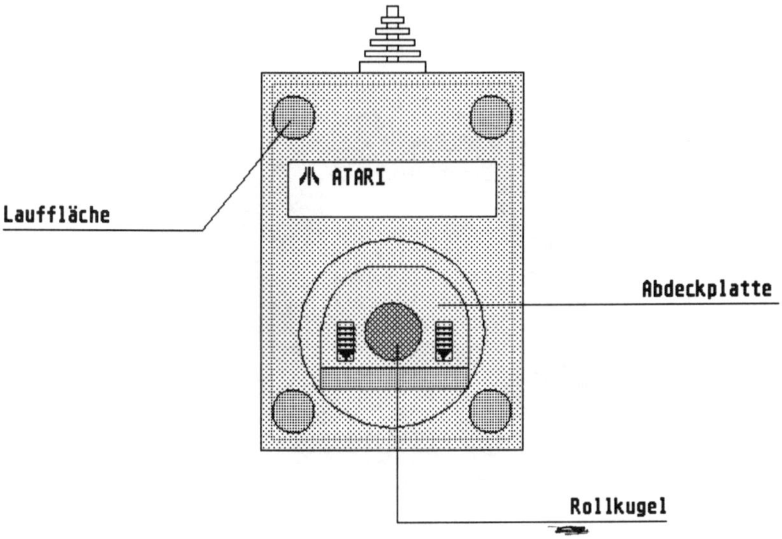

Abb. 11.1: Die Unterseite der Maus

2. Schieben Sie die Abdeckplatte auf, indem Sie mit zwei Fingern auf die Pfeilfelder drücken und schieben, bis die Platte ausrastet.

3. Drehen Sie die Maus vorsichtig herum, halten Sie dabei die andere Hand unter die Maus, so daß die Kugel in Ihre Hand fällt.

4. Reiben Sie die Kugel mit einem trockenen Tuch (wie wär's mit Ihrem Taschentuch?) und verwenden Sie dabei auf keinen Fall irgendwelche Reinigungsmittel. Die Rollkugel ist recht empfindlich und könnte durch die Reinigungsmittel angegriffen werden. Als Folge "eiert" die Maus und die Steuerung wird sehr ungenau.

5. Blasen Sie Staub aus dem Gehäuse heraus. Achten Sie dabei auch auf die drei Walzen, die sich im Gehäuse befinden. Manchmal bildet sich darauf ein regelrechter Ring von Staub und Schmier, der die genaue Steuerung beeinträchtigen kann. Sie können diesen Ring notfalls mit dem Fingernagel vorsichtig abkratzen (aber niemals mit Gewalt oder Reinigungsmitteln vorgehen). Benutzen Sie dazu auf keinen Fall einen harten Gegenstand wie z.B. eine Schere.

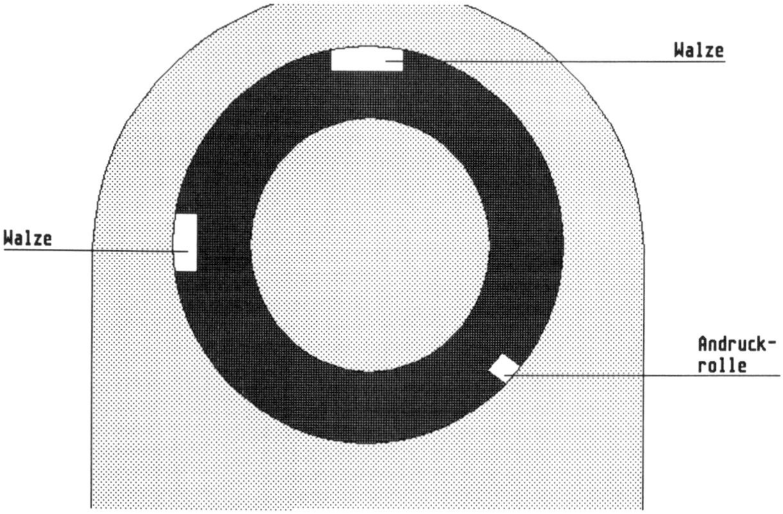

Abb. 11.2.: Der "Käfig" für die Rollkugel

6. Sie können die Maus jetzt wieder zusammenbauen. Dazu brauchen Sie nur die Kugel wieder einzusetzen und die Abdeckplatte entgegen der Pfeilrichtung einrasten lassen.

Das Diskettenlaufwerk

Reinigung des Gehäuses

Hier können Sie wie auch beim Rechnergehäuse vorgehen. Gehen Sie aber mit dem Staubsauger besonders vorsichtig zu Werke und versuchen Sie nicht, den Staub aus dem Diskettenschlitz herauszusaugen.

Reinigung des Inneren

Das ist eine Aufgabe für Fachleute. Die Mechanik eines Diskettenlaufwerkes ist empfindlich, sodaß Sie unter Umständen mehr Schaden anrichten als Reinigungswirkung erzielen. Wenn Ihre Floppy zu Lesefehlern neigt, so kann das an dejustierten oder verschmutzten Schreib-Lese-Köpfen liegen. Was die Ursache ist, kann meist nur der Fachmann mit speziellen Prüfeinrichtungen feststellen.

Abzuraten ist von sogenannten Reinigungsdisketten. Wenn Sie Besitzer einer Hifi-Anlage sind, wissen Sie wahrscheinlich, daß Reinigungsdisketten mit Gewebebändern den Tonkopf regelrecht zerkratzen können. Das gleiche gilt für Reinigungsdisketten, die nach dem gleichen Prinzip arbeiten. Wenn es dann doch einmal sein muß, nehmen Sie unbedingt solche Reinigungsdisketten, in die eine feuchte Scheibe eingelegt wird, die nur ein einziges Mal und sehr kurz verwendet werden darf.

Bloßes Einlegen dieser Disketten in das Laufwerk bringt allerdings nichts. Der Rechner muß versuchen, auf die Diskette zuzugreifen, um die Köpfe zu reinigen. Das erreichen Sie, indem Sie versuchen, das Inhaltsverzeichnis der Reinigungsdiskette anzeigen zu lassen. Nach spätestens 30 Sekunden sollten Sie den Rechner und das Laufwerk abschalten und erst nach einer weiteren Minute (Trockenzeit für das Reinigungsmittel) wieder einschalten - diesmal mit der Systemdiskette.

Disketten

Disketten können nicht gereinigt werden. Versuchen Sie bitte niemals, die Magnetscheibe im Inneren der Diskette zu berühren, es sei denn, Sie wollen unbedingt Ihre Daten zerstören. Wenn der Aufkleber einer häufig benutzten Diskette abgegriffen sein sollte, können Sie ihn vorsichtig abziehen und durch einen neuen ersetzen.

Festplatten

Reinigung des Gehäuses

Wie oben beschrieben. Sie sollten aber auf keinen Fall versuchen, das Gerät zu öffnen. Ansonsten bieten sich bei der Festplatte wenig Möglichkeiten der Pflege. Achten Sie darauf, daß vor jedem Transport die Schreib-Lese-Köpfe geparkt werden.

Drucker

Reinigung des Gehäuses

Genaue Angaben entnehmen Sie bitte dem Handbuch zu Ihrem Drucker. In den meisten Fällen können Sie aber auch den Drucker mit einem feuchten Tuch abwischen. Außerdem wird sich mit der Zeit im Inneren des Druckers eine Menge Papierstaub absetzen. Diesen können Sie mit einem Staubsauger sehr vorsichtig entfernen. Noch besser ist ein Pinsel mit eingebauten Blasebalg, wie er für die Reinigung von Kameras verwendet wird. Bevor Sie das tun, sollten Sie allerdings das Papier aus dem Drucker nehmen und das Farbband sowie die Abdeckhaube entfernen. Bedenken Sie immer, daß ein Drucker ein feinmechanisches Gerät ist, das empfindlich ist. Bei all diesen Aktionen sollten Sie es aber vermeiden, den Druckkopf zu bewegen. Natürlich gilt auch hier: alle Reinigungsaktivitäten nur bei ausgeschalteten Geräten.Reinigung der Walze:

Sofern Ihr Drucker das Herausnehmen der Walze erlaubt, sollten Sie das nun anhand der Anleitung tun. Dann können Sie die Walze vorsichtig mit einem trockenen Tuch abreiben. Falls diese fest in das Gerät eingebaut ist, müssen Sie sie mit dem seitlichen Rad drehen und dabei Stück für Stück reinigen.

Bildschirm

Hier ist eine Reinigung nur selten möglich - außer natürlich dem regelmäßigen Staubwischen. Feuchtigkeit hat an einem Monitor nichts zu suchen.

Steckmodule

Auch diese können eigentlich nicht gereinigt werden. Es kann aber vorkommen, daß die Kontakte vor allem bei häufigem Ein- und Ausstecken verschmutzen, was dann zu Fehlschaltungen führen kann. Einzige Möglichkeit: mit einem harten Radiergummi, das möglichst wenig Krümel hinterläßt, kann der Belag auf den Kontakten abradiert werden.

11.2 Die Betriebssystem-ROMs

Wie Sie vielleicht wissen, gibt es viele verschiedene Versionen des Atari ST. Eine Auflistung der Typenbezeichnungen sieht ungefähr so aus:

520 ST, 520 ST+, 260 ST, 1040 ST, Mega ST 2 bzw 4

Urahn aller ST-Modelle war der 520 ST, der 512 KByte Speicher besaß. Er wurde schon nach kurzer Zeit durch die beiden Modelle 260 ST (= 520 ST ohne gewisse Kinderkrankheiten) und 520 ST+ (260 ST mit 1 MB Speicher) abgelöst. Diesen drei Veteranen-Modellen ist neben dem Gehäuse eines gemeinsam. Sie wurden (zumindest anfänglich) ohne Betriebssystem-ROMs ausgeliefert. Was heißt das? Beim Booten muß der Prozessor sich auf irgendeine Weise das Betriebssystem besorgen. Wenn es nicht in den ST eingebaut ist, muß es zwangsläufig auf der System-Diskette stehen (die diesem Umstand ursprünglich ihren Namen verdankt).

Das Laden des gesamten Betriebssystems mit immerhin 192 KByte Umfang dauert natürlich einige Zeit. Außerdem belegt es den wertvollen RAM-Speicher. Sobald das Betriebssystem von den gröbsten Macken befreit war (auch Betriebssysteme sind Programme, und fehlerfreie Programme gibt es praktisch nicht), hat sich Atari dazu entschlossen, diese Software auf ROMs zu bannen und da dann in alle ST-Modelle einzubauen. Die Folge: Atari-Rechner mit eingebauten ROMs brauchen im Grunde genommen gar keine Systemdiskette mehr, ihnen ist jede Platte recht. Die einzige Daseinsberechtigung schöpft die Systemdiskette noch aus der Tatsache, daß Accessories und Treiber geladen werden müssen.

Die alten Modelle ohne ROMs erkennt man daran, daß sie unbedingt ihre spezielle Systemdiskette haben wollen, auf der ein File namens "TOS.IMG" vorhanden ist. Falls Sie sich nicht sicher sind, ob Ihr ST ROMs eingebaut hat oder nicht (manchmal kann man solche Geräte noch gebraucht erwerben), können Sie folgenden Test anwenden:

1. Nehmen Sie eine frisch formatierte Diskette, auf der keine Dateien gespeichert sind. Im Fenster muß bei solchen Disketten "0 Bytes in 0 Dateien" angezeigt werden. Legen Sie diese in den Rechner ein.

2. Schalten Sie den Rechner aus und dann wieder ein. Jetzt gibt es zwei Möglichkeiten:

- Nach einer kurzen Zeit erscheint ein Desktop-Bild, allerdings ohne Fenster. Herzlichen Glückwunsch! Ihr ST besitzt eingebaute ROMs.

- Nach einer kurzen Zeit erscheint eine Grafik, die Sie auffordert, eine Systemdiskette einzulegen und dann mit der Maus einen Knopf anzuklicken. Pech gehabt! Ihr Veteranen-ST hat leider keine ROMs. Aber bitte keine Panik. Die ROMs kann man sehr schnell und einfach nachrüsten.

Besorgen Sie sich bitte zunächst die ROMs bei Ihrem Fachhändler. Dieser kann Ihnen die ROM-Bausteine auch in den Rechner einbauen, wenn Sie das möchten (gegen Aufpreis versteht sich). Wenn Sie die ICs haben, sollten Sie sich folgendes Werkzeug bereitlegen:

- Kreuzschlitzschraubendreher (in verschiedenen Größen)
- 2 Schraubendreher mit ca. 3 mm Breite
- eine möglichst feine Zange (manchmal tut es auch eine sehr starke Pinzette)
- eine kleine Schale, um die Schrauben aufzubewahren.

Trennen Sie nun den ST von allen Verbindungen, insbesondere natürlich vom Netzstecker und der Maus. Legen Sie den Rechner auf die Tastatur, damit Sie an die Schrauben herankönnen. Lösen Sie nun bitte alle 6 Schrauben an der Unterseite, mit denen das Gehäuse befestigt ist. Dann drehen Sie bitte den Rechner wieder in die normale Gebrauchslage (Achtung - das Gehäuse ist bereits gelöst). Im folgenden gehe ich immer davon aus, daß der Rechner in der gleichen Position vor Ihnen liegt, in der er auch beim normalen Gebrauch ist. Sie können jetzt das Gehäuseoberteil nach oben abziehen.

Vor Ihnen liegt die Tastatur. Diese ist mit einem Strang von Kabeln mit der Platine verbunden. Sie können die Tastatur etwas beiseite schieben, um mehr Platz zu bekommen. Auf der Platine enden die Kabel in einem Stecker, den Sie nun vorsichtig abziehen müssen. Am besten, Sie hebeln den Stecker mit einem Schraubenzieher millimeterweise nach oben, bis er sich ganz leicht abziehen läßt. Reißen Sie dabei auf keinen Fall an den Kabeln. Ist der Stecker gelöst, können Sie die Tastatur an die Seite legen, nicht ohne vorher die Gelegenheit beim Schopfe packen und alle Staubpartikel zwischen den Tasten wegzublasen. Der geöffnete Rechner müßte nun so aussehen:

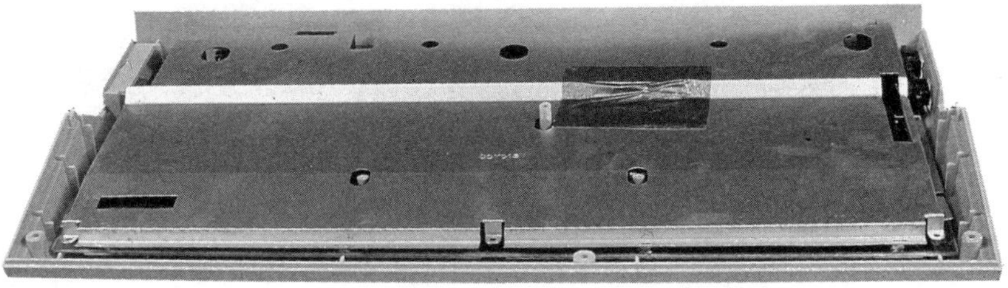

Abb. 11.3: Das geöffnete Rechnergehäuse ohne Tastatur

Das graue Ding ist eine Abschirmung, die den Rechner vor Störeinflüssen bewahren und Ihr Radio vor Rauschen aus dem Computer schützen soll - ob das gelingt, ist nicht immer sicher. Auf jeden Fall macht uns diese Abdeckung nun einige Schwierigkeiten, denn sie ist nicht ganz leicht zu entfernen. Am Rand der Abdeckung sehen Sie 11 Laschen, die das Blechungetüm an die Platine klammern. Sie müssen alle 11 Laschen, die teilweise sehr versteckt liegen, aufbiegen. Sollte Ihre Zange zu groß sein, um an die hinteren Laschen heranzukommen, versuchen Sie mit zwei Schraubendrehern den gleichen Effekt nachzuahmen.

Sind die Laschen endlich aufgebogen, müssen Sie noch 3 Schrauben am unteren Platinenrand lösen, die ebenfalls der Befestigung der Abdeckung dienen, außerdem aber die Platine am Gehäuseunterteil festhalten. Am oberen Rand befindet sich außerdem noch ein messingfarbener Klebestreifen. Dieser muß ebenfalls abgenommen werden, soweit das möglich ist. Die Abschirmung sollte nun vollständig von der Platine gelöst sein und sich relativ leicht nach oben abheben lassen. Geschafft: vor uns liegt die Rechnerplatine.

Verschaffen wir uns erst einmal ein wenig Überblick. Anhand der aufgedruckten Nummern können Sie die meisten großen ICs aus dem Blockdiagramm wiedererkennen. Der größte IC ist der Prozessor (in der Mitte der Platine). Darüber sitzen Floppy-Controller und DMA-Chips. Die quadratischen Bauteile in der Mitte der Platine sind Spezialchips von Atari, die für besondere

Aufgaben konstruiert wurden. Direkt vor Ihnen an der rechten Seite sehen Sie eine ganze Reihe kleinerer IC's: das RAM. Unter einer weiteren Abdeckung finden Sie dann noch die Chips für die Bilderzeugung.

Abb. 11.4: Die Rechnerplatine

Achtung! Die Platine ist immer noch mit dem Gehäuseunterteil verbunden. Versuchen Sie also nicht, sie aus dem Gehäuse herauszunehmen. Das können Sie erst, wenn Sie weitere drei Schrauben an der oberen Platinenkante gelöst haben. Übrigens sollten Sie auch die Platine bei dieser Gelegenheit von Staub befreien.

An der linken Seite neben dem Prozessor befinden sich 6 IC-Sockel von etwa doppelter Briefmarkengröße. Zwei davon sind mit ICs bestückt (das sind die alten Boot-ROMs, die das Betriebssystem von der Diskette laden). Die vier anderen Sockel sind noch frei. Die Sockel sind auf der Platine jeweils links mit U2 bis U7 beschriftet. In diese Sockel werden später die neuen ROMs eingesetzt. Zuvor müssen wir aber die beiden alten ROMs entfernen. Fassen Sie dazu mit zwei Schraubendrehern vorsichtig zwischen IC und Sockel und hebeln Sie die schwarzen ICs heraus. Sie sollten dabei sehr vorsichtig zu Werke gehen, denn vielleicht brauchen Sie die alten ROMs noch einmal. Verpacken Sie die alten Bausteine so, wie Ihnen die neuen geliefert wurden.

Jetzt können wir endlich die neuen ROM-Bausteine einsetzen. Diese tragen auf der Oberseite eine Reihe von Zahlen und Buchstaben. Vor allem finden Sie auf jedem die Bezeichnung C02630x, wobei x für eine Ziffer zwischen 2 und 7 steht. Anhand dieser Ziffer können Sie feststellen, welches IC in welchen Sockel gehört. C026302 kommt in Sockel U2, C026303 in U3 usw. (C02630x in Ux). Wichtig ist auch, wie Sie die ICs einstecken. Falls die Bausteine eine halbrunde Kerbe auf der

Oberseite besitzen, muß diese Kerbe nach rechts (in Richtung des Mausanschlusses) weisen. Besitzt ein Baustein keine Kerbe, so muß die Aufschrift für Sie auf dem Kopf stehen, also vom Floppyanschluß aus lesbar sein.

Drücken Sie nun die ICs der Reihe nach in die Sockel. Dabei dürfen Sie keine Gewalt anwenden, obwohl etwas Kraft nicht schaden kann. Unter Umständen müssen Sie die Pinreihen etwas zusammendrücken, damit der IC in den Sockel paßt. Achten Sie darauf, den Baustein möglichst gleichmäßig in die Fassung zu drücken. Aber Vorsicht: ein abgebrochener Pin macht einen solchen Stein unbrauchbar. Die ICs müssen vollständig in den Sockel hineingedrückt werden, sonst gibt es Kontaktschwierigkeiten.

Sind Sie erst einmal so weit gekommen, heißt es die eigene Arbeit zu überprüfen. Sehen Sie noch einmal nach, ob die Bausteine alle richtig herum in den Sockeln sitzen. Dann kommt der erste Test. Schließen Sie den Rechner (immer noch mit offenem Gehäuse und ohne Tastatur) an Floppy, Bildschirm sowie die Stromversorgung an. Schalten Sie ein. Wenn Sie alles richtig gemacht haben, sollte der Rechner jetzt mit dem Booten beginnen. Tut er das, ist alles O.K., tut er das nicht, haben Sie irgendwo einen Fehler gemacht oder die ROMs sind defekt. In diesem Fall hilft nur noch der Händler.

Lassen Sie den Boot-Vorgang nicht bis zu Ende laufen, denn durch die fehlende Tastatur hat das kaum ein sinnvolles Ergebnis. Sie können jetzt daran gehen, den Rechner wieder zusammenzubauen. Dabei gehen Sie genau umgekehrt wie beim Aufschrauben vor. Übrigens paßt der Tastaturstecker nur in einer Richtung, so daß Sie hier nichts falsch machen können.

11.3 Rechner-Tuning

Wenn Sie mit dem Gehäuse Ihres ST nicht zufrieden sind, können Sie die Platinen und Peripheriegeräte in ein großes PC-Gehäuse einbauen. Das hat den Vorteil, daß Sie nur noch ein Gehäuse plus Tastatur auf dem Schreibtisch haben und bei geschicktem Vorgehen auch die Netzteile zu Ihren Füßen verschwinden. Die Tastatur kann dann in ein eigenes Gehäuse eingebaut werden, das über ein Spiralkabel mit dem Rechner verbunden wird. Aber: für einen solchen Umbau müssen Sie etwas handwerkliches Geschick mitbringen. Es gibt auch fertige Umbausätze von einigen Herstellern, in die Sie nur noch die Komponenten einstecken müssen.

Beachten Sie bitte eins: das Öffnen der Gehäuse läßt den Garantieanspruch erlöschen. Machen Sie solche Umbauten also erst nach dem Ablauf der Garantiezeit.

Wenn Ihnen die Tastatur zu klapperig erscheint, gibt es eine einfache Abhilfe. Dazu müssen Sie das Gehäuse wie im letzen Kapitel beschrieben öffnen, um an die Tastatur heranzukommen. Diese muß aber nicht ausgebaut werden. Nehmen Sie dann selbstklebendes Dichtungsband für Fenster und kleben Sie dies auf alle Stellen, an denen die Tastatur Kontakt mit dem Gehäuse hat. Um ein seitliches Verschieben der Tastatur vermeiden, können Sie auch noch links und rechts der Grundplatte solche Streifen anbringen. Nach dem Zusammenbau wird ein so ausgerüstetes Tastenfeld sehr viel fester im Gehäuse sitzen und so ein sichereres Schreibgefühl vermitteln.

11.4 Kleine Reparaturen selbst gemacht

Viel kann der Anwender leider nicht selbst machen, in den meisten Fällen ist man auf die Fachwerkstatt angewiesen. Aber in manchen Fällen ist man selbst schneller.

Bei Problemen mit Peripheriegeräten ist oft das Kabel die Ursache des Fehlers. Kontrollieren Sie in solchen Fällen bitte zunächst, ob alle Stecker korrekt an den dafür vorgesehenen Plätzen sitzen. Ist das Problem dann immer noch nicht beseitigt, sollten Sie das Kabel testen. Die eine Möglichkeit: besorgen Sie sich von einem Bekannten ein nachweislich funktionierendes Kabel des gleichen Typs und tauschen Sie das probeweise gegen Ihr eigenes aus.

Tritt der Fehler nicht mehr auf, liegt es wirklich am Kabel. Das Kabel muß dann in den meisten Fällen gegen ein neues ausgetauscht werden, nur in Ausnahmefällen können Sie es reparieren (z.B. durch Austauschen der Litzen oder Reparatur defekter Lötstellen). Absolutes Reparaturverbot gilt aber beim Monitorkabel (aus diesem Grund ist es auch fest mit dem Bildschirm verbunden). Die Reparatur von Netzkabeln lohnt nicht, sie lassen sich preiswert gegen neue austauschen.

Können Sie kein Austauschkabel zum Testen auftreiben, müssen Sie per Hand jede einzelne Litze prüfen. Dazu brauchen Sie einen Durchgangsprüfer oder ein Multimeter. Sehen Sie dann nach, welche Pinbelegungen die Stecker haben und prüfen Sie, ob die Litzen wirklich bis zum anderen Kabelende eine einwandfreie Verbindung ermöglichen. Dabei dürfen Sie nicht einfach testen, ob Pin x am einen Stecker mit Pin x am anderen Stecker verbunden ist, denn es könnte ja sein, daß sich innerhalb des Kabels Leitungen kreuzen (z.B. bei einem Nullmodem). Die Leitungen müssen von Stecker zu Stecker einen möglichst geringen Widerstand aufweisen.

Liegt die Fehlerursache nicht im Kabel, ist eines der Geräte defekt. Lassen Sie in diesem Fall bitte den Finger davon. Sie werden mehr Schaden anrichten als Fehler ausmerzen, wenn Sie selbst versuchen sollten, ein Gerät zu reparieren. Versuchen Sie auch auf keinen Fall, eine Diskettenstation selbst neu zu justieren. Dafür sind spezielle Einrichtungen und Anleitungen notwendig.

12. Anhänge

Anhang I: Glossar

Ein Makel der Informatik ist sicher, daß Sie sich mit vielen für den Laien schwer verständlichen Fachbegriffen herumschlägt. Als altem Hasen sagt ihnen der Begriff "Harddisk" wahrscheinlich etwas - aber wenn man mit der "Computerei" gerade erst anfängt, ahnt man nicht einmal, daß dieses Wort mit dem Problem zu tun haben könnte, das einen vielleicht im Moment plagt. Aus diesem Grund möchte ich in den nächsten Zeilen einige Wegweiser in die verschiedenen Abteilungen unseres gemeinsamen Hobbys aufstellen - sprich elementare Begriffe erläutern. Nun aber endlich zu den Fachbegriffen:

Betriebssystem

Eine Sammlung von Steuerprogrammen, die das Zusammenspiel von Computer und Peripheriegeräten ermöglichen.

Bit

Die kleinste denkbare Informationseinheit. Sie kann nur zwischen zwei Zuständen wechseln: Ja oder Nein, was meistens durch die Zahlen 1 und 0 gekennzeichnet wird. Für die Computer sind Bits von besonderer Bedeutung, weil man sie leicht durch Schalter darstellen kann: Strom aus ergibt eine 0, Strom an eine 1.

Byte

Technisch gesehen ist ein Byte eine Gruppe von acht Bits. Einfacher zu verstehen ist die Tatsache, daß ein Byte die Menge von Bits ist, die nötig ist, um ein Zeichen aufzunehmen. Ein Speicher der Größe 1000 Byte kann also tausend Zeichen speichern (was ungefähr einer halben Schreibmaschinenseite entspricht). 1024 (=2^10) Bytes sind ein Kilo-Byte, was mit K oder KByte abgekürzt wird. Achtung! Das K muß groß geschrieben sein, denn ein kleines k (wie in kg) bezeichnet die Zahl 1000! 1024 KByte sind übrigens ein Megabyte (MB), also 1048576 Zeichen.

Compiler

Computer (wenn man sie als reine Maschine betrachet) können nur Programme in der sogenannten Maschinensprache verarbeiten. Nun ist das Programmieren in dieser Maschinensprache sehr kompliziert und mitunter auch lästig. Deshalb hat man sogenannte Hochsprachen entwickelt. Beispiele dafür sind z.B. BASIC, C oder Pascal, um nur die bekanntesten zu nennen. In diesen stehen für den Menschen leicht zu lesende Befehle wie PRINT (Drucke) für längere Kombinationen von Maschinenbefehlen. Ein Compiler stellt nun ein Programm dar, das in der Lage ist, aus Texten in solchen Hochsprachen Maschinenprogramme zu machen, d.h. sie zu übersetzen.

Cursor

Meistens ein kleines Rechteck oder ein Strich auf dem Bildschirm, das oft auch noch blinkt. Es markiert die Stelle, an der das nächste Zeichen (das Sie per Tastatur eingeben) auf dem Bildschirm erscheint.

Disketten

Eine runde Magnetscheibe, die beim ST einen Durchmesser von 3,5 Zoll hat und in einem harten, quadratischen Plastikgehäuse sitzt.

Diskettenlaufwerk

Das Gerät, in das Sie die Disketten schieben können, um darauf Daten speichern oder davon lesen zu können.

EPROM

Die Abkürzung für Erasable Programmable ROM. Dabei handelt es sich um ROMs, deren Inhalt nicht schon bei der Herstellung feststehen muß und die (mit einigem Aufwand zwar) später auch wieder gelöscht werden können.

Festplatte

Festplatten gehören zur Kategorie der Massenspeicher. Im Gegensatz zu Diskettenlaufwerken kann man die Magnetplatte, auf der die Daten gespeichert werden, bei Festplatten nicht auswechseln. Dafür sind Festplatten sehr schnell und haben viel mehr Speicherplatz. Siehe auch Kapitel 2.

Harddisk

Ein anderer Begriff für Festplatte.

Hardware

Eine populäre Definition lautet "Alles, was man anfassen kann". Gemeint sind schlicht und einfach alle Gerätschaften, die ihren Schreibtisch überlasten. Ursprünglich ist Hardware ein amerikanischer Begriff für "Werkzeug".

Interface

Fachbegriff für Schnittstelle.

Interpreter

Auch Interpreter können wie Compiler Hochsprachen in Maschinensprachen übersetzen. Allerdings gibt es da einen gewichtigen Unterschied. Ein Compiler übersetzt erst, dann kann der Computer das entstandene Programm selbsttätig ausführen, er braucht den Compiler dazu nicht mehr. Ein Interpreter übersetzt das Programm Stück für Stück, während er die (Hochsprachen)-Befehle gleichzeitig ausführt. Der Nachteil: Interpreter sind generell langsamer. Wenn ein Programm 100 PRINT-Befehle ausführen soll, so muß der Interpreter den Hochsprachentext auch 100 mal analysieren. Ein Compiler übersetzt nur einmal und läßt die entstandene Folge von Maschinenbefehlen 100 mal ausführen. Interpreter sind nur für einige Sprachen erhältlich, z.B. (und vor allem) für BASIC und FORTH.

Massenspeicher

Speicher, der in einen Computer eingebaut wird, muß schnell sein. Schneller Speicher ist teuer, und deshalb meistens klein. Nun möchte man aber auch große Datenmengen dauerhaft aufbewahren und speichert Sie deshalb auf Magnetbändern, Disketten oder Festplatten ab. Diese Geräte sind langsam, haben aber viel mehr Platz und heißen deshalb Massenspeicher.

Peripheriegerät

Jedes Gerät, das mit der Ein- oder Ausgabe von Daten zu tun hat. Beispiele: Diskettenlaufwerk, Drucker, Tastatur, Bildschirm.

Prozessor

Das eigentliche Gehirn des Computers (wenn man bei Computern von Gehirn sprechen kann). Der Prozessor ist ein elektronisches Bauteil, das logische und arithmetische Operationen ausführen kann.

RAM

Abkürzung für Random Access Memory, was einfach "Speicher mit wahlfreiem Zugriff" heißt. Wahlfreier Zugriff bedeutet, daß jeder Teil des Speichers gleich schnell und einfach zu erreichen ist. In der Praxis werden damit die Speicher bezeichnet, die direkt in den Computer eingebaut werden. Man kann sowohl Daten aus ihnen lesen, als auch neue Daten hineinschreiben. RAMs verlieren aber ihren Inhalt, wenn man den Strom abschaltet.

ROM

Abkürzung für Read Only Memory (Nur-Lese-Speicher). Im Gegensatz zum RAM kann man in ROMs keine neuen Daten einschreiben. Dafür behalten sie ihren Inhalt auch dann, wenn man den Strom abschaltet. Sinn der Sache ist, einen Speicher zu haben, in den unveränderliche Daten geschrieben werden, die auch direkt nach dem Einschalten des Computers (wenn das RAM noch gar keinen Inhalt haben kann) bereits zur Verfügung stehen.

Schnittstelle

Eine Schnittstelle ist im Grunde genommen nichts anderes als ein Anschluß für ein Peripheriegerät. Dabei muß nicht jede Schnittstelle für den Benutzer in Form eines Steckers sichtbar sein. Auch zwischen Tastatur und Prozessor gibt es eine solche Schnittstelle.

Software

Das Gegenteil von Hardware - gemeint sind die Programme. Das bezieht sich allerdings nur auf das geistige Produkt. Die Disketten, auf denen Ihre Programme gespeichert sind, gehören zur Hardware!

Winchester

Noch ein Begriff für Festplatte. Er stammt von der ersten überhaupt gebauten Festplatte, die (wohl eher zufällig) die gleiche Typenbezeichnung wie ein Winchester-Gewehr trug. Waffenkenner unter den Ingenieuren haben dem neuen Gerät daher sofort den nicht gerade friedlichen Spitznamen Winchester gegeben.

Zeichensatz

Das Repertoire von Buchstaben, die der ST auf seinem Bildschirm anzeigen kann.

Zentraleinheit

Teil des Computersystems, in dem die eigentliche Datenverarbeitung stattfindet. Die Zentraleinheit umfaßt den Prozessor, den Speicher und Schnittstellen. Das Gegenteil von Zentraleinheit ist ein Peripheriegerät.

Anhang II: Zeichensatztabellen

Im folgenden finden Sie Tabellen mit den Zeichensätzen von ST, IBM-Computern und Epson-Druckern (international und deutsch).

Der ST-Zeichensatz

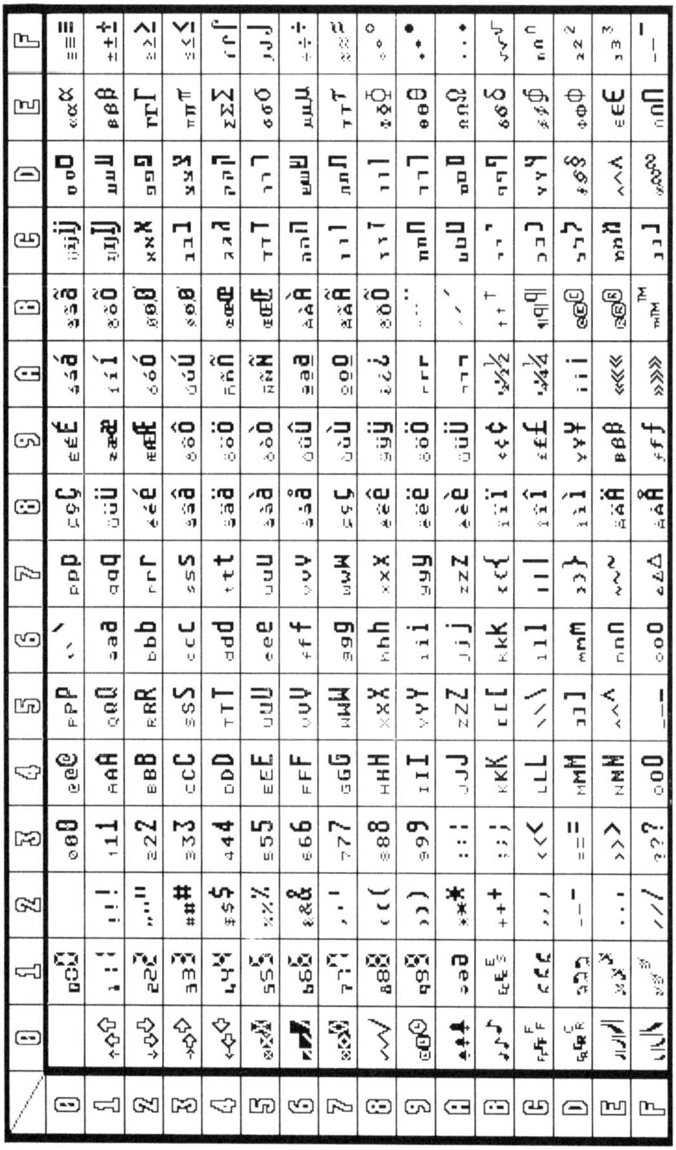

Der IBM-Zeichensatz

Dez.	Hex	Zeichen	Dez.	Hex	Zeichen	Dez.	Hex	Zeichen	Dez.	Hex	Zeichen
0	00		32	20		64	40	@	96	60	`
1	01	☺	33	21	!	65	41	A	97	61	a
2	02	●	34	22	"	66	42	B	98	62	b
3	03	♥	35	23	#	67	43	C	99	63	c
4	04	♦	36	24	$	68	44	D	100	64	d
5	05	♣	37	25	%	69	45	E	101	65	e
6	06	♠	38	26	&	70	46	F	102	66	f
7	07	•	39	27	'	71	47	G	103	67	g
8	08	◘	40	28	(	72	48	H	104	68	h
9	09	○	41	29	)	73	49	I	105	69	i
10	0A	◙	42	2A	*	74	4A	J	106	6A	j
11	0B	♂	43	2B	+	75	4B	K	107	6B	k
12	0C	♀	44	2C	,	76	4C	L	108	6C	l
13	0D	♪	45	2D	-	77	4D	M	109	6D	m
14	0E	♫	46	2E	.	78	4E	N	110	6E	n
15	0F	☼	47	2F	/	79	4F	O	111	6F	o
16	10	►	48	30	0	80	50	P	112	70	p
17	11	◄	49	31	1	81	51	Q	113	71	q
18	12	↕	50	32	2	82	52	R	114	72	r
19	13	‼	51	33	3	83	53	S	115	73	s
20	14	¶	52	34	4	84	54	T	116	74	t
21	15	§	53	35	5	85	55	U	117	75	u
22	16	▬	54	36	6	86	56	V	118	76	v
23	17	↨	55	37	7	87	57	W	119	77	w
24	18	↑	56	38	8	88	58	X	120	78	x
25	19	↓	57	39	9	89	59	Y	121	79	y
26	1A	→	58	3A	:	90	5A	Z	122	7A	z
27	1B	←	59	3B	;	91	5B	[	123	7B	{
28	1C	∟	60	3C	<	92	5C	\	124	7C	¦
29	1D	↔	61	3D	=	93	5D	]	125	7D	}
30	1E	▲	62	3E	>	94	5E	^	126	7E	~
31	1F	▼	63	3F	?	95	5F	_	127	7F	▒

Dez.	Hex	Zeichen	Dez.	Hex	Zeichen	Dez.	Hex	Zeichen	Dez.	Hex	Zeichen
128	80	Ç	160	A0	á	192	C0	└	224	E0	α
129	81	ü	161	A1	í	193	C1	┴	225	E1	ß
130	82	é	162	A2	ó	194	C2	┬	226	E2	Γ
131	83	â	163	A3	ú	195	C3	├	227	E3	π
132	84	ä	164	A4	ñ	196	C4	─	228	E4	Σ
133	85	à	165	A5	Ñ	197	C5	┼	229	E5	σ
134	86	å	166	A6	ª	198	C6	╞	230	E6	µ
135	87	ç	167	A7	º	199	C7	╟	231	E7	τ
136	88	ê	168	A8	¿	200	C8	╚	232	E8	Φ
137	89	ë	169	A9	⌐	201	C9	╔	233	E9	Θ
138	8A	è	170	AA	¬	202	CA	╩	234	EA	Ω
139	8B	ï	171	AB	½	203	CB	╦	235	EB	δ
140	8C	î	172	AC	¼	204	CC	╠	236	EC	∞
141	8D	ì	173	AD	¡	205	CD	═	237	ED	φ
142	8E	Ä	174	AE	«	206	CE	╬	238	EE	ε
143	8F	Å	175	AF	»	207	CF	╧	239	EF	∩
144	90	É	176	B0		208	D0	╨	240	F0	≡
145	91	æ	177	B1	▒	209	D1	╤	241	F1	±
146	92	Æ	178	B2	▓	210	D2	╥	242	F2	≥
147	93	ô	179	B3	│	211	D3	╙	243	F3	≤
148	94	ö	180	B4	┤	212	D4	╘	244	F4	⌠
149	95	ò	181	B5	╡	213	D5	╒	245	F5	⌡
150	96	û	182	B6	╢	214	D6	╓	246	F6	÷
151	97	ù	183	B7	╖	215	D7	╫	247	F7	≈
152	98	ÿ	184	B8	╕	216	D8	╪	248	F8	°
153	99	Ö	185	B9	╣	217	D9	┘	249	F9	∙
154	9A	Ü	186	BA	║	218	DA	┌	250	FA	·
155	9B	¢	187	BB	╗	219	DB	█	251	FB	√
156	9C	£	188	BC	╝	220	DC	▄	252	FC	η
157	9D	¥	189	BD	╜	221	DD	▌	253	FD	^{2}
158	9E	₧	190	BE	╛	222	DE	▐	254	FE	■
159	9F	ƒ	191	BF	┐	223	DF	▀	255	FF	

Der Epson-Zeichensatz

	Hex.	0	1	2	3	4	5	6	7	8	9	A	B	C	D	E	F
Hex.	Binär	0000	0001	0010	0011	0100	0101	0110	0111	1000	1001	1010	1011	1100	1101	1110	1111
0	0000	0	16	32	0 48	@ 64	P 80	` 96	p 112	128	144	160	*0* 176	*@* 192	*P* 208	*`* 224	*p* 240
1	0001	1	DC1 17	! 33	1 49	A 65	Q 81	a 97	q 113	129	DC1 145	*!* 161	*1* 177	*A* 193	*Q* 209	*a* 225	*q* 241
2	0010	2	DC2 18	" 34	2 50	B 66	R 82	b 98	r 114	130	DC2 146	*"* 162	*2* 178	*B* 194	*R* 210	*b* 226	*r* 242
3	0011	3	DC3 19	# 35	3 51	C 67	S 83	c 99	s 115	131	DC3 147	*#* 163	*3* 179	*C* 195	*S* 211	*c* 227	*s* 243
4	0100	4	DC4 20	$ 36	4 52	D 68	T 84	d 100	t 116	132	DC4 148	*$* 164	*4* 180	*D* 196	*T* 212	*d* 228	*t* 244
5	0101	5	21	% 37	5 53	E 69	U 85	e 101	u 117	133	149	*%* 165	*5* 181	*E* 197	*U* 213	*e* 229	*u* 245
6	0110	6	22	& 38	6 54	F 70	V 86	f 102	v 118	134	150	*&* 166	*6* 182	*F* 198	*V* 214	*f* 230	*v* 246
7	0111	BEL 7	23	' 39	7 55	G 71	W 87	g 103	w 119	BEL 135	151	*'* 167	*7* 183	*G* 199	*W* 215	*g* 231	*w* 247
8	1000	BS 8	CAN 24	(40	8 56	H 72	X 88	h 104	x 120	BS 136	CAN 152	*(* 168	*8* 184	*H* 200	*X* 216	*h* 232	*x* 248
9	1001	HT 9	EM 25	) 41	9 57	I 73	Y 89	i 105	y 121	HT 137	EM 153	*)* 169	*9* 185	*I* 201	*Y* 217	*i* 233	*y* 249
A	1010	LF 10	26	* 42	: 58	J 74	Z 90	j 106	z 122	LF 138	154	*** 170	*:* 186	*J* 202	*Z* 218	*j* 234	*z* 250
B	1011	VT 11	ESC 27	+ 43	; 59	K 75	[91	k 107	{ 123	VT 139	ESC 155	*+* 171	*;* 187	*K* 203	*[* 219	*k* 235	*{* 251
C	1100	FF 12	28	, 44	< 60	L 76	\ 92	l 108	¦ 124	FF 140	156	*,* 172	*<* 188	*L* 204	** 220	*l* 236	*¦* 252
D	1101	CR 13	29	– 45	= 61	M 77	] 93	m 109	} 125	CR 141	157	*–* 173	*=* 189	*M* 205	*]* 221	*m* 237	*}* 253
E	1110	SO 14	30	. 46	> 62	N 78	^ 94	n 110	~ 126	SO 142	158	*.* 174	*>* 190	*N* 206	*^* 222	*n* 238	*~* 254
F	1111	SI 15	31	/ 47	? 63	O 79	_ 95	o 111	DEL 127	SI 143	159	*/* 175	*?* 191	*O* 207	*_* 223	*o* 239	DEL 255

Anhang III: Druckerbefehlscodes

Diese Tabelle listet alle Druckerbefehle für Epson- und IBM-komaptible Drucker auf. Sie soll einen Überblick geben, welche Bytes welche Funktion auslösen. Im Druckerhandbuch kann dann die genaue Funktionsweise nachgeschlagen werden. Sofern nichts anderes angegeben wurde, sind die Kommandos sowohl im IBM-als auch im ESC/P-Modus verfügbar. Bei manchen Druckern sind aber einige Kommandos zusätzlich auch im jeweils anderen Modus erreichbar.

In der Spalte Name finden Sie die Kurzbezeichnung des jeweiligen Codes. Dabei steht zum Beispiel ESC A für die ASCII-Codes 27 (für ESC) und 65 (für A). In BASIC-Befehlen müßte also CHR$(27);CHR$(65) gesendet werden. Außerdem kommen bei einigen Befehlen noch Datenbytes hinzu, die die genaue Wirkung bestimmen.

Name	Code(s)	Modus	
BEL	7	Signalton	
BS	8	Backspace (Rückschritt)	
HT	9	Horizontaler Tabulator	
LF	10	Zeilenvorschub (Line Feed)	
VT	11	Vertikaler Tabulator	
FF	12	Seitenvorschub (Formular Feed)	
CR	13	Wagenrücklauf (Carriage Return)	
SO	14	Breitdruck nur in dieser Zeile	
SI	15	Schmaldruck einschalten	
DC1	17	Schaltet Drucker ON-LINE	
DC2	18	Schmaldruck ausschalten	
DC3	19	Schaltet Drucker OFF-LINE	ESC/P
CAN	24	Zeile im Pufferspeicher löschen	
DEL	127	letztes Zeichen im Puffer lösch.	ESC/P
ESC SI	,15	Schmaldruck einschalten	
ESC EM	,25	Sheet-Feeder aktivieren/deaktiviern	/P
ESC !	27,33	Druckmodi kombinieren	ESC/P
ESC $	27,36	Absoluter Punkt-Tabulator	ESC/P
ESC &	27,38	eigene Def. f. Zeichen festlegen	ESC/P
ESC -	27,45	Unterstreichen ein/aus	
ESC /	27,47	Vertikal-Tabulator: Kanal wählen	ESC/P
ESC 1	27,49	Zeilenabstand 7/72"	
ESC 2	27,50	Zeilenabstand 1/6"	
ESC 3	27,51	Zeilenabstand n/216"	
ESC 4	27,52	Seitenanfang einstellen	IBM
ESC 4	27,52	Kursivdruck einschalten	ESC/P
<ESC 5	27,53	Kursivdruck ausschalten	ESC/P
ESC 7	27,55	Steuerzeichen nicht mehr drucken	
ESC 8	27,56	Papiersensor abschalten	
ESC 9	27,57	Papiersensor einschalten	

Name	Code(s)	Modus	
ESC :	27,58	Zeichensatz ins RAM kopieren	ESC/P
<ESC <	27,60	Unidirektionaldruck nur eine Zeile	
ESC =	27,61	Bit 8 immer auf 0 setzen	ESC/P
<ESC >	27,62	Bit 8 immer auf 1 setzen	ESC/P
ESC @	27,64	Drucker neu initialisieren	ESC/P
ESC B	27,66	vertikale Tabulatoren setzen	
ESC C	27,67	Seitenlänge festlegen	
ESC D	27,68	horizontale Tabulatoren setzen	
ESC E	27,69	Fettdruck einschalten	
ESC F	27,70	Fettdruck ausschalten	
ESC G	27,71	Doppeldruck einschalten	
ESC H	27,72	Doppeldruck ausschalten	
ESC I	27,73	Steuerzeichen ausdrucken	ESC/P
<ESC J	27,74	Zeilenvorschub um n/216" ausführen	
ESC K	27,75	Grafik einfacher Dichte ein	
ESC L	27,76	Grafik doppelter Dichte ein	
ESC M	27,77	Schriftbreite Elite wählen	ESC/P
ESC O	27,79	Unteren Rand löschen	
ESC P	27,80	Schriftbreite Pica wählen	ESC/P
<ESC Q	27,81	Rechten Rand setzen	ESC/P
ESC R	27,82	Tabulatorvoreinstellung einschalten	
ESC S	27,83	Hoch-/Tiefstellung einschalten	
ESC T	27,84	Hoch-/Tiefstellung ausschalten	
ESC U	27,85	Unidirektionaldruck einschalten	
ESC W	27,87	Breitdruck ein-/ausschalten	
ESC X	27,88	Linken und rechten Rand setzen	IBM
ESC Y	27,89	schnelle Grafik m. dopp. Dichte ein	
ESC Z	27,90	Grafik m. vierfacher Dichte ein	
ESC [@	,91,64	Zeichenhöhe festlegen	IBM
ESC \	27,92	relative Punktpos. setzen	ESC/P
<ESC ˆ	27,94	9-Nadel-Grafik einschalten	ESC/P
<ESC _	27,95	Überstreichen ein-/ausschalten	IBM
ESC a	27,97	Textformatierung wählen	ESC/P
ESC i	27,105	Schreibmaschinenmodus ein/aus	
ESC k	27,107	NLQ einschalten	ESC/P
ESC p	27,112	Proportionaldruck ein-/ausschalten	ESC/P
ESC t	27,116	Zeichensatz wählen	ESC/P
ESC x	27,120	NLQ-Modus wählen	ESC/P

Anhang IV: BASIC-Befehle im GFA-BASIC (Version 2.0)

! Kommentar
Kommentar an Zeilenende

***varname**
Zeiger auf Variable

ABS(x)
Absolutwert von x

ADD varname, ausdruck
Schnelle Addition

ADDRIN, ADDROUT
Zeiger auf Parameterfelder

ALERT Icon%, Hinweisstring$, Default%, Knopftext$, Ausgang%

ARRAYFILL arrayname(),x
Feld mit x füllen

ARRPTR(stringname$) oder ARRPTR(arrayname())
Zeiger auf Feld

ASC(stringausdruck)
ASCII-Code des ersten Zeichens im String

ATN(x)
Arcustangens von x

BASEPAGE
Zeiger auf Basepage

BGET #kanalnr, adresse, anzahl
Teil einer Datei in Speicher laden

BIN$(zahl)
Umwandlung in eine Binärzahl (im String)

BIOS(opcode, parameterliste)
BIOS-Aufruf

BITBLT array1%(),array2%(),array3%()
Speicherbereiche verknüpfen

BLOAD "dateiname",adresse
Datei in Speicher laden

BMOVE quelladr,zieladr,anzahl
Speicherbereich verschieben

BOX links,oben,rechts,unten
Rechteck zeichnen

BPUT #kanalnr,adresse,anzahl
Speicher in Datei schreiben

BSAVE "dateiname",adresse,anzahl
Speicherbereich in Datei schreiben

C:
Aufruf einer C-Routine

CALL
Maschinenprogramm aufrufen

CHAIN "dateiname"
Programm nachladen

CHDIR "ordnername"
in Ordner wechseln

CHDRIVE laufwerksnummer
Laufwerk anwählen

CHR$(zahl)
Zeichen zu diesem ASCII-Code erzeugen

CIRCLE x,y,radius [,anfang,ende]
Kreis oder Kreisausschnitt zeichnen

CLEAR
Variablen löschen

CLEARW fensternummer
Fenster löschen

CLOSE #kanalnummer
Datei schließen

CLOSEW fensternummer
Fenster schließen

CLR variable
Eine einzelne Variable oder ein Feld löschen

CLS oder CLS #kanalnummer
Bildschirm löschen oder Code dafür in Datei schreiben

COLOR farbe
Farbe einstellen

CONT
Programm fortsetzen

CONTRL
Zeiger auf Parameterfeld

COS(x)
Cosinus von x

CRSCOL
Cursorspalte

CRSLIN
Cursorzeile

CVI(stringausdruck), CVL, CVS, CVF, CVD (analog)
Zeichenketten in Zahlen umwandeln

DATA datenliste...
Konstanten festsetzen

DATE$
Systemdatum ermitteln

DEC variable
Variableninhalt um 1 vermindern

DEFFILL ...
Füllmuster festlegen

DEFFN ...
Funktion definieren

DEFLINE stil,dicke,formanfang,formende
Linienaussehen definieren

DEFLIST
Listingformat festlegen

DEFMARK farbe,typ,größe
Polymarker definieren

DEFMOUSE form oder DEFMOUSE form$
Mausform festlegen

DEFNUM stellenzahl
Rundungsweite festlegen

DEFTEXT farbe,art,winkel,größe
Textaussehen (Grafik) festlegen

DFREE(laufwerksnummer)
Anzahl freie Bytes auf Laufwerk erfragen

DIM ...
Felder dimensionieren

DIM? arrayname()
Feldgröße ermitteln

DIR ["dateienmaske"] [TO "dateiname"]
Inhaltsverzeichnis ausgeben

DIR$(laufwerksnummer)
Akutellen Ordner ermitteln

DIV varname, ausdruck
Schnelle Division

DO ... LOOP
Endlosschleife

DPEEK(adresse)
Word aus Speicher holen

DPOKE adresse,wert
Word in Speicher schreiben

DRAW (TO) x,y oder DRAW x1,y1 TO x2,y2 TO ...
Linie zeichnen

EDIT
In den Editor zurückspringen

ELLIPSE x,y,a,b [anfang,ende]
Ellipse zeichnen

END
Programm beenden

EOF(#kanalnummer)
Stellt fest, ob Dateiende erreicht wurde

ERASE arrayname()
Feld löschen

ERR
Fehlernummer

ERROR fehlernummer
Fehler simulieren

EVEN(zahl)
Zahl auf Teilbarkeit durch 2 testen

EXEC modus,"programmname","kommandozeile","environment"
Programm laden und/oder starten

EXIST(dateiname)
Existenz einer Datei prüfen

EXIT IF bedingung
Abbruch einer Schleife

EXP(x)
Berechnet e^x (e=Eulersche Zahl)

FALSE
logische Konstante

FATAL
Fehlernummer nach Bomben oder TOS-Fehlermeldungen

FIELD ... AS
Festlegen eines Datensatzformates für Random-Access-Datei

FILES ["dateienmaske"] [TO "dateiname"]
Erweitertes Inhaltsverzeichnis ausgeben

FILESELECT "pfadname","defaultname",antwort$
Erzeugt eine Objektauswahl auf dem Bildschirm

FILL x,y
Ab Position Grafik füllen

FIX(x)
Nachkommastellen abschneiden

FN ...
Funktion aufrufen

FOR ... TO/DOWNTO ... STEP ... NEXT
Schleifenkonstruktion

FORM INPUT ...
Formatierte Eingabe

FRAC(x)
Nachkommaanteil einer Zahl

FRE(irgendwas)
Anzahl freier Bytes im BASIC-Speicher

FULLW fensternummer
Fenster vergrößern

GB
Adresse des Zeigerblocks auf die Parameterfelder

GCONTRL
Zeiger auf Parameterfeld

GEMDOS(opcode,parameterliste)
GEMDOS-Funktion aufrufen

GEMSYS opcode
GEM-Funktion aufrufen

GET x1,y1,x2,y2,stringname$
Bildschirmbereich in String speichern

GET #kanalnummer,satznummer
Datensatz aus Random-Access-Datei lesen

GINTIN, GINTOUT
Zeiger auf Parameterfelder

GOSUB procedurename(parameterliste)
Aufruf einer Prozedur

GOTO label
Sprung zum Label

GRAPHMODE modus
Grafikmodus wählen

HARDCOPY
Hardcopy auslösen

HEX$(zahl)
Umwandlung ins Hexadezimalsystem

HIDEM
Mauszeiger abschalten

HIMEM
Speicherobergrenze ermitteln

IF...THEN...ELSE...ENDIF
Bedingte Verzweigung

INC variablenname
Variable um 1 erhöhen

INFOW fensternummer,text$
Infozeile eines Fensters festsetzen

INKEY$
Zeichen von Tastatur holen

INP(portnummer/#kanalnummer)
Ein Byte von Port oder Kanal lesen

INP?(portnummer)
Stellt fest, ob ein Byte am Port anliegt

INPUT ...
Dateneingabe

INPUT$(anzahl [,#kanalnummer])
Bestimmte Anzahl Zeichen lesen

INSTR([startpos,] zielstring$, suchstring$)
Sucht einen String im anderen

INT(x)
Nächste kleinere ganze Zahl

INTIN, INTOUT
Zeiger auf Parameterfelder

KILL "dateiname"
Datei löschen

LEFT$(stringname$,anzahl)
Anzahl von Zeichen links aus dem String holen

LEN(stringname)
Stringlänge feststellen

LET ...
Zuweisung

LINE x1,x2,x2,y2
Linie zeichnen

LINE INPUT ...
Formatierte Dateneingabe

LIST [dateiname]
Programm anzeigen

LLIST
Programm auf Drucker ausgeben

LOAD "programmname"
Programm laden

LOCAL variablenliste
Lokale Variablen für eine Prozedur definieren

LOC(#kanalnummer)
Position des Filepointers ermitteln

LOF(#kanalnummer)
Filelänge ermitteln

LOG(x) oder LOG10(x)
Logarithmus von x ermitteln

LPEEK(adresse)
Langwort aus Speicher lesen

LPOKE adresse, wert
Langwort in Speicher schreiben

LPOS(irgendwas)
Position im Druckerpuffer ermitteln

LPRINT ...
Ausgabe auf Drucker

LSET stringname$=stringausdruck
linksbündiges Einsetzen in einen String

MAX(liste...)
Maximum der Werte ermitteln

MENU ...
Menübehandlung

MID$(stringname$,position,anzahl)
Anzahl Zeichen ab Startposition aus String lesen

MIN(liste...)
Minimum der Werte ermitteln

MKDIR "ordnername"
Ordner erzeugen

MKI$(zahl), MKL$, MKS$, MKF$, MKD$ (analog)
Zahl in codierten String umwandeln

MONITOR(parameter)
Aufruf eines Debuggers

MOUSE x,y,tasten
Mauswerte erfragen

MOUSEK, MOUSEX, MOUSEY
einzelne Mauswerte ermitteln

MUL variablenname,ausdruck
Schnelle Multiplikation

NAME "alter name" AS "neuer Name"
Datei umbenennen

NEW
Programm aus Speicher löschen

OCT$(zahl)
Umwandlung ins Oktalsystem

ODD(zahl)
Testet, ob Zahl ungerade ist

ON ... GOSUB/CONT ...
Mehrfachverzweigungen

ON MENU...
Menü- und Eventbehandlung

OPEN "modus",#kanalnummer,"dateiname"
Datei eröffnen

OPENW fensternummer [,x,y]
Fenster öffnen

OPTION ...
Einstellungen an Compiler bzw. Interpreter

OUT portnummer/#kanalnummer,wert
Ausgabe eines Bytes

OUT?(portnummer)
Testet, ob ein Port Daten entgegennehmen kann

PAUSE dauer
Wartet eine gewisse Zeitspanne

PBOX...
wie BOX, aber gefülltes Rechteck

PCIRCLE...
wie CIRCLE, aber gefüllter Kreis

PEEK(adresse)
Byte aus dem Speicher lesen

PELLIPSE...
wie ELLIPSE, aber gefüllte Ellipse

PI
Kreiskonstante 3,1415...

PLOT x,y
Punkt auf Bildschirm setzen

POINT x,y
Punkt auf Bildschirm testen

POKE adresse,wert
Byte in Speicher schreiben

POLYFILL ...
Gefülltes Polygon zeichnen

POLYLINE ...
Polygon zeichnen

POLYMARK ...
Polymarker zeichnen

POS(irgendwas)
Cursorspalte ermitteln

PRBOX ...
wie PBOX, jedoch abgerundete Ecken

PRINT ...
Ausgabe von Daten

PROCEDURE name [(parameterliste)]
Definition einer Prozedur

PSAVE "programmname"
Listgeschütztes Speichern eines Programmes

PTSIN, PTSOUT
Zeiger auf Parameterfelder

PUT x,y,stringname$,modus
Grafikbereich auf Bildschirm zeichnen

PUT #kanalnummer,satznummer
Datensatz in Random-Access-Datei schreiben

QUIT oder SYSTEM
GfA-BASIC verlassen

RANDOM(zahl)
ganzzahlige Zufallszahl

RBOX ...
wie BOX, aber mit abgerundeten Ecken

READ variable
Konstante Daten aus DATA lesen

RELSEEK #kanalnummer,anzahl
Filepointer relativ verschieben

REM
Kommentarzeile

REPEAT ... UNTIL bedingung
Schleifenkonstruktion

RESERVE anzahl
BASIC-Speichergröße verändern

RESTORE label
DATA-Zeiger zurücksetzen

RESUME...
Fehlerbehandlung

RIGHT$(stringausdruck,anzahl)
Anzahl von Zeichen rechts aus String lesen

RMDIR "ordnername"
Ordner löschen

RND(irgendwas)
Zufallszahl kleiner 1

RSET stringname$=stringausdruck
rechtsbündiges Einsetzen in einen String

RUN
Programm starten

SAVE "dateiname"
Programm speichern

SDPOKE...
wie DPOKE, aber im Supervisormodus

SEEK #kanalnummer,position
Filepointer setzen

SETCOLOR ...
Farbe regeln

SETTIME zeit$,datum$
Zeit und Datum setzen

SIN(x)
Sinus von x

SGET stringsname$
Bildschirm in String-Variable speichern

SGN(x)
Signum von x

SHOWM
Mauszeiger wieder einschalten

SLPOKE...
wie LPOKE, aber im Supervisor-Modus

SOUND ...
Tonerzeugung

SPACE$(n)
String aus n Leerzeichen erzeugen

SPC(n)
In PRINT-Befehl n Leerzeichen ausgeben

SPOKE...
wie POKE, aber im Supervisor-Modus

SPRITE definition$,x,y
Sprite auf den Bildschirm zeichnen

SPUT stringname$
Bild aus String auf den Bildschirm zeichnen

SQR(x)
Quadratwurzel von x

STOP
Programm unterbrechen

STR$(zahl)
Zahl in String umwandeln

STRING$(n,stringausdruck/ascii-code)
Ausdruck oder Zeichen aus ASCII-Code n-mal hintereinander

SUB variable,ausdruck
Schnelle Subtraktion

TAB(n)
Cursor um n Positionen weitersetzen

TAN(x)
Tangens von x

TEXT...
Ausgabe von Text im Grafikmodus

TIME$
Uhrzeit ermitteln

TIMER
Akutellen Stand des Timers ermitteln (1/200 Sek.)

TITLEW fensternummer,stringausdruck
Titelzeile eines Fensters festlegen

TROFF
Trace-Modus abschalten

TRON [#kanalnummer]
Trace-Modus einschalten

TRUE
Logische Konstante (wahr)

TRUNC(x)
schneidet Nachkommastellen ab

TYPE(zeigervariable)
ermittelt Typ der Variablen, auf die gezeigt wird

UPPER$(stringausdruck)
wandelt String in Großbuchstaben um

VAL(stringausdruck)
ermittelt Wert eines Strings

VAL?(stringausdruck)
ermittelt Anzahl Zeichen, die in Zahl umwandelbar sind

VARPTR(variable)
liefert Zeiger auf die Variable

VDIBASE
Basisadresse des VDI-Parameterblocks

VDISYS opcode
Aufruf einer VDI-Funktion

VOID ...
Vernachlässigen des Funktionsergebnisses

VSYNC
warten auf den nächsten Strahlrücklauf des Monitors

WAVE kanal,hüllkurve,kurve,periode,dauer
Tonerzeugung

WHILE bedingung ... WEND
Schleifenkonstruktion

WINDTAB
Zeiger auf Verwaltungstabelle für Fenster

WRITE...
unformatierte Ausgabe

XBIOS(opcode,parameterliste)
Aufruf einer XBIOS-Funktion

Anhang V: BASIC-Befehle im Omikron- bzw. ST-BASIC

ABS(x)
Absolutwert von x

AES(opcode,global,intin,addrin,intout,addrout)
Aufruf einer AES-Funktion

ARCCOS(x)
Arcus cosinus von x

ARCCOT(x)
Arcus cotangens von x

ARCOTH(x)
Area cotangens hyperbolicus von x

ARCSIN(x)
Arcus sinus von x

ARCTAN(x)
Arcus tangens von x

ARSINH(x)
Area sinus hyperbolicus von x

ARTANH(x)
Area tangens hyperbolicus von x

ASC(stringausdruck)
ASCII-Code des ersten Zeichens im String

ATN(x)
Arcustangens von x

BACKUP(filename)
BAK-Version einer Datei erzeugen

BIN$(zahl)
Umwandlung in eine Binärzahl (im String)

BIOS(rückgabevariable,opcode,parameterliste)
BIOS-Aufruf

BIT...
Löschen, Setzen oder Testen einzelner Bits

BITBLT ...
Bildbereiche kopieren

BLOAD "dateiname" [,adresse]
Datei in Speicher laden

BOX links,oben,rechts,unten
Rechteck zeichnen

BSAVE "dateiname" [,adresse,anzahl]
Speicherbereich in Datei schreiben

CALL
Maschinenprogramm aufrufen

CDBL(x)
Zahl in doppelte Genauigkeit umwandeln

CHAIN "dateiname"
Programm nachladen

CHDIR "ordnername"
in Ordner wechseln

CHR$(zahl)
Zeichen zu diesem ASCII-Code erzeugen

CINT(x)
Zahl in Integer (16 Bit) umwandeln

CINTL(x)
Zahl in Long-Integer (32 Bit) umwandeln

CIRCLE x,y,radius [,anfang,ende]
Kreis oder Kreisausschnitt zeichnen

CLEAR...
Variablen löschen oder Speicherorganisation beeinflußen

CLIP x1,y1,x2,y2
Clipping-Rechteck festlegen

CLOSE kanalnummer
Datei schließen

CLS
Bildschirm löschen

CMD n
Ausgabe auf File n umleiten

COMMON variablenliste
gemeinsame Variablen f. CHAIN festlegen

CONT
Programm fortsetzen

COPY name$ TO name2$
File kopieren

COSEC(x)
Cosecans von x

COSECH(x)
Cosecans hyperbolicus von x

COS(x)
Cosinus von x

COSH(x)
Cosinus hyperbolicus von x

COT(x)
Cotangens von x

COTH(x)
Cotangens hyperbolicus von x

CSNG(x)
Zahl in einfache Genauigkeit umwandeln

CRSCOL
Cursorspalte

CRSLIN
Cursorzeile

CVD(stringausdruck), CVI, CVIL, CVS (analog)
Zeichenketten in Zahlen umwandeln

DATA datenliste...
Konstanten festsetzen

DATE$
Systemdatum ermitteln bzw. setzen

DEFFN ...
Funktion definieren

DEF PROC...
Prozedur definieren

DEF SPRITE...
Sprite definieren

DEF USR= x
Adresse f. USR-Funktion festlegen

DEFDBL, DEFINT, DEFINTL, DEFSNG, DEFSTR
Variablentypen definieren

DEG
auf Altgrad umschalten

DET array()
Determinante einer Matrix berechnen

DIM ...
Felder dimensionieren

DRAW (TO) x,y oder DRAW x1,y1 TO x2,y2 TO ...
Linie zeichnen

DUMP
Variablen anzeigen

EDIT
In den Editor zurückspringen

ELLIPSE x,y,a,b [anfang,ende]
Ellipse zeichnen

END
Programm beenden

EOF(kanalnummer)
Stellt fest, ob Dateiende erreicht wurde

EQV
Bitweise Verknüpfung mit logischem Äquivalent

ERL
Zeilennummer des letzten Fehlers

ERR
Fehlernummer

ERR$
Fehlertext

ERROR fehlernummer
Fehler simulieren

EXIT
Abbruch einer Schleife

EXP(x)
Berechnet e^x (e=Eulersche Zahl)

FACT(x)
Fakultätsfunktion für x berechnen

FIELD
Datensatzbuffer für Random-Access-Dateien anlegen

FILES ["dateienmaske"]
Erweitertes Inhaltsverzeichnis ausgeben

FILESELECT (pfadvariable,namenvariable,antwort)
Erzeugt eine Objektauswahl auf dem Bildschirm

FILL x,y,farbe
Ab Position Grafik füllen

FILL COLOR= nummer
Füllfarbe festlegen

FILL STYLE= nummer,index
Füllstil festlegen

FIX(x)
Nachkommastellen abschneiden

FN ...
Funktion aufrufen

FOR ... TO ... STEP ... NEXT
Schleifenkonstruktion

FORM_AERT(defaultbutton,text, [buttonvariable])
Alertbox aufrufen

FRAC(x)
Nachkommaanteil einer Zahl

FRE(irgendwas) oder FRE("laufwerkskennung")
Anzahl freier Bytes im BASIC-Speicher bzw. auf Diskette

GEMDOS(antwort,opcode,parameterliste)
GEMDOS-Funktion aufrufen

GET kanalnummer,satznummer
Datensatz aus Random-Access-Datei lesen

GOSUB label
Sprung in ein Unterprogramm

GOTO label
Sprung zum Label

HCOPY
Hardcopy auslösen

HCOPY TEXT
Text-Hardcopy auslösen

HEX$(zahl)
Umwandlung ins Hexadezimalsystem

HIGH(x)
ergibt höherwertiges Word einer 32-Bit-Zahl

IF...THEN...ELSE...ENDIF
Bedingte Verzweigung

IMP
bitweise Verknüpfung mit logischer Implikation

INKEY$
Zeichen von Tastatur holen

INPUT ...
Dateneingabe

INPUT$(anzahl [,kanalnummer])
Bestimmte Anzahl Zeichen lesen

INSTR([startpos,] zielstring$, suchstring$)
Sucht einen String im anderen

INT(x)
Nächste kleinere ganze Zahl

IPL x
Interrupt-Priority-Level setzen

KEY nummer=stringausdruck
Funktionstasten definieren

KEY LIST
Funktionstasten-Definitionen anzeigen

KILL "dateiname"
Datei löschen

LDUMP
Variablen auf Drucker ausgeben

LEFT$(stringname$,anzahl)
Anzahl von Zeichen links aus dem String holen

LEN(stringname)
Stringlänge feststellen

LET ...
Zuweisung

LINE COLOR= zahl
Linienfarbe festlegen

LINE INPUT
Eingabe einer ganzen Zeile

LINE STYLE= zahl
Linienstil festlegen

LIST [startzeile] [-endzeile]
Programm anzeigen

LLIST...
Programm auf Drucker ausgeben

LN(x)
Logarithmus naturalis von x

LOAD "programmname"
Programm laden

LOC(kanalnummer)
Position des Filepointers ermitteln

LOCAL variablenliste
Lokale Variablen für eine Prozedur definieren

LOCATE z,s
Cursor positionieren

LOF(kanalnummer)
Filelänge ermitteln

LOG(b,x)
Logarithmus zur Basis b von x ermitteln

LOW(x)
Low-Word eines Long-Integer

LOWER$(a$)
Groß- in Kleinbuchstaben umwandeln

LPEEK(adresse)
Langwort aus Speicher lesen

LPOKE adresse, wert
Langwort in Speicher schreiben

LPOS(irgendwas)
Position im Druckerpuffer ermitteln

LPRINT ...
Ausgabe auf Drucker

LSET stringname$=stringausdruck
linksbündiges Einsetzen in einen String

MAT *
Matrix-Multiplikation

MAT =1
Einheitsmatrix erzeugen

MAT CLEAR
Matrix löschen

MAT INV
Matrix invertieren

MAX(x,y)
Maximum der beiden Werte ermitteln

MEMORY
Speicherplatz reservieren

MERGE "programmname"
Programm hinzuladen

MID$(stringname$,position,anzahl)
Anzahl Zeichen ab Startposition aus String lesen

MIN(liste...)
Minimum der Werte ermitteln

MIRROR$(a$)
Zeichenkette spiegeln

MKD$(zahl), MKI$, MKIL$, MKS$
Zahlen in Strings wandeln

MKDIR "ordnername"
Ordner erzeugen

MODE n
Länderspezifischen Modus einstellen

MODE = m
Zeichenmodus einstellen

MODE LPRINT n
Druckermodus einstellen

MOUSEBUT
Maustasten abfragen

MOUSEOFF, MOUSEON
Maus ab-/einschalten

MOUSEX, MOUSEY
einzelne Mauswerte ermitteln

NAME "alter name" AS "neuer Name"
Datei umbenennen

NAND
bitweise Verknüpfung mit logischen NICHT-UND

NEW
Programm aus Speicher löschen

NOISE...
Sounderzeugung

NOR
bitweise Verknüpfung mit logischen NICHT-ODER

NOT
bitweise Verknüpfung mit logischen NICHT

OCT$(zahl)
Umwandlung ins Oktalsystem

ON ERROR GOTO
Fehlerbehandlung

ON ... GOSUB/GOTO/RESTORE
Mehrfachverzweigungen

ON HELP GOSUB, ON KEY GOSUB, ON MOUSEBUT GOSUB
Mehrfachverzweigung nach Tastenzustand

ON TIMER/TRON GOSUB
Mehrfachverzweigung nach Zeit bzw. nach jedem Befehl

OPEN "modus",kanalnummer,"dateiname"
Datei eröffnen

OR
logische Order-Verknüpfung

PALETTE...
Farben festlegen

PBOX...
wie BOX, aber gefülltes Rechteck

PCIRCLE...
wie CIRCLE, aber gefüllter Kreis

PEEK(adresse)
Byte aus dem Speicher lesen

PELLIPSE...
wie ELLIPSE, aber gefüllte Ellipse

PI
Kreiskonstante 3,1415...

POINT x,y
Punkt auf Bildschirm testen

POKE adresse,wert
Byte in Speicher schreiben

POS(irgendwas)
Cursorspalte ermitteln

PRBOX ...
wie PBOX, jedoch abgerundete Ecken

PRINT ...
Ausgabe von Daten

PROC name [(parameterliste)]
Aufruf einer Prozedur

PUT kanalnummer,satznummer
Datensatz in Random-Access-Datei schreiben

RAD
Umschalten auf Bogenmaß

RBOX ...
wie BOX, aber mit abgerundeten Ecken

READ variable
Konstante Daten aus DATA lesen

REM
Kommentarzeile

RENUM...
Zeilen neu numerieren

REPEAT ... UNTIL bedingung
Schleifenkonstruktion

RESTORE label
DATA-Zeiger zurücksetzen

RESUME...
Fehlerbehandlung

RETURN
Rückkehr aus einem Unterprogramm, Funktion, Prozedur

RIGHT$(stringausdruck,anzahl)
Anzahl von Zeichen rechts aus String lesen

RMDIR "ordnername"
Ordner löschen

RND
Zufallszahl

RSET stringname$=stringausdruck
rechtsbündiges Einsetzen in einen String

RUN...
Programm starten bzw. laden und starten

SAVE "dateiname" [,A]
Programm speichern

SAVE SYSTEM
Arbeitsspeicher des Betriebssystems retten

SCREEN...
Bildschirmseiten umschalten

SEC(x)
Secans von x

SECH(x)
Secans hyperbolicus von x

SEGPTR
Zeiger auf Speicherverwaltung

SGN(x)
Signum von x

SHL, SHR
Bitweises Schieben

SIN(x)
Sinus von x

SINH(x)
Sinus hyperbolicus

SORT...
Feld sortieren

SPACE$(n) oder SPC(n)
String aus n Leerzeichen erzeugen

SPRITE...
Sprite darstellen

SQR(x)
Quadratwurzel von x

STOP
Programm unterbrechen

STR$(zahl)
Zahl in String umwandeln

STRING$(n,stringausdruck/ascii-code)
Ausdruck oder Zeichen aus ASCII-Code n-mal hintereinander

SWAP x,y
Variablen vertauschen

SYSTEM
BASIC verlassen

TAB(n)
Cursor um n Positionen weitersetzen

TAN(x)
Tangens von x

TANH(x)
Tangens hyperbolicus von x

TEXT...
Ausgabe von Text im Grafikmodus

TEXT COLOR, -HEIGHT, -STYLE
Textparameter setzen

TIME$
Uhrzeit ermitteln bzw. setzen

TIMER
Akutellen Stand des Timers ermitteln (1/200 Sek.)

TROFF
Trace-Modus abschalten

TRON
Trace-Modus einschalten

TUNE...
Melodie spielen

UPPER$(stringausdruck)
wandelt String in Großbuchstaben um

USR(x)
Maschinenroutine aufrufen

VAL(stringausdruck)
ermittelt Wert eines Strings

VARPTR(variable)
liefert Zeiger auf die Variable

VDI(opcode,contrl,intin,ptsin,intout,ptsout)
VDI-Funktion aufrufen

VOLUME...
Lautstärke bzw. Hüllkurve einstellen

WAIT n
n Sekunden warten

WHILE bedingung ... WEND
Schleifenkonstruktion

WPEEK(adresse)
Word aus dem Speicher lesen

WPOKE adressen,wert
Word in den Speicher schreiben

WRITE...
unformatierte Ausgabe

WVBL
auf Strahlrücklauf des Monitors warten

XBIOS(antwort,opcode,parameterliste)
Aufruf einer XBIOS-Funktion

12. Stichwortverzeichnis

Bücher zum ATARI ST

Die besten Tips und Tricks zum ATARI ST sind eine wahre Fundgrube für jeden ATARI-ST-Besitzer. Anhand vieler nützlicher Routinen werden die fantastischen Möglichkeiten dieses Rechners ausführlich erklärt. Programmier- und Hardwaretips vermitteln zusätzlich eine Menge über die Rechnerstruktur und dessen Programmierung in GFA-Basic, C und Assembler.

Aus dem Inhalt:

- GEM-Starter
- Uhrzeit resetfest
- echtes Multitasking
- Sprite-Programmierung
- schnelle Grafikroutinen
- Dia-Show
- Sound-Programmierung
- Konvertierungsprogramme
- Floppy-Speeder
- Short-Cuts für beliebige Programme
- Accessory-Aufbau
- Filesearch für Festplatte
- Bildschirmschoner
- Ordner umbenennen
- Einschaltverzögerung für Festplatte

Pauly, Schepers, Schulz
Die besten Tips & Tricks
Hardcover, 428 Seiten, DM 59,—
ISBN 3-89011-210-2

Bücher zum Atari ST

Der Mega ST, das Flaggschiff von Atari, verfügt über eine Vielzahl von Anwendungsmöglichkeiten, die sich u. a. aus dem extrem großen Arbeitsspeicher dieses Rechners ergeben. Insbesondere in den Bereichen Desktop Publishing (DTP) und Programmierung erweist sich der Mega ST als vielseitig und anderen Geräten weit überlegen. In diesem Buch gehen die Autoren ausführlich auf die Möglichkeiten dieses Rechners ein und weisen darüber hinaus auf alle technischen Einzelheiten hin, deren Kenntnis für jeden Mega-ST-Besitzer unerläßlich ist. Besonders interessant ist es für alle, die das dokumentierte Blitter-TOS für die eigene Programmentwicklung nutzen wollen.

Aus dem Inhalt:

- Die Bedienung und die Handhabung des Mega ST
- Die Software für den Mega ST (Textverarbeitungen, Datenbanken, Tabellenkalkulationen usw.)
- Desktop Publishing mit dem Mega ST (Beckerpage ST usw.)
- Die Programmierung des Mega ST (AES, VDI, BIOS, XBIOS, GEMDOS usw.)
- Die Periphierie des Mega ST (Festplatte, Laserdrucker usw.)
- Der Aubau des Rechners
- Die Nutzung des großen RAM-Speichers - RAM-Disk bis 3,5 MByte mit Autokonfiguration
- Nützliche Beispielprogramme und ein ausführlich dokumentiertes Blitter-TOS-Listing

Dittrich, Englisch, Severin
Das große Mega ST Buch
Hardcover, 512 Seiten, DM 69,–
ISBN 3-89011-196-3

Bücher zum ATARI ST

Nach den ersten gescheiterten Versuchen mit ATARI-BASIC haben Sie sich bestimmt nach einer besseren Version umgeschaut. Das GFA-BASIC ist sicherlich eine der leistungsfähigsten Programmiersprachen auf dem ST. Gerade dadurch ist es aber für den Anfänger meist nicht leicht zu verstehen. Genau hier setzt das Buch an. Von der Installation einer Arbeitskopie bis hin zu einfachen GEM-Funktionen wird der Grundwortschatz von GFA V3.0 und V2.0 leichtverständlich an vielen Beispielen erklärt.

Aus dem Inhalt:

- Einführung in die Bedienung des GFA-Editors
- Zuweisungen und Variablendeklarationen
- Ein- und Ausgaben
- Schleifenprogrammierung an Beispielen
- strukturierte Programmierung
- Grafikprogrammierung mit Minigrafikprogramm
- Diskettenoperationen
- kleines Datenbankprogramm
- Pannenhilfe - Vermeidung von Fehlern
- Konvertierungshinweise GFA V2.0 nach GFA V3.0
- ausführliche Funktionsübersicht zum schnellen Nachblättern

Schumann
GFA-BASIC für Einsteiger
247 Seiten, DM 29,—
ISBN 3-89011-248-X

Bücher zum ATARI ST

Endlich gibt es GFA V3.0! Zu diesem umfangreichen BASIC gehört auch ein umfangreiches Buch, in dem detailliert jeder Befehl behandelt wird. Dabei liefert es keine nackte Befehlsübersicht, sondern wirklich brauchbares Material in Hülle und Fülle. Anhand zahlreicher Beispielprogramme lernen Sie dieses leistungsfähige BASIC spielend zu beherrschen.

Aus dem Inhalt:

- Das Editor-Menü
- Variablentypen und -organisation
- Diskettenoperationen
- Strukturierte Programmierung
- Mausabfrage in eigenen Programmen
- Sound-Programmierung
- Beschreibung des Resource-Construction-Set
- Verwendung von Multitasking-Befehlen
- Programmieren von Pull-Down-Menüs
- Abfrage von Ereignissen (Events)
- Window-Programmierung
- Zugriff auf GEMDOS, BIOS und XBIOS
- Komplette AES- und VDI-Library-Beschreibung
- Verwenden eigener Fonts mit GDOS
- Eine komplette Adressenverwaltung als RAM-Kartei
- Komplette Befehlsübersicht über alle Befehle des GFA-BASIC

Litzkendorf
Das große GFA Basic 3.0 Buch
Hardcover incl. Diskette, 828 Seiten, DM 49,—
ISBN 3-89011-222-6